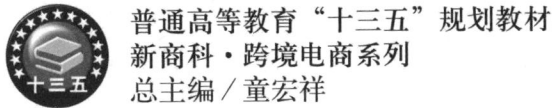

普通高等教育"十三五"规划教材

新商科·跨境电商系列

总主编／童宏祥

U0753768

国际商法

——跨境电商

童宏祥　季萍／主编

立信会计出版社

LIXIN ACCOUNTING PUBLISHING HOUSE

图书在版编目(CIP)数据

国际商法:跨境电商 / 童宏祥,季萍主编. —上海:立信会计出版社,2020.12
普通高等教育"十三五"规划教材. 新商科·跨境电商系列
ISBN 978-7-5429-6167-9

Ⅰ.①国… Ⅱ.①童… ②季… Ⅲ.①国际商法-高等学校-教材 Ⅳ.①D996.1

中国版本图书馆 CIP 数据核字(2020)第 243070 号

策划编辑　　　余　榕
责任编辑　　　余　榕
封面设计　　　南房间

国际商法——跨 境 电 商
Guoji Shangfa ——— Kuajing Dianshang

出版发行	立信会计出版社		
地　址	上海市中山西路 2230 号	邮政编码	200235
电　话	(021)64411389	传　真	(021)64411325
网　址	www.lixinaph.com	电子邮箱	lixinaph2019@126.com
网上书店	http://lixin.jd.com		http://lxkjcbs.tmall.com
经　销	各地新华书店		
印　刷	上海万卷印刷股份有限公司		
开　本	787 毫米×1092 毫米	1/16	
印　张	18.5		
字　数	475 千字		
版　次	2020 年 12 月第 1 版		
印　次	2020 年 12 月第 1 次		
印　数	1—3 100		
书　号	ISBN 978-7-5429-6167-9/D		
定　价	45.00 元		

总　序

当下,我们正处于一个互联网、大数据、人工智能快速发展与变革的时代,各种新业态和新商业模式层出不穷,给高等学校的专业建设带来了机遇与挑战。高等学校的人才培养必须适应我国新技术、新产业、新业态和新模式的新需求,由此我们必须对现有的专业领域及课程设置做出相应的调整或更新。教育部部长陈宝生在新时代全国高等学校本科教育工作会议上指出:"当前,我国高等教育改革发展已经进入深水区,某些领域也开始进入无人区,没有现成的经验可以模仿复制,需要有旱路不通走水路、水路不通走山路、山路不通开新路的敢为天下先的勇气,不断推动高等教育的思想创新、理念创新、方法技术创新和模式创新。"

新商科是基于新技术、新业态、新模式的背景下提出的,其涉及《普通高等学校本科专业类教学质量国家标准》中设置的国际商务、电子商务、物流管理、市场营销和商务英语等专业,涉及外贸企业和跨境电子商务企业的外贸单证专员、外贸采购专员、跨境营销专员、外贸业务专员、跨境电商运营专员、跨境电商物流专员、跨境电商报检专员、跨境电商报关专员等岗位所必须具备的知识、技能等职业能力课程,需要根据岗位要求调整课程结构,完善课程内容,形成一个跨专业领域的课程体系。2017年以来,上海立达学院成立了"新商科·跨境电商系列"教材编写课题组,对外贸企业、跨境电子商务企业和国际物流企业的岗位设置、岗位要求和职业素养等方面进行了调研,开展了专家访谈,经过分析与归类,制定了岗位职业能力表,并在此基础上拟定了新商科课程体系,其中专业课程模块系列教材包括《国际贸易实务》《跨境电商实务》《外贸英语制单》《跨境市场营销》《跨境贸易跟单》《跨境电商物流》《报检报关理论与实务》《电子商务数据应用基础》《电子商务法律实务》《国际商法》《跨境电商运营》《国际贸易模拟操作》等。该系列教材具有以下五大特色。

1. 新理念

基于协同学的方法理论,立足工作过程的视角,跨越学科的界限,创立新商科的体系,为外贸企业和跨境电子商务企业培养复合型的专门人才。

2. 新视角

基于"互联网十"的战略,贯通线上线下的脉络,打造国际贸易与跨境电子商务复合型新商科平台。

3. 新结构

基于新商科的视角,构建"国际商务、市场营销、物流管理十电子商务"多元化模块,对接新商科的业态化。

4. 新知识

基于新商科的学科领域,介绍新商科的生态圈,重述产业链,传授新模式、新流程、新手段等方面的理论知识、信息化技术和专业技能。

5. 新思想

基于"三全"育人的视角,专业课程中融入思政教育,培育和践行社会主义核心价值观,坚持立德树人。

"新商科·跨境电商系列"教材在策划与建设过程中,得到了上海立达学院董事会、校领导的指导和关心,得到了立信会计出版社的大力支持和编辑余榕老师的具体帮助,在此表示衷心的感谢。

"新商科·跨境电商"是一个全新的专业学科领域,我们在探索新商科课程体系及课程建设过程中难免会有不足之处,希望同仁不吝赐教,批评指正。

童宏祥

2020 年 12 月

前　言

当下,高等教育正处于一个互联网、大数据、人工智能快速发展与变革的时代,商科类专业建设充满着机遇,面临着改革与发展。上海立达学院"新商科·跨境电商系列"教材编写课题组以国际贸易学科体系为基础,基于跨境电商新模式,针对其出现的新法律关系,收集了近年来发生的各类国际商事案件,整理了世界组织主持或签署的各类国际商事相关公约、示范法和规则,融入了我国的有关法律法规的规定,对国际商事活动的逻辑关系进行了归类与整合,形成了"国际商法"学科体系,并着手编写了本书。

本书与近年出版的同类教材相比,具有以下四个方面的特点:

(1) 教材结构以国际商事活动的逻辑关系为依据。本书从公司设立,延伸到国际商事代理,涉及国际商事组织与代理法律制度;从国际商务合同的商订,延伸到商标法、专利法和著作权法,涉及国际商务合同与国际贸易知识产权法律制度;从国际商务合同的履行,延伸到国际货运运输与保险、进出口货物报关报检与结算,涉及国际货物运输、国际货物运输保险、进出口货物监管与国际支付结算法律制度;从预防与解决国际商事活动,延伸到仲裁法与诉讼法,涉及国际商事争议法律制度。

(2) 教材内容以最新颁布或修订的国际公约和中国法律法规为依据。本书根据国际商事活动的逻辑关系,系统地将世界组织的国际公约、示范法与规则和中国的法律法规进行分类,延伸了"宽度",并通过"案例分析"的形式,拓展了"深度"。

(3) 培养目标以法律知识的应用能力和社会主义核心价值观的培育为基础。本书根据教育部关于课程思政的有关精神,探索国际商务专业"国际商法"课程思政的建设,通过设置"案例思政"的形式,将专业性与思想性进行了有机的结合。

(4) 教材创新性地融合了国际贸易与跨境电商学科领域的国际商务法律关系。本书以国际贸易学科体系为基础,融入了跨境电商新业态,整合了相关法律法规的内容,深化了国际商法的内涵,符合当下行业发展的需求,具有一定的引领性。

本书由上海立达学院经管学院院长童宏祥负责策划与总纂,由童宏祥与上海外国语大学贤达经济人文学院季萍担任主编,由上海立达学院王卓亚和崔慧华担任副主编。本书的具体编写分工如下:王卓亚编写第一章、第二章;崔慧华编写第三章、第四章;上海立达学院王平编写第五章;上海立达学院陈琳编写第六章;季萍编写第七章、第八章;童宏祥编写第九章、第十章;赵婧帆编写第十一章。

　　本书在策划与编写过程中,得到了上海立达学院各位领导的关心,也得到了立信会计出版社的领导与编辑的具体指导和帮助,在此一并表示感谢。由于编者的法律知识与实务经验有限,书中难免存在疏漏或不妥之处,恳请同行和专家不吝赐教。

编　者

2020 年 12 月

目　　录

第一章 导 论

学习目标

◆ 了解国际贸易和跨境电商的分类、特征和交易流程。

◆ 熟悉大陆法系与英美法系的基本内涵及其区别。

◆ 明确国际贸易和电子商务领域立法的目的与意义。

◆ 形成国际商法的知识体系和架构,为后续学习打下基础。

本 章 概 要

本章包括三部分内容:第一部分为国际商法概述,介绍了国际商法的调整对象、体系的构成、法律渊源、大陆法系与英美法系;第二部分为国际贸易立法概述,介绍了国际贸易、国际组织立法和中华人民共和国立法的概况;第三部分为跨境电商立法概述,介绍了跨境电商、国际组织立法、欧洲联盟立法、各国电子商务立法和中华人民共和国电子商务立法的概况。

第一节 国际商法概述

在商事活动中,各国制定的商事法律制度不仅促进了本国贸易经济的发展,也成为国际商法的法律渊源。各国政府为统一国际商事规则而订立的一系列国际商事条约,推动国际商事规则走向国际化的进程。国际组织在此基础上制定的国际贸易惯例、规则以及通过的一系列公约,规范着国际贸易和跨境电商的交易和服务的行为。

一、国际商法的调整对象

国际商法是指调整各种国际商事关系法律规范的总称。国际商法调整的对象是国际商事法律关系。国际商事关系是指具有主体资格的自然人、法人和其他法人组织,以营利为目的在商品交易、货物流通和商事服务等产业链中参与国际商事活动所形成的内在联系。具体来说,国际商事关系涉及两个领域:一是以货币为媒介的交易,包括货物和有价证券等买卖;二是以货币为媒介的服务,包括货物运输、财产保险、仓储保管、商务代理、资金融通和信托等服务。

二、国际商法体系的构成

国际商法体系由以下三个部分组成。

（一）国际商事主体资格的法律规范

国际商事主体资格的法律规范主要包括各国的公司法,如《中华人民共和国公司法》《中华人民共和国合伙企业法》和《中华人民共和国个人独资企业法》等,主要涉及公司的设立、组织、经营、变更、解散和清算等法律制度。

（二）国际商事活动的法律规范

国际商事活动的法律规范主要包括国际组织制定的《海牙规则》和通过的《国际货物销售代理公约》《联合国国际货物销售合同公约》《巴黎公约》《统一汇票本票法公约》,以及各国制定的法律法规,如《中华人民共和国著作权法》《中华人民共和国民用航空法》《伦敦保险业协会货物保险条款》《中华人民共和国对外贸易法》《中华人民共和国货物进出口管理条例》《中华人民共和国海关法》《中华人民共和国进出口商品检验法》《中华人民共和国票据法》等,主要涉及代理、货物买卖、知识产权、国际货物运输、国际货物运输保险、进出口货物监管和国际结算等法律制度。

（三）国际商事救济的法律规范

国际商事救济的法律规范主要包括《联合国国际贸易法委员会仲裁规则》《中华人民共和国民事诉讼法》等,主要涉及商事仲裁和民事诉讼的程序、内容和要求等法律制度。

三、国际商法的法律渊源

国际商法的法律渊源主要包括国际商事条约、国际商事惯例和各国的国内商事法,三者之间互相依赖、互相补充、互相转化、互相作用。

（一）国际商事条约

国际商事条约又称国际商事公约,是指具有缔约主体资格的国家与国家之间、国家与国际组织之间缔结的、用以调整国际商事活动的条约。由于不同国家的商法存在诸多差异,而这些差异往往会阻碍国际商事活动的顺利进行,为了统一国际商事规则,各国政府之间或国际组织通过了国际商事条约。根据国际法的基本原则,国际商事条约的效力优于国内法。国际商事条约对于消除在国际商事活动中的法律冲突起到了积极的作用,是国际商法最为重要的法律渊源。

（二）国际商事惯例

国际商事惯例又称国际贸易惯例,是指在长期的国际经济交往过程中,经过反复实践与运用,逐步被世界各国商事主体所能接受的行为规范,如《国际贸易术语解释通则》《托收统一规则》《跟单信用证统一惯例》等。它是国际商法的一个重要渊源。

（三）各国的国内商事法

各国的国内商事法是指各国为调整涉外商事法律关系而制定的法律及有关判例。各国的国内商事法的一些规则对国际商法具有补充的功能。由于国际商事活动的多样性和复杂性，现有的国际商事条约和国际商事惯例不可能解决所有国际商事的有关问题，而且许多国际商事条约和国际商事惯例还尚未被所有的国家普遍接受和采用，需要各国的立法来进行补充和协调。

四、大陆法系与英美法系

法系是指根据若干国家和地区基于历史传统在法律实践和法律意识等方面所具有共性的法律总称。世界各国沿用的法律体系基本上可分为大陆法系和英美法系两大类，这两大法系对国际商法产生重要的影响。

（一）大陆法系

大陆法系是指源于罗马法，并在 1804 年《法国民法典》和 1896 年《德国民法典》基础上发展起来的法律总称。大陆法系强调成文法的作用，注重法律的系统化、条理化、逻辑化和法典化。

属于大陆法系的国家或地区主要包括四个部分：一是法国、德国、意大利、西班牙等欧洲大陆国家；二是曾属于法国、西班牙、荷兰、葡萄牙四国殖民地的国家或地区；三是墨西哥和巴拿马等中美洲国家；四是日本和中国等亚洲国家。

（二）英美法系

英美法系又称普通法系，是指源于日耳曼习惯法，并在英国普通法基础发展起来的法律总称。英美法系注重法典的延续性，以传统、判例和习惯为判案依据。

属于英美法系的国家或地区主要包括：英国、美国、加拿大、印度、巴基斯坦、孟加拉国、马来西亚、新加坡、澳大利亚、新西兰等国家，以及非洲的一些国家和地区。

（三）大陆法系与英美法系的区别

两大法系的区别主要有以下四个方面。

1. 法律渊源方面

从法律渊源来看，大陆法系是成文法系，其法律以成文法的方式存在，其法律渊源包括立法机关制定的各种规范性法律文件、行政机关颁布的各种行政法规和该国参加的国际条约；英美法系的法律渊源既包括各种成文法，也包括判例法，其中判例法在整个法律体系中占有非常重要的地位，上级法院的判例对下级法院审理类似案件具有约束力。

2. 法律结构方面

从法律结构来看，大陆法系承袭古代罗马法的传统，用法典的形式对某一法律部门所涉及的规范做统一的系统规定，法典成为法律体系结构中的主要部分；英美法系用单行法的形式对某一类问题做专门的规定，单行法和判例法在其法律体系结构中占据主要地位。

3. 法官权限方面

从法官权限来看，大陆法系所属国家的法官在案件审理时，是在确定事实后再考虑依据哪个成文法的规定，并基于该成文法进行解释；英美法系所属国家的法官在案件审理时，在确定事实之后，首先考虑以往是否有类似案件的判例，将本案与判例加以比较，从中找到本案的法律规则或原则，其次运用法律解释和法律推理的技术创造新的判例。

4. 诉讼程序方面

从法诉讼程序来看,大陆法系所属国家的法官在诉讼中居于主导地位,突出法官的职能;英美法系所属国家在审理案件时,以原告、被告和辩护人为重心,采用对抗制,法官充当中立的裁定者的角色。

第二节 国际贸易立法概述

贸易是指买卖双方以货币为交换媒介,对有价物品及服务互通有无的行为。从商品的形态来看,交换从物物演变为虚拟物品的互通;从货币形态来看,媒介的载体从贵金属货币演变为纸币和电子货币;从关境的区域来看,从境内拓展至境外;从立法的视角来看,从一国法律逐渐演变至区域和全球法律。

一、国际贸易概况

国际贸易是指世界各个国家或地区之间商品、技术和服务的商业交换活动。如果从本国的视角出发,国际贸易可称为对外贸易或海外贸易;如果基于流向的角度,其也可称为进出口贸易;如果依据市场的出发点,其亦可称为世界贸易。

(一) 国际贸易的分类

1. 进口贸易与出口贸易

国际贸易按商品流向划分,可分为进口贸易与出口贸易。其中,进口贸易是指从其他国家或地区引进商品、技术和服务到本国市场的商务活动;出口贸易是指将本国的商品、技术和服务输出到其他国家或地区的商务活动。

2. 有形贸易与无形贸易

国际贸易按商品形态划分,可分为有形贸易与无形贸易。其中,有形贸易是指交易的标的是实物形态商品(如服装、化妆品和家具等)的国际贸易;无形贸易是指交易的标的是劳务或其他非实物形态商品(如为进出口商品提供货物运输、货物保险、货物销售和金融等服务)的国际贸易。

3. 直接贸易与间接贸易

国际贸易按交易模式划分,可分为直接贸易与间接贸易。其中,直接贸易是指进出口双方就商品、技术和服务直接达成交易,签订国际贸易合同,并按其履行的贸易方式;间接贸易是指进出口双方就商品、技术和服务通过第三国达成交易,签订国际贸易合同,并按其履行的贸易方式。

4. 一般贸易与加工贸易

国际贸易按贸易方式划分,可分为一般贸易与加工贸易。其中,一般贸易是指境内有进出口经营权的企业单边输入或输出关境的进出口贸易方式(包括一般进出口货物、特定减免税货物和保税货物);加工贸易是指经营企业进口全部或部分原辅材料、零部件、元器件和包装物料经加工或装配后,将制成品复出口的经营活动(包括进料加工、来料加工和装配业务)。

(二) 国际贸易的特征

国际贸易是各国或地区在国际分工基础上形成的相互依赖关系。由于其是在不同国家或地区间进行的,与国内贸易业务相比具有明显的特征。国际贸易的特征主要表现在以下四个方面。

1. 受各国政治的影响

国际贸易必然要涉及国际局势变化和不同国家或地区的政治、双边关系等条件的影响,各国势必都会采取保护本国根本利益的措施,其直接影响着国际贸易的发展。例如,近年来韩国不顾中国在萨德部署问题上的多次抗议,由此影响了两国国际贸易发展的态势,中国政府减少了对韩国进出口货物的总量。

2. 受各国贸易政策的影响

伴随着全球经济一体化进程和不同国家或地区竞争博弈日趋激烈,各国都会采取保护本国经济利益的贸易保护政策,这在一定程度上将影响着国际贸易的发展。例如,有些发达国家出于保护本国经济的目的,连续不断对中国出口产品开展反倾销和反补贴调查,中国成为全球遭遇反倾销和反补贴调查最多的国家,阻碍了我国对外经济的发展。

3. 受各国社会习俗的影响

从事国际贸易时,我们要面对不同国家或地区的传统文化、生活习俗和消费习惯等方面的差异,所涉及的问题远比国内贸易业务复杂得多,稍有疏忽就会影响到外贸企业的经济利益。例如,伊斯兰国家一般是指以伊斯兰教为国教和多数居民信奉伊斯兰教的国家和地区。伊斯兰教禁食猪肉,如果某国出口至伊斯兰国家含有猪肉的食品,就会侵犯他国社会习俗,将被其海关拒绝入境。

4. 受外在风险的影响

进出口货物交易若涉及买卖双方的洽谈与签约,还要通过货物运输、进出口货物认证、货物运输保险、进出口货物通关、支付与结汇、核销退税等环节。其合同履行时间较长,承担的风险远要比国内贸易业务大得多。尤其是传统国际贸易成交数量一般较大,运输距离较远。

二、国际组织的公约、规则、议定书、协定、惯例概况

第二次世界大战结束以后,各国逐渐转向本国的经济建设,加强与各国之间的经济交流,并推动了国际贸易的发展。各国国际贸易法律的差异,阻碍了各国之间的贸易交流。为此,国际组织、地区联盟组织和各个国家通过或修订了与国际贸易相关的公约、规则和国际惯例。

(一) 联合国国际贸易法委员会的公约、规则、协议、示范法

联合国国际贸易法委员会简称贸易法委员会,成立于 1966 年,由 60 个成员国组成,代表了世界各个不同地理区域及其主要经济和法律体系。贸易法委员会的总任务是促进国际贸易法逐步协调和统一,先后通过了《联合国国际货物销售合同公约》《联合国海上货物运输公约》《承认及执行外国仲裁裁决公约》《多边协议的管制限制性商业惯例的公平原则和规则》《仲裁规则》《调解规则》《控制限制性商业行为的公平原则和规则的多边协议》《关于限制性商业行为的示范法》《国际商事仲裁示范法》等。

(二) 国际私法统一协会的公约、通则

国际统一私法协会成立于 1926 年,是一个专门从事私法统一的政府间国际组织,旨在统一和协调不同国家和国际区域之间的私法规则,并促进这些私法规则的逐渐采用。该协

会先后制定的法律主要包括《代理法律适用公约》《国际货物销售代理公约》《国际保付代理公约》《选择法院协议公约》《国际商事合同通则》等。

（三）国际海事委员会的公约、议定书

国际海事委员会成立于1897年，由各国海商法协会组成，是一个非政府性的国际组织，现有会员52个。国际海事委员旨在通过各种方式和活动促进国际海商法、海事惯例和实践做法的统一，先后制定了《统一提单的若干法律规定的国际公约》《关于产品责任的法律适用公约》《修改统一提单若干法律规定的国际公约议定书》等。

（四）世界知识产权组织的公约、议定书、协定

世界知识产权组织成立于1970年，是致力于利用知识产权作为激励创新与创造手段的联合国机构。世界知识产权组织旨在通过国家之间的合作，以及与其他国际组织的协作，促进全世界对知识产权的保护。该组织管理着一系列知识产权条约，如《巴黎公约》《保护文学和艺术作品伯尔尼公约》《商标国际注册马德里协定有关议定书》《与贸易有关的知识产权协定》等。

（五）联合国教科文组织的公约

联合国教科文组织的全称是联合国教育、科学及文化组织，成立于1946年11月，现有195个成员。联合国教科文组织旨在通过教育、科学和文化促进各国合作，对世界和平和安全做出贡献。其主要机构包括大会、执行局和秘书处。该组织于1952年9月在日内瓦签订了《世界版权公约》。

（六）国际联盟的公约

因解决法国、德国和英美三大票据法体系的立法技术和体例，国际联盟在荷兰海牙举行了统一票据法会议，提出了关于统一票据法的草案，形成了日内瓦公约，其主要包括《1930年关于统一汇票和本票的日内瓦公约》《1930年关于解决汇票和本票的若干法律冲突的公约》《1931年关于统一支票法的日内瓦公约》《1931年关于解决支票的若干法律冲突的公约》等。

（七）万国邮政联盟的规则、公约及其实施细则

万国邮政联盟的前身是邮政总联盟，成立于1874年10月，1878年7月改名，是联合国的一个关于国际邮政事务的专门机构，商定国际邮政事务的政府间国际组织。万国邮政联盟的宗旨是组织和改善国际邮政业务，发展邮政方面的国际合作，以及在力所能及的范围内给予会员国所要求的邮政技术援助。该联盟先后制定了《万国邮政联盟总规则》《万国邮政联盟组织法》，通过了《万国邮政公约》《万国邮政公约实施细则》等。

（八）欧洲联盟的公约、规则、协定、指令和条例

欧洲联盟简称欧盟，成立于1993年11月1日，拥有28个会员国，是由欧洲共同体发展而来。欧洲联盟的宗旨是加强经济与政治、司法与内政事务的合作、发展共同外交与安全政策。该联盟先后通过了《关于造成人身伤害与死亡的产品责任的欧洲公约》《关于民商事件管辖权及判决执行的公约》《选择法院协议公约》，制定了《国际铁路货物运送规则》《国际铁路货物联合运输协定》《国际铁路货物联运协定》《关于对有缺陷的产品责任的指令》《欧盟非合同之债法律适用条例》等。

（九）国际商会的范本、规则和国际惯例

国际商会成立于1920年，是一个国际民间经济组织，也是联合国经社理事会的一级咨询机构，有100多个国家成员国。国际商会旨在推动国际经济的发展，促进自由企业和市场

组织的繁荣,促进会员之间经济往来,协助解决国际贸易中出现的争议和纠纷,并制定有关贸易、银行、货运方面的规章和条款。国际商会先后制定了《国际贸易代理合同范本》《国际贸易术语解释通则》《托收统一规则》《联合运输单证统一规则》《跟单信用证统一惯例》等,其国际惯例虽然是非强制性的,但已为世界各国普遍接受和采用。

三、中华人民共和国立法概况

(一) 国际商事组织法律体系

为了保护民事主体的合法权益,调整民事关系,维护社会和经济秩序,全国人民代表大会先后通过了《中华人民共和国民法典》(以下简称《民法典》)《中华人民共和国公司法》《中华人民共和国合伙企业法》《中华人民共和国个人独资企业法》和《中华人民共和国外商投资法》。

(二) 国际贸易知识产权法律体系

为了保护知识产权,保障消费者和生产、经营者的利益,促进社会主义市场经济的发展,全国人民代表大会先后通过了《中华人民共和国商标法》《中华人民共和国专利法》和《中华人民共和国著作权法》。

(三) 国际货物运输法律体系

为了调整海上、航空、陆上运输关系,维护当事人各方的合法权益,促进运输和经济贸易的发展,全国人民代表大会先后通过了《中华人民共和国海商法》《中华人民共和国民用航空法》《中华人民共和国铁路法》和《中华人民共和国邮政法》。

(四) 国际货物运输保险法律

为了保护保险活动当事人的合法权益,加强对保险业的监督管理,全国人民代表大会通过了《中华人民共和国保险法》。

(五) 进出境货物监管法律体系

为了规范货物进出口管理,维护货物进出口秩序,促进国际贸易健康发展,全国人民代表大会通过了《中华人民共和国对外贸易法》《中华人民共和国货物进出口管理条例》《中华人民共和国海关法》《中华人民共和国进出口商品检验法》《中华人民共和国食品安全法》《中华人民共和国进出境动植物检疫法》等。

第三节　跨境电商立法概述

当下,由于互联网与信息技术的不断进步与被应用,跨境电商这种新的业态在国际贸易领域中应运而生,并推动着我国和全球经济的快速发展。作为规范国际商务行为的商法,也相应地增加了与跨境电商相关的法律制度。

一、跨境电商概况

跨境电商是指分属不同关境的交易主体,在法律许可范围内通过电商平台实现买家与卖家之间的交易活动。跨境电商交易活动有主体、客体和对象三个基本要素:主体是指掌握信息技术和商务规则的人;客体是指跨境电商交易活动需要具备的技术条件及设施,包括通信技术及终端设施、计算机技术及计算机硬件、网络技术及通信设施、跨境电商交易平台及运营系统等;对象是指以交换为目的的货物或物品以及提供的服务。

(一) 跨境电商的分类

跨境电商根据交易对象的不同可分为跨境贸易电商和跨境零售电商。

1. 跨境贸易电商

1) 跨境贸易电商的含义

跨境贸易电商是指分属不同关境的交易主体,通过电子商务的手段将传统国际贸易中的展示、洽谈、成交、支付、物流、清关等环节的操作,以电子化、数字化和网络化所呈现的一种新型的国际贸易形式。

2) 跨境贸易电商交易的形式

跨境贸易电商交易的形式表现为 B2B。其中,B 是"Business"的简称,意为生产商或零售商;2 则是"to"的谐音。B2B 是指供需双方生产商或零售商之间利用互联网技术,通过跨境电商交易平台完成货物买卖的一种交易模式。交易双方的主体分别是上游的卖家生产商和下游的买家零售商或生产企业。

2. 跨境零售电商

1) 跨境零售电商的含义

跨境零售电商是指分属于不同关境的交易主体,通过电子商务的手段,完成订单处理、支付和结算,并通过快件、小包等方式将商品送达消费者的一种碎片化的交易活动。

2) 跨境零售电商交易的形式

跨境零售电商有两种交易形式:一是 B2C,其中,C 是"Customer"的简称,意思是消费者。B2C 是指供方是境内生产商或零售商、需方是境外消费者,通过跨境电商交易平台完成货物买卖的一种交易模式。二是 C2B,是指需方是境内消费者,供方是境外生产商或零售商,通过跨境电子商务交易平台聚合分散用户从生产商或零售商获取批发价格购物,并完成货物买卖的一种交易模式。C2B 与 B2C 的交易模式相同,交易双方的主体仍是上游的生产商或零售商和下游的消费者,区别是消费者所处的关境不同。

(二) 跨境电商的特征

从跨境电商交易活动的表象和内质来分析,其具有以下五大特征。

1. 全球性

跨境电商在互联网技术的基础上,通过网络与网络之间的协议形成全球网络。作为一个没有边界媒介的全球网络,跨境电商能为世界各国的制造商、流通商和消费者等用户提供在线的各种商务活动。

2. 无形性

跨境电商在互联网技术的基础上,通过数据、声音和图像等数字化媒介在网络中进行传输,其数据、声音和图像及传输过程是看不见、听不着和触摸不到的,是一种虚拟形态。

3. 匿名性

跨境电商活动是虚拟的交易,在线交易者不需要显示自己的真实身份,能有效保护交易者的隐私。

4. 即时性

在跨境电商活动中,数字化产品的订货、交易和付款都可以在瞬间完成,无论实际时空距离远近,信息的发送与接收几乎是同时的,犹如面对面的直接交谈。

5. 无纸化

在跨境电商活动中,电子合同、电子单证、电子票据、电子文件等取代了一系列的纸质文件,实现了无纸化贸易。

（三）中国跨境电商的发展

1. 中国跨境电商的产生

1）基于 EDI 的跨境电商

EDI 即电子数据交换,是指将商业或行政事务按一个公认的标准,形成结构化的事务处理或文档数据格式,从计算机到计算机的电子传输方法。EDI 在国际贸易领域中得到了广泛的应用,买卖双方按照进出口贸易合同的约定,在履行环节中将所需要的商业文件通过系统进行标准化和格式化,通过计算机网络在贸易伙伴计算机网络系统之间进行数据交换,自动进行识别、接受、处理单证数据信息,并自动制作新的电子单据传输到有关部门,其被称为"无纸化贸易"。

2）基于 Internet 的跨境电商

Internet 译为因特网,又称国际互联网、互联网,是指由网络与网络之间通过协议而连接成的全球网络。具体地说,计算机网络是由许多计算机组成的,通过 TCP(传输控制协议)和IP(网间协议)计算机语言实现网络的计算机之间传输数据,以保证数据安全、可靠地到达指定的目的地。

2. 中国跨境电商的发展

中国跨境电商的发展经历了以下三个阶段。

1）1.0 阶段(1999—2002 年)

1.0 阶段的特征是企业通过第三方平台在网上发送产品信息和展示商品,在线下完成交易活动,并向第三方平台企业支付会员费。例如,1999 年成立的阿里巴巴国际站平台,其提供一站式的店铺装修、产品展示、营销推广、生意洽谈及店铺管理等全系列线上服务和工具,通过电子商务网站推广展示产品,获取订单。

2）2.0 阶段(2003—2012 年)

2.0 阶段的特征是将线下交易、支付、物流等流程实现电子化,借助于电子商务平台,通过服务与资源整合,有效打通了上下游供应链。例如,2004 年成立的敦煌网在线外贸交易平台,为中小企业提供 B2B 网上交易,让中国中小企业通过跨境电子商务平台走向全球市场。

3）3.0 阶段(2013 年至今)

3.0 阶段有三个特征:一是大型化,是指大型企业进驻跨境电商平台,直接面对全球市场,通过大数据分析找到自己产品的用户群体,并培育产品的品牌;二是全程化,是指能提供产业链服务的大型跨境电商综合服务平台出现,为跨境电商全程运营提供采购、仓储、营销、订单、支付、物流、清关、融资、翻译等系列服务,也为中小、微型企业从事对外贸易提供了有利条件;三是品牌化,是指对产品或服务设计品牌名、标识、符号和包装等可视要素,以及声音、触觉、嗅觉等感官刺激,以推动产品或服务具备市场标的和商业价值的整个过程。

（四）跨境电商的交易流程

以 B2B 交易为例,跨境电商的交易流程主要有以下五个环节。

1．卖家建立商铺

卖家(跨境电商企业)选择第三方跨境电商平台,阅读平台规则和服务协议,在平台上填写企业基本信息,由平台对企业信息进行验证。通过验证后,企业上传认证材料,通过平台对认证后获取免费或付费的店铺界面。

买家(跨境电商企业)选择第三方跨境电商平台进行用户注册,获准会员资格,方可浏览该平台发布的商品供货信息。

2．卖家发布商品信息

卖家(跨境电商企业)获取免费或付费的店铺后进行装修,确定商铺名称、商铺标志,介绍公司实力、业务范围、经营产品,发布主营产品、特色产品和热销产品,提升店铺的曝光率。

买家(跨境电商企业)根据自己的经营范围、经营目标、客户需求等内容浏览平台相关商品信息,选购商品,确定采购数量,并进行成本与利润核算。

3．卖家处理订单

卖家(跨境电商企业)对买家询盘进行报价,对买家的订单及时进行处理,落实货源及发货各项准备工作。

买家(跨境电商企业)对确定采购意向的商品向卖家询盘或议价或直接下订单,并在卖家确认订单后支付货款。

4．卖家配送与清关

卖家(跨境电商企业)确认货款到账后安排商品分拣出库,办理出境商品检验检疫和出口货物报关手续。

买家(跨境电商企业)收到货物到达通知后,办理入境商品检验检疫和进口货物报关手续,支付相应的费用后提货。

5．卖家收取货款与退税

卖家(跨境电商企业)获取买家收货确认信息后向第三方跨境电商平台发出结算货款通知,货款结算后再向国家税务局主管部门办理出口退税。

二、国际组织公约、示范法概况

在国际贸易领域中,随着各国电子商务的产生与发展,电子数据传递和存贮、电子签字、电子合同、通用数据和知识产权保护、交易规范、关税征收等方面先后出现了不规范的操作现象,阻碍了一个国家、地区和全球的跨境电商的有序发展。为此,国际组织、地区联盟组织和各国通过了与跨境电子商务相关的公约和示范法。

(一)联合国国际贸易法委员会的公约、示范法

为了保障电子商务各方主体的合法权益,规范电子商务行为,维护国际市场秩序,联合国国际贸易法委员会先后通过或制定了《国际合同使用电子通信公约》《电子商务示范法》《电子签字示范法》。

(二)世界知识产权组织的公约

为了保护文学、艺术和科学作品作者的著作权,以及与著作权有关的权益,世界知识产权组织先后通过了《保护文学和艺术作品伯尔尼公约》《保护表演者、唱片制作者和广播组织的国际公约》《保护录音制品制作者防止未经许可复制其录音制品公约》等。

三、欧洲联盟的指令、条例概况

欧洲联盟简称欧盟,成立于 1993 年 11 月 11 日,现有 28 个会员国,分别为德国、法国、意大利、荷兰、比利时、卢森堡、奥地利、瑞典、芬兰、挪威、罗马尼亚、斯洛伐克、拉脱维亚、立陶宛、保加利亚、马耳他、克罗地亚等,是一个经济与政治的联盟组织。自 1995 年以来,随着电子商务的快速发展,参照《电子商务示范法》的规定,欧盟先后制定一系列有关电子商务发展的指令和条例来规范电子商务活动,给欧盟成员国提供一个统一参考,避免各自为政。

(一) 通用数据保护指令、条例

1.《数据保护指令》

1995 年,欧盟制定了《数据保护指令》,对欧盟内部的个人数据处理的条件、目的和比例进行了规定,以立法形式保护欧盟成员国个人数据设立的标准。随着互联网技术的发展及其社交应用,人们每天的生活乃至地理位置信息都成为暴露的对象,《数据保护指令》已经不能适应,必须予以修正。

2.《隐私保护和电子通信指令》

2002 年 7 月 12 日,欧盟对个人数据保护措施进行了修正,发布《隐私保护和电子通信指令》。其规定了通信和互联网服务商需要采取适当的措施,保证通信和互联网服务的安全性;禁止在未征得用户同意的情况下存储和使用用户的数据;服务提供商应该保障用户的知情权等,确定了未来互联网个人数据保护的基本原则,但是在具体操作层面还较为粗略,也缺乏明确的违规惩罚措施。

3.《欧洲 Cookie 指令》

2009 年 11 月 25 日,欧盟对个人数据保护措施又进行了修正,发布了《欧洲 Cookie 指令》,并于 2011 年 5 月 25 日起实施。该指令是《隐私保护和电子通信指令》的重要补充:一方面,强化了用户的知情权,让用户对网站收集、存储和跟踪用户信息有了清晰明确的了解;另一方面,对网站生成、使用和管理以 Cookie 为核心的用户个人数据提出了完整规范的管控要求,以避免网站滥用或以不够安全的方式操作与存储用户个人数据。《欧洲 Cookie 指令》划清了对用户个人数据合法操作与非法操作的界限,让欧盟管控互联网并进行个人数据保护有了明确的依据。

4.《通用数据保护条例》

欧盟在《数据保护指令》基本框架之上对数据保护进行了两次修正,但是还未能适应移动互联网时代日新月异的需求。2012 年 1 月 25 日,欧洲议会公布了《通用数据保护条例(草案)》。2016 年 4 月 14 日,欧盟通过了《通用数据保护条例》(GDPR),并于 2018 年 5 月 25 日开始实施。该条例以法规的形式确定了个人数据的保护原则和监管方式,规定了详细的管理规范,使其具备了在企业内控和合规管理方面的可操作性,适用对象也从欧盟内的企业扩展到向欧盟用户提供互联网和商业服务的所有企业。

欧盟《通用数据保护条例》共分十个部分:第一部分为序言;第二部分为 GDPR 的地域适用范围;第三部分为个人敏感数据;第四部分为问责机制——从设计着手隐私保护和默认隐私保护;第五部分为数据主体的权利;第六部分为数据主体的权利;第七部分为数据主体的权利;第八部分为数据处理者;第九部分为数据泄露和通知;第十部分为 GDPR 下的数据处理者。

《通用数据保护条例》的适用范围有三个方面:一是在欧盟境内设有业务机构的组织,只要这些组织的业务机构在欧盟境内的活动中处理个人数据,而不论此类处理行为是否实际发生在欧盟境内;二是某一组织虽不在欧盟境内设立业务机构,但却处理欧盟境内个人的个人数据,并且此类处理行为与向欧盟境内个人提供商品或服务相关,无论该等商品或服务是否收费;三是非欧盟组织处理欧盟境内个人的个人数据,只要此类处理行为涉及对这些个人的行为进行监控,且该处理行为发生在欧盟。

(二)《电子商务指令》

2000 年 6 月 8 日,欧盟颁布了《2000 年 6 月 8 日欧洲议会及欧盟理事会关于共同体内部市场的信息社会服务,尤其是电子商务的若干法律方面的第 2000/31/EC 号指令》(以下简称《电子商务指令》),规范了 B2B 和 B2C 电子商务法律关系,涉及电子合同、电子签名和认证、网上支付、知识产权保护、电子商务税收、消费者权益保护及司法救济手段等,为电子商务设立了基本法律框架。

1. 框架

《电子商务指令》共分三章:第一章为一般性条款;第二章为原则;第三章为实施。

2. 适用范围

《电子商务指令》适用于信息社会服务的共同体法律,但不损害共同体法律以及根据共同体法律制定的国内立法已确立的保护水平,特别是在公共卫生和消费者利益领域的保护水平,只要提供信息社会服务的自由未受到限制。

《电子商务指令》不适用范围包括四个方面:一是税收领域;二是与《第 95/46/EC 号指令》《第 97/66/EC 号指令》所涉及的信息社会服务相关的问题;三是与反不正当竞争法所调整的协议及实践相关的问题;四是信息社会服务活动,包括公证活动或者其他类似与公共权利的行使有着直接和特定关系的职业人所从事的活动,在法院代表委托人并为其利益进行辩护,涉及金钱的、带有投机性的赌博游戏,包括彩票与下赌注的交易。

(三)《欧盟消费者权利指令》

欧盟从 1993 年起先后颁布了《关于消费者合同中不公平条款的指令》《关于在某些方面保护不动产分时段使用权买卖合同的买受人的指令》《关于远程销售合同缔结中的消费者保护指令》等,对消费者权益保护做出了大量的努力。由于很多欧盟成员国国内的远程合同和无店铺销售增长很快,但是欧盟成员国的立法规定不同,导致欧盟跨境的远程合同交易受到限制。在这样的背景下,欧盟于 2011 年 10 月 25 日颁布了《欧盟消费者权利指令》,要求欧盟成员国于 2013 年 12 月 13 日之前采取相应的法律、规章遵守该指令,并于 2014 年 6 月 13日起实施。

1. 框架

《欧盟消费者权利指令》共分六章,共计三十五条。第一章为对象、概念及适用范围;第二章为除远程销售合同或营业场所外订立合同之外的信息义务;第三章为远程销售合同或营业场所外订立合同中的信息义务;第四章为其他的消费者权利;第五章为一般性规定;第六章为最后规定。

2. 适用范围

《欧盟消费者权利指令》适用于经营者与消费者之间的合同,包括供应水、燃气或暖气的合同,以及由官方机构提供的服务合同。如果与其他欧盟法律文件中关于特殊领域的规定相冲突,则优先适用该法律文件。

《欧盟消费者权利指令》不适用合同的情形有:一是社会服务合同,包括提供和租赁社会福利性住房,照料儿童,帮助需要帮助的家庭和人员;二是健康服务的合同;三是需要付款才能参与赌博的合同,包括彩票、赌场及博彩;四是金融服务合同;五是设立、取得或移动不动产的所有权或其他权利的合同;六是建造新建筑物、对现有建筑物进行重大修缮或租赁房屋的合同;七是属于 90/314/EWG 指令适用范围内的合同;八是属于 2008/122/EG 关于在不动产分时段使用权合同、长期度假产品、再次出售合同及交换合同中在特定角度对消费者予以保护的指令的适用范围内的合同;九是根据国际成员国法律的规定,在一个依法独立运行的官方机构订立,该机构通过全面的法律告知,确保消费者是在经过全面的法律考察并了解合同的法律意义的情况下订立的合同;十是关于经营者经常性的、定期向身份证的住处、经常居住地或工作场所提供食品、饮料或其他日常生活用品的合同;十一是人员运输的合同;十二是通过自动售货机或自动营业场所而订立的合同;十三是借助公共电话而使用电子通信设施时与该设施运营商所订立的合同,或者为使用由单个消费者所安装的电话、网络或传真连接所订立的合同。

(四)《隐私与电子通信条例》

2017 年 1 月 10 日,欧盟委员会提议出一项新法案——《隐私与电子通信条例》,该条例作为《通用数据保护条例》的特别法,意欲取代当前的《电子隐私指令》,旨在规制电子通信服务并保护与用户终端设备相关的信息,一改此前的通信隐私规则只约束传统电信服务商的局面。该条例将即时通信、VOIP 等 OTT 服务商纳入与传统电信服务商一样的隐私监管框架,对电子通信数据的保护不仅包括通信内容本身,而且包括时间、地点、来源等标记通信内容的元数据,并且在地域上可以约束欧盟境外的互联网企业,其将对电子通信行业的数据实践产生深远影响。

1. 框架

《隐私与电子通信条例》草案共七章,共计二十七条。第一章为总则,主要包括适用范围和对相关概念的定义;第二章包括主要的关键条款,针对如何保证电子通信的秘密性和处理电子通信数据的条件与目的;第三章规定了终端用户可以通过控制电子通信信息的发送和接收来保护个人的隐私安全;第四章规定了该法案的监管部门与实施部门;第五章详细规定了终端用户可以采取的多种救济措施,以及违反该条例将要承担的责任和将会受到的惩罚;第六章规定了相应的委托行为和实施行为;第七章规定了最终条款,规定了废除《电子隐私指令》和新的法律如何通过、何时生效等问题。

2. 适用范围

《隐私与电子通信条例》适用范围有两个方面:一是适用的对象范围是在提供和使用电子通信服务中处理电子通信数据,以及对与终端用户的终端设备相关的信息的保护;二是适用的地域范围包括向欧盟境内的终端用户提供电子通信服务、电子通信服务的使用和与位于欧盟境内的终端用户的终端设备相关的信息的保护。

四、各国电子商务立法概况

(一)美国电子商务立法

为了使电子商务在法律的保护和规范下健康发展,美国早在 20 世纪 90 年代中期就开始了有关电子商务的立法准备工作。由于美国是联邦制国家,联邦和州两级均有立法权,尤其是交易法一直属于各州立法的范围,为了避免各州立法之间的冲突,由美国法研究所等联邦政策咨询机构制定了一套交易法规则,并其融入本州的立法中。

1995年,美国犹他州制定了世界上第一部《数字签名法》。之后,美国联邦政府在关于电子数据、电子签名、技术标准、安全性和隐私权等方面制定了一系列法律。1997年,美国联邦政府在《统一商法》中增加了电子合同法和计算机信息交易法两章,被其他各州稍加修改而采用;1999年7月,美国统一州法全国委员会公布了《统一计算机信息交易法》,适用于计算机软件、多媒体交互性产品、计算机数据和在线信息发行等交易,为美国网上计算机信息交易提供了基本的法律规范;2000年6月30日,美国国会通过了联邦法律《全球与跨州商业电子签名法》,旨在通过确保以电子方式签订的合同的有效性和法律效力,促进在州际和国际贸易中使用电子记录和电子签名,为在商贸活动中使用电子文件和电子签名扫清了法律障碍。

(二) 韩国电子商务立法

韩国电子商务立法的基本情况如下:1999年,韩国颁布了《电子签名法》,并于2001年修订,旨在通过电子签名的基本规则确保电子信息的安全性,其包括公共认证权威机构、公共认证和电子签名认证政策等内容;1999年,颁布了《电子商务框架法》,并于2002年修订,旨在保护电子交易的安全与可靠性,建立便利电子交易的框架,包括电子信息、电子商务安全、电子商务用户的保护、电子商务政策制定系统、电子商务促进磋商和电子商务仲裁委员会等内容;2003年,颁布了《电子商务用户保护指南》,通过规定和列示相关法律法规,保护用户的基本权利和利益,促使交易双方自觉遵守电子贸易的规则。除此以外,韩国还制订了《标准合同规章法》《贷款交易法》《网络信息服务促进法》《信息、通信、信息安全促进法》《电子单证法》等有关电子商务和信息便利化的法案。

(三) 新加坡电子商务立法

新加坡电子商务立法的基本情况如下:1998年,新加坡颁布了《电子交易法》及配套法规《电子交易(认证机构)规则》,对电子商务环境下产生的问题进行了较为全面的规范,奠定了电子交易双方当事人的权利与义务的法律基础。2004年至2005年,新加坡对《电子交易法》《电子交易(认证机构)规则》进行修订;2009年6月,完成了《电子交易法》修订稿和《电子交易(认证机构)规则》建议稿,2010年5月19日,正式通过,2010年7月1日起施行。《电子交易法》内容包括:序言,电子记录,签名和合同,安全电子记录和签名,指定安全程序规范和指定安全程序提供者,公共机构适用电子记录和签名,物流服务提供者的责任,一般规定。

五、中华人民共和国电子商务立法概况

中国涉及计算机与网络安全的行政法规基本情况如下:1981年,公安部开始成立计算机安全监察机构,并着手制定有关计算机安全方面的法律法规和规章制度;1991年6月4日,国务院发布了《计算机软件保护条例》,该条例于2002年1月1日起废止,国务院又于2011年12月20日以国务院令第339号公布了新的《计算机软件保护条例》,并于2011年1月8日和2013年1月30日分别进行了修订;1994年2月18日,国务院发布了《中华人民共和国计算机信息系统安全保护条例》,并于2011年1月8日进行了修正,为保护计算机信息系统的安全,促进计算机的应用和发展,保障经济建设的顺利进行提供了法律保障;1996年

2月1日,国务院发布了《中华人民共和国计算机信息网络国际联网管理暂行规定》,并于1997年5月20日进行了修订,设立了国际联网的主管部门,增加了经营许可证制度;1997年6月3日,国务院颁布了《中国互联网络域名注册暂行管理办法》《中国互联网络域名注册实施细则》,并制定了《中华人民共和国计算机信息网络国际联网管理暂行规定实施办法》,详细规定国际互联网管理的具体办法;2000年9月,国务院审议并通过了《中华人民共和国电信条例(草案)》《互联网内容服务管理办法(草案)》,以规范电信市场秩序,加强对互联网内容服务的监督管理,维护国家安全、社会稳定和公共秩序;2004年8月和2018年8月,全国人大常务委员会分别颁布了《中华人民共和国电子签名法》(以下简称《电子签名法》)和《中华人民共和国电子商务法》(以下简称《电子商务法》)。

 案例思政

国际商法开放体系——法治化

【案例简介】

　　国际商事是指一个国家或地区与另一个国家或地区之间的商品、服务和技术的交易活动。在国际商事交易活动的过程中,依法享有国际商事权利和承担国际商事义务的当事人,通过世界组织、地区联盟组织和各国先后制定各类国际公约、联盟协议和各国法律规范交易行为,明确违法责任,保护当事人的合法利益。对外开放是中国的基本国策,伴随着全球一体化的进程,以及跨境电子商务的快速发展,在国际商事主体、合同标的、知识产权、商品转移、交易安全、支付结算等方面,会不断产生各类国际商务争议,需要通过各种法律手段保护自己的各种利益。根据2017年9月19日上海市高级人民法院发布的《上海法院涉外、涉港澳台商事审判白皮书(2012—2016)》,2012—2016年,上海法院收案4 785件,其中,借款合同纠纷占38.29%,公司类纠纷占19.48%,买卖合同纠纷占12.04%,信用卡纠纷占4.41%,委托合同纠纷占2.2%,承揽合同纠纷占2.11%,合伙协议纠纷占1.65%,其他纠纷占19.81%。2012年至2016年上海法院收案的特点如下:一是案件类型涉及行业领域广,包括借款合同、买卖合同、航空货物运输合同、股权转让合同、股东知情权、股东损害公司债权人利益责任追究、承认和执行外国仲裁裁决等案件类型;二是涉外主体当事人案件为3 138件,占66.31%,涉及60多个国家和地区,尤其是"一带一路"沿线国家的案件逐年增多,涉及国家主要分布于东南亚及东欧地区;三是中小标的案件居多,大标的案件增长明显,标的额在100万元以下的小标的案件共3 019件,占63.09%,在100万～1 000万元的中等标的案件共1 206件,占25.2%,在1 000万元以上的大标的案件共560件,占11.7%。

【案例思政】

　　党的十八大提出了科学立法、严格执法、公正司法、全民守法的法治建设方针。2012—2016年,上海法院结案4 732件,占总案件数的98.89%,反映出上海人民法院依据国际公约、国际规则和我国相关法律,有效地处理了涉外、涉港澳台商事纠纷,保持了交易秩序的稳定,公开、公正的法治化营商环境逐步显现。

复习与思考

一、单项选择题

1. 国际商法调整的对象是（　　）。
A. 国际商事法律关系
B. 国际民事法律关系
C. 国际法律关系
D. 国际经济法律关系

2. 《联合国国际货物销售合同公约》是由（　　）主持制定的。
A. 联合国国际贸易法委员
B. 世界贸易组织
C. 经济合作与发展组织
D. 欧洲联盟

3. 《联合国国际货物销售合同公约》的适用范围是（　　）。
A. 以直接私人消费为目的的买卖
B. 公债、股票、投资证券、流通票据和货币的买卖
C. 缔约国的营业地在不同国家当事人之间所订立的货物买卖合同
D. 船舶、气垫船和飞行器的买卖

4. 经过修订后的《联合国国际贸易法委员会仲裁规则》于（　　）颁布。
A. 2010 年 3 月 25 日
B. 2010 年 4 月 25 日
C. 2010 年 5 月 25 日
D. 2010 年 6 月 25 日

5. 《国际商事仲裁示范法》适用于（　　）。
A. 国际商事仲裁
B. 国内商事仲裁
C. 国际民事仲裁
D. 国内民事仲裁

6. 下列各项中,不属于大陆法系的国家或地区是（　　）。
A. 法国
B. 中国香港
C. 意大利
D. 德国

7. 下列各项中,不属于英美法系的国家或地区是（　　）。
A. 加拿大
B. 中国
C. 新加坡
D. 澳大利亚

8. 现行版本的《中华人民共和国消费者权益保护法》于（　　）起施行。
A. 2013 年 3 月 15 日
B. 2014 年 3 月 15 日
C. 2015 年 3 月 15 日
D. 2016 年 3 月 15 日

二、多项选择题

1. 《联合国国际贸易法委员会仲裁规则》适用于（　　）。
A. 国家与私人间的投资争议仲裁
B. 后多方仲裁
C. 第三人加入仲裁程序
D. 前仲裁费用的控制

2. 国际商事关系的主体包括（　　）。
A. 自然人
B. 法人
C. 其他法人组织
D. 企业

3. 《中华人民共和国公司法》适用于中国境内设立的（　　）。

A. 有限责任公司　　　　　　　　　　C. 股份有限公司

B. 外资企业　　　　　　　　　　　　D. 中外合资企业

4.《中华人民共和国消费者权益保护法》适用的客体是(　　　)。

A. 用于销售的商品　　　　　　　　　B. 提供的服务

C. 借贷的资金　　　　　　　　　　　D. 海关没收到的商品

5.《中华人民共和国侵权责任法》适用于侵害民事权益,其具体包括(　　　)。

A. 生命权与健康权　　　　　　　　　B. 姓名权与名誉权

C. 肖像权与隐私权　　　　　　　　　D. 著作权与专利权

6. 国际商法的渊源主要包括(　　　)。

A. 国际商事条约　　　　　　　　　　B. 国际商事惯例

C. 各国商事立法　　　　　　　　　　D. 各国民事立法

7.《中华人民共和国票据法》适用于(　　　)。

A. 本票　　　　　　　　　　　　　　B. 支票

C. 发票　　　　　　　　　　　　　　D. 汇票

8.《中华人民共和国仲裁法》适用于平等主体公民、法人和其他组织之间发生的(　　　)纠纷。

A. 合同　　　　　　　　　　　　　　B. 其他财产权益

C. 继承　　　　　　　　　　　　　　D. 扶养

三、判断题

1.《联合国国际贸易法委员会仲裁规则》对各国具有普遍的约束力。　　(　　)

2. 国际商法是指调整各种国际商事关系法律规范的总称。　　　　　　(　　)

3.《电子商务示范法》是国际条约。　　　　　　　　　　　　　　　(　　)

4.《电子商务示范法》适用于在商业活动方面使用的、以一项数据电文为形式的任何种类的信息。　　　　　　　　　　　　　　　　　　　　　　　　　(　　)

5.《联合国国际合同使用电子通信公约》适用于营业地位不同国家的当事人之间订立或履行合同有关的电子通信的使用。　　　　　　　　　　　　　　　　(　　)

6.《联合国国际合同使用电子通信公约》也适用于汇票、本票、运单、提单、仓单或任何可使持单人或受益人有权要求交付货物或支付一笔款额的可转让单证或票据。　(　　)

7.《中华人民共和国电子商务法》适用于境内外的电子商务活动。　　(　　)

8.《中华人民共和国电子商务法》适用于金融类产品和服务。　　　　(　　)

四、简答题

1. 简述国际商事关系所涉及的领域。

2. 简述国际商法体系的构成。

3. 简述大陆法系与英美法系的主要区别。

4. 简述《通用数据保护条例》的适用范围。

第二章 国际商事组织法律制度

 学习目标

◆ 了解公司、合伙企业、个人独资企业的特征和分类。

◆ 熟悉法律对公司设立、组织、经营、变更、解散、清算以及承担的法律责任。

◆ 明确我国商事组织法律制度对促进社会经济发展的主要作用。

◆ 具备设立公司的法律知识及基本能力,为学生创业打下良好的基础。

本章概要

本章包括五部分内容:第一部分为国际商事组织法律制度概述,介绍了《民法典》《中华人民共和国公司法》(以下简称《公司法》)、《中华人民共和国合伙企业法》(以下简称《合伙企业法》)、《中华人民共和国个人独资企业法》(以下简称《个人独资企业法》)、《中华人民共和国外商投资法》(以下简称《外商投资法》)的颁布、框架和适用范围;第二部分为公司的设立,介绍了公司的特征、分类、公司设立(包括有限责任公司和股份有限公司的设立)和企业法律责任;第三部分为合伙企业的设立,介绍了合伙企业法调整对象、合伙企业种类、合伙企业设立与变更、合伙企业入伙与退伙及除名、合伙企业解散和清算、合伙企业法律责任;第四部分为个人独资企业的设立,介绍了个人独资企业法调整对象、个人独资企业类型、个人独资企业设立与变更、个人独资企业解散和清算、个人独资企业法律责任;第五部分为外商投资企业的设立,介绍了外商投资的范围和外商投资管理制度。

第一节 国际商事组织法律制度概述

国际商务活动的主体是各类商事组织。商事组织是依法设立的,以自己名义从事商务活动,并具有一定规模的团体或个人。商事组织法律制度是规范公司、合伙企业和个人企业的设立、组织、经营、变更、解散、清算和对内、对外关系的法律规范,包括《民法典》《公司法》《合伙企业法》《个人独资企业法》《外商投资法》。

一、《民法典》

为了保护民事主体的合法权益,调整民事关系,维护社会和经济秩序,适应中国特色社会主义发展要求,弘扬社会主义核心价值观,我国在 2020 年 5 月 28 日召开的十三届全国人民代表大会第三次会议上表决通过了《民法典》,该法典自 2021 年 1 月 1 日起施行。《中华人民共和国婚姻法》《中华人民共和国继承法》《中华人民共和国民法通则》《中华人民共和国收养法》《中华人民共和国担保法》《中华人民共和国合同法》《中华人民共和国物权法》《中华人民共和国侵权责任法》《中华人民共和国民法总则》同时废止。

(一) 框架及内容

《民法典》共有以下七编。

1. 第一编总则

该编共分十章:第一章为基本规定,第二章为自然人,第三章为法人,第四章为非法人组织,第五章为民事权利,第六章为民事法律行为,第七章为代理,第八章为民事责任,第九章为诉讼时效,第十章为期间计算。

2. 第二编物权

该编有五个分编,共分二十章:第一分编为通则(第一章为一般规定,第二章为物权的设立、变更、转让和消灭,第三章为物权的保护);第二分编为所有权(第四章为一般规定,第五章为国家所有权和集体所有权、私人所有权,第六章为业主的建筑物区分所有权,第七章为相邻关系,第八章为共有,第九章为所有权取得的特别规定);第三分编为用益物权(第十章为一般规定,第十一章为土地承包经营权,第十二章为建设用地使用权,第十三章为宅基地使用权,第十四章为居住权,第十五章为地役权);第四分编为担保物权(第十六章为一般规定,第十七章为抵押权,第十八章为质权,第十九章为留置权);第五分编为占有(第二十章为占有)。

3. 第三编合同

该编有三个分编,共分二十九章:第一分编为通则(第一章为一般规定,第二章为合同的订立,第三章为合同的效力,第四章为合同的履行,第五章为合同的保全,第六章为合同的变更和转让,第七章为合同的权利义务终止,第八章为违约责任);第二分编为典型合同(第九章为买卖合同,第十章为供用电、水、气、热力合同,第十一章为赠与合同,第十二章为借款合同,第十三章为保证合同,第十四章为租赁合同,第十五章为融资租赁合同,第十六章为保理合同,第十七章为承揽合同,第十八章为建设工程合同,第十九章为运输合同,第二十章为技术合同,第二十一章为保管合同,第二十二章为仓储合同,第二十三章为委托合同,第二十四章为物业服务合同,第二十五章为行纪合同,第二十六章为中介合同,第二十七章为合伙合同);第三分编为准合同(第二十八章为无因管理,第二十九章为不当得利)。

4. 第四编人格权

该编共分六章:第一章为人格权一般规定;第二章为生命权、身体权和健康权;第三章为姓名权和名称权;第四章为肖像权;第五章为名誉权和荣誉权;第六章为隐私权和个人信息保护。

5. 第五编婚姻家庭

该编共分五章:第一章为一般规定;第二章为结婚;第三章为家庭关系;第四章为离婚;第五章为收养。

6. 第六编继承

该编共分四章:第一章为继承一般规定;第二章为法定继承;第三章为遗嘱继承和遗赠;第四章为遗产的处理。

7. 第七编侵权责任

该编共分十章:第一章为一般规定;第二章为损害赔偿;第三章为责任主体的特殊规定;第四章为产品责任;第五章为机动车交通事故责任;第六章为医疗损害责任;第七章为环境污染和生态破坏责任;第八章为高度危险责任;第九章为饲养动物损害责任;第十章为建筑物和物件损害责任。

(二)适用范围

《民法典》调整平等主体的自然人、法人和非法人组织之间的人身关系和财产关系,适用于中华人民共和国领域内的民事活动,法律另有规定的,依照其规定。

二、中国企业法规体系

(一)《公司法》

为了规范公司的组织和行为,保护公司、股东和债权人的合法权益,维护社会经济秩序,促进法治化社会的建设,我国在 1993 年 12 月 29 日召开的第八届全国人大常务委员会第五次会议上通过了《公司法》。之后,该法进行了四次修正,现版本是于 2018 年 10 月 26 日第十三届全国人民代表大会常务委员会第六次会议通过修正的,自公布之日起施行。

1. 框架及内容

《公司法》共有十三章:第一章为总则;第二章为有限责任公司的设立和组织机构;第三章为有限责任公司的股权转让;第四章为股份有限公司的设立和组织机构;第五章为股份有限公司的股份发行和转让;第六章为公司董事、监事、高级管理人员的资格和义务;第七章为公司债券;第八章为公司财务、会计;第九章为公司合并、分立、增资、减资;第十章为公司解散和清算;第十一章为外国公司的分支机构;第十二章为法律责任;第十三章为附则。现版本的《公司法》降低了公司设立的门槛,取消了对公司转投资的限制,明确了公司可以为股东提供担保,赋予了股东解散公司的请求权,完善了股东了解公司有关事务的措施和办法,允许一人成立有限责任公司,股东享有请求公司回购其股权的权利,明确董事、监事、高级管理人员的资格和义务。

2. 适用范围

《公司法》适用于中国境内设立的有限责任公司和股份有限公司。《公司法》的调整对象是公司内部和外部的财产关系、公司内部和外部的组织管理与协作关系等。

(二)《合伙企业法》

为了规范合伙企业的行为,保护合伙企业及其合伙人、债权人的合法权益,维护社会经济秩序,促进法治化社会的建设,我国在 1997 年 2 月 23 日召开的第八届全国人民代表大会常务委员会第二十四次会议上通过了《合伙企业法》。之后,该法经过了一次修订,现行版的《合伙企业法》是我国于 2006 年 8 月 27 日在第十届全国人民代表大会常务委员会第二十三次会议上通过修订的,并从 2007 年 6 月 1 日起施行。

1. 框架及内容

《合伙企业法》共有六章,共计一百零九条:第一章为总则;第二章为普通合伙企业;第三章为有限合伙企业;第四章为合伙企业解散、清算;第五章为法律责任;第六章为附则。现行版本的《合伙企业法》对有限合伙企业责任和合伙企业的破产做出了明确的规定,对专业服务机构中的合伙人责任做出了特别的规定。

2. 适用范围

《合伙企业法》适用于我国境内的,由合伙人订立合伙协议,共同出资、合伙经营、共享收益、共担风险,并对合伙企业债务承担无限连带责任的营利性组织。《合伙企业法》调整的对象是适用于中国境内的合伙制企业法律关系。

(三)《个人独资企业法》

为了规范个人独资企业的行为,保护个人独资企业投资人和债权人的合法权益,维护社会经济秩序,促进法治化社会的建设,我国在 1999 年 8 月 30 日召开的第九届全国人民代表大会常务委员会第十一次会议通过了《个人独资企业法》,并从 2000 年 1 月 1 日起施行。

1. 框架及内容

《个人独资企业法》共有六章,共计四十八条:第一章为总则;第二章为个人独资企业的设立;第三章为个人独资企业的投资人及事务管理;第四章为个人独资企业的解散和清算;第五章为法律责任;第六章为附则。《个人独资企业法》对个人独资企业的设立及事务管理、合法权益保护、社会责任、职工权益维护、企业解散与清算等内容进行了明确的规定。

2. 适用范围

《个人独资企业法》适用于中国境内的个人独资企业和部分个体工商户,不包括国有和集体所有的独资企业,也不包括外商投资的独资企业。《个人独资企业法》调整的对象是个人独资企业法律关系,其适用于中国境内的,由一个自然人投资,财产为投资人个人所有,投资人以其个人财产对企业债务承担无限责任的经营实体。

(四)《外商投资法》

为了进一步扩大对外开放,积极促进外商投资,保护外商投资合法权益,规范外商投资管理,我国在 2019 年 3 月 15 日召开的第十三届全国人民代表大会第二次会议上通过了《外商投资法》,并从 2020 年 1 月 1 日起施行。

1. 框架及内容

《外商投资法》共有六章:第一章为总则;第二章为投资促进;第三章为投资保护;第四章为投资管理;第五章为法律责任;第六章为附则。其主要有五个方面的内容:一是明确对外商投资实行准入前国民待遇加负面清单管理制度;二是明确国家支持企业发展的各项政策同等适用于外商投资企业;三是明确外商投资企业平等参与标准化工作和政府采购活动;四是明确外商投资企业可以依法通过公开发行股票、公司债券等证券和其他方式进行融资;五是明确地方各级政府可以在法定权限内制定外商投资促进政策。

2. 适用范围

《外商投资法》适用于中国境内的外商投资。外商投资是指外国的自然人、企业或者其他组织直接或者间接在中国境内进行的投资活动。该投资活动包括四种情形:一是外国投资者单独或者与其他投资者共同在中国境内设立外商投资企业;二是外国投资者取得中国境内企业的股份、股权、财产份额或者其他类似权益;三是外国投资者单独或者与其他投资者共同在中国境内投资新建项目;四是法律、行政法规或者国务院规定的其他方式的投资。

第二节 公 司 的 设 立

一、公司的特征

《公司法》是规定公司设立、组织、运营、变更、解散,以及股东权利、义务和公司内部、外部关系的法律规范的总称。其具有以下两个基本特征。

(一) 公司是以营利为目的的经济组织

公司设立的目的和公司的运作是为了获得投资的收益和回报,营利是一切企业组织存在和活动的动机,是经营活动的出发点和归宿点,是公司的本质属性。公司的营利性是公司区别于国家机关、事业单位以及其他社会团体等法人组织的重要标志。营利性法人的宗旨是获取利润并将利润分配于出资者或股东;而非营利性法人的宗旨是发展公益、慈善、宗教和学术事业,即使从事商业活动,赚取利润,也只是以营利为手段,旨在实现与营利无关的目的。

(二) 公司具有法人资格

法人是在法律上赋予与自然人相同的具有民事权利能力和民事行为能力的民事主体,是依法独立享有民事权利,承担民事义务的组织。公司作为法人组织,其拥有独立的财产,设有独立的组织机构和承担独立的法律责任。

二、公司的分类

(一) 依据公司责任的分类

根据公司股东对公司承担的责任不同,公司可划分为以下三种形式。

1. 无限责任公司

无限责任公司简称无限公司,是指由两个以上的股东组成的,由全体股东对公司债务承担无限连带责任的公司。无限公司的股东要承担无限连带责任,由此引发出不同的作用。其存在着利与弊两个方面:利是股东之间信任度高、责任心强,同舟共济;弊是不能对外发行股票,股本转让困难,股东承担的风险大,甚至会导致其倾家荡产。

2. 有限责任公司

有限责任公司简称有限公司,是指由 50 个以下的股东出资设立的,每个股东以其所认缴的出资额为限对公司承担有限责任,公司法人以其全部资产对公司债务承担全部责任的经济组织。其存在着利与弊两个方面:利是设立程序简易,公司内部机构设置灵活,不必公布账目,尤其是公司的资产负债表;弊是不能公开发行股票,筹集资金范围和规模有限,难以适应大规模生产经营。对于初创者来说,有限责任公司是比较适合创业的企业类型,大部分的投融资方案都是基于有限责任公司进行设计的。

3. 股份有限公司

股份有限公司简称股份公司,是指公司资本划分为等额股份,股东以其认购的股份为限对公司承担责任的企业法人。股份公司的资本总额是平分为金额相等的股份,可以向社会公开发行股票筹资,股东以其所认购持有的股份享受权利,承担义务,股票可以依法转让。

（二）依据公司股份发行与转让的形式分类

根据公司股份发行与转让的形式不同,公司可划分为以下两种形式。

1. 封闭式公司

封闭式公司又称不上市公司,是指根据公司章程规定,全部股份由设立公司的股东持有,股份不能在证券市场上自由转让的公司。其特点是公司的股份只能向特定范围的股东发行和有条件转让,而不能在证券交易所公开向社会发行并进行买卖。

2. 开放式公司

开放式公司又称上市公司,是指根据公司章程规定,有权以公开认购方式发行股票的公司。其特点是公司的股份既可在证券市场上向社会公开发行,也可在证券交易所交易。

（三）依据公司之间的隶属关系分类

根据公司之间的隶属关系的不同,公司可划分为以下两类。

1. 总公司与分公司

总公司又称本公司,是指依法设立并管辖公司全部组织的具有企业法人资格的总机构。

分公司是指在业务、资金、人事方面受总公司管辖而不具有法人资格的分支机构。其民事责任由总公司承担。公司设立分公司,应向公司的登记机关申请登记,领取营业执照。

2. 母公司与子公司

母公司又称控股公司,是指其拥有其他公司一定数额的股份或根据协议,能够控制、支配其他公司的人事、财务、业务等事项的公司。

子公司是指一定数额的股份被另一个公司控制或依照协议被另一公司实际控制、支配的公司。子公司具有独立的法人资格,自由拥有自己的财产、自己的公司名称、章程和董事会,对外独立开展业务和承担责任。

 案例分析

我国提出了"一带一路"倡议,于 2018 年上半年在"一带一路"沿线国家进行收购并购、联合投资、实物投资等多种形式的投资。上海立达电子商务有限公司根据印度电子商务市场的发展态势,经过董事会的决议在印度设立 A 立达电子商务有限公司。

请分析,根据上海立达电子商务有限公司与 A 立达电子商务有限公司之间的隶属关系,确定其分别属于哪种公司类型? 为什么?

（四）依据公司之间特殊联系分类

根据公司之间特殊联系的不同,公司可划分为以下两种形式。

1. 关联公司

关联公司又称关联企业,是指两个以上独立存在而相互之间又具有稳定、密切的业务联系或投资关系的公司。关联公司可从以下八个方面来认定:一是相互间直接或者间接持有其中一方的股份总和达到25%或以上的;二是直接或间接同为第三者所拥有或控制股份达到25%或以上的;三是与另一公司之间借贷资金占公司实收资本50%或以上,或借贷资金总额的10%是由另一公司独立金融机构除外担保的;四是董事或经理等高级管理人员一半以上或有一名常务董事是由另一公司所委派的;五是生产经营活动必须由另一公司提供的工业产权、专有技术等才能正常进行的;六是生产经营购进原材料、零配件等是由另一公司所控制或供应的;七是生产的产品或商品的销售是由另一公司所控制;八是对公司生产经营、交易具有实际控制的其他利益上相关联的关系,包括家庭、亲属关系。

2. 公司集团

公司集团又称企业集团,是指在同一管理之下,由法律上独立的若干公司联合组成的团体。一般来说,公司集团本身并非一个独立的法人组织,而作为公司集团的成员的公司都是独立的法人,以自己的名义进行经营活动。在实践中,我国通常把公司集团的母公司称集团公司,公司集团的成员都属于关联公司或从属公司。

(五) 依据公司国籍分类

根据公司国籍的不同,公司可分为以下三种形式。

1. 本国公司

本国公司是指依据我国法律在境内设立的公司。

2. 外国公司

外国公司指依照外国法律经中国政府许可在我国境内进行业务活动的机构。例如,外国总公司在我国境内设立分公司,对其总公司来说,将其称为国外分公司;而对分公司业务活动的中国来说,则称为外国公司。

3. 跨国公司

跨国公司是指以本国为基地或中心,在不同国家或地区设立分支机构、子公司或其他企业形式,从事跨国性生产经营活动的经济组织。跨国公司并非法律意义上的"公司",实际上是指国家性的公司集团,表明的是公司之间的一种特殊关系。

 案例分析

上海国际物流股份有限公司根据俄罗斯电子商务市场的发展态势,经过股东大会讨论,决定在莫斯科设立莫斯科(上海)存储股份有限公司,满足公司在两国之间的物流与配送业务。

请分析,根据上海国际物流股份有限公司与莫斯科(上海)存储股份有限公司的国籍,确定其分别属于哪种公司类型? 为什么?

(六) 依据信用分类

根据公司信用基础的不同,公司可分为以下三种形式。

1. 人合公司

人合公司是指以股东个人条件作为公司信用基础而组成的公司。人合公司对外进行经济活动时,依据的主要不是公司本身的资本或资产状况如何,而是股东个人的信用状况。因为人合公司股东对公司债务承担无限连带责任,公司股东间应有相当的了解。

2. 资合公司

资合公司是指以公司资本规模作为公司信用基础而组成的公司。资合公司的对外信用主要取决于公司的资本规模,而非股东个人的信用情况,公司股东之间以出资相结合,无须相互了解。有限责任公司具有一定资合公司特点,而股份有限公司是典型的资合公司。

3. 人合兼资合公司

人合兼资合公司是指以股东个人条件和公司资本规模作为公司信用基础而组成的公司。人合兼资合公司既有人合性质,又有资合性质,如两合公司、股份两合公司和有限责任公司。

（七）依据国际贸易业务分类

根据贸易方式的不同,公司可分为以下三种形式。

1. 进出口公司

进出口公司是指获得工商营业执照,拥有外贸经营权,并获得报检报关资质的企业从事一般进出口货物经营活动的法人、其他组织或者个人。

2. 技术进出口公司

技术进出口公司是指获得相关的经营资质,在境内外从事专利权与专利申请权转让、专利实施许可、技术秘密转让、技术服务等经营活动的法人、其他组织或者个人。

3. 国际服务贸易公司

国际服务贸易公司是指获得相关的经营资质,在境内外从事输入和输出服务,如运输、保险、金融、商业批发零售服务等经营活动的法人、其他组织或者个人。

《中华人民共和国对外贸易法》规定:"对外贸易是指货物进出口、技术进出口和国际服务贸易。""对外贸易经营者是指依法办理工商登记或者其他执业手续,依照本法和其他有关法律、行政法规的规定从事对外贸易经营活动的法人、其他组织或者个人。"

（八）依据电商业务分类

根据经营业务的不同,公司可分为以下三种形式。

1. 电子商务平台经营者

电子商务平台经营者是指在电子商务中为交易双方或者多方提供网络经营场所、交易撮合、信息发布等服务,供交易双方或者多方独立开展交易活动的法人或者非法人组织。

2. 平台内经营者

平台内经营者是指通过电子商务平台销售商品或者提供服务的自然人、法人和其他组织。其需要向平台经营者提出注册申请,提交身份证明文件或营业执照、经营地址及联系方式等必要信息。

3. 自建平台经营者

自建平台经营者是指通过自建电子商务平台销售商品或者提供服务的法人或者非法人组织。

《中华人民共和国电子商务法》(以下简称《电子商务法》)规定,电子商务经营者是指通过互联网等信息网络从事销售商品或者提供服务的经营活动的自然人、法人和非法人组织。

电子商务经营者应当依法办理市场主体登记。

三、公司设立的内容

公司设立是指公司设立人依照法定的条件和程序,为组建公司并取得法人资格而付之的法律行为。《公司法》规定,设立公司应当依法向公司登记机关申请设立登记。符合《公司法》规定的设立条件的,由公司登记机关分别登记为有限责任公司或者股份有限公司。法律与行政法规规定设立公司必须报经批准的,应当在公司登记前依法办理批准手续。

(一) 公司设立的方式

公司设立方式分为发起设立和募集设立两种方式。

1. 发起设立

发起设立是指由发起人认购公司应发行的全部股本或股份而设立公司。有限责任公司的设立全部采取发起设立的方式。

2. 募集设立

募集设立是指由发起人认购公司应发行股份的一部分,其余股份向社会公开募集或者向特定对象募集而设立公司。股份有限公司主要采用募集设立的方式,由于其资本规模较大,涉及众多投资者的利益,设立程序有严格的法律限制。《公司法》规定,以募集设立方式设立的股份有限公司,发起人认购的股份不得少于公司股份总数的35%,且注册资本为在公司登记机关登记的实收股本总额。

 案例分析

> 某高校大四的4位学生,在国家"大众创业,万众创新"的感召下,在老师和家长的支持下,创立了上海芳芳电子商务有限公司。该公司注册资金为150万元,分别由4人投资。
>
> 请分析,上海芳芳电子商务有限公司的设立方式属于哪一类? 其依据如何?

(二) 公司的章程

公司章程是指公司依法制定的,规定公司名称、住所、经营范围和经营管理制度等重大事项的基本文件。公司章程是公司设立的必备要件之一,是公司运作的基本准则,对公司本身、公司股东、公司董事、监事和高管人员都具有约束力。

1. 公司章程的制定

公司章程原则上应由全体股东共同制定,但公司章程制定的主体与程序因公司类型不同而有所差异。《公司法》规定:有限责任公司的公司章程的制定者是公司设立时的所有股东;股份有限公司采取发起设立的,其章程制定者为发起人,如采取募集设立的,其章程制定者由发起人制定并经过创立大会通过。

2. 公司章程的内容

《公司法》对有限责任公司章程和股份有限公司章程的内容规定如下:

(1) 有限责任公司章程应当载明下列事项:公司名称和住所;公司经营范围;公司注册资本;股东的姓名或者名称;股东出资方式、出资额和出资时间;公司机构及其产生办法、职权和议事规则;公司法定代表人;股东会会议认为需要规定的其他事项。股东应当在公司章程上签名、盖章。

(2) 股份有限公司章程应当载明下列事项:公司名称和住所;公司经营范围;公司设立方式;公司股份总数、每股金额和注册资本;发起人的姓名或者名称、认购的股份数、出资方式和出资时间;董事会的组成、职权和议事规则;公司法定代表人;监事会的组成、职权和议事规则;公司利润分配办法;公司的解散事由与清算办法;公司的通知和公告办法;股东大会会议认为需要规定的其他事项。

(三) 公司的资本

1. 公司资本的内涵

公司资本是指公司章程确定并载明的股东出资总额。公司资本对公司而言,是公司设立的基本条件之一,也是公司得以营运和发展的物质基础;对股东而言,既是股东出资和享有相应权益的体现,又是股东对公司承担有限责任的物质基础;对债权人而言,是公司债务的总担保,是债权人实现其债权的重要保障。

2. 公司资本的特征

公司资本具有三个法律特征:一是公司资本为自有的独立财产,来源于股东的出资;二是公司资本表现为一定的数额货币,如为实物、知识产权和土地使用权等形式出资,须经评估后转化为一定数额的货币计入;三是公司资本由公司章载明的,由发起人或认股人协商确定。

3. 股东出资的形式

股东出资有四种形式:一是货币,设立公司需要一定数量的流动资金用来支付公司创建和运营的支出;二是实物,主要包括房屋、设备、车辆等,对其估价并办理登记和过户手续向公司转移;三是知识产权,包括著作权、专利权、商标权及对其他科技成果的权利;四是土地使用权,可以提供经营生产场所。

4. 公司资本的变动

由于公司经营的开展、业务范围和市场状况的变化,公司资本会做相应的增加或减少。其主要有两种现象:一是公司增资,是指公司依法增加注册资本的行为,如上市公司通过公开发行新股的方式增资,而有限责任公司和不上市的股份有限公司则以原股东追加投资或者接纳新出资人的方式来完成增资;二是公司减资,是指公司依法减少注册资本的行为,如减少股份总额或减少每股金额。

(四) 公司董事、监事、高管人员的资格与义务

1. 公司董事、监事、高管人员的资格

《公司法》对不得担任公司的董事、监事、高级管理人员的情形做出以下具体规定:一是无民事行为能力或者限制民事行为能力;二是因贪污、贿赂、侵占财产、挪用财产或者破坏社会主义市场经济秩序,被判处刑罚,执行期满未逾 5 年,或者因犯罪被剥夺政治权利,执行期满未逾 5 年;三是担任破产清算的公司、企业的董事或者厂长、经理,对该公司、企业的破产负有个人责任的,自该公司、企业破产清算完结之日起未逾 3 年;四是担任因违法被吊销营业执照、责令关闭的公司及企业的法定代表人,并负有个人责任的,自该公司、企业被吊销营业执照之日起未逾 3 年;五是个人所负数额较大的债务到期未清偿。在选举、委派董事、监事或者聘任高级管理人员时,有上述情形之一的,该选举、委派或者聘任无效;如董事、监事、高级管理人员在任职期间出现上述情形之一的,公司应当解除其职务。

案例分析

2012 年 5 月,张某在某市担任市委书记期间因犯受贿罪,被当地法院判处有期徒刑 6 年,被剥夺政治权利 5 年。2018 年 5 月,张某在刑期满出狱后回到老家。2019 年 2 月,张某受聘担任了某国际贸易公司总经理,利用原有关系开展经营活动。

请根据《公司法》的相关规定分析张某是否具有担任某国际贸易公司总经理的资格? 为什么?

2. 公司董事、监事、高管人员的义务

《公司法》规定,董事、监事、高级管理人员应当遵守法律、行政法规和公司章程,对公司负有忠实和勤勉义务,不得利用职权收受贿赂或者其他非法收入,不得侵占公司的财产。公司董事、高管不得有八个方面的行为:一是挪用公司资金;二是将公司资金以其个人名义或者以其他个人名义开立账户存储;三是违反公司章程的规定,未经股东会、股东大会或者董事会同意,将公司资金借贷给他人或者以公司财产为他人提供担保;四是违反公司章程的规定或者未经股东会、股东大会同意,与本公司订立合同或者进行交易;五是未经股东会或者股东大会同意,利用职务便利为自己或者他人谋取属于公司的商业机会,自营或者为他人经营与所任职公司同类的业务;六是接受他人与公司交易的佣金归为己有;七是擅自披露公司秘密;八是违反对公司忠实义务的其他行为。

(五) 公司变更登记

1. 公司基本信息变更登记

公司变更信息主要有五个方面:一是变更公司名称或法人,应自变更决议做出之日起 30 日内向原公司登记机关提出申请,并提交公司法定代表人签署的变更登记申请书、依照《公司法》做出的变更决议和其他规定的文件。二是变更公司住所,应在迁入新住所前向原公司登记机关提出申请,如变更住所跨公司登记机关辖区的,应当在迁入新住所前向迁入地公司登记机关申请变更登记,并提交新住所使用证明、公司法定代表人签署的变更登记申请书和依照《公司法》做出的变更决议。三是变更公司注册资本,应自变更决议做出之日起 30 日内向原公司登记机关提出申请。公司减少注册资本的,应当自公告之日起 45 日后申请变更登记,并应当提交公司在报纸上登载公司减少注册资本公告的有关证明和公司债务清偿或者债务担保情况的说明。四是变更公司经营范围,应自变更决议做出之日起 30 日内向原公司登记机关提出申请。如果变更经营范围涉及法律、行政法规或者国务院决定规定在登记前须经批准的项目的,应当自国家有关部门批准之日起 30 日内申请变更登记。五是变更公司类型,应当按照拟变更的公司类型的设立条件,在规定的期限内向公司登记机关申请变更登记,并提交有关文件。

2. 公司人员信息变更登记

公司人员信息变更主要有两个方面:一是变更股东及姓名,有限责任公司因自然人股东死亡等原因变更股东的,或股东、股份有限公司的发起人改变姓名或者名称的,应做出变更之日起 30 日内申请变更登记;二是变更公司董事、监事和经理,应向原公司登记机关进行备案。

（六）公司的合并与分立

1. 公司的合并

公司合并是指两个或两个以上的公司订立合并协议,无须通过解散、清算程序,直接结合为一个公司的法律行为。公司合并有两种形式:一是兼并,是指一个或一个以上的公司并入另一家公司,并入方解散,接纳方存续的合并;二是新设合并,是指两个或两个以上的公司合并为一个新公司的同时,各原有公司全部解散的合并。

《公司法》对公司合并做出了五个方面的规定:一是由股东会或者股东大会做出合并决议;二是参加合并的各方在平等协商的基础上签订合并协议,并编制资产负债表及财产清单明确各方的资产;三是自合并决议生效之日起 10 日内通知债权人,并于 30 日内在报纸上公告;四是债权人自接到通知书之日起 30 日内,未接到通知书的自公告之日起 45 日内,要求公司清偿债务或者提供相应的担保;五是依法向公司登记机关办理合并登记手续,合并各方的债权债务,由合并后存续的公司或者新设的公司承继。

 案例分析

某年 7 月 30 日,A 电子商务股份有限公司通过股东大会决议,将通过现金支付的方式购买 B 电子商务股份有限公司的全部股份,收购完成后将成为 A 电子商务股份有限公司全资子公司,并在次日对外发布通告。8 月 30 日,A 电子商务股份有限公司又发布通告,宣称两家公司签订了合并协议。

请根据《公司法》相关规定进行分析,A 电子商务股份有限公司与 B 电子商务股份有限公司的合并是否完成?为什么?

2. 公司的分立

公司分立是指一个公司通过依法签订分立协议,不经过清算程序,分为两个或两个以上公司的法律行为。其有两种形式:一是派生分立,是指公司以其部分资产另设一个或数个新的公司,原公司存续;二是新设分立,是指公司全部资产分别划归两个或两个以上的新公司,原公司解散。

《公司法》对公司分立做出了四个方面的规定:一是由股东会或者股东大会做出分立决议;二是由各方在平等协商的基础上签订分立协议,进行财产分割,并编制资产负债表和财产清单;三是在分立决议之日起 10 日内通知债权人,并于 30 日内在报纸上公告;四是依法向公司登记机关办理分立登记手续。公司分立前的债务由分立后的公司承担连带责任,但在分立前与债权人就债务清偿达成的书面协议另有约定的除外。

（七）公司的解散和清算

1. 公司解散

公司解散是指已成立的公司因发生法律或章程规定的解散事由而停止业务活动。导致公司解散的原因主要有五个方面:一是公司章程规定的营业期限届满或者公司章程规定的其他解散事由出现;二是股东会或者股东大会决议解散;三是因公司合并或者分立需要解散;四是依法被吊销营业执照、责令关闭或者被撤销;五是公司经营管理发生严重困难,继续存续会使股东利益受到重大损失,通过其他途径不能解决的,持有公司全部股东表决权 10%

以上的股东,可以请求法院解散公司。

2. 公司清算

公司清算是指终结已解散公司的一切法律关系,处理公司剩余财产,使公司法人资格最终归于消灭的法律行为。清算的基本程序有以下五个环节。

1) 成立清算组并行使规定的职权

有限责任公司的清算机构由股东组成,股份有限公司的清算机构由董事或者股东大会确定的人员组成,逾期不成立清算机构进行清算的,债权人可向法院申请指定有关人员组成清算机构进行清算。

清算机构在清算期间行使七个方面的职权:一是清理公司财产,分别编制资产负债表和财产清单;二是通知、公告债权人;三是处理与清算有关的公司未了结的业务;四是清缴所欠税款以及清算过程中产生的税款;五是清理债权、债务;六是处理公司清偿债务后的剩余财产;七是代表公司参与民事诉讼活动。除因公司合并或者分立需要解散外,清算机构应当在解散事由出现之日起15日内成立清算组,开始清算。

2) 通知、公告债权人并进行债权登记

《公司法》规定,清算机构应当自成立之日起10日内通知债权人,并于60日内在报纸上公告。债权人应当自接到通知书之日起30日内,未接到通知书的自公告之日起45日内,向清算机构申报其债权。债权人申报债权,应当说明债权的有关事项,并提供证明材料。清算机构对债权进行登记,在申报债权期间不得对债权人进行清偿。

3) 清理公司财产并制定清算方案

《公司法》规定,清算机构在清理公司财产、编制资产负债表和财产清单后,应当制定清算方案,并报股东会、股东大会或者法院确认。如果清算机构在清理公司财产、编制资产负债表和财产清单后,发现公司财产不足以清偿债务的,应依法向法院申请宣告破产,经法院裁定破产后,将清算事务移交给法院。

4) 分配公司财产

《公司法》规定的公司财产分配顺序有五个环节:一是支付清算费用;二是支付职工的工资、社会保险费用和法定补偿金;三是缴纳所欠税款;四是清偿公司债务;五是向股东分配剩余财产,有限责任公司按照股东的出资比例分配,股份有限公司按照股东持有的股份比例分配。

5) 清算程序终结

《公司法》规定,清算机构在公司清算结束后,应当制作清算报告,报股东会或股东大会或人民法院进行确认,还要报送公司登记机关申请注销公司登记,并公告公司终止。

四、有限责任公司的设立

(一) 有限责任公司的特征

有限责任公司是指由50个以下的股东出资依法设立,每个股东以其所认缴的出资额为限对公司承担有限责任,公司法人以其全部资产对公司债务承担全部责任的经济组织。

有限责任公司具有五个方面的特征:一是限制股东最高人数,《公司法》规定有限责任公司由50个以下股东出资设立;二是限制股东责任,有限责任公司的股东仅以其认缴的出资额为限对公司承担责任,其区别于无限责任;三是具有非股份性,有限责任公司为自身运营的需要和保护公司债权者的权益,要有相当规模的注册资本作为基础,并以非股份的形式存在,但不能自由转让和交易;四是具有封闭性,有限责任公司不得向社会公开募集股份、发行股票,严格限制股东对外转让出资,不向社会公开公司的经营状况等;五是灵活的公司机构,《公司法》规定股东人数较少或者规模较小的有限责任公司,可以设 1 名执行董事,不设立董事会,执行董事可以兼任公司经理,可以设 1～2 名监事,不设监事会。

（二）有限责任公司设立的条件

《公司法》规定的有限责任公司设立条件如下。

1. 规范的公司名称

公司名称的组成具体包括四个部分:公司登记地的行政区划名称;商号;公司营业所属的行业;公司的组织形式,即有限责任公司。

知识链接

企业名称禁止内容和文字

注册企业名称的禁止内容和文字有八个方面:一是有损于国家、社会公共利益的;二是违反社会公序良俗,不尊重民族、宗教习俗的;三是对公众造成欺骗或误解的;四是国家、国际组织政党、党政军机关、群众组织和社团组织的名称及其简称;五是"中国""中华""全国""国家""国际"等字词;六是汉语拼音、字母、外国文字、标点符号;七是不符合国家规范的语言文字;八是法律、法规规定禁止的其他内容和文字。

2. 固定的公司住所

公司住所是指企业主要办事机构所在地,住所只能有一个,并在企业登记机关的辖区内,住所面积应与经营的规模和性质相适应。

3. 满足法定的股东人数

有限责任公司应由 50 人以下的股东出资设立。

4. 符合公司章程规定的全体股东认缴的出资额

现行版的《公司法》取消了公司注册资本最低限额的限制,同时也取消了股东首次出资的数额限制和时间限制,更多体现了公司自治的思想,只要股东出资符合公司章程的规定就可以向工商部门提出设立的申请。

5. 制定公司章程

有限责任公司的章程是公司自治性契约,由全体股东共同制定,在工商行政机关登记后产生法律效力。

知识链接

《公司法》关于公司注册资本的修订

《公司法》对公司注册资本的规定经历了几个阶段。1993 年《公司法》规定了四种行业有限责任公司注册资本的最低限额。最低的是科技开发、咨询、服务性公司,要求注册资本人民币 10 万元;最高的是生产经营和商品批发为主的两类公司,要求注册资本是 50 万元,并且不管是哪一类公司,均要求出资必须由股东一次全部缴清。2005 年

（续上）

《公司法》修订后，有限责任公司的注册资本最低限额降低到 3 万元，并且允许股东分期缴纳认缴的出资额。2013 年《公司法》修订后，则全部取消了公司成立对注册资本最低限额的要求，股东出资额只要符合公司章程的规定即可。

（三）有限责任公司设立的程序

《公司法》规定有限责任公司设立有以下五个环节。

1. 签订发起人协议

有限责任公司发起人通常签订一份发起人协议，以明确各自的权利、义务和责任。

2. 制定公司章程

公司章程主要是规范公司内外的各种关系，应严格按照法律规定制定，并由股东在公司章程上签名与盖章。

3. 依法办理审批

公司所属的行业或经营范围涉及法律与行政法规要求的报经政府有关部门批准的，应在公司登记前依法办理批准手续。《电子商务法》规定："电子商务经营者从事经营活动，依法需要取得相关行政许可的，应当依法取得行政许可。"

4. 按章程缴纳出资

股东应当按照公司章程中规定的各自所认缴的出资额按期足额缴纳出资。股东以货币出资的，应当将货币出资足额存入有限责任公司在银行开设的账户；以非货币财产出资的，应依法办理其财产权的转移手续。

5. 申请设立登记

公司设立登记的基本程序如下。

1）申请公司名称预先核准

首先，由全体股东指定的代表或者共同委托的代理人向公司登记机关申请名称预先核准，登入公司登记机关官网，填写申请相关信息，传送至公司登记机关进行审查，显示办理成功后打印《企业名称网上预先核准告知书》，并由全体股东或者股份有限公司全体发起人签字。其次，向属地公司登记机关提交《企业名称预先核准申请书》和规定的材料，经其核准后领取加盖登记机关业务专用章的《企业名称预先核准通知书》。公司名称应当符合国家有关规定，经公司登记机关核准登记的公司名称受法律保护。

2）办理公司设立登记

首先，申请人在公司登记机关网的申报系统中填写《新设企业"五证合一"登记申请表》相关信息，打印后由企业法定代表人签署。其次，前往属地公司登记机关"五证合一"综合受理窗口提交申请材料。申请材料包括：公司法定代表人签署的设立登记申请书；全体股东指定代表或者共同委托代理人的证明；公司章程；股东的主体资格证明或者自然人身份证明；载明公司董事、监事、经理的姓名、住所的文件以及有关委派、选举或者聘用的证明；公司法定代表人任职文件和身份证明；《企业名称预先核准通知书》；公司住所证明；其他规定要求提交的文件。法律、行政法规或者国务院决定规定设立有限责任公司必须报经批准的，还应当提交有关批准文件。

3）领取营业执照

申请人在公司登记机关对公司设立登记申请核准后,领取"五证合一"营业执照。公司营业执照签发日期为公司成立日期。

知识链接

"五证合一"营业执照

"五证合一"营业执照是指将原先分别到工商行政管理部门、质量监督检验检疫部门、税务部门、人力资源与社会保障部门、统计部门办理的企业法人营业执照、组织机构代码证、税务登记证、社会保险登记证和统计登记证统一合并为由工商行政管理部门核发加载法人和其他组织统一社会信用代码的营业执照,组织机构代码证、税务登记证、社会保险登记证、统计登记证不再发放。

"五证合一"营业执照采用一表申请、一窗受理、并联审批、一份证照的登记模式。

(四) 有限责任公司的组织机构

有限责任公司的组织机构如下。

1. 股东会

根据《公司法》规定,有限责任公司必须设立股东会,由全体股东组成。股东会是有限责任公司的权力机构,也是股东直接参与公司经营管理的重要形式,以会议形式存在于股东会会议召开期间。

1）股东会的形式

根据股东会会议召开的原因和时间不同,股东会可分为三种形式:一是首次会议,是指有限责任公司成立后召集的第一次会议,由出资最多的股东召集和主持,讨论并通过公司章程,选举公司董事会和监事会成员;二是定期会议,是指按照公司章程规定的期限定期召开的股东会议,通常为 1 年;三是临时会议,是指在两次定期会议之间因法定事由而临时召开的股东会议,通常由股东、董事和监事根据事由提议召开。

2）股东会的召开及主持

《公司法》规定,有限责任公司召开股东会应于会议前 15 日通知全体股东。董事会召集股东会,由董事长主持,董事长不能履行职务或者不履行职务的,由副董事长主持,副董事长不能履行职务或者不履行职务的,由半数以上董事共同推举一名董事主持。不设董事会的,由执行董事召开及主持股东会,其不能履行或者不履行召集股东会职责的,由监事会或者不设监事会公司的监事召集和主持,如果监事会或监事不召集和主持的,由代表 1/10 以上表决权的股东自行召开及主持。

3）股东会的职权

《公司法》规定,有限责任公司的股东会行使的职权有十一个方面:一是决定公司的经营方针和投资计划;二是选举和更换非由职工代表担任的董事与监事,决定有关董事与监事的报酬事项;三是审议批准董事会的报告;四是审议批准监事会或者监事的报告;五是审议批准公司的年度财务预算方案和决算方案;六是审议批准公司的利润分配方案和弥补亏损方案;七是对公司增加或者减少注册资本做出决议;八是对发行公司债券做出决议;九是对公

司合并、分立、变更公司形式、解散和清算等事项做出决议;十是修改公司章程;十一是公司章程规定的其他职权。

4)股东会的决议

股东会决议是指股东会就公司事项通过的议案。其根据议决事项不同可分为两种形式:一是普通决议,是指股东会就公司一般事项所做的决议,需经代表 1/2 以上表决权的股东通过;二是特别决议,是指股东会就公司重要事项所做的决议,如修改公司章程、增加或者减少注册资本、公司合并或分立或解散等,必须经代表 2/3 以上表决权的股东通过。

2. 董事会

董事会是有限责任公司的执行机构和决策机构。股东人数较少或者规模较小的有限责任公司,可以设一名执行董事,不设立董事会,两者性质与职权相同。

1)董事会的组成

《公司法》规定,有限责任公司董事会的成员为 3~13 人,包括董事长、副董事长、董事和经职工代表大会选举的职工代表。董事任期由公司章程规定,每届任期不得超过 3 年。董事任期届满未及时改选,或者董事在任期内辞职导致董事会成员低于法定人数的,在改选出的董事就任前,原董事仍应当依照法律与行政法规和公司章程的规定,履行董事职务。

2)董事会的职权

《公司法》规定的董事会职权包括:一是召集股东会会议,并向股东会报告工作;二是执行股东会的决议;三是决定公司的经营计划和投资方案;四是制订公司的年度财务预算方案与决算方案;五是制订公司的利润分配方案和弥补亏损方案;六是制订公司增加或者减少注册资本以及发行公司债券的方案;七是制订公司合并、分立、变更公司形式、解散的方案;八是决定公司内部管理机构的设置;九是决定聘任或者解聘公司经理及其报酬事项,并根据经理的提名决定聘任或者解聘公司副经理、财务负责人及其报酬事项;十是制定公司的基本管理制度;十一是公司章程规定的其他职权。

3)董事会的召开

董事会会议由董事长召集和主持,董事长不能履行职务或者不履行职务的,由副董事长召集和主持,副董事长不能履行职务或者不履行职务的,由半数以上董事共同推举一名董事召集和主持。董事会决议的表决,实行一人一票制。

 案例分析

根据《公司法》的规定,董事会中的职工代表必须从职工代表大会选举产生。职工代表是职工与企业联系的桥梁和纽带,代表广大职工行使权利和表决意愿。公司设立职工代表,体现了企业的民主管理,是贯彻落实党的十九大精神的体现,是社会主义的一大特色。但是,某些民营性质的电子商务公司不通知职工代表董事参加董事会,或不听取职工代表董事的意见。

请分析,这种现象是否违法?为什么?

3. 监事会

监事会是有限责任公司依法设立的,对董事和高级管理人员的经营管理行为及公司财务进行专门监督的常设机构。

1）监事会的组成

《公司法》规定,监事会的人数不得少于 3 人。监事会设主席 1 人,由全体监事过半数选举产生;职工代表的比例不得低于 1/3,由职工代表大会或其他形式民主选举产生。股东人数较少或者规模较小的有限责任公司,可以设一名监事,不设监事会,其性质和职权与监事会相同。董事与高级管理人员不得兼任监事。监事的任期每届为 3 年,任期届满未及时改选,或者监事在任期内辞职导致监事会成员低于法定人数的,在改选出的监事就任前,原监事仍应当依照法律与行政法规和公司章程的规定,履行监事职务。

2）监事会的职权

《公司法》规定,监事会或不设监事会公司的监事的职权有七个方面:一是检查公司财务;二是对董事、高级管理人员执行公司职务的行为进行监督,对违反法律与行政法规、公司章程或者股东会决议的董事、高级管理人员提出罢免的建议;三是当董事、高级管理人员的行为损害公司的利益时,要求董事、高级管理人员予以纠正;四是提议召开临时股东会会议,在董事会不履行法律规定的召集和主持股东会会议职责时召集和主持股东会会议;五是向股东会会议提出提案;六是依法对董事、高级管理人员提起诉讼;七是公司章程规定的其他职权。

3）监事会的召开

《公司法》规定,监事会每年度至少召开一次会议,监事可提议召开临时监事会会议,其决议应当经半数以上监事通过。

4. 经理

经理是由董事会决定聘任,对董事会负责,可列席董事会会议。《公司法》规定经理职权有九个方面:一是主持公司的生产经营管理工作,组织实施董事会决议;二是组织实施公司年度经营计划和投资方案;三是拟订公司内部管理机构设置方案;四是确定公司的基本管理制度;五是制定公司的具体规章;六是提请聘任或者解聘公司副经理和财务负责人;七是决定聘任或者解聘除应由董事会决定聘任或者解聘以外的负责管理人员;八是董事会授予的其他职权;九是公司章程对经理职权另有规定的,从其规定。

（五）有限责任公司的股权转让

股权是指股东依法享有的对公司的财产进行管理、经营和受益等方面的权利。股权是股东的基本权利,主要包括资产受益、参与重大决策和选择管理者三大权利,其因出资或受让而取得。

1. 股权转让的一般规定

1）股东之间的股权转让

《公司法》规定,有限责任公司的股东可以在股东之间相互转让其全部或者部分的股权。

2）股东与股东以外人之间的股权转让

《公司法》规定,股东向股东以外的人转让股权,应就其股权转让事项书面通知其他股东,并经半数以上的股东同意。其他股东自接到书面通知之日起满 30 日未答复的,视为同意转让。如果其他股东半数以上不同意转让的,不同意的股东应当购买该转让的股权;不购买的,视为同意转让。经其他股东同意转让的股权,其他股东有优先购买权。两个以上股东主张行使优先购买权的,协商确定各自的购买比例。

2. 股权转让的特殊规定

1）人民法院通过强制执行程序转让股权

股东在负有个人债务时,如自身财产不足以清偿,法院为保障债权人的利益,可以对其享有的公司股权进行强制转让。《公司法》规定,人民法院依照法律规定的强制执行程序转让股东的股权时,应当通知公司及全体股东,其他股东在同等条件下有优先购买权。其他股东自人民法院通知之日起满20日不行使优先购买权的,视为放弃优先购买权。

2）异议股东的股份回购请求权

异议股东是指对于股东会做出的影响股东利益的决议持反对意见的股东。异议股东享有请求公司以公平价格收购其持有的股份,从而退出公司的权利,这是《公司法》赋予异议股东的一项权利。

五、股份有限公司的设立

(一) 股份有限公司的特征

股份有限公司是指由最低法定人数以上的股东依法设立,其全部资本等分为股份,股东就其所认购的股份为限对公司承担责任,公司以其全部财产对公司债务承担责任的企业法人。所有股份公司均须是负担有限责任的有限公司,但并非所有有限公司都是股份公司,所以一般股份公司和有限公司合称为股份有限公司。

股份有限公司具有五个方面的特征:一是限制最低股东人数,《公司法》规定应当有2人以上为发起人;二是股东责任具有一定限制,股份有限公司的股东仅以其认购的股份为限对公司承担责任,其限度是股东交付的股金额;三是出资具有股份性,股份有限公司的全部资本划分为金额相等的股份,股份是构成公司资本的最小单位;四是股份具有开放性,股份是股份有限公司资本的基本单位,其形式为股票,可以通过公开发行股票向社会募集资金,也可自由转让和交易;五是股份公司组织齐全,股东大会是股份有限公司的最高权力机构,可以每年召开1次年会,也可根据提议召开临时会议。董事会是股份有限公司的常设机构,每年度至少召开2次会议。监事会是股份有限公司是公司专门监督的常设机构。

 知识链接

股票的分类和发行

1. 股票的分类

股份有限公司的股份采取股票的形式,股票是公司签发的证明股东所持股份的凭证。股票的分类如下:

(1) 以股东承担的风险和享有的权益的大小,股票可划分为两类:一是普通股,构成股份公司股东的基础,持有者具有经营管理公司的权利,其股息随股份公司的利润变动而变动;二是优先股,是指股份有限公司在筹集资本时给予认购者某些优先条件的股票,其股息率固定,持有者优先分配股利和剩余财产,但无经营管理权。

(2) 以是否在股票票面和股东名册上记载股东姓名或名称,股票可划分为两类:一是记名股,是指在股票票面和股东名册上记载股东姓名或名称的一种股票;二是不记名股,是指在股票票面和股东名册上不记载股东姓名或名称的一种股票,可自由转让。

（续上）

（3）以股票是否载有一定金额,股票可划分为两类:一是额面股,是指股票票面表明一定金额的股份;二是无额面股,是指股票票面不表明一定金额,只表示其占公司资本总额一定比例的股份(我国不允许发行)。

（4）以投资主体的不同,股票可划分为四类:一是国家股,是指有权代表国家投资的部门或机构以国有资产向股份有限公司投资而形成的股份;二是法人股,是指具有法人资格的组织以其可支配的财产向股份有限公司投资而形成的股份;三是社会公众股,是指社会公众以其财产向股份有限公司投资而形成的股份;四是外资股,是指外国的投资者以购买人民币特种股票的形式,向公司投资而形成的股份。

2. 股票的发行

股票发行是指股份有限公司以募集资本为目的,而向投资者出售或分配自己股份的行为。根据发行目的的不同,股份发行可以分为设立发行与新股发行。设立发行是指为设立股份有限公司而发行股份;新股发行也称为增资发行,是指股份有限公司成立后,为增加公司股本总额而发行股份。

（二）股份有限公司设立的条件

《公司法》规定股份有限公司设立的条件如下。

1. 规范的公司名称与组织机构

公司的名称应由行政区划、商号、行业、组织形式依次组成,公司应设股东大会、董事会和监事会等组织机构。

2. 固定的公司住所

公司主要办事机构场所的面积应与经营的规模和性质相适应。

3. 满足法定的股东人数

股份有限公司应有 2 人以上 200 人以下的发起人,其中须有半数以上的发起人要在中国境内有住所。

4. 符合公司章程规定的认购股本总额或者募集的实收股本总额

股份有限公司采取发起设立方式设立的,注册资本为在公司登记机关登记的全体发起人认购的股本总额。在发起人认购的股份缴足前,不得向他人募集股份。股份有限公司采取募集方式设立的,注册资本为在公司登记机关登记的实收股本总额。

5. 制定公司章程

采用募集方式设立的,由发起人制定公司章程,但必须经创立大会通过。采用发起设立的,由全体股东共同制定。

（三）股份有限公司设立的流程

1. 发起设立公司的流程

股份有限公司采取发起设立的流程有六个环节:一是发起人发起并签订发起人协议;二是发起人共同制定公司章程;三是发起人认购股份并缴纳股款;四是选举公司董事和监事;五是向公司登记机关申请名称预先核准,获取《企业名称预先核准通知书》;六是向公司登记机关申请公司设立登记,获取"五证合一"营业执照。

2. 募集设立公司的流程

股份有限公司采取募集设立的流程有九个环节：一是发起人发起并签订发起人协议；二是发起人制定公司章程；三是发起人认购不少于35％的股份，并缴纳股款；四是发布招股说明书；五是与证券经营机构和银行分别签订股票承销协议和代收股款协议；六是社会公众认股缴款；七是召开创立大会；八是在召开创立大会之日起30日内向公司登记机关申请名称预先核准，获取《企业名称预先核准通知书》；九是申请公司设立登记领取"五证合一"营业执照。

（四）股份有限公司的组织机构

1. 股东大会

股东大会是股份有限公司的最高权力机构，是依法设立的公司组织机构，由全体股东组成。

1）股东大会的形式

股东大会有两种形式：一是定期会议，又称为股东年会，是指依照法律和公司章程的规定，每年召开1次年会。《公司法》规定，召开定期会议应将会议的时间、地点和审议事项在会议召开20日前通知各股东。二是临时会议，是指在定期会议之外，由于发生法定事由或者根据法定人员、机构的提议而召开的会议，应在会议召开15日前通知各股东。《公司法》规定有召开临时股东大会的情形有六个方面：一是董事人数不足本法规定人数或者公司章程所定人数的2/3时；二是公司未弥补的亏损达实收股本总额1/3时；三是单独或者合计持有公司10％以上股份的股东请求时；四是董事会认为必要时；五是监事会提议召开时；六是公司章程规定的其他情形。

2）股东大会的召开及主持

《公司法》对股东大会的召开及主持进行了规定：一是股东大会由董事会召集的，由董事长主持，董事长不能履行职务或者不履行职务的，由副董事长主持，副董事长不能履行职务或者不履行职务的，由半数以上董事共同推举一名董事主持；二是董事会不能履行或者不履行召集股东大会职责的，监事会应当及时召集和主持，监事会不召集和主持的，连续90日以上单独或者合计持有公司10％以上股份的股东可以自行召集和主持。

3）股东大会决议

股东大会做出的决议，必须经出席会议的股东所持表决权过半数通过。如果股东大会做出修改公司章程、增加或者减少注册资本的决议，以及公司合并、分立、解散或者变更公司形式的决议，必须经出席会议的股东所持表决权的2/3以上通过。

2. 董事会

董事会是代表股东对公司活动进行管理和指挥的机构，是股份有限公司的常设机构。董事会既是负责实施股东大会决议等决策的执行机构，又是制定公司一些方针政策的决策机构；董事会既对内负责公司管理，又对外代表公司进行业务活动。

《公司法》对董事会的相关事项进行了规定：一是股份有限公司设董事会，成员为5～19人，包括董事长、副董事长、董事和经职工代表大会选举的职工代表；二是董事任期由公司章程规定，每届任期不得超过3年，但可连任；三是董事会应每年度至少召开2次会议，在会议召开10日前通知全体董事和监事，由董事长召集和主持；四是董事会的会议应有过半数的董事出席方可举行，所作决议必须经半数董事通过。

股份有限公司发行股票经过金融证券管理主管部门批准后在证券交易所上市交易，其被称为上市公司。根据《公司法》的规定，上市公司设立独立董事制度。

 知识链接

独立董事制度

独立董事制度是董事会这一内部机构的外部化,对内部人形成一定的监督制约力量。独立董事由股东大会选举产生,不是由大股东委派或推荐,代表公司全体股东和公司整体利益监督高级管理人员,检讨董事会和执行董事的表现,就公司的发展战略、业绩、资源、主要人员任命和操守标准、薪酬等问题做出独立判断。

独立董事的监督主要表现为:独立董事主要通过参与董事会下设的各种专门委员会如审计委员会、提名委员会、薪酬委员会来实现其监督。审计委员会负责定期与公司的内部审计员或首席财务官协同工作,并充分利用公司外部合法的审计员,有效地监督公司的财务报告过程,督察公司内部的审计程序,详细讨论审计业务中的问题,收集审计师们关于审计管理方面的建议,评估公司的内部控制制度;薪酬委员会和提名委员会通过制定内部董事和经理人员的薪酬政策、方案和提名董事会经理人选,对其起到监督与督促的作用。

3. 监事会

监事会是股份有限公司依法设立的,对董事和高级管理人员的经营管理行为及公司财务进行专门监督的常设机构。其组成方式、职权范围、会议召开和监事任期与有限责任公司的规定相同。

六、公司法律责任

(一) 违法获取公司登记的处罚

违法获取公司登记的处罚有五种情形:一是虚报注册资本、提交虚假材料或者采取其他欺诈手段隐瞒重要事实取得公司登记的,由公司登记机关责令改正,对虚报注册资本的公司,处以虚报注册资本金额5%～15%不等的罚款。二是对提交虚假材料或者采取其他欺诈手段隐瞒重要事实的公司,处以5万元以上50万元以下的罚款;情节严重的,可撤销公司登记或者吊销营业执照。三是虚假出资,未交付或者未按期交付作为出资的货币或者非货币财产的,由公司登记机关责令改正,处以虚假出资金额5%～15%不等的罚款。四是承担资产评估、验资或者验证的机构提供虚假材料的,由公司登记机关没收违法所得,处以违法所得1倍以上5倍以下的罚款,并可以由有关主管部门依法责令该机构停业,吊销直接责任人员的资格证书,吊销营业执照;因其过失提供有重大遗漏的报告的,由公司登记机关责令改正,情节较重的,处以所得收入1倍以上5倍以下的罚款,并可由有关主管部门依法责令该机构停业,吊销直接责任人员的资格证书,吊销营业执照;因其出具的评估结果、验资或者验证证明不实,给公司债权人造成损失的,承担相应的赔偿。五是公司登记机关对不符合《公司法》规定条件予以登记的,对直接负责的主管人员和其他直接责任人员依法给予行政处分。

(二) 违法抽逃出资的处罚

公司成立后,抽逃其出资的,由公司登记机关责令改正,处以所抽逃出资金额5%～15%不等的罚款。

（三）违法设账或做假账的处罚

违法设账或做假账的处罚有两种情形：一是在法定的会计账簿以外另立会计账簿的，由县级以上人民政府财政部门责令改正，处以5万元以上50万元以下的罚款；二是提供的财务会计报告等材料上做虚假记载或者隐瞒重要事实的，由有关主管部门对直接负责的主管人员和其他直接责任人员处以3万元以上30万元以下的罚款。

（四）不按规定提取法定公积金的处罚

公司不按规定提取法定公积金的，由县级以上人民政府财政部门责令其如数补足，并处以20万元以下的罚款。

（五）不按规定通知或者公告债权人的处罚

公司在合并、分立、减少注册资本或者进行清算时，不依法规定通知或者公告债权人的，由公司登记机关责令改正，对公司处以1万元以上10万元以下的罚款。

（六）违法清算现象的处罚

违法清算现象的处罚有三种情形：一是在进行清算时，隐匿财产，对资产负债表或者财产清单作虚假记载或者在未清偿债务前分配公司财产的，由公司登记机关责令其改正，处以隐匿财产或者未清偿债务前分配公司财产金额5%～10%不等的罚款，并对公司直接负责的主管人员和其他直接责任人员处以1万元以上10万元以下的罚款；二是在清算期间开展与清算无关的经营活动的，由公司登记机关予以警告，没收违法所得；三是清算组不依法向公司登记机关报送清算报告，或者报送清算报告隐瞒重要事实或者有重大遗漏的，由公司登记机关责令其改正。清算组成员利用职权徇私舞弊、谋取非法收入或者侵占公司财产的，由公司登记机关责令其退还公司财产，没收违法所得，并可以处以违法所得1倍以上5倍以下的罚款。

（七）违法冒用公司名义的处罚

冒用有限责任公司或者股份有限公司名义及其分公司名义的，由公司登记机关责令其改正或者予以取缔，并处10万元以下的罚款。

（八）其他违法现象的处罚

其他违法现象的处罚有四种情形：一是公司成立后无正当理由超过6个月未开业的，或者开业后自行停业连续6个月以上的，可由公司登记机关吊销营业执照；二是公司登记事项发生变更时，未依照《合同法》规定办理有关变更登记的，由公司登记机关责令其限期登记，逾期不登记的，处以1万元以上10万元以下的罚款；三是利用公司名义从事危害国家安全和社会公共利益严重违法行为的，吊销营业执照；四是违反《公司法》规定构成犯罪的，依法追究刑事责任。

第三节　合伙企业的设立

合伙企业是指自然人、法人和其他组织依法在中国境内设立的普通合伙企业和有限合伙企业，是一种由两个或两个以上的自然人、法人和其他组织通过订立合伙协议，共同出资经营、共负盈亏、共担风险的企业组织形式。合伙企业组织架构由股东会、监事会和董事会所构成。

一、合伙企业的类型

合伙企业分为两种类型:一是普通合伙企业,是指设置了由普通合伙人组成,合伙人对合伙企业债务承担无限连带责任;二是有限合伙企业,是指由普通合伙人和有限合伙人组成,其中普通合伙人对合伙企业债务承担无限连带责任,有限合伙人以其认缴的出资额为限对合伙企业债务承担责任。

二、合伙企业的设立与变更

(一) 合伙企业设立登记

合伙企业设立登记程序如下。

1. 合伙企业名称预先核准的申请

企业在设立登记前向公司登记机关办理企业名称预先核准,并获取《企业名称预先核准通知书》。

2. 合伙企业设立的登记

经办人登入公司登记机关网申报系统中,先填写《新设企业"五证合一"登记申请表》相关信息,审核无误后打印,并由企业法定代表人签署;然后,经办人携带指定文件前往属地企业登记机关提交登记申请书、合伙协议书、合伙人身份证明等文件,受理机关对申请登记文件进行审核,符合法定形式的予以受理,并按规定颁发"五证合一"营业执照。

(二) 合伙企业变更登记

合伙企业变更名称、住所、注册资本、经营范围、公司类型以及变更董事、监事和经理的,应向原企业登记机关提供相关证明或文件。

三、合伙企业的入伙、退伙与除名

《合伙企业法》对合伙企业入伙、退伙与除名规定的内容如下。

(一) 入伙

新合伙人入伙除合伙协议另有约定外,应当经全体合伙人一致同意,并依法订立书面入伙协议。订立入伙协议时,原合伙人应向新合伙人如实告知原合伙企业的经营状况和财务状况。入伙的新合伙人与原合伙人享有同等权利,承担同等责任。新合伙人对入伙前合伙企业的债务承担无限连带责任。

(二) 退伙

退伙有以下三种情形。

1. 合伙协议约定合伙期限的退伙情形

在合伙协议约定的合伙期限并在合伙企业存续期间的退伙情形:一是合伙协议约定的退伙事由出现;二是经全体合伙人一致同意;三是发生合伙人难以继续参加合伙的事由;四是其他合伙人严重违反合伙协议约定的义务。发生上述情形之一的,合伙人可以退伙。

2. 合伙协议未约定合伙期限的退伙情形

在合伙协议未约定的合伙期限条件下,如果合伙人在不给合伙企业事务执行造成不利影响时可以退伙,但应提前 30 日通知其他合伙人。

3. 其他退伙情形

其他退伙情形包括以下五种:一是合伙人的自然人死亡或者被依法宣告死亡;二是合伙人丧失偿债能力;三是被吊销营业执照、责令关闭和撤销,或者被宣告破产;四是法律规定或者合伙协议约定合伙人必须具有相关资格而丧失该资格;五是合伙人在合伙企业中的全部财产份额被人民法院强制执行。《合伙企业法》的规定,退伙事由从发生之日起生效。

(三) 除名

除名包括以下四种情形:一是未履行出资义务;二是因故意或者重大过失给合伙企业造成损失;三是执行合伙事务时有不正当行为;四是发生合伙协议约定的除名事由。合伙人发生上述情形之一的,经其他合伙人一致同意并以决议的形式将其除名。被除名人对除名决议有异议的,可以自接到除名通知之日起 30 日内向人民法院起诉。《合伙企业法》的规定,被除名人接到除名通知之日起除名生效。

四、合伙企业的解散和清算

(一) 合伙企业解散

合伙企业解散是指已成立的合伙企业因发生法律或章程规定的解散事由而停止业务活动。《合伙企业法》规定的合伙企业解散的情形有以下几个方面:一是合伙期限届满,合伙人决定不再经营;二是合伙协议约定的解散事由出现;三是全体合伙人决定解散;四是合伙人已不具备法定人数满 30 天;五是合伙协议约定的合伙目的已经实现或者无法实现;六是依法被吊销营业执照、责令关闭或者被撤销;七是法律、行政法规规定的其他原因。

(二) 合伙企业清算

合伙企业清算是指按合伙协议约定解散后对企业的财产、债权、债务进行全面清查,并进行收取债权、清偿债务和分配剩余财产,使企业归于消灭的法律行为。

1. 清算人的组成

《合伙企业法》规定,合伙企业解散应由清算人进行清算。清算人的组成方式有四种:一是由全体合伙人担任;二是可自合伙企业解散事由出现后 15 日内指定一个或者数个合伙人担任;三是委托第三人担任;四是自合伙企业解散事由出现之日起 15 日内未确定清算人的,合伙人或者其他利害关系人可以申请人民法院指定清算人。

2. 清算人的职权

《合伙企业法》规定清算人在清算期间行使的职权:一是清理合伙企业财产,分别编制资产负债表和财产清单;二是处理与清算有关的合伙企业未了结事务;三是清缴所欠税款;四是清理债权和债务;五是处理合伙企业清偿债务后的剩余财产;六是代表合伙企业参加诉讼或者仲裁活动。

3. 合伙企业清算的程序

合伙企业清算程序有五个环节:一是组成清算人,自合伙企业解散事由出现之日起 15 日内完成;二是发出解散事项通知,清算人自被确定之日起 10 日内将合伙企业解散事项通知债权人,并于 60 日内在报纸上公告;三是债权登记,债权人自接到通知书之日起 30 日内,未接到通知书的,自公告之日起 45 日内向清算人申报债权,清算人对债权进行登记;四是清偿合伙企业财产,在支付清算费用和职工工资、社会保险费用、法定补偿金以及缴纳所欠税款和清偿债务,清偿后的剩余财产按照合伙协议的约定办理,合伙协议未约定或者约定不明确的,由合伙人协商决定,协商不成的,由合伙人按照实缴出资比例分配和分担,无法确定出资比例的,由合伙人平均分配和分担;五是编制清算报告,清算人在清算结束编制清算报告,由全体合伙人签名盖章,并向企业登记机关报送清算报告。

（三）合伙企业注销

合伙企业在清算结束 15 日内向企业登记机关办理申请注销登记,企业登记机关核准后进行合伙企业注销登记。

五、合伙企业的法律责任

《合伙企业法》对以下"五个违法""一个不按规定"等行为和其他违法行为进行相应的处罚。

（一）违法获取企业登记的行为

企业提交虚假文件或者采取其他欺骗手段,取得合伙企业登记的,由企业登记机关责令改正,处以 5 000 元以上 50 000 元以下的罚款,情节严重的撤销企业登记,并处以 5 万元以上 20 万元以下的罚款。

（二）违法未在其名称中标明企业性质的行为

合伙企业未在其名称中标明"普通合伙""特殊普通合伙"或者"有限合伙"字样的,由企业登记机关责令其限期改正,处以 2 000 元以上 10 000 元以下的罚款。

（三）违法经营的行为

在未领取营业执照的情况下,企业以合伙企业或者合伙企业分支机构名义从事合伙业务的,由企业登记机关责令停止,处以 5 000 元以上 50 000 万元以下的罚款。

（四）不按规定办理变更事项的行为

不按规定办理变更事项包括以下两种违法行为:一是合伙企业登记事项发生变更时,未依法办理变更登记的,由企业登记机关责令限期登记。逾期不登记的,处以 2 000 元以上 20 000 元以下的罚款。二是合伙企业登记事项发生变更,执行合伙事务的合伙人未按期申请办理变更登记的,应赔偿由此给合伙企业和其他合伙人或者善意第三人造成的损失。

（五）违法侵占他人利益的行为

违法侵占他人利益包括以下四种违法行为:一是合伙人执行合伙事务,或者合伙企业从业人员利用职务上的便利,将应归合伙企业利益据为己有的,或者采取其他手段侵占合伙企业财产的,应将该利益和财产退还合伙企业,给合伙企业或者其他合伙人造成损失的,依法承担赔偿责任;二是合伙人对《合伙企业法》规定或者合伙协议约定必须经全体合伙人一致同意方能执行事务擅自处理的,给合伙企业或者其他合伙人造成损失的,依法承担赔偿责任;三是不具有事务执行权的合伙人擅自执行合伙事务,给合伙企业或者其他合伙人造成损失的,依法承担赔偿责任;四是合伙人违反《合伙企业法》规定或者合伙协议的约定,从事与本合伙企业相竞争业务或者与本合伙企业进行交易的,该收益归合伙企业所有,给合伙企业或者其他合伙人造成损失的,依法承担赔偿责任。

（六）清算人违法的行为

违法清算人行为包括以下三种违法行为:一是清算人未依照《合伙企业法》规定向企业登记机关报送清算报告,或者报送清算报告隐瞒重要事实,或者有重大遗漏的,由企业登记机关责令其改正,由此产生的费用和损失,由清算人承担和赔偿;二是清算人执行清算事务时牟取非法收入或者侵占合伙企业财产的,应当将该收入和侵占的财产退还合伙企业,给合伙企业或者其他合伙人造成损失的,依法承担赔偿责任;三是清算人违反《合伙企业法》规定,隐匿和转移合伙企业财产,对资产负债表或者财产清单作虚假记载,或者在未清偿债务前分配财产损害债权人利益的,依法承担赔偿责任。

（七）其他违法行为

除上述"五个违法""一个不按规定"行为外,合伙企业还存在以下三种违法行为:一是合伙人违反合伙协议的,应当依法承担违约责任;二是有关行政管理机关工作人员违反《合伙企业法》规定,滥用职权、徇私舞弊、收受贿赂、侵害合伙企业合法权益的,依法给予行政处分;三是违反《合伙企业法》规定构成犯罪的,依法追究刑事责任。

第四节　个人独资企业的设立

个人独资企业是指依法在中国境内设立,由一个自然人投资,财产为投资人个人所有,投资人以其个人财产对企业债务承担无限责任的经营实体。投资人担任经理,并聘任其他人担任管理人员,在授权范围内履行职务。

一、个人独资企业的种类

个人独资企业根据出资的对象不同分为以下两种。

（一）以个人财产出资的个人独资企业

以个人财产出资的个人独资企业是指以个人财产承担无限责任的经营实体。

个人独资企业不同于个体工商户,有着以下四个方面的区别。

1. 有无字号

个人独资企业必须要有合法的企业名称;个体工商户可以不起字号名称。

2. 投资者与经营者不一致

个人独资企业投资者与经营者可以是不同的人,投资人可以委托或聘用他人管理事务;个体工商户的投资者与经营者是同一个自然人。

3. 有无设立分支机构

个人独资企业既可在登记管理机关辖区内,也可在异地设立分支机构,由设立该分支机构的个人独资企业承担责任;个体工商户根据规定不能设立分支机构。

4. 法律地位不同

个人独资企业是其他组织或其他经济组织的一种形式,能以企业自身的名义进行法律活动;个体工商户的法律行为能力受到一定的限制,通常是以公民个人名义进行法律活动的。

（二）以家庭财产出资的个人独资企业

以家庭财产出资的个人独资企业是指以家庭财产承担无限责任的经营实体。

二、个人独资企业的设立与变更

（一）个人独资企业设立登记

个人独资企业设立登记程序如下。

1. 个人独资企业名称预先核准的申请

个人独资企业的名称不能有"有限""有限责任"或者"公司"字样。经办人在企业设立登记前向公司登记机关办理企业名称预先核准,并获取《企业名称预先核准通知书》。

2. 个人独资企业设立登记的申请

经办人登入公司登记机关网申报系统中,先填写《新设企业"五证合一"登记申请表》相关信息,审核无误后打印,并由企业法定代表人签署;然后,经办人携带指定文件前往属地企业登记机关提出申请,登记机关应当在收到设立申请文件之日起 15 日内,对符合《个人独资企业法》规定条件的企业予以登记并颁发"五证合一"营业执照。

(二) 个人独资企业变更登记

个人独资企业变更名称、住所、注册资本和经营范围的,应从变更决议做出之日起 30 日内向原企业登记机关提出申请,并提交相关证明或文件。

三、个人独资企业的解散和清算

(一) 个人独资企业解散

《个人独资企业法》规定了个人独资企业解散的情形:一是投资人决定解散;二是投资人死亡或者被宣告死亡,无继承人或者继承人决定放弃继承;三是被依法吊销营业执照;四是法律、行政法规规定的其他情形。

(二) 个人独资企业清算

个人独资企业清算是指对企业的债权债务进行清查,并进行收取债权好清偿债务,使企业归于消灭的法律行为。

1. 清算人的指定

《个人独资企业法》规定,个人独资企业解散,由投资人自行清算或者由债权人申请人民法院指定清算人进行清算。

2. 个人独资企业清算的程序

个人独资企业清算程序有五个环节:一是指定清算人;二是发出解散事项通知,投资人自行清算的,应当在清算前 15 日内书面通知债权人,无法通知的,应予以公告;三是债权登记,债权人应当在接到通知之日起 30 内,未接到通知的,应在公告之日起 60 日内向投资人申报其债权;四是清偿个人独资企业财产,依次为所欠职工工资、社会保险费用、所欠税款和其他债务;五是编制清算报告,投资人或者人民法院指定的清算人在清算结束后编制清算报告,并向企业登记机关报送。

(三) 个人独资企业注销

个人独资企业在清算结束 15 日内向企业登记机关办理申请注销登记,企业登记机关核准后进行合伙企业注销登记。

四、个人独资企业的法律责任

《个人独资企业法》对以下"五个违法""一个不按规定"等行为和其他违法行为进行相应的处罚。

(一) 违法获取企业登记的行为

个人独资企业提交虚假文件或采取其他欺骗手段,取得企业登记的,责令改正,处以 5 000 元以下的罚款;情节严重的,并处吊销营业执照。

(二) 违法使用企业名称的行为

个人独资企业使用的名称与其在登记机关登记的名称不相符合的,责令其限期改正,并处 2 000 元以下的罚款。

(三)违法使用营业执照的行为

违法使用营业执照包括以下两种违法行为:一是涂改、出租和转让营业执照的,责令其改正,没收违法所得,并处以 3 000 元以下的罚款,情节严重的,吊销营业执照;二是伪造营业执照的,责令其停业,没收违法所得,并处以 5 000 元以下的罚款,构成犯罪的,依法追究刑事责任。

(四)不按规定办理变更事项的行为

个人独资企业登记事项发生变更时,未按《个人独资企业法》规定办理有关变更登记的,责令其限期办理变更登记;逾期不办理的,处以 2 000 元以下的罚款。

(五)违法侵占他人利益的行为

违法侵占他人利益包括以下四种违法行为:一是投资人委托或者聘用人员管理个人独资企业事务时违反双方订立的合同,并给投资人造成损害的,承担民事赔偿责任;二是侵犯职工合法权益,未保障职工劳动安全,不缴纳社会保险费用的,按照有关法律和行政法规予以处罚,并追究有关责任人员的责任;三是投资人委托或者聘用人员侵犯个人独资企业财产权益的,责令退还侵占的财产,给企业造成损失的,依法承担赔偿责任,有违法所得的,没收违法所得,构成犯罪的,依法追究刑事责任;四是个人独资企业及其投资人在清算前或清算期间隐匿或转移财产,逃避债务的,依法追回其财产,并按照有关规定予以处罚,构成犯罪的,依法追究刑事责任。

(六)违法经营的行为

企业未领取营业执照,以个人独资企业名义从事经营活动的,责令其停止经营活动,并处以 3 000 元以下的罚款。

(七)其他违法行为

除上述"五个违法""一个不按规定"行为外,个人独资企业还存在以下四种违法行为:一是个人独资企业成立后无正当理由超过 6 个月未开业的,或者开业后自行停业连续 6 个月以上的,吊销营业执照;二是违反法律和行政法规的规定,强制个人独资企业提供财力、物力和人力的,按照有关法律和行政法规予以处罚,并追究有关责任人员的责任;三是登记机关对不符合规定条件的个人独资企业予以登记,或者对符合规定条件的企业不予登记的,对直接责任人员依法给予行政处分,构成犯罪的,依法追究刑事责任;四是登记机关对符合法定条件的申请不予登记或者超过法定时限不予答复的,当事人可依法申请行政复议或提起行政诉讼。

 案例分析

习近平把新一届党中央的反腐思路概括为"苍蝇、老虎一起打",比喻党中央对大、小贪腐一起打击,建设廉洁政治,着力构建不敢腐、不能腐、不想腐的体制机制。2012年 5 月,李某在某省担任县委书记期间因犯受贿罪,被当地法院判处有期徒刑 4 年。李某在入狱服刑 3 年后办理了假释,在假释期间受聘担任了某电子商务公司总经理,利用原有关系为开展经营。

请根据《公司法》的相关内容分析李某违法了哪些规定,并结合该案例阐述我党提出反腐永远在路上的意义。

第五节　外商投资企业的设立

外商投资企业是指全部或者部分由外国投资者投资,依照中国法律在中国境内经登记注册设立的企业。外商投资企业的组织形式、组织机构及其活动准则,适用我国《公司法》《合伙企业法》等法律的规定。

一、外商投资企业的管理

(一) 外商投资的范围

外商投资准入负面清单规定禁止投资的领域,外国投资者不得投资。外商投资准入负面清单规定限制投资的领域,外国投资者进行投资应当符合负面清单规定的条件。外商投资准入负面清单以外的领域,按照内外资一致的原则实施管理。

(二) 外商投资管理制度

1. 准入前国民待遇加负面清单管理

国家对外商投资实行准入前国民待遇加负面清单管理制度。准入前国民待遇是指在投资准入阶段给予外国投资者及其投资不低于本国投资者及其投资的待遇。负面清单是指国家规定在特定领域对外商投资实施的准入特别管理措施。

2. 国民待遇制度

国家对负面清单之外的外商投资,给予国民待遇。中华人民共和国缔结或者参加的国际条约、协定对外国投资者准入待遇有更优惠规定的,可以按照相关规定执行。

3. 许可管理制度

外国投资者在依法需要取得许可的行业、领域进行投资的,应当依法办理相关许可手续。有关主管部门应当按照与内资一致的条件和程序,审核外国投资者的许可申请,法律、行政法规另有规定的除外。

4. 外商投资信息报告制度

国家建立外商投资信息报告制度。外国投资者或者外商投资企业应当通过企业登记系统以及企业信用信息公示系统向商务主管部门报送投资信息。外商投资信息报告的内容和范围按照确有必要的原则确定;通过部门信息共享能够获得的投资信息,不得再行要求报送。

5. 外商投资安全审查制度

国家建立外商投资安全审查制度,对影响或者可能影响国家安全的外商投资进行安全审查。依法做出的安全审查决定为最终决定。

二、外商投资法律责任

(一) 外国投资者违法行为及责任

(1) 外国投资者投资外商投资准入负面清单规定禁止投资的领域的,由有关主管部门责令停止投资活动,限期处分股份、资产或者采取其他必要措施,恢复到实施投资前的状态;有违法所得的,没收违法所得。

（2）外国投资者的投资活动违反外商投资准入负面清单规定的限制性准入特别管理措施，由有关主管部门责令限期改正，采取必要措施满足准入特别管理措施的要求；逾期不改正的，依照前款规定处理。

（3）外国投资者的投资活动违反外商投资准入负面清单规定的，除依照前两款规定处理外，还应当依法承担相应的法律责任。

（4）外国投资者、外商投资企业违反法律规定，未按照外商投资信息报告制度的要求报送投资信息的，由商务主管部门责令限期改正；逾期不改正的，处10万元以上50万元以下的罚款。

（5）对外国投资者、外商投资企业违反法律、法规的行为，由有关部门依法查处，并按照国家有关规定纳入信用信息系统。

（二）工作人员违法行为及责任

行政机关工作人员在外商投资促进、保护和管理工作中滥用职权、玩忽职守、徇私舞弊的，或者泄露、非法向他人提供履行职责过程中知悉的商业秘密的，依法给予处分；构成犯罪的，依法追究刑事责任。

 案例思考

公司设立出资案——诚信

【案例简介】

2012年1月22日，杉达经贸有限公司与日本大山株式会社发起设立中外合资企业杉山金属有限公司，制定的公司章程规定，大山株式会社以24万美元专有技术和21万美元现汇出资。2015年3月5日，杉山金属有限公司董事会做出决议，日本大山株式会社21万美元现金投入中，16万美元作为借款资金投入，即每年一次按10%回报返其利益，这部分资金不再享受公司股本增值权利和经营风险，余下5万美元和24万美元的专有技术出资共29万美元，占公司总投资的27.88%，作为股权投入，参与公司可分配利润的分配，利益同享风险共担。在该董事会决议做出后，杉山金属有限公司按约支付了相应款项。2016年3月30日，日本大山株式会社向杉山金属有限公司出具一份收条。其载明：今收到杉山金属有限公司2015年投资利息16 000美元。2015年3月7日，杉山金属有限公司出具一份现金付出单，金额为8 917美元，并注明为借款利息。随后，杉山金属有限公司诉至法院，请求判令：被告日本大山株式会社补足出资，并返还上述现金投入资本所获得的利息。

法院经审理认为，大山株式会社的出资在合资公司中分为两部分：一部分以现金方式出资，另一部分以专有技术出资，经查该部分实际并未出资，但该株式会社以这两部分出资所占的股权比例没有变更和减少，根据《公司法》第三十条的规定，应当由交付该出资的股东补足其差额。另外，杉山金属有限公司所做出的董事会决议的内容未经法定程序，实质上减少了注册资本的金额，该股东会决议关于给付该笔资金利息的约定，违反了《公司法》第三十五条股东不得抽回出资的规定，符合抽逃资本的要件，因此杉山金属有限公司请求返还已支付的利息的诉讼请求，予以支持。

（续上）

【案例启示】

　　"对外开放"是中国一项基本国策,"法治、诚信"是中国企业遵循的社会主义核心价值观。中外合资企业在设立的过程中,必须依据《公司法》的相关规定,保护公司、股东和债权人的合法权益,促进社会主义市场经济的发展。中国倡导"法治、诚信、友善",无论是中国企业,还是中外合资企业,都必须遵守的市场原则。

复习与思考

一、单项选择题

1. 股份有限公司的发起人人数为(　　)。

A. 2 人以上 200 人以下　　　　　　　　B. 2 人以上

C. 5 人以上　　　　　　　　　　　　　　D. 100 人以下

2. 下列人员中,可以担任公司的董事、监事、高级管理人员的是(　　)。

A. 17 周岁的在校大学生小李

B. 小张曾因挪用公司财产判处刑罚,执行期满后 4 年

C. 小周曾经担任公司财务主管,公司因经营不善破产清算后 2 年

D. 小赵个人欠债 100 万元,到期未清偿

3. 甲、乙、丙三家公司合并为丁公司,甲、乙、丙公司解散,办理注销登记。这属于公司变更中的(　　)。

A. 新设分立　　　　　　　　　　　　　　B. 派生分立

C. 吸收合并　　　　　　　　　　　　　　D. 新设合并

4. 下列关于总公司与分公司关系的表述中,错误的是(　　)。

A. 总公司具有独立的法人地位

B. 分公司能够独立承担民事责任

C. 母公司是拥有其他公司一定比例股份的公司

D. 子公司能够以自己的名义从事民事活动并以自己的财产独立承担责任

5. 下列各项中,属于正确的公司名称的是(　　)。

A. 富源县余家老厂公益会所

B. 昆山区生鲜乐园超市

C. 上海阿里巴巴影业有限公司

D. 石家庄长安教育咨询中心

6. 下列决议中,不属于必须经过代表 2/3 以上表决权的股东通过的是(　　)。

A. 修改公司章程　　　　　　　　　　　B. 增加、减少注册资本

C. 选举更换董事　　　　　　　　　　　D. 变更公司形式

7. 下列关于合伙企业的表述中,错误的是(　　)。

A. 新合伙人入伙除合伙协议另有约定外,应当经全体合伙人一致同意

B. 新合伙人对入伙前合伙企业的债务承担无限连带责任

C. 合伙协议约定的退伙事由出现,合伙人可以退伙

D. 合伙企业在解散后 15 日内向企业登记机关办理申请注销登记

8. 下列关于个人独资企业的表述中,正确的是( )。

A. 个人独资企业投资人以其个人财产对企业债务承担有限责任

B. 个人独资企业投资人以其个人财产对企业债务承担无限责任

C. 个人独资企业的名称可以有"有限""有限责任"或者"公司"字样

D. 个人独资企业投资人不能委托或聘用他人管理企业事务

二、多项选择题

1. 有限责任公司与股份有限公司的区别有( )。

A. 后者的全部资本分为等额股份并采取股票的形式,前者则不然

B. 后者以股东大会为权力机构,前者则不然

C. 前者以其全部资产对公司债务承担责任,后者则不然

D. 前者的股东有最高人数限制,后者则不然

2. 下列关于公司设立程序的表述中,正确的有( )。

A. 设立任何公司都必须有公司住所

B. 设立任何公司都必须制定公司章程

C. 设立任何公司都必须先报经政府主管部门审批

D. 设立任何公司都必须在申请设立登记前先进行公司名称预先核准登记

3. 根据我国《公司法》规定,可以提议召开有限责任公司股东会临时会议的是( )。

A. 1/3 以上的股东   B. 代表 1/10 以上表决权的股东

C. 1/3 以上的董事   D. 监事会或不设监事会的公司监事

4. 公司高级管理人员是指( )。

A. 公司的经理   B. 公司副经理

C. 公司财务负责人   D. 上市公司董事会秘书

5. 根据我国《公司法》规定,下列关于公司变更的说法中,正确的有( )。

A. 有限责任公司可变更为股份有限公司,而股份有限公司不能变更为有限责任公司

B. 有限责任公司可变更为股份有限公司,股份有限公司也可变更为有限责任公司

C. 非上市公司可以经过法定程序成为上市公司

D. 上市公司可能因为不再具备上市条件而成为非上市公司

6. 下列关于股份公司董事会性质的表述中,正确的有( )。

A. 董事会是公司的常设机构   B. 董事会是公司的业务执行机构

C. 董事会是公司的经营决策机构   D. 董事会是公司的对外代表机构

7. 享有股份有限公司股东大会召集权的主体有( )。

A. 董事会

B. 监事会

C. 单独或者合计持有公司 10% 以上股份的股东

D. 连续 90 日以上单独或者合计持有公司 10% 以上股份的股东

8. 下列各项中,属于合伙企业法规定的对合伙人除名的情形的有(　　　　)。

A. 合伙人未履行出资义务

B. 合伙人因故意或者重大过失给合伙企业造成损失

C. 合伙人执行合伙事务时有不正当行为

D. 发生合伙协议约定的除名事由

三、判断题

1. 公司是企业法人,有独立的法人财产,享有法人财产权。　　　　　　　　　　　(　　　)

2. 公司营业执照应当载明公司的名称、住所、注册资本、实收资本、经营范围、法定代表人姓名等事项。　　　　　　　　　　　　　　　　　　　　　　　　　　　　　　　(　　　)

3. 有限责任公司全体股东的首次出资额不得低于注册资本的 20%,也不得低于法定的注册资本最低限额。　　　　　　　　　　　　　　　　　　　　　　　　　　　　　　(　　　)

4. 公司合并自合并决议之日起 20 日内通知债权人,并于 30 日内在报纸上公告。

(　　　)

5. 如果清算机构在清理公司财产、编制资产负债表和财产清单后,发现公司财产不足以清偿债务,应依法向法院申请宣告破产,经法院裁定破产后,将清算事务移交给法院。

(　　　)

6. 董事会会议由董事长召集和主持,董事长不能履行职务或者不履行职务的,由半数以上董事共同推举一名董事召集和主持。　　　　　　　　　　　　　　　　　　　(　　　)

7. 监事会对董事、高级管理人员执行公司职务的行为进行监督,对违反法律与行政法规、公司章程或者股东会决议的董事、高级管理人员可以进行罢免。　　　　　　　(　　　)

8. 股份有限公司应有 2 人以上 200 人以下的发起人,其中须有半数以上的发起人具有中国国籍。　　　　　　　　　　　　　　　　　　　　　　　　　　　　　　　　(　　　)

9. 公司成立后,抽逃其出资的,由公司登记机关责令改正,处以所抽逃出资金额 5%～15%不等的罚款。　　　　　　　　　　　　　　　　　　　　　　　　　　　　　　(　　　)

10. 未领取营业执照,以个人独资企业名义从事经营活动的,责令其停止经营活动,并处以 2 000 元以下的罚款。　　　　　　　　　　　　　　　　　　　　　　　　　　(　　　)

四、简答题

1. 简述股份有限公司和有限责任公司的区别。

2. 简述股份有限公司发起设立和募集设立的区别。

3. 简述我国公司法对董事、高管人员履行忠实义务的具体要求。

4. 简述个人独资企业和个人工商户的区别。

第三章　国际商务合同法律制度

学习目标

◆ 了解国际贸易合同与跨境电子商务合同的含义、特征和分类。
◆ 熟悉国际贸易合同的磋商、订立、履约、违约责任和救济方法的相关法律规定。
◆ 明确学习《合同法》与《电子商务法》对我国法制化建设的作用。
◆ 具备订立与履行国际贸易合同、跨境电子商务合同的法律知识和基本能力。

本 章 概 要

　　本章包括三部分内容:第一部分为国际商务合同法律制度概况,介绍了《国际货物销售合同公约》《电子商务示范法》《电子签字示范法》《国际合同使用电子通信公约》《国际商事合同通则》《民法典》《中华人民共和国电子签名法》(以下简称《电子签名法》)、《电子商务法》的颁布、框架和适用范围;第二部分为国际贸易合同,介绍了合同的订立原则、特征、分类、形式、内容和国际贸易合同的磋商、订立、履约、违约责任、救济方法、权利义务的终止;第三部分为跨境电子商务合同,介绍了合同的含义、特征、分类、数据电文的有效条件和电子商务经营者、电子商务平台经营者、平台内经营者的义务,以及合同的订立、履约、法律责任。

第一节　国际商务合同法律制度概述

　　当今,各国无论在社会制度、经济文化和法律体系等方面有着怎样的千差万别,在维系交易的公正、公平方面,无一例外地使用合同这法定形式。在国际商务活动中,跨境货物交易是由营业地处于不同国家或地区的当事人之间所进行的货物买卖行为,为了调整跨境货物贸易及其各种关系,国际组织和各国都先后制定了相关的法律,主要有《国际货物销售合同公约》和我国《民法典》合同编等。

一、国际组织合同法律制度

(一) 联合国国际贸易法委员会合同法律体系

1.《国际货物销售合同公约》

1980年,在维也纳举行的外交会议上,联合国国际贸易法委员会主持制定的《国际货物销售合同公约》获得通过,并于1988年1月1日正式生效。该公约的基本原则是建立国际经济新秩序的原则、平等互利原则与兼顾不同社会、经济和法律制度的原则,其是执行、解释和修订公约的依据,也是处理国际货物买卖关系和发展国际贸易关系的准绳。

《国际货物销售合同公约》共分为四个部分:第一部分为适用范围;第二部分为合同的成立;第三部分为货物买卖;第四部分为最后条款。《国际货物销售合同公约》适用于缔约国营业地在不同国家当事人之间所订立的货物买卖合同。其不适用于七个方面:一是以直接私人消费为目的的买卖;二是拍卖;三是依据执法令状或法律授权的买卖;四是公债、股票、投资证券、流通票据和货币的买卖;五是船舶、气垫船和飞行器的买卖;六是电力的买卖;七是卖方绝大部分义务是提供劳务和服务的买卖。

2.《电子商务示范法》

1996年12月16日,联合国国际贸易法委员会第八十五次全体会议通过了第一个世界范围内的电子商务统一法规《电子商务示范法》。《电子商务示范法》既不是国际条约,也不是国际惯例,仅仅是电子商务的示范法律文本,但对电子商务的一些基本法律问题做出的规定,向各国提供一套国际公认的法律规则,以供各国法律部门在制定本国电子商务法律规范时参考,有助于各国完善、健全有关传递和存贮信息的现行法规和惯例,并给全球化的电子商务创造出统一的、良好的法律环境。

《电子商务示范法》分为两部分,有六章,共计十七条:第一部分为电子商务总则,包括第一章至第三章,其中,第一章为一般条款,第二章为对数据电文适用法律要求,第三章为数据电文的传递;第二部分是电子商务的特定领域,包括第四章至第六章,其中,第四章为货物运输,第五章为对数据电文适用法律要求,第六章为数据电文的传递。《电子商务示范法》适用于在商业活动方面使用的,以一项数据电文为形式的任何种类的信息。

3.《电子签字示范法》

2001年12月12日,联合国国际贸易法委员会第八十五次全体会议通过了《电子签字示范法》,它是对《电子商务示范法》的补充,明确了在电子环境下履行签字功能的基本原则,有助于各国加强利用现代化核证技术的立法,为各国立法提供参考。数字签名是电子商务中应用最普遍、可操作性最强的一种电子签名方法,主要用于鉴定签名人的身份以及对一项电子数据内容的认可。

《电子签字示范法》共计十二条:第一条为适用范围;第二条为定义;第三条为签字技术的平等对待;第四条为解释;第五条为经由协议的改动;第六条为符合签字要求;第七条为满足;第八条为签字人的行为;第九条为验证服务提供商的行为;第十条为可信赖性;第十一条为依赖方的行为;第十二条为对外国证书和电子签字的承认。《电子签字示范法》适用于商务活动过程中使用的电子签字。

4.《国际合同使用电子通信公约》

2005 年 11 月 23 日,联合国国际贸易法委员会第三十八届会议通过了《国际合同使用电子通信公约》,旨在对国际合同使用电子通信的情形中增强法律确定性和商业可预见性。2006 年 7 月 6 日,中国政府签署了《国际合同使用电子通信公约》,这有助于进一步与国际电子商务法律接轨,提高国际贸易的便利化,推动中国电子商务的发展。

《国际合同使用电子通信公约》分为四章,共计二十五条:第一章为适用范围;第二章为总则;第三章为国际合同使用电子通信;第四章为最后条款。该公约适用于营业地位不同国家的当事人之间订立或履行合同有关的电子通信的使用,不考虑当事人的国籍,也不考虑合同的性质。该公约不适用于两种情形:一是不适用的电子通信现象,包括为个人、家人或家庭目的订立的合同电子通信,受管制交易所的交易、外汇交易、银行间支付系统与银行间支付协议或者与证券或其他金融资产或票据有关的清算和结算系统,对中间人持有的证券或其他金融资产或票据的担保权的转让、出售、出借或持有或回购协议;二是不适用于汇票、本票、运单、提单、仓单或任何可使持单人或受益人有权要求交付货物或支付一笔款额的可转让单证或票据。

（二）国际统一私法协会《国际商事合同通则》

1994 年 5 月,国际统一私法协会会议通过了《国际商事合同通则》。该通则于 2004 年 4 月经过一次修订。《国际商事合同通则》旨在为国际商事合同制定一般规则,可用于解释或补充国际统一法的文件,也可作为国内和国际立法的范本。

《国际商事合同通则》分为十章,共计一百八十四条:第一章为总则(第一条至第十二条);第二章为合同的订立与代理人的权限(第十三条至第四十四条);第三章为合同的效力(第四十五条至第六十四条);第四章为合同的解释(第六十五条至第七十二条);第五章为合同的内容(第七十三条至第八十七条);第六章为合同的履行(第八十八条至第一百零七条);第七章为合同的不履行(第一百零八条至第一百三十八条);第八章为抵消(第一百三十九条至第一百四十三条);第九章为权利的转让、债务的转移与合同的转让(第一百四十四条至第一百七十三条);第十章为时效期间(第一百七十四条至第一百八十四条)。《国际商事合同通则》规范国际贸易的合同内容包括有形贸易和无形贸易,适用于国际货物销售合同、国际服务贸易合同和国际知识产权转让合同。其适用于以下四种情形:一是当事人在合同中约定受该通则约束;二是在当事人在合同中约定适用法律的一般原则、商人习惯法或类似措辞时;三是当事人在合同中未在合同中选择任何法律管辖时;四是在解释或补充国际统一法和国内法时。

二、中国合同法律制度立法

（一）《民法典》合同编

《民法典》第三编合同有二十九章,共计五百二十五条,包括五个方面的内容:一是规定了立法目的、合同法的调整范围以及基本原则;二是规定了订立合同的主体资格、合同形式、合同主要条款、要约与承诺制度、合同效力、当事人的权利义务、合同的中止、合同变更、合同权利转让和合同义务转移等内容;三是规定了违约责任方式、预期违约制度、损失赔偿额的确定、违约金制度、违约金与定金的选择、不可抗力以及违约责任与侵权责任的竞合等内容;四是规定了对买卖合同标的物所有权的转移、标的物的交付和风险承担以及分期付款买卖、凭样品买卖、试用买卖等内容;五是规定了运输合同的一般规则和客运合同、货运合同、多式联运合同的等内容。

(二)《电子签名法》

为了规范电子签名行为,确立电子签名的法律效力,维护有关各方的合法权益,促进法治化社会的建设,在2004年8月28日召开的第十届全国人大常务委员会第十一次会议通过了《电子签名法》,并从2005年4月1日起施行。之后该法经过了一次修订,现行版的《电子签名法》是于2015年4月24日由第十二届全国人民代表大会常务委员会第十四次会议上通过修正的。

《电子签名法》分为五章,共计三十六条:第一章为总则;第二章为数据电文;第三章为电子签名与认证;第四章为法律责任;第五章为附则。其主要包括以下四个方面的内容:一是界定了数据电文的内涵;二是规定了电子与手写的签名具有同等效力;三是规定了电子认证服务实行准入制;四是规定了电子签名安全的保护措施。《电子签名法》适用于我国民事活动中的合同或者其他文件、单证等文书中使用的电子签名和数据电文。其不适用于以下四种情形:一是涉及婚姻、收养、继承等人身关系的;二是涉及土地、房屋等不动产权益转让的;三是涉及停止供水、供热、供气、供电等公用事业服务的;四是法律、行政法规规定的不适用电子文书的其他情形。

(三)《电子商务法》

为了保障电子商务各方主体的合法权益,规范电子商务行为,维护市场秩序,促进法治化社会的建设,在2018年8月31日召开的第十三届全国人大常务委员会第五次会议通过了《电子商务法》,并从2019年1月1日起施行。

《电子商务法》分为七章,共计八十九条:第一章为总则;第二章为电子商务经营者;第三章为电子商务合同的订立与履行;第四章为电子商务争议解决;第五章为电子商务促进;第六章为法律责任;第七章为附则。《电子商务法》是一部综合性的法律,既有规范市场秩序、实施市场促进的公法内容,又有规范电子商务主体交易行为、界定电子合同效力的私法内容,并分别从电子商务的经营监管原则、电子商务经营者、电子商务平台经营者、电子商务合同的订立与履行、电子商务争议解决、电子商务促进和相关法律责任等方面进行了规范。该法适用于我国境内的电子商务活动,即通过互联网等信息网络销售商品或提供服务的经营活动,法律与行政法规对销售商品或者提供服务有规定的,适用其规定。其不适用于金融类产品和服务、利用信息网络提供新闻信息、音视频节目、出版及文化产品等内容方面的服务。

第二节 国际贸易合同

一、合同的概述

(一)合同订立的基本原则

合同是平等主体的自然人、法人、其他组织之间设立、变更、终止民事权利义务关系的协议。订立合同必须遵守以下五项原则。

1. 平等原则

我国《民法典》合同编规定:"合同当事人的法律地位平等,一方不得将自己的意志强加给另一方。"平等原则是指当事人的民事法律地位平等。它包括订立和履行合同两个方面。

它是区别行政法律和刑事法律的重要特征,是合同法其他原则赖以存在的基础。

2. 自愿原则

我国《民法典》合同编规定:"当事人依法享有自愿订立合同的权利,任何单位和个人不得非法干预。"合同是当事人协商一致及真实意思表示的结果,因一方欺诈、胁迫订立的合同无效或者可以撤销。

3. 公平原则

我国《民法典》合同编规定:"当事人应当遵循公平原则确定各方的权利和义务。"公平原则的内涵包括以下三个方面:一是在订立合同时,显失公平的合同可以撤销;二是在发生合同纠纷时,既要切实保护守约方的合法利益,也不能使违约方因较小的过失承担过重的责任;三是在极个别的情况下,因客观情势发生异常变化,履行合同使当事人之间的利益重大失衡时,应公平地调整当事人之间的利益。

4. 诚实信用原则

我国《民法典》合同编规定:"当事人行使权利、履行义务应当遵循诚实信用原则。"诚实信用原则的内涵包括以下三个方面:一是诚实,当事人要表里如一,不得欺诈;二是守信,当事人要言行一致,不能反复无常,也不能口惠而实不至;三是当事人应当恪守商业道德,履行相互协助、通知和保密等义务。

5. 遵守法律法规,尊重社会公德原则

我国《民法典》合同编规定:"当事人订立、履行合同,应当遵守法律、行政法规,尊重社会公德,不得扰乱社会经济秩序,损害社会公共利益。"如当事人在订立与履行合同应当遵守法律、行政法规的规定,不得订立法律法规禁止的标的合同,不得违背善良风俗,不得进行不正当竞争,不得利用合同进行偷税漏税等。

(二) 合同的法律特征

1. 合同是民事法律行为

民事法律行为是指民事主体实施的可以引起民事权利和民事义务设立、变更或者终止的合法行为。合同是民事法律行为的一种,因此也就具备了这个法律特征。

2. 合同是合意的结果

合意是指合同当事人的意思表示一致。合同是两个以上的意思表示相一致的协议,只有在当事人所做出的意思达成一致后,合同才具有法律约束力并受到法律保护。其有三个要素:一是合同的成立必须要有两个或两个以上的当事人;二是各方当事人须互相做出意思表示;三是每个当事人的意思表示必须是一致的。

3. 合同是以设立、变更或终止民事权利义务关系为目的

所谓设立民事权利义务关系,是指当事人依法成立合同后,便在他们之间产生民事权利义务关系;所谓变更民事权利义务关系,是指当事人在依法成立合同后,便使他们之间原有的民事权利义务关系发生变化,形成新的民事权利义务关系;所谓终止民事权利义务关系,是指当事人依法成立合同后,便使他们之间既有的民事权利义务关系归于消灭。

4. 合同是合法行为

合同是当事人在符合法律规范要求条件下而达成的协议,所以是一个合法的行为。

(三) 合同的分类

合同的分类是指基于一定的标准,将合同划分为不同的类型。

1. 依据合同成立的前提,合同可分为计划合同与普通合同

计划合同是指直接根据国家经济计划而签订的合同。例如,企业法人根据国家计划签订的购销合同、建设工程承包合同等都属于计划合同。

普通合同是指不以国家计划为前提订立的合同。公民间的合同是典型的非计划合同。在社会主义市场经济条件下,计划合同已被控制在很小范围之内。

2. 依据当事人双方权利义务,合同可分为单务合同与双务合同

单务合同是指只有一方当事人承担给付义务的合同。单务合同中的双方当事人不存在对待给付的关系,一方承担义务而不享有权利,另一方则相反。例如,赠与合同,赠与一方有交付的义务,无获取货款的权利。

双务合同是指缔约双方相互负担义务,双方的义务与权利相互关联、互为因果的合同。在双务合同中,当事人双方均承担合同义务,并且双方的义务具有对应关系,即一方当事人依据合同所享有的权利正是对方当事人依据合同所应承担的义务;反之亦然。例如,买卖合同中,卖方交货后获取货款,买方支付货款后取得货物。

3. 依据当事人取得的权利,合同可分为有偿合同与无偿合同

有偿合同是指合同当事人一方因取得权利而向对方偿付一定代价的合同。例如,买卖合同、运输合同等都属于有偿合同的范畴。

无偿合同是指当事人一方只取得权利而不偿付代价的合同。例如,赠与合同、无偿借用合同、无偿保证合同、无偿保管合同等都属于无偿合同的范畴。

4. 依据合同成立的条件,合同可分为诺成合同与实践合同

诺成合同是指只要当事人的意思表示一致,就能生效的合同。

实践合同是指在除了当事人意思表示一致以外,尚须有实物给付才能成立的合同。例如,借款合同,张三向李四借款 1 万元,李四同意出借,此时双方的意思表示是一致的,但是借款合同还未生效,只有当李四将 1 万元交付给了张三时,这份借款合同才告生效。

5. 依据合同成立的形式,合同可分为要式合同与不要式合同

要式合同是指按照法律规定或者当事人约定必须采用特定形式订立方能生效的合同。例如,小李将自己某项专利转让给小张,双方达成了合意,并签订合同,但是此时合同尚未生效,只有当这份专利权转让的合同自向国家专利局登记之日起才生效,而这里的登记即是法律所规定的必须采取的形式。

不要式合同是指法律对合同成立的形式没有特定要求方能生效的合同。例如,李小姐在网站选购一件套裙,在线下单后支付货款,由快递公司送货到家,该订单就属于不要式合同。

6. 依据他种合同存在的前提,合同可分为主合同与从合同

主合同是指不以他种合同的存在为前提而能独立成立的合同。

从合同是指以他种合同的存在为前提、不受其制约而能独立存在的合同,如借贷合同等。

从合同是不能独立存在的合同。如果主合同转让或被撤销,从合同也将失去效力,如债权合同等。

(四) 合同的形式

合同的形式是指当事人合意的外在表现形式,是合同内容的载体。《国际货物销售合同公约》规定:"销售合同无须以书面订立或书面证明,在形式方面也不受任何其他条件的限制。销售合同可以用包括人证在内的任何方法证明。"我国《民法典》合同编规定,当事人订立合同,有书面形式、口头形式和其他形式。法律、行政法规规定采用书面形式的,应当采用书面形式。当事人约定采用书面形式的,应当采用书面形式。由此可见,《国际货物销售合同公约》对国际货物买卖合同的形式不加以限制;我国《民法典》合同编却有具体的规定,否则会影响合同的效力。从国际贸易业务的实际情况来看,国际贸易合同有以下三种形式。

1. 书面合同

书面合同是指合同当事人采用合同书、信件和数据电文(包括电报、电传、传真、电子数据交换和电子邮件)等可以有形地表现所载内容的形式。其中,数据电文是指以电子手段、光学手段或类似手段生成、发送、接收或存储的信息,包括但不限于电子数据交换、电子邮件、电报、电传或传真。

2. 口头合同

口头合同是指合同当事人采用语言方式订立的合同。例如,通过电话、手机、微信语音等方式订立的合同就属于口头合同,其简便、快速,较常用于小额及现货交易。

3. 其他合同

其他合同是指除了可以采取书面形式与口头形式之外的其他形式订立的合同。

(五) 合同的内容

合同的内容是指规定合同当事人权利和义务关系的具体条文,即合同条款。我国《民法典》合同编规定,合同的内容由当事人约定,一般包括当事人的名称或者姓名和住所,标的,数量,质量,价款或者报酬,履行期限、地点和方式,违约责任,解决争议的方法九个方面。

二、国际贸易合同的磋商

我国《民法典》合同编规定,当事人订立合同,采取要约和承诺的方式。合同本质上是合意的结果,当事人合意就是对合同内容协商一致的过程,其包括询盘、发盘、还盘和接受四个环节。

(一) 询盘

询盘又称询价,是指买方或卖方为了购买或销售某项商品,向对方询问有关交易条件的表示。其不具有法律上的约束力。

(二) 发盘

1. 发盘的含义

发盘又称要约,是指希望和他人订立合同的意思表示。发出发盘的人被称为发盘人,接受发盘的人被称为受发盘人。《国际货物销售合同公约》对发盘的内涵有明确的规定:"向一个或一个以上特定的人提出的订立合同的建议,如果十分确定并且表明发盘人在得到接受时承受约束的意旨,即构成发盘。一个建议如果写明货物并且明示或暗示地规定数量和价格或规定如何确定数量和价格,即为十分确定。"

2. 发盘的条件

根据《国际货物销售合同公约》的规定,一项有效的发盘应具有以下四个方面的条件。

1) 发盘是向特定人发出的

发出发盘的目的在于订立合同,发盘人必须使受盘人知道是谁发出的,所以发盘一定是一个或一个以上特定的人提出的;否则,则是发盘的邀请。

2) 发盘必须是向受盘人做出订立合同意思的表示

发盘人向受盘人发出的发盘,必须表明愿意按照发盘中所提出的条件与对方订立合同的肯定表示。

3）发盘的内容必须十分确定

发盘不同于一般的订约通知或订约愿望，必须要有合同的主要条款（或条件），诸如商品的名称、数量、质量、价格，履行期限、地点、方式。即使对某项或某几项条款没有做出规定，只要当事人之间订立合同的意思表示是确定的，并且有合理的依据予以相应的补救，则发盘仍然成立。

4）发盘必须送达受盘人

发盘的生效时间，采用到达主义原则。因为受约人只有知道发盘的内容，才能决定是否接受。

3. 发盘的撤回

《国际货物销售合同公约》对发盘的撤回有明确的规定："一项发盘，即使是不可撤销的，得予撤回，如果撤回通知于发盘送达被发价人之前或同时，送达被发盘人。"也就是说，发盘人如果需要撤回发盘的，必须向受盘人发出撤回通知，只有该通知与发盘同时或先于到达受盘人时，才能撤回。

4. 发盘的撤销

《国际货物销售合同公约》对发盘的撤销、不予撤销的条件具有明确的规定："在未订立合同之前，发盘得予撤销，如果撤销通知于被发盘人发出接受通知之前送达被发盘人。""发盘写明接受发盘的期限或以其他方式表示发盘是不可撤销的；被发盘人有理由信赖该项发盘是不可撤销的，而且被发盘人已本着对该项发盘的信赖行事。"

1）发盘撤销的界定

发盘撤销是指当发盘到达受发盘人之后，受发盘人尚未发出接受撤销通知之前，发盘人通知取消其效力的行为。

2）发盘不可撤销的情形

以下两种情形不可撤销发盘：一是发盘人确定了接受期限或者以其他形式明示发盘是不可撤销的；二是受盘人有理由认为发盘是不可撤销的，并已经为履行合同做了相关的工作。

5. 发盘的失效

发盘的失效是指一项要约丧失了法律约束力。我国《民法典》合同编规定的要约失效情形有四个方面：一是拒绝要约的通知到达要约人；二是要约人依法撤销要约；三是承诺期限届满，受要约人未做出承诺；四是受要约人对要约的内容做出实质性变更。

 案例分析

上海立达电子商务有限公司在公司网站发布牛仔女裙产品供货信息，得知英国MANDARS IMPORTS CO. LTD对该产品感兴趣，立即通过电子邮件发出要约。要约内容为：6条混码装1个小胶袋，3个小胶袋装1个大胶袋，1个大胶袋装入1只出口纸箱；价格为每件7美元CIF伦敦，采用即期信用证支付方式；5月30日前装运；要约7天有效。翌日，业务员发现报价有误，立即发出撤回要约的通知。

请分析，上海立达电子商务有限公司能撤回要约吗？为什么？

（三）还盘

1. 还盘的含义

《国际货物销售合同公约》对还盘的内涵有明确的规定："对发盘表示接受但载有添加、限制或其他更改的答复，即为拒绝该项发盘，并构成还盘。"一般来说，还盘是受盘人对所接受的发盘在内容上提出了更改的行为，其实质是对原发盘的拒绝，即原发盘失效。从另一个视角看，还盘是受盘人提出的新发盘，取代了原发盘的内容。如果对方对还盘的内容不同意，还可以进行再还盘，在双方之间反复进行。

2. 还盘的内容

还盘通常涉及货物价格、付款方式、货物质量与数量、交货地点与时间、一方当事人对另一方当事人的赔偿责任范围的改变、解决争端条件的增减等内容，将构成变更发盘的实质条件，均被视为还盘。

（四）接受

1. 接受的含义

《国际货物销售合同公约》对接受的内涵有明确的规定："被发盘人声明或做出其他行为表示同意一项发盘，即是接受，缄默或不行动本身不等于接受。接受发盘于表示同意的通知送达发盘人时生效。对口头发盘必须立即接受，但情况有别者不在此限。对发盘表示接受但载有添加或不同条件的答复，如所载的添加或不同条件在实质上并不变更该项发盘的条件，除发盘人在不过分迟延的期间内以口头或书面通知反对其间的差异外，仍构成接受。"

2. 接受的条件

根据《国际货物销售合同公约》的规定，一项有效的接受应具有以下四个方面的条件。

1）接受必须由受盘人做出

接受必须由受盘人做出；否则，做出的答复不构成有效的接受。

2）接受的内容应当与发盘的内容相一致

接受必须对发盘的实质条件毫无保留地接受，否则就构成了还盘。

3）接受应当在发盘规定的有效期内做出

要约以信件或者电报做出的，承诺期限自信件载明的日期或者电报交发之日开始计算；信件未载明日期的，自投寄该信件的邮戳日期开始计算。要约以电话、传真等快速通信方式做出的，承诺期限自要约到达受要约人时开始计算。要约没有确定承诺期限的，如以对话方式做出的，承诺应当即时做出，如以非对话方式做出的，承诺应当在合理期限内到达。

4）接受应当以适当方式做出

接受应当符合发盘规定的接受传递方式，发盘没有规定接受的传递方式，则按商业习惯选择。

 案例分析

上海三井电子商务有限公司在公司网站发布男裤产品供货信息，进口商 D 对该产品进行询价。上海三井电子商务有限公司立即向该公司报价：男裤 100％棉，100 条装 1 个大胶袋，1 个大胶袋装入 1 只出口纸箱；价格为每件 7 美元 CIF 东京，电汇；12 月 31 日前装运；发盘有效期为 7 天。进口商 D 收到发盘后，决定接受发盘的全部条件，但是 10 日后才通过电子邮件发出接受函。

请分析，接受函有效吗？为什么？

3. 逾期接受

《国际货物销售合同公约》对逾期接受予以明确的规定:"逾期接受仍有接受的效力,如果发盘人毫不迟延地用口头或书面将此种意见通知被发盘人。如果载有逾期接受的信件或其他书面文件表明,它是在传递正常、能及时送达发盘人的情况下寄发的,则该项逾期接受具有接受的效力,除非发盘人毫不迟延地用口头或书面通知被发盘人:他认为他的发盘已经失效。"由此可见,逾期接受有两种形式及处理方式:一是迟到接受,是指受盘人超过发盘规定的有效期做出接受,原则上无效,但是发盘人通知受盘人予以接受,该接受有效;二是承诺迟延,是指受盘人在有效期内发出接受,按照通常情形能够及时到达发盘人,但因其他原因到达发盘人时超过接受期限,其仍然有效。

4. 接受的撤回

《国际货物销售合同公约》对接受的撤回有明确的规定:"接受得予撤回,如果撤回通知于接受原应生效之前或同时,送达发盘人。"也就是说,受盘人如果需要撤回接受的,应向发盘人发出撤回通知,只有该通知与接受同时或先于到达发盘人时,才能撤回。

 案例分析

上海三井电子商务有限公司在公司网站发布童装产品供货信息,进口商 M 对该产品进行询价。上海三井电子商务有限公司立即向该公司报价:童装 100% 棉,100 条装1 个大胶袋,1 个大胶袋装入 1 只出口纸箱;价格为每件 7 美元 CIF 东京,电汇;12 月 31日前装运;要约有效期为 7 天。进口商 M 收到要约后,决定接受要约的全部条件,但是10 日后才通过电子邮件发出承诺函。

请分析,该逾期承诺函有效吗? 为什么?

三、国际贸易合同的订立

《国际货物销售合同公约》规定:"合同于按照本公约规定对发盘的接受生效时订立。"合同的成立,必须是当事人意思表示一致,达成对双方都有约束力的协议。

(一) 合同生效的条件

我国《民法典》合同编规定,构成一项有法律效力的合同必须具备以下五个条件。

1. 当事人必须具有订立合同行为能力

具有法律行为能力的当事人包括企业法人和法定自然人:前者要具有企业法人资格;后者要具有民事行为能力,如是无民事行为能力或限制民事行为能力的人,其所订立的合同视不同情况予以撤销或宣布无效。

 案例分析

某中职学校国际商务专业学生小李只有 16 岁,将自己在日本购买的 10 件服装加价 10% 卖给了同班 A 同学,并与其签订了简单的书面协议。于是,A 同学又加价 5%卖给了其他 10 个同学各 1 件,由于其中 1 个同学穿着该服装回家后,该家长不同意购买并要求退货,于是将此事告到校方。

请分析,小李与 A 同学之间的买卖协议有效吗? 为什么?

2. 当事人必须在自愿和真实基础上达成协议

我国《民法典》合同编明确规定,当事人依法享有自愿订立合同的权利,任何单位和个人不得非法干预。当事人在商务活动中,应当遵守公平交易、等价有偿、诚实守信的原则。如果意思表示有错误,甚至欺诈等会严重侵害当事人的利益。

3. 合同必须有对价

对价是指当事人为了取得合同利益所付出的代价。在买卖合同中,买方支付的货款与卖方交付的货物对双方来说就是对价。无对价的合同不受法律保护。

4. 合同的标的必须合法

各国法律都要求当事人所订立的合同标的必须合法,合法是合同的基本性质。凡是违反法律、违反公共秩序或公共政策以及违反善良风俗或道德的合同,一律无效。

 案例分析

某公司职工小王在回家的途中看到有人在推销手机,价格比市场低 50%,小王一心动就买了下来。数天后,警察带着推销手机的人到单位找小王,确认了该手机是其偷窃的赃物,并进行了收回。于是,小王要求其退还支付手机的费用。

请分析,小王购买手机的口头合同成立吗?购买手机的手机费用能退还吗?为什么?

5. 合同必须符合法律规定的形式

我国《民法典》合同编规定,法律、行政法规规定采用书面形式的,应当采用书面形式。当事人约定采用书面形式的,应当采用书面形式。

(二) 国际贸易合同的效力

1. 国际贸易合同生效情形

我国《民法典》合同编规定,合同生效的情形有以下八种现象:

(1) 依法成立的合同成立时生效,法律、行政法规规定应当办理批准、登记等手续生效的,依照其规定。

(2) 当事人对合同的效力附生效条件的,符合生效条件时合同生效。

(3) 当事人对合同的效力约定期限的,自期限届至时生效。

(4) 限制民事行为能力人订立的与其年龄、智力、精神健康状况不相适应的合同,经法定代理人追认后有效。

(5) 没有代理权或超越代理权或代理权终止后以被代理人名义订立的合同,经被代理人追认后有效。

(6) 没有代理权或超越代理权或代理权终止后以被代理人名义订立的合同,相对人有理由相信行为人有代理权的,该代理行为有效。

(7) 法人或者其他组织的法定代表人、负责人超越权限订立的合同,除相对人知道或者应当知道其超越权限的以外,该合同有效。

(8) 无处分权的人处分他人财产,经权利人追认或者无处分权的人订立合同并取得处分权后,该合同有效。

2. 合同效力待定情形

效力待定合同是指合同成立后,因欠缺生效条件尚待追认或同意来确定其效力的合同。我国《民法典》合同编规定,合同效力待定的情形有以下三种现象。

1) 限制民事行为能力人订立的与其年龄、智力、精神健康状况不相适应的合同

该类合同必须经限制民事行为能力人的法定代理人追认后,该合同有效。当事人可以催告法定代理人在1个月内予以追认,法定代理人未做表示的,视为拒绝追认。合同被追认之前,善意的当事人有撤销合同的权利,撤销应以通知的方式做出。

2) 无权代理人订立的合同

无权代理人是指没有代理权或超越代理权或代理权终止后以被代理人名义订立合同的行为人。该类合同未经被代理人追认,对被代理人不发生效力,由行为人承担责任。当事人可以催告被代理人在1个月内予以追认,被代理人未做表示的,视为拒绝追认。合同被追认之前,善意的当事人有撤销合同的权利,撤销应以通知的方式做出。

3) 无处分权的人处分他人财产订立的合同

无处分权人是指对于归属他人的财产没有权利进行处置的权利的,不能进行自由处分的人。无处分权人处分他人的财产,经权利人追认或者无处分权的人订立合同后取得处分权的,该合同有效。

3. 合同无效情形

我国《民法典》合同编规定,合同无效的情形有五种:一是一方以欺诈、胁迫的手段订立合同,损害国家利益;二是恶意串通,损害国家、集体或者第三人利益;三是以合法形式掩盖非法目的;四是损害社会公共利益;五是违反法律、行政法规的强制性规定。

4. 合同变更或撤销情形

1) 合同的变更

合同变更是指合同成立之后,当事人在原合同的基础上对合同的内容进行修改或者补充的行为。变更合同的情形主要是订立的合同显失公平或发生重大误解,可提请人民法院或仲裁机构变更合同的内容,包括标的物数量的增减、价款或酬金的增减、履行期限或地点的变更、履行方式的变更等。

2) 合同的撤销

我国《民法典》合同编规定,撤销合同的情形有三种:一是因重大误解订立的;二是在订立合同时显失公平的;三是一方以欺诈、胁迫的手段或者乘人之危的。发生上述情形之一的,当事人一方有权请求人民法院或者仲裁机构撤销合同。具有撤销权的当事人自知道或应当知道撤销事由之日起1年内没有行使撤销权的,撤销权消灭。具有撤销权的当事人知道撤销事由后明确表示或以自己的行为放弃撤销权的,撤销权也归于消灭。

(三) 国际贸易合同的转让

合同转让是指合同当事人依法将合同的全部或者部分的权利义务转让给第三人的行为。合同转让习惯上又称为合同主体的变更,而合同的内容并不发生变化。合同转让有以下三种类型。

1. 债权转让

债权转让是指债权人将合同的权利全部或者部分转让给第三人。合同权利全部转让给第三人的,则意味着原合同关系消灭,产生一个新的合同关系,第三人称为新的债权人。合

同部分权利转让给第三人的,第三人加入原合同关系中,与原债权人共同享有债权。债权人转让权利的,应当通知债务人,如果未经通知的,该转让对债务人不发生效力。债权人转让权利的通知不得撤销,但经受让人同意的除外。

2. 债务转移

债务转移是指债务人经债权人同意,将合同的义务全部或部分转让给第三人。合同义务全部转移给第三人的,则意味着原合同关系消灭,产生一个新的合同关系,第三人为新的债务人。合同部分义务转让给第三人的,第三人加入原合同关系中,与原债务人共同向债权人履行义务。债务人将合同的义务全部或部分转移给第三人的,应当经债权人同意。

3. 概括转让

概括转让是指合同一方当事人经对方当事人的同意,将其权利和义务全部转让给第三人,由第三人全部地承受这些权利和义务。概括转让不同于债权转让与债务转移,其转让的内容实际上包括债权的转让与债务的转移两部分内容。概括转让的后果导致原合同关系的消灭,第三人取代了转让方的地位,产生了一个新的合同。在概括转让中,一方当事人将自己在合同中的权利义务全部转让给第三人,必须取得对方当事人的同意。

四、国际贸易合同的履行

(一) 卖方履行合同的义务

1. 按合同规定交付货物及单据

《国际货物销售合同公约》规定,卖方"按照合同和本公约的规定,交付货物,移交一切与货物有关的单据并转移货物所有权"。

2. 按合同规定的地点交货

《国际货物销售合同公约》对交付货物及单据的规定如下:

(1) 如果销售合同涉及货物的运输,卖方应把货物移交给第一承运人,由承运人交付至买方。

(2) 如果合同指的是特定货物或从特定存货中提取的或尚待制造或生产的未经特定化的货物,而双方当事人在订立合同时已知道这些货物是在某一特定地点,或将在某一特定地点制造或生产,卖方应在该地点把货物交给买方处置。

(3) 在其他情况下,卖方应在他于订立合同时的营业地把货物交给买方处置。

3. 按合同规定的日期交货

《国际货物销售合同公约》对交货日期的规定如下:

(1) 如果合同规定有日期,或从合同可以确定日期,应在该日期交货。

(2) 如果合同规定有一段时间,或从合同可以确定一段时间,除非情况表明应由买方选定一个日期外,应在该段时间内任何时候交货。

(3) 在其他情况下,应在订立合同后一段合理时间内交货。

4. 按合同规定的数量、品质与包装交付

《国际货物销售合同公约》对交货的数量、品质与包装的规定如下:

(1) 卖方交付的货物必须与合同所规定的数量、质量和规格相符,并须按照合同所规定的方式装箱或包装。

(2) 如果卖方在交货日期前交付货物,可以在那个日期到达前交付任何缺漏部分或补足所交付货物的不足数量,或交付用以替换所交付不符合同规定的货物,或对所交付货物中任何不符合同规定的情形做出补救。

5. 所交货物不得侵犯第三方的权利

《国际货物销售合同公约》规定，卖方所交付的货物，必须是第三方不能提出任何权利或要求的货物，也不是第三方不能根据工业产权或其他知识产权主张任何权利或要求的货物。

（二）买方履行合同的义务

1. 检验货物

《国际货物销售合同公约》对买方检验货物的规定如下：

（1）买方必须在按情况实际可行的最短时间内检验货物或由他人检验货物。

（2）如果合同涉及货物的运输，检验可推迟到货物到达目的地后进行。

（3）如果货物在运输途中改运或买方须再发运货物，没有合理机会加以检验，而卖方在订立合同时已知道或理应知道这种改运或再发运的可能性，检验可推迟到货物到达新目的地后进行。

2. 通知时效

《国际货物销售合同公约》对货物不符情形进行通知时效的规定如下：

（1）买方对货物不符合同，必须在发现或理应发现不符情形后一段合理时间内通知卖方，说明不符合同情形的性质；否则，就丧失声称货物不符合同的权利。

（2）买方不在实际收到货物之日起 2 年内将货物不符合同情形通知卖方，就丧失声称货物不符合同的权利。

3. 支付货款

《国际货物销售合同公约》对支付货款的规定如下：

（1）合同订立时没有规定价格或规定如何确定价格，应视为订立合同时此种货物销售的通常价格。

（2）如果价格是按货物的重量规定的，如有疑问，应按净重确定。

（3）必须在卖方的营业地支付，如凭移交货物或单据支付价款，则为移交货物或单据的地点。

（4）必须按合同和本公约规定的日期或从合同和本公约可以确定的日期支付价款。

4. 收取货物

《国际货物销售合同公约》对买方接收货物的义务做了如下规定：

（1）买方应采取一切理应采取的行动，以期卖方能交付货物。在国际货物买卖中，一方当事人应当采取与另一方当事人相适应的步骤，即双方有相互合作的义务。

（2）买方提取货物，将货物置于自己的实际控制之下。

五、国际贸易合同标的风险划分

在国际货物买卖的过程中，有的货物的损坏或灭失很难归责于双方当事人的主观过错，这给合同的执行带来相当的不确定性，这就需要事先明确当事人风险转移的界线，确定风险承担的责任。这样，在货物损坏或灭失的情况下，受害一方就可以按照确定的条件从责任方获得协议的补偿。《国际货物销售合同公约》对风险转移做出了明确的规定。

（一）风险分担的原则

《国际货物销售合同公约》对买卖双方风险的分担采用了下列原则。

1. 以交货时间确定风险的原则

《国际货物销售合同公约》规定,从买方接收货物时起,风险由买方承担。这采用的是所有权与风险相分离的原则。我国的合同法采取的也是这个原则,称为"交付主义"原则。有些国家是以所有权的转移时间作为风险转移的时间,

2. 国际惯例优先原则

《国际货物销售合同公约》规定,双方当事人业已同意的任何惯例和他们之间确立的任何习惯做法,对双方当事人均有约束力。对于货物风险的转移,国际惯例有明确的规定。例如,根据《2000 年国际贸易术语解释通则》,FOB、CIF、CFR 的合同,风险的划分是以装运港的船舷为界。合同如选择这些贸易术语,就优先适用。

3. 过失划分的原则

《国际货物销售合同公约》规定,货物在风险移转到买方承担后遗失或损坏,买方支付价款的义务并不因此解除,除非这种遗失或损坏是由于卖方的行为。意思是假若货物的损坏或灭失是由于卖方发生违约行为所致,则风险还是由卖方承担。

《国际货物销售合同公约》规定,货物在划拨到合同项下前,风险不发生转移。划拨也称特定化,是指将某一笔货物确定在某一个合同项下,使合同中的标的是确定的,该标的就是用来履行合同的,不能挪为他用。

(二)风险转移的时间

《国际货物销售合同公约》将风险转移时间分为以下几种情况。

1. 对于合同中有运输条款的风险转移

对于此类风险转移,《国际货物销售合同公约》规定如下。

1)卖方规定在特定地点货交承运人为界

如果卖方有义务在某一特定地点把货物交付给承运人运输,在货物于该地点交付给承运人以前,风险不移转到买方。但当卖方履行义务之后,货物的风险就随之转移给了买方。

2)卖方按照合同规定交付给第一承运人为界

如果卖方没有义务在某一特定地点交付货物,自货物按照销售合同交付给第一承运人以转交给买方时起,风险就移转到买方承担。

2. 对于在运输途中销售的货物的风险转移

《国际货物销售合同公约》规定,对于在运输途中销售的货物,从订立合同时起,风险就移转到买方承担。

3. 其他情况的风险转移

这里主要指不由卖方负责运输的情况。《国际货物销售合同公约》规定,如在卖方营业地交货,或在卖方营业地以外的地点交货,此时,风险从买方接收货物时起或货物交由买方处置时起转移给买方。

 知识链接

国际货物风险转移之析

1. 货物涉及运输的风险转移

如果销售合同涉及货物的运输,但卖方没有义务在某一特定地点交付货物,自货物

（续上）

交付给第一承运人以转交买方时,风险就从卖方转移到买方承担。如果卖方有义务在某一特定地点把货物交付给承运人,在货物于该地点交付给承运人之前,风险不转移给买方承担。但卖方授权保留控制货物处置权的单据,并不影响风险的转移。货物交付第一承运人起风险从卖方转移到买方,这是一般规则。但是,如一批货物已交付承运人,但卖方并未将该批货物与某一特定买方联系起来,表明该批货物是为了履行某一合同,风险仍未转移给买方。

2. 在途货物的风险转移

对于在运输途中销售的货物,从订立合同时起,风险就转移到买方。如情况表明有需要时,则从货物交付给签发包含运输合同单据的承运人时起,风险就由买方承担。如卖方在订立合同时已知道或理应知道货物已经遗失或损坏,而他又不将这一事实告知买方,则这种遗失或损坏应由卖方负责。

3. 卖方违约时风险的转移

如果卖方根本违反合同,则有关风险转移的一切规定,以不损害买方而可以采取各种补救办法。

4. 货物特定化

在国际货物买卖合同的履行中,卖方所交付的货物必须是特定化或者已经特定化的货物,货物的特定化关系到货物的所有权和风险的转移。

六、国际贸易合同的违约责任

违约责任是指当事人一方不履行合同义务或不适当履行合同义务的,应当承担的民事责任。合同是当事人之间所产生的特定权利义务关系,所以合同双方当事人应当依约履行自己的义务,如果违反了合同义务,就应当承担违约责任,这对于违约方来说是一种惩罚,对于受害方而言则是一种救济。

（一）违约责任的特征

违约责任具有以下五个方面的特征。

1. 违约责任是一种民事责任

民事责任包括违约责任与侵权责任,违约责任是民事责任的一种类型。

2. 违约责任只能在当事人之间产生

违约责任是合同中违约的一方当事人对另一方承担的责任,合同是当事人双方关于特定权利义务的协议,因而,违约责任也只能存在于合同当事人之间,合同以外的第三人对当事人之间的合同不承担违约责任。

3. 违约责任是合同当事人不履行或不适当履行债务的责任

违约责任是指违反合同义务的责任,其中包括不履行合同债务或部分不履行合同债务的责任。

4. 违约责任具有补偿性

违约责任是以补偿守约方因违约行为所受损失为主要目的的,因而,损害赔偿是违约责任的主要责任形式。

5. 违约责任具有一定的任意性

合同是合意的结果,违约责任可以由当事人在法律规定的范围内约定,具有一定的任意性。

（二）违约责任的构成要件

违约责任构成的要件有以下两个方面。

1. 违约行为

违约行为是指当事人一方不履行合同义务或者不适当履行合同义务的行为。根据《合同法》的规定,违约行为可划分为以下三大类。

1）单方违约与双方违约

根据违约行为的主体,违约可分为单方违约与双方违约。单方违约是指由一方当事人行为所造成的违约。在单方违约的情况下,违约方承担违约责任。双方违约是指当事人双方都违反了自己的合同义务所给对方造成的损失。由此,双方当事人应当各自承担相应的责任,不能相互抵销。

2）根本违约与非根本违约

根据违约行为导致后果的程度,违约可分为根本违约与非根本违约。根本违约是指一方的违约致使另一方订约目的不能实现或违约行为后果严重的现象。非根本违约是指一方的违约并没有导致另一方订约目的不能实现,或者使其遭受重大损害的现象。

3）预期违约与实际违约

根据违约行为发生的时间,违约可分为预期违约与实际违约。预期违约是指在履行期到来之前的违约。它包括明示预期违约和默示预期违约。其中,明示预期违约是指一方当事人明确地向对方表示将履行期届满时不履行合同义务的违约;默示预期违约是指一方当事人以自己的行为向对方表明将履行期届满时不履行合同义务的违约。实际违约是指当事人在履行合同义务期间,不履行或不适当履行合同的违约。其中,不履行是指合同生效后,一方当事人在客观上已经没有履行合同义务的能力或故意不履行合同的义务;不适当履行是指一方当事人虽对合同义务做了履行,但是其履行义务的行为不符合合同约定的内容或法律的规定。不适当履行包括三种情形:一是迟延履行,是指合同债务已经到期,一方当事人能够履行而未履行;二是瑕疵履行,是指履行合同义务存在数量不足、质量不符、履行方法不当、履行地点有误等情形;三是加害给付,是指因当事人一方违约行为侵害对方人身财产权益时,受损害方依法有权要求其承担违约或侵权责任。

2. 免责事由

免责事由是指当事人对其违约行为免于承担责任的理由。其有以下两类。

1）法定免责事由

法定免责事由是指由法律直接规定的,并不需要当事人约定就可以直接适用的免责事由。例如,我国《民法典》合同编规定,一方当事人"因不可抗力不能履行合同的,根据不可抗力的影响,部分或者全部免除责任"。

2）约定免除事由

约定免除事由也称为免责条款,是指合同当事人在合同中约定免除违约责任的现象及事由。我国《民法典》合同编规定,合同中列明造成对方人身伤害的、因故意或者重大过失造成对方财产损失的免责条款无效。

案例分析

上海某进出口公司从日本 B 公司进口一批电动玩具,由于该公司地处的北海道发生 6.7 级地震,厂房倒塌,电动玩具被毁,交通在短期内陷入了瘫痪,无法按合同规定的时间交货。上海某进出口公司因无法如期收到货物,也就不能向与其订货的客户交货,遭到客户的投诉。

请分析,上海某进出口公司可以向日本 B 公司索赔吗? 为什么?

七、国际贸易合同的违约救济方法

违约救济是指当一方当事人违反合同时,另一方当事人有权依法获得相应的补偿。《国际货物销售合同公约》根据违约性质和损害结果给予的救济方法规定如下。

(一) 卖方违反合同时适用于买方的补救办法

1. 要求实际履行

《国际货物销售合同公约》对请求实际履行规定了两种情形:一是买方可以要求卖方履行义务,除非买方已采取与此要求相抵触的某种补救方法;二是卖方延迟履行合同时,买方可规定合理宽限期让卖方继续履行义务,并享有要求损害赔偿的任何权利。

2. 交付替代物

《国际货物销售合同公约》规定,如果卖方交付的货物不符合合同的规定,并且此种不符合构成根本违反合同时,买方可以要求交付替代货物。买方关于替代货物的要求,必须与说明货物与合同不符的通知同时提出,或者在该项通知发出后一段合理时间内提出。

3. 修理

《国际货物销售合同公约》规定,如果卖方交付的货物不符合合同规定,买方可以要求卖方通过修理对不符合之处做出补救。买方关于修理的要求,必须与说明货物与合同不符的通知同时提出,或者在该项通知发出后一段合理时间内提出。

4. 减价

《国际货物销售合同公约》规定,如果货物不符合合同规定,不论价款是否已付,买方都可以减价。减价按实际交付的货物在交货时的价值与符合合同的货物在当时的价值两者之间的比例计算。

5. 宣告合同无效

《国际货物销售合同公约》对宣告合同无效规定了两种情形:一是当一方当事人违反合同而使另一方当事人遭受重大损失,其情形包括卖方完全不交付货物或不依合同规定交付货物、货物不符合合同规定、不履行其在合同或该公约中的义务、违反分批交货中如何一批义务并构成了根本违约;二是买方在卖方迟延交货或交货严重不符合合同规定时,可根据情况给予一段合理时间继续履行合同,违约方未能履行或声明不履行的,买方可以宣告合同无效。

(二) 买方违反合同时适用于卖方的补救办法

1. 要求履行义务

《国际货物销售合同公约》规定,如果买方不履行其在合同和《国际货物销售合同公约》

中规定的任何义务,卖方可以要求其履行义务,如要求买方支付货款、收取货物以及其他应履行的义务。

2. 宣告合同无效

《国际货物销售合同公约》对宣告合同无效规定了两种情形:一是当买方不履行其在合同或公约中的任何义务,等于根本违反合同时;二是买方不在卖方规定的额外时间内履行支付价款的义务或收取货物,或买方声明他将不在所规定的时间内履行。

(三) 适用于买卖双方的一般规则

1. 中止履行义务

当一方出现预期违约情况时,另一方当事人可以采取中止履行义务的措施。

2. 损害赔偿

损害赔偿是指一方当事人不履行合同义务或者不适当履行合同义务给对方造成损失时,依法或按合同约定承担赔偿对方损失的一种违约责任。构成赔偿损失的要件有四个方面:一是有违约的行为;二是有损失的事实;三是违约行为与损害结果之间存在因果关系;四是违约人存在过错。损害赔偿的范围既可以由法律直接规定,亦可以由当事人约定。在法律与当事人都没有规定或约定的情形下,受害一方可依据完全赔偿责任原则来确定损害赔偿的范围。赔偿全部损失包括直接损失与间接损失,不仅包括因违约所造成的财产上的直接减少,还包括预期取得的利益。

3. 支付利息

支付利息是指拖欠价款或其他金额的一方当事人应向另一方当事人支付上述款项的利息。支付利息有两种:一是货款的利息;二是拖欠金额的利息。当事人采用支付利息的补救办法后,仍然可以要求损害赔偿。

4. 货物保全

保全货物是指在一方当事人违约时,另一方当事人仍持有货物或控制货物的处置权时,该当事人有义务对他所持有的或控制的货物进行保全。保全货物有两种方式:一是将货物寄放于仓库,是指有义务采取措施以保全货物的一方当事人可以将货物寄放于第三方的仓库,由对方承担费用,但该费用应合理;二是将易坏货物出售,是指对易于迅速变坏的货物保全会发生不合理费用的,可以出售货物,并应将出售货物的打算在可能的范围内通知对方。出售货物的一方可从出售货物的价款中扣除保全货物和销售货物发生的合理费用。保全货物的目的是为了减少违约一方当事人因违约而给自己带来的损失。

5. 违约金

违约金是指由合同当事人预定的,当一方当事人不履行合同义务或者不适当履行合同义务时,应向另一方支付一定数量的金钱或财物。违约金具有补偿与惩罚的双重性质。补偿性是指违约造成对方损失,则违约金可以折抵损失赔偿金;惩罚性是指只要有违约行为,无论是否有损失的后果,都要按照约定向对方支付违约金。

6. 定金

定金是指一方当事人为了担保合同的履行而预先向对方支付一定数额的金钱。如果一方当事人履行债务后,定金应当抵作价款或收回;如果不履行约定债务的,无权要求返还定金;如果收受定金的一方不履行约定债务的,应当双倍返还定金。定金与违约金不可并用,当事人只能选择其中一个。一方当事人违约时,对方可以选择适用违约金或定金条款。

八、国际贸易合同的权利义务终止

(一) 终止事由

合同权利义务的终止是指由于一定的法律事实发生,使得合同设定的权利义务归于消灭的法律现象。我国《民法典》合同编规定,终止合同权利义务的事由有以下六种情形。

1. 清偿

清偿是指债务已经按照约定履行。债务按照合同约定得到履行,一方面使合同债权得到满足;另一方面也使得合同债务归于消灭,产生了合同权利义务关系终止的后果。

2. 解除

解除是指合同解除,在合同有效成立之后,没有履行或没有依约履行之前,当事人双方通过协议或一方行使约定或法定解除权的方式,使当事人设定的权利义务关系终止的行为。其有以下两种类型。

1) 依据解除的主体分类

根据解除的主体,解除可分为双方解除和单方解除。双方解除是当事人双方为了消灭原有的合同而订立的新合同的行为单方解除是指一方当事人通过行使法定解除权或约定解除权而使合同的效力消灭的行为。

2) 依据解除的方式分类

根据解除的方式,解除可分为约定解除与法定解除。约定解除是指双方当事人在法律规定的范围内自愿解除合同的权利与义务的行为。它包括协商解除和约定解除。法定解除是指在法律规定的解除条件出现时,当事人一方有权通知另一方解除合同的行为。法定解除有四种情形:一是因不可抗力致使不能实现合同目的;二是在履行期限届满之前,当事人一方明确表示或以自己的行为表明不履行主要债务;三是当事人一方迟延履行主要债务,经催告后在合理期限内仍未履行;四是当事人一方迟延履行债务或者有其他违约行为致使不能实现合同目的。

3. 抵销

抵销是指两人互负债务时,各以其债权充当债务之清偿,而使其债务与对方的债务在对等额内相互消灭的行为。其有以下两种类型。

1) 法定抵销

法定抵销是指法律规定的抵销条件出现时产生抵销的效力。法定抵销的条件有四个方面:一是双方当事人互负债务、互享债权;二是双方债务均已到期;三是双方债务的标的物种类、品质相同;四是双方债务是依债权性质可以抵销的。当具备法定抵销条件时,一方当事人可将抵销的意思通知对方,通知自到达对方时产生抵销的效力。

2) 协议抵销

协议抵销是指双方当事人协商一致,使自己的债务与对方的债务在对等额内消灭。协议抵销与法定抵销都是将双方的债务在对等额内消灭。

4. 提存

提存是指由于债权人的原因而无法向其交付合同标的物时,债务人将该标的物交给提存部门保存以消灭合同权利义务的一项制度。其中,债务人是提存人,债权人是提存受领人,提存部门是公证机关。

1) 提存的事由

我国《民法典》合同编规定了三种情形：一是债权人无正当理由拒绝受领；二是债权人下落不明；三是债权人死亡未确定继承人或者丧失民事行为能力未确定监护人。发生上述情形之一时，债权人可将标的物交由有关提存机关提存。标的物不适于提存或提存费用过高的，债务人依法可以拍卖或变卖标的物，提存所得的价款。标的物提存后，除债权人下落不明的以外，债务人应当及时通知债权人或债权人的继承人和监护人。

2) 提存的效力

提存效力体现在三个方面：一是自提存之日起，债务人与债权人之间的合同权利义务关系终止；二是债务人凭借相关证明可以取回提存物，如果债权人以书面形式向公证机关表示放弃提存受领权的，债务人也可以取回提存物；三是债权人可以随时领取提存物，但债权人对债务人负有到期债务的，在债权人未履行债务或提供担保之前，提存机关根据债务人的要求应当拒绝其领取提存物。

5. 免除

免除是指债权人抛弃债权，从而终止合同权利义务关系。如果债权人免除债务人部分或全部债务的，合同的权利义务部分或者全部终止。

6. 混同

混同是指当债权人和债务人合为一人时，债权债务自然消灭的现象。其包括三种情形：一是所有权与他物权同归于一人；二是债权与债务同归于一人；三是主债务与保证债务同归于一人。

第三节　跨境电子商务合同

跨境电子商务作为国际贸易新的业态，在全球得到了迅猛发展。为了保护跨境电子商务合同当事人的合法权益，规范跨境电子商务行为，国际组织和各国都先后制定了相关的法律与法规，主要有联合国国际贸易法委员会《电子商务示范法》《电子签字示范法》《国际合同使用电子通信公约》和我国《电子签名法》《电子商务法》。

一、跨境电子商务合同概述

(一) 跨境电子商务合同的含义

由于跨境电子商务是国际贸易新业态，产生的时间并不长，国际组织和各国颁布的法律与法规都没有做出明确的规定，学术界对跨境电子商务合同的认识众说纷纭、莫衷一是。笔者基于合同的形式与内容的视角分析，认为跨境电子商务合同是指分属不同关境的当事人为了实现交易或确定的目的，在互联网的环境下，通过数据电文等手段明确双方权利义务关系的一种电子协议。其中，数据电文在《联合国国际贸易法委员会电子商务示范法》中被界定为：以电子、光学、磁或类似手段生成、发送、接收或储存的信息，包括电子数据交换、电子邮件、电报、电传或传真等。

(二) 跨境电子商务合同的特征

跨境电子商务合同是指随着计算机和互联网技术发展，借助于特殊的媒介和技术手段而产生的一种全新的合同形式。跨境电子商务合同与传统的国际贸易合同相比,具有以下四个特征。

1. 交易主体均被电子化

交易主体是指通过电子商务平台销售商品或者提供服务的当事人,即卖家与买家、服务提供者与服务接受者。这些主体都是被虚拟化了的、以电子形式表现的自然人、法人和其他组织。

2. 交易标的物呈现虚拟化

交易标的物是指在电子商务平台进行交易的商品或者提供的劳务关系,即当事人双方权利义务指向的对象。这些标的物都以电子图片、电子软文等形式予以呈现,买家与服务接受者是见不到实物或实际的服务内容。

3. 交易磋商载于网络化

交易过程是在互联网虚拟环境上进行的,当事人进行商务洽谈的过程无须见面,只要将当事人表示的意愿通过数据电文的发送与接收就可以完成。

4. 电子商务合同实现无纸化

电子商务合同的生效是以电子签名取代了国际贸易合同的签字或盖章。电子签名在《电子签字示范法》中被界定为:"在数据电文中,以电子形式所含、所附或在逻辑上与数据电文有联系的数据,它可用于鉴别与数据电文相关的签字人和表明签字人认可数据电文所含信息。"我国《民法典》合同编规定,采用数据电文形式订立合同时,"收件人指定特定系统接收数据电文的,该数据电文进入该特定系统的时间,视为到达时间;未指定特定系统的,该数据电文进入收件人的任何系统的首次时间,视为到达时间"。我国《民法典》合同编还规定:"收件人的主营业地为合同成立的地点;没有主营业地的,其经常居住地为合同成立的地点。"

（三）数据电文的有效条件

《电子签名法》规定,构成有效数据电文需要具备两个条件:一是能够有效地表现所载内容并可供随时调取查用;二是能够可靠地保证从最终形成时起,内容保持完整、未被更改。《电子签名法》还明确规定,数据电文可作为证据使用。

（四）电子商务经营者

电子商务经营者包括电子商务平台经营者、平台内经营者以及通过自建网站、其他网络服务销售商品或者提供服务的电子商务经营者。电子商务经营者具有以下六个方面的义务。

1. 依法销售商品或提供服务

电子商务经营者销售的商品或提供的服务应符合保障人身、财产安全和环境保护的要求,不得销售或提供法律与行政法规禁止交易的商品或服务,并要真实、及时地披露相关信息,保障消费者的知情权和选择权,不得以虚构交易、编造用户评价等方式进行虚假或引人误解的商业宣传,误导、欺骗消费者。

电子商务经营者在销售商品或提供服务时还应注意两个现象:一是如果搭售商品或服务的,应以显著方式提请消费者注意,不得将搭售商品或服务作为默认同意的选项;二是如果根据消费者的兴趣爱好、消费习惯等特征向其提供商品或服务的搜索结果时,应当同时向该消费者提供不针对其个人特征的选项,尊重和平等保护消费者合法权益。

 案例分析

　　"双十一"期间,为了制造低价,先涨价后降价已经成为电商行业潜规则。据《2017 年双 11、黑五海淘消费投诉与体验报告》统计数据显示,多个品牌旗舰店均出现虚假促销的情况。

　　请分析,该行为是否违反了电子商务经营者的义务? 是否影响了社会和谐发展?

2. 依法履约并承担责任

电子商务经营者应按照承诺或者与消费者约定的方式、时限向消费者交付商品或服务,并承担商品运输中的风险和责任,并依据销售商品或提供服务出具纸质发票或电子发票等购货凭证或服务单据;如果按约定向消费者收取押金的,应当明示押金退还的方式及程序,不得对押金退还设置不合理的条件。

3. 依法履行纳税义务

电子商务经营者应依法履行纳税义务,依法享受税收优惠。不需要办理市场主体登记的电子商务经营者在首次纳税义务发生后,应依照税收征收管理法律与行政法规的规定申请办理税务登记,并如实申报纳税。

4. 依法依规开展市场竞争

电子商务经营者因其技术优势、用户数量、对相关行业的控制能力以及其他经营者对该电子商务经营者在交易上的依赖程度等因素而形成的市场支配地位,不得滥用其排除或限制竞争。

5. 依法依规收集管理用户信息

电子商务经营者收集或使用用户的个人信息,应遵守法律与行政法规有关个人信息保护的规定,应明示用户信息的查询、更正、删除以及用户注销的方式与程序,不得对用户信息查询、更正、删除以及用户注销设置不合理条件,要按照用户的申请并在核实身份后及时提供查询或更正或删除或注销的服务。如果有关主管部门依照法律与行政法规的规定要求提供有关电子商务数据信息的,电子商务经营者应给予提供。

6. 依法依规开展跨境电子商务

电子商务经营者从事跨境电子商务,应当遵守进出口监督管理的法律、行政法规和国家有关规定。

(五) 电子商务平台经营者

电子商务平台经营者是指在电子商务中为交易双方或者多方提供网络经营场所、交易撮合、信息发布等服务,供交易双方或者多方独立开展交易活动的法人或者非法人组织。例如,亚马逊公司的中国网站、敦煌禾光信息技术有限公司的敦煌网、大龙网中国有限公司的大龙网等,都属于电子商务平台经营者。电子商务平台经营者具有以下九个方面的义务。

1. 审核管理经营者的注册信息

电子商务平台经营者审核管理经营者的注册信息主要包括以下三个方面:

(1) 电子商务平台经营者对申请注册经营者提交的注册材料进行核验,并进行登记,建立其档案,每年定期予以验证。

（2）电子商务平台经营者应按照规定向市场监督管理部门报送平台内经营者的身份信息，提示未办理市场主体登记的经营者依法办理登记。

（3）电子商务平台经营者应配合市场监督管理部门，针对电子商务的特点，为应当办理市场主体登记的经营者办理登记提供便利。

2. 制定平台服务协议与交易规则

电子商务平台经营者应遵循公开、公平、公正的原则，制定平台服务协议和交易规则，并在首页显著位置持续公示或上述信息的链接标识，明确进入和退出平台、商品和服务质量保障、消费者权益保护、个人信息保护等方面的权利和义务，不得利用服务协议、交易规则以及技术等手段在平台内的交易、交易价格以及与其他经营者的交易等进行不合理限制或附加不合理条件，或向平台内经营者收取不合理费用。如果修改其当在首页显著位置公开征求意见，修改内容至少应在实施前 7 日予以公示。平台内经营者不接受修改内容，要求退出平台的，必须放行并按照修改前的服务协议和交易规则承担相关责任。

 案例分析

某日，一位身穿黑色短裙和黑色丝袜的女士坐在一辆出租车的后排，边打电话便把脚搭在前排副驾驶的座椅上，司机劝阻时双方发生争执，女乘客向滴滴平台进行了投诉，司机将用手机记录了整个过程的视频并将其上传至网络。

请分析，司机此行为是否有错？滴滴平台应给予何种处罚？女乘客的行为是否文明？公民应如何提升自己的文明素质？

3. 监管平台内经营者的交易行为

电子商务平台经营者监管平台内经营者的交易行为主要有以下三个方面。

1）监管平台内商品或服务信息是否存在违法行为

电子商务平台经营者记录并保存不少于 3 年平台上发布的商品信息、服务信息和交易信息，确保信息的完整性、保密性、可用性；发现平台内的商品或服务信息存在违反法律与法规情形的，应依法采取必要的处置措施，向有关主管部门报告，还要实施警示、暂停或终止服务等措施，并及时公示。

 案例分析

某电子商务平台在监管店铺的过程中发现小王经营的网站在销售抗日战争时期日本军国主义的军服，立刻责令其下架，并向公安部门报案。小刘之前在该网站购买了一套该种军服，在某地景点着装后拍照留念，并在网络上传播。

请分析，小王和小刘是否触犯我国相关法律？

2）监管平台内商品或服务信息是否存侵害知识产权的现象

电子商务平台经营者应建立知识产权保护规则，与知识产权权利人加强合作，依法保护知识产权，对侵害知识产权，应采取删除、屏蔽、断开链接、终止交易和服务等必要措施；未采取必要措施的，与侵权人承担连带责任。

案例分析

2016 年 6 月,淘宝网通过大数据打假系统,发现张某经营的店铺所销售的施华洛世奇手表存在售假嫌疑,立即通知其下架处理。消费者小夏日前在该店铺下单,收到施华洛世奇手表后发现该手表有假。

请分析,淘宝网平台是否承担连带责任? 店主是否承担责任?

3) 对平台内商品或服务存在侵害知识产权现象采取必要措施

电子商务平台经营者接到含有侵权初步证据的通知后,应及时采取必要措施,并将该通知转送平台内经营者;否则,对损害的扩大部分需要承担连带法律责任。平台内经营者接到转送的通知后,可以提交含有不存在侵权行为初步证据的声明,由电子商务平台经营者转送相关知识产权权利人。在该声明到达知识产权权利人后的 15 日内,电子商务平台经营者未收到权利人投诉或起诉通知的,应及时终止所采取的措施。

电子商务平台经营者因通知错误造成平台内经营者损害的,依法承担民事责任。恶意发出错误通知,造成平台内经营者损失的,应加倍承担赔偿责任。

 案例分析

某日,小琪对某电商平台标价 110 元的银环蛇感兴趣,于是下了订单,并由该电商平台通过快递发货。小琪收到货并进行确认时被银环蛇咬到,由于银环蛇是毒蛇,医院没有常备的抗蛇毒血清,最终小琪因错过了最佳治疗时间而不治身亡。银环蛇属于国家保护动物,私自销售属于违法行为。卖家在该电商平台上也没有经过认证资质信息。

请分析,该电商平台应承担什么法律责任? 为什么?

4. 及时报送平台内经营者纳税相关信息

电子商务平台经营者依照税收征收管理法律与行政法规的规定,向税务部门报送平台内经营者的身份信息和纳税有关的信息,并提示不需要办理市场主体登记的电子商务经营者依法办理税务登记。

5. 规范平台的自营业务

电子商务平台经营者在其平台上开展自营业务的,应以显著方式区分标记自营业务和平台内经营者开展的业务,不得误导消费者;对其标记为自营的业务依法承担商品销售者或服务提供者的民事责任。

6. 保障电子商务交易安全

电子商务平台经营者应采取技术措施,确保平台的稳定运行,制定网络安全事件应急预案,确保网络安全,并防范网络违法犯罪活动,保障电子商务交易的安全。

7. 承担连带法律责任

电子商务平台经营者知道或应知道平台内经营者销售的商品或提供的服务,不符合保障人身与财产安全的要求,或有其他侵害消费者合法权益的行为,如果未采取必要措施的,依法承担连带法律责任;对销售生命健康商品或服务的平台内经营者的资质未尽到审核义务，或对消费者未尽到安全保障义务，由此造成消费者损害的，依法承担相应的责任。

8. 提供其他服务

电子商务平台经营者提供两项其他服务：一是电子商务平台经营者应根据商品或服务的价格、销量、信用等以多种方式向消费者显示商品或者服务的搜索结果，对于竞价排名的商品或服务应标明"广告"；二是电子商务平台经营者可按照平台服务协议和交易规则为经营者之间的电子商务提供仓储、物流、支付结算和交收等服务，其应遵守法律与行政法规和国家有关规定，不得采取集中竞价、做市商等集中交易方式进行交易，不得进行标准化合约交易。

9. 建立健全信用评价制度

电子商务平台经营者应建立健全信用评价制度，公示信用评价规则，为消费者提供对平台内销售的商品或提供的服务进行评价的途径，不得删除其评价信息。

（六）平台内经营者

平台内经营者是指通过电子商务平台销售商品或者提供服务的电子商务经营者。平台内经营者分为两类：一是电子商务平台的销售商，包括批发商、零售商、贸易商和个体商家；二是电子商务平台的服务商，包括物流企业、金融企业和外贸综合服务企业等，如顺丰控股股份有限公司、韵达控股股份有限公司、支付宝（中国）网络技术有限公司、西联国际汇款公司和上海春宇供应链管理有限公司。

1. 销售商的义务

销售商是指以出售、租赁或其他任何方式向第三方提供产品和服务的利益相关的企业与自然人。销售商的义务有以下五个方面。

1）应建立并执行进货检查验收制度

《中华人民共和国产品质量法》（以下简称《产品质量法》）规定："销售者应建立并执行进货检查验收制度，验明产品合格证明和其他标识。"进货检查验收制度是指销售者根据产品品质相关法律法规，结合与生产者或其他供货者之间订立的合同，对进货产品质量进行检查，符合合同约定的予以验收的规定。进货检查验收主要有产品合格证明和验明其他标识两项工作内容。其中，产品合格证明是产品合格证、合格印章等的统称，是生产者出具的用于证明出厂产品的质量经过检验并符合相应要求的标志；验明其他标识是指检查进货产品的标识，包括产品名称、厂名与厂址、产品规格与等级、所含主要成分的名称和含量、生产日期与失效日期和警示标志或中文警示说明等。销售者在执行进货检查验收时，首先应当检验产品的合格证明，其次应当验明产品合格证明和其他标识的内容，如果没有合格证明或标识不符合法律规定要求的产品，销售者可以拒收，或要求供货者退货或更换。

2）应采取措施确保销售产品的质量

我国《产品质量法》规定："销售者应当采取措施，保持销售产品的质量。"销售者要增强对产品质量负责的责任感，加强企业内部质量管理，根据产品的不同特点增大对保证产品质量的技术投入等措施，确保消费者购买产品的质量。

3）不得销售产品质量不合格的产品

我国《产品质量法》规定，销售产品"不得掺杂、掺假，不得以假充真、以次充好，不得以不合格产品冒充合格产品"。销售不合格产品在客观上是对消费者的欺骗，会造成消费者的财产损失，甚至会危及消费者的人身安全。

4）不得销售法律禁止的产品

我国《产品质量法》规定："销售者不得销售国家明令淘汰并停止销售的产品和失效、变质的产品。"其中，国家明令淘汰产品是指国务院及其有关部门通过颁发公告等形式，公开淘汰某项产品或者产品的某个型号；失效产品是指产品失去了本来应当具有的效力与作用；变质产品是指产品内在质量发生了本质性的物理、化学变化，失去了产品应当具备的使用价值。销售者销售法律禁止的产品，会危及消费者的人身安全，并造成消费者的财产损失。

5）销售产品的标识应符合法律的规定

销售产品的标识应符合我国《产品质量法》规定。其有六项要求：一是有产品质量检验合格证明；二是有中文标明的产品名称、生产厂厂名和厂址；三是根据产品的特点和使用要求，需要标明产品规格、等级、所含主要成分的名称和含量的，用中文相应予以标明；四是需要事先让消费者知晓的，应当在外包装上标明，或预先向消费者提供有关资料；五是有使用期限的产品，应在显著位置清晰地标明生产和失效的日期；六是使用不当，容易造成产品本身损坏或者可能危及人身、财产安全的产品，应有警示标志或者中文警示说明。

2. 服务商的义务

服务商向消费者提供服务，应当按照有关法律和约定的合同履行义务，不得设定不公平、不合理的条件。服务商具有以下四个方面的义务。

1）确保人身与财产的安全

服务商向消费者提供服务，必须符合保障人身和财产安全的要求，对可能危及人身、财产安全的服务，应当向消费者做出真实的说明和明确的警示，并说明和标明接受服务的方法以及防止危害发生的方法。

2）提供真实的服务信息

服务商向消费者提供的服务信息，应当真实、全面，不得做出虚假或引人误解的宣传，对消费者就其提供的服务所提出的询问，应当做出真实、明确的答复。

3）出具服务的单据

服务商向消费者提供的服务应当按照国家有关规定或商业惯例向消费者出具服务单据。服务单据是服务提供者与消费者形成交易关系的书面凭证，是确定双方之间的权利义务、解决争议以及明确相应责任的重要依据。

4）保证服务的质量

服务商向消费者提供的服务，应当保证其提供的服务的实际质量与表明的质量状况相符。

二、跨境电子商务合同的分类

跨境电子商务合同依据交易标的可划分为以下两类。

（一）依据交易标的，跨境电子商务合同可分为有形商品跨境电子商务合同与无形商品跨境电子商务合同

1. 有形商品跨境电子商务合同

有形商品是指用来交换的实物型劳动产品。买卖双方当事人通过电子商务平台对有形产品进行交易达成一致意见所订立的合同，被称为有形商品跨境电子商务合同。

2. 无形商品跨境电子商务合同

无形商品是指具有价值和使用价值属性的非物质的劳动产品和有偿服务等，如知识产

权、运输服务、金融服务和保险服务等。双方当事人通过电子商务平台就提供的类服务所达成一致意见所订立的合同,被称为无形商品跨境电子商务合同。

(二) 依据订立方式,跨境电子商务合同可分为 EDI、电子邮件、电子格式跨境电子商务合同

1. EDI 跨境电子商务合同

EDI 跨境电子商务合同是指将买卖双方当事人之间达成的交易信息,用国际公认的标准形成报文数据格式,在贸易伙伴的电子计算机系统之间进行数据交换和自动处理所形成的电子商务合同。

2. 电子邮件跨境电子商务合同

电子邮件跨境电子商务合同是指买卖双方当事人将达成的交易及相关信息编辑为合同,双方确认无误后盖上电子印章所形成的电子商务合同。

3. 电子格式跨境电子商务合同

电子格式跨境电子商务合同是指卖家在电子商务平台提供标准化合同条款,买家只需选择"接受"或"拒绝"所形成的电子商务合同。我国《民法典》合同编规定采用格式条款订立合同的,提供格式条款的一方应当遵循公平原则确定当事人之间的权利和义务。

三、跨境电子商务合同的订立与履行

我国《电子商务法》规定,电子商务当事人订立和履行合同,适用本法第三章和《民法典》《电子签名法》等法律的规定。

(一) 跨境电子商务合同的订立

我国《民法典》合同编规定:"当事人订立合同,采取要约、承诺方式。"《电子商务法》规定:"电子商务经营者应当清晰、全面、明确地告知用户订立合同的步骤、注意事项、下载方法等事项,并保证用户能够便利、完整地阅览和下载。"

1. 电子要约

电子要约是指通过数据电文的形式表达与他人订立合同的意思表示。发出电子要约的人被称为发件人,是指由其或代表其发送或生成该数据电文或许予以储存的人,其可以是卖家或经营者,也可以是买家或消费者。一项有效的电子要约应具备四个要件:一是电子要约必须由特定人发出;二是电子要约必须是向发件人指定接收数据电文的人表明订立合同的意思;三是电子要约内容必须是确定的,包括当事人的名称或者姓名和住所、标的、数量、质量、价款或者报酬、履行期限与地点及方式、违约责任、解决争议的方法;四是实施电子要约必须发送至收件人时生效。

2. 电子承诺

电子承诺是指收件人通过数据电文的形式表达同意电子要约的意思表示或以其他行为表示同意。一项有效的电子承诺应具备四个要件:一是电子承诺必须由指定的收件人发出;二是电子承诺内容应当与电子要约内容相一致;三是电子承诺必须在电子要约有效期内做出;四是电子承诺应以适当的数据电文形式做出。电子承诺一经发出,跨境电子商务合同即告成立。

3. 数据电文发送与收到的时间与地点

1) 发送数据电文的时间与地点

我国《电子签名法》规定,数据电文的发送时间是指数据电文进入发件人控制之外的某

个信息系统的时间。发送数据电文地点有三种情形:一是数据电文应以发件人设有营业地的地点为发送数据电文的地点;二是发件人有一个以上的营业地,以对基础交易具有最密切关系的营业地为发送数据电文的地点,如果无任何基础交易,则以其主要的营业地为准;三是发件人没有营业地,则以其常居住地为发送数据电文的地点。数据电文发送有三种情形:一是经发件人授权发送的;二是发件人的信息系统自动发送的;三是收件人按照发件人认可的方法对数据电文进行验证后结果相符的。

2) 收到数据电文的时间与地点

我国《电子签名法》规定,数据电文的接受时间是指收件人指定特定系统接收数据电文的,数据电文进入该特定系统的时间。确认数据电文收到时间的方法有三种:一是收件人为接收数据电文而指定了某一信息系统,则进入该信息系统的时间为收到时间;二是数据电文发给了收件人的一个信息系统但不是指定的信息系统,则以收件人检索到该数据电文的时间为收到时间;三是收件人并未指定某一信息系统,则以数据电文进入收件人的任一信息系统的时间为收到时间。

确定数据电文收到地点的方法有三种:一是收件人设有营业地的地点为收到数据电文的地点;二是收件人有一个以上的营业地,以对基础交易具有最密切关系的营业地为准,如果无任何基础交易,则以其主要的营业地为准;三是收件人没有营业地,则以其惯常居住地为准。

(二)跨境电子商务合同生效的条件

1. 当事人应当具备相应的民事权利能力

我国《民法典》合同编规定:"当事人订立合同,应当具有相应的民事权利能力和民事行为能力。"《电子商务法》规定:"电子商务当事人使用自动信息系统订立或者履行合同的行为对使用该系统的当事人具有法律效力。在电子商务中推定当事人具有相应的民事行为能力。但是,有相反证据足以推翻的除外。"

2. 当事人必须在自愿和真实基础上达成协议

我国《民法典》合同编明确规定:"当事人依法享有自愿订立合同的权利,任何单位和个人不得非法干预。"我国《电子商务法》规定:"电子商务经营者从事经营活动,应当遵循自愿、平等、公平、诚信的原则。"

3. 跨境电子商务合同必须有对价

跨境电子商务合同属于有偿合同。我国《民法典》合同编规定:"无偿合同是指当事人一方只取得权利而不偿付代价的合同。"

4. 跨境电子商务合同标的必须合法

跨境电子商务合同标的与其他买卖合同标的规定相同,不得违反法律、公共秩序或公共政策的规定,不得违反善良风俗或道德。

5. 跨境电子商务合同必须符合法律规定的形式

我国《民法典》合同编规定,数据电文包括电报、电传、传真、电子数据交换和电子邮件等可以有形地表现所载内容的形式。

(三)跨境电子商务合同的履行

1. 货物的交付方式

跨境电子商务合同的卖家可以通过国际物流公司完成货物的运输、配送和报检报关将货物送达买家,也可以通过国际快递公司或邮政速递物流公司完成信函、商业文件和物品的配送。

2. 货物的交付时间

我国《电子商务法》对交付时间的规定包括:采用快递物流方式交付的商品,收货人签收时间为交付时间;提供服务的跨境电子商务合同,生成的电子凭证或者实物凭证中载明的时间为交付时间,如果凭证没有载明时间或者载明时间与实际提供服务时间不一致的,实际提供服务的时间为交付时间;采用在线传输方式交付的合同标的,该标的进入对方当事人指定的特定系统并且能够检索识别的时间为交付时间;当事人对交付时间另有约定的,从其约定。

3. 货款的支付方式

1）电子支付

电子支付是指消费者、商家和金融机构之间使用安全电子手段把支付信息通过信息网络安全地传送到银行或相应的处理机构,用来实现货币支付或资金流转的行为。我国《电子商务法》规定:"电子商务当事人可以约定采用电子支付方式支付价款。""电子支付服务提供者完成电子支付后,应当及时准确地向用户提供符合约定方式的确认支付的信息。"

2）国际汇款

国际汇款主要有四种方式:一是西联国际汇款,是全球最快的国际汇款方式,国外的买家去办事处带上护照或在国外的身份证,填写一张申请表格即可;二是速汇金国际汇款,手续费低,约 10 美元,可以在国内工商银行取款;三是银行账号国际汇款,卖家要在国内的银行开通美元账号和相关业务才能收取国际汇款;四是金融公司国际汇款,可以提供国际汇款的服务,手续费约 90 元人民币。

四、跨境电子商务合同的法律责任

违约是指当事人一方不履行合同义务或不适当履行合同义务的行为。跨境电子商务合同一方当事人违反了合同义务,应当承担相应的违约责任。违法责任有以下三种类型。

(一) 民事责任

民事责任是指对侵犯他人民事权利引起的法律后果所承担的金钱补救的民事责任。我国《电子商务法》规定:"电子商务经营者销售商品或者提供服务,不履行合同义务或者履行合同义务不符合约定,或者造成他人损害的,依法承担民事责任。"民事责任处罚的主要形式有四种:一是修理,是指销售者对已经出售的"不具备产品应当具备的使用性能而事先未做说明的"产品、"不符合在产品或者其包装上注明采用的产品标准的"产品、"不符合以产品说明、实物样品等方式表明的质量状况的"产品(以下简称"三不"产品)进行必要的修复,使该产品符合应当具备的性能、明示的标准或者明示的质量状况;二是更换,是指销售者对已经出售的上述"三不"产品,用质量符合要求的同样产品进行替换;三是退货,是指销售者对已经出售的上述"三不"产品收回,并向产品购买者退还货款;四是赔偿损失,是指因产品存在缺陷造成人身、缺陷产品以外的其他财产损害的,生产者应当承担赔偿责任。

(二) 行政责任

行政责任是指个人或单位违反行政管理方面的法律规定所应当承担的法律责任。行政责任包括行政处分和行政处罚。其中,行政处罚形式主要有五类:一是责令停止生产和销售,由产品质量监督部门以行政决定方式做出;二是没收违法生产和销售的产品,并依照国家有关规定进行销毁或采取其他方式处理;三是罚款,具体数额由行政执法机关根据情节具体确定;四是违法所得,将违法收入上缴国库;五是吊销营业执照,由市场监督管理部门取消其从事经营活动的资格。我国《电子商务法》对电子商务经营者、电子商务平台经营者的违法行为的行政处罚规定如下。

1. 电子商务经营者违法行政责任

1) 处 1 万元以下罚款的违法行为

其有三种违法行为:一是未在首页显著位置公示营业执照信息、行政许可信息、属于不需要办理市场主体登记情形等信息,或者上述信息的链接标识的;二是未在首页显著位置持续公示终止电子商务的有关信息的;三是未明示用户信息查询、更正、删除以及用户注销的方式、程序,或者对用户信息查询、更正、删除以及用户注销设置不合理条件的。电子商务经营者有上述行为之一的,由市场监督管理部门责令限期改正,可以处 1 万元以下的罚款。

2) 并处 5 万元以上 20 万元以下罚款的违法行为

其有三种违法行为:一是未根据消费者的兴趣爱好、消费习惯等特征向其提供商品或者服务的搜索结果的;二是违法搭售商品或者服务的。电子商务经营者有上述违法行为之一的;三是未向消费者明示押金退还的方式、程序,对押金退还设置不合理条件,或者不及时退还押金的。电子商务经营者有上述行为之一的,由市场监督管理部门责令限期改正,没收违法所得,可以并处 5 万元以上 20 万元以下的罚款;情节严重的,并处 20 万元以上 50 万元以下的罚款。

3) 依据其他法律处罚的行为

电子商务经营者其他违法行为有十二种:一是未取得相关行政许可从事经营活动的;二是销售法律、行政法规禁止交易商品的;三是提供法律、行政法规禁止的服务的;四是未按规定提供有关电子商务数据信息的;五是采取集中交易方式进行交易的;六是进行标准化合约交易的;七是违反法律、行政法规有关个人信息保护规定的;八是采取技术措施和其他必要措施保证其网络安全、稳定运行的;九是未按照有关法律、行政法规规定履行网络安全保障义务的;十是销售的商品或者提供的服务不符合保障人身、财产安全要求的;十一是实施虚假或者引人误解的商业宣传等不正当竞争行为的;十二是滥用市场支配地位,或者实施侵犯知识产权、侵害消费者权益等行为的。电子商务经营者有上述行为之一的,依照有关法律、行政法规的规定处罚。

2. 电子商务平台经营者违法行政责任

1) 处 2 万元以上 10 万元以下罚款的违法行为

其有十一种违法行为:一是未在首页显著位置公示营业执照信息、行政许可信息、属于不需要办理市场主体登记情形等信息,或者上述信息的链接标识的;二是未在首页显著位置持续公示平台服务协议、交易规则信息或上述信息的链接标识的;三是修改交易规则未在首页显著位置公开征求意见,未按照规定的时间提前公示修改内容,或者阻止平台内经营者退出的;四是未明示用户信息查询、更正、删除以及用户注销的方式、程序,或者对用户信息查询、更正、删除以及用户注销设置不合理条件的;五是未以显著方式区分标记自营业务和平台内经营者开展的业务的;六是未为消费者提供对平台内销售的商品或者提供的服务进行评价的途径,或者擅自删除消费者的评价的;七是不按规定向市场监督管理部门、税务部门报送有关信息的;八是不对违法情形采取必要的处置措施,或者未向有关主管部门报告的;九是不履行商品和服务信息、交易信息保存义务的;十是不履行核验、登记义务的;十一是未在首页显著位置持续公示终止电子商务的有关信息的。电子商务平台经营者有上述行为之一的,由有关主管部门责令限期改正;逾期不改正的,处 2 万元以上 10 万元以下的罚款;情节严重的,责令停业整顿,并处 10 万元以上 50 万元以下的罚款。法律、行政法规另有规定的,依照其规定。

2）处 5 万元以上 50 万元以下罚款的违法行为

其有六种违法行为:一是电子商务平台经营者对平台内经营者在平台内的交易、交易价格或者与其他经营者的交易等进行不合理限制或者附加不合理条件;二是向平台内经营者收取不合理费用的;三是对平台内经营者侵害消费者合法权益行为未采取必要措施;四是对平台内经营者未尽到资质资格审核义务;五是对消费者未尽到安全保障义务的;六是对平台内经营者实施侵犯知识产权行为未依法采取必要措施的。电子商务平台经营者有上述行为之一的,由市场监督管理部门责令限期改正,可以处 5 万元以上 50 万元以下的罚款;情节严重的,处 50 万元以上 200 万元以下的罚款。

3）依据其他法律处罚的行为

电子商务平台经营者对竞价排名的商品或者服务未显著标明"广告"的,依照《中华人民共和国广告法》的规定处罚。

（三）刑事责任

刑事责任是指违反刑法的规定而应当承担的刑法制裁。刑事责任应同时具备三个条件:一是行为人主观上为故意;二是行为人在客观上具有实施的行为;三是客观上造成或足以造成危害后果。我国《电子商务法》规定:"违反本法规定,构成违反治安管理行为的,依法给予治安管理处罚;构成犯罪的,依法追究刑事责任。"

 案例思政

销售合同争议案——契约精神

【案例简介】

某年 6 月,华立贸易有限公司与东京田禾株式会社签订了一份销售合同,货物名称为天然橡胶,数量为 201.6 吨,价格为 1 620 美元/吨,交货时间为当年 9 月,支付方式为即期付款交单。8 月 31 日,华立贸易有限公司业务员通过 QQ 告知东京田禾株式会社船期情况,又在 9 月 30 日通过 QQ 向该株式会社发送提单、检验证书等结汇单据。10 月 9 日,华立贸易有限公司业务员通过 QQ 将第二份提单及结汇单据发送给东京田禾株式会社,告知换了提单,但货物和船期、到港日均无变化。10 月 13 日,华立贸易有限公司向进口方的托收银行提示全套托收单据时,遭到东京田禾株式会社拒绝付款赎单。该株式会社告知,不同意将原提单下的货物更换为第二份提单下的货物,并称第二次提交的单据与原提交的单据不符,拒绝在约定期间内付款赎单。无奈之下,华立贸易有限公司只好将该提单下的货物以低价转卖给了第三方企业,并将东京田禾株式会社诉至青岛市黄岛区人民法院,请求解除销售合同,要求其赔偿经济损失。在庭审中,被告辩称,原告在货物装船后即向其提交了提单等相关单据电子邮件,故该货物在此时已特定化,其购买的是第一份提单下的货物,而非第二份提单下的货物,不存在违约行为,不应承担赔偿该经济损失的责任。

（续上）

法院经审理查明,双方争议的两份提单下的货物数量、规格、到港日期均一致,被告主张的两份提单下货物的杂质含量等检测数据虽存在差异,但仍属同一规格的橡胶,故依法支持原告的诉求。

【案例启示】

本案争议的焦点是双方谁违约的问题。具体来说,华立贸易有限公司通过 QQ 向东京田禾株式会社发送的第一份提单能否认定为最终交付的提单,两份提单都在约定的交单时间内,而且货物的数量、规格、到港日均一致,并未损害东京田禾株式会社的合法权益。但是,东京田禾株式会社在约定期间内拒绝付款赎单却成违约,应当承担违约责任,赔偿其经济损失。《国际货物销售合同公约》规定,交付单据是卖方的义务,付款赎单是买方的义务。在国际贸易的过程中,买卖双方当事人都应当诚信地履行各自的义务。诚信无论是中国企业,还是外国企业,都必须遵守的市场原则。

复习与思考

一、单项选择题

1. 依据当事人双方权利义务,合同可分为（　　）。

A. 计划合同与普通合同　　　　　　　B. 有偿合同与无偿合同

C. 诺成合同与实践合同　　　　　　　D. 单务合同与双务合同

2. 要式合同是指（　　）。

A. 合同当事人一方因取得权利需向对方偿付一定代价的合同

B. 按照法律规定或者当事人约定必须采用特定形式订立方能生效的合同

C. 缔约双方相互负担义务,双方的义务与权利相互关联、互为因果的合同

D. 不以国家计划为前提订立的合同

3. 下列各项中,属于还盘的内涵的是（　　）。

A. 买方或卖方为了购买或销售某项商品,向对方询问有关交易条件的表示

B. 希望和他人订立合同的意思表示

C. 受盘人对所接受的发盘在内容上提出了更改的行为

D. 被发盘人声明或做出其他行为表示同意一项发盘

4. 下列关于免责是由说法中,错误的是（　　）。

A. 免责事由是指当事人对其违约行为免于承担责任的理由

B. 免责是由包括法定免责是由和约定免除是由

C. 法定免责事由是指由法律直接规定的,并不需要当事人约定就可以直接适用的免责事由

D. 法定免责是由是指合同当事人在合同中约定免除违约责任的现象及事由

5. 下列关于定金的说法中,错误的是(   )。

A. 定金是指由合同当事人预定的,当一方当事人不履行合同义务或者不适当履行合同义务时,应向另一方支付一定数量的金钱或财物

B. 定金是指一方当事人为了担保合同的履行而预先向对方支付一定数额的金钱

C. 如果一方当事人履行债务后,定金应当抵作价款或收回

D. 如果收受定金的一方不履行约定债务的,应当双倍返还定金

6. 下列关于电子商务平台经营者的义务的规定中,错误的是(   )。

A. 审核管理经营者的注册信息

B. 制定平台服务协议与交易规则

C. 监管平台内经营者的交易行为

D. 不需要承担连带法律责任

7. 下列各项中,不属于电子商务平台内销售商的义务的是(   )。

A. 应建立并执行进货检查验收制度

B. 应采取措施确保销售产品的质量

C. 不得销售质量不合格的产品

D. 提供真实的服务信息

8. 下列关于跨境电子商务合同履行中货物交付的说法中,错误是(   )。

A. 跨境电子商务合同的卖家可以通过国际物流公司完成货物的运输、配送和报检报关将货物送达买家

B. 采用在线传输方式交付的合同标的,该标的进入对方当事人指定的特定系统的时间为交付时间

C. 跨境电子商务合同的卖家可以通过国际快递公司或邮政速递物流公司完成信函、商业文件和物品的配送

D. 采用快递物流方式交付的商品,收货人签收时间为交付时间

二、多项选择题

1. 合同是平等主体的(   )之间设立、变更、终止民事权利义务关系的协议。

A. 自然人　　　　　　　　　　B. 有限责任公司

C. 个人独资企业　　　　　　　　D. 非法人组织

2. 合同的法律特征包括(   )。

A. 合同是民事法律行为

B. 合同是两个以上的意思表示相一致的协议

C. 合同是以设立、变更或终止民事权利义务关系为目的

D. 合同是当事人在符合法律规范要求条件下而达成的协议

3. 数据电文是指以电子手段、光学手段或类似手段生成、发送、接收或存储的信息,包括但不限于(   )。

A. 电子数据交换　　　　　　　　B. 电子邮件

C. 电报　　　　　　　　　　　　D. 电传

4. 国际贸易合同订立过程中包括的环节有(   )。

A. 询盘　　　　　　　　　　　　B. 发盘

C. 还盘
D. 接受

5. 一项有效的发盘应具有的条件有( )。

A. 发盘是向特定人发出的

B. 发盘必须是向受盘人作出订立合同意思的表示

C. 发盘的内容必须十分确定

D. 发盘必须送达受盘人

6. 我国《民法典》合同编规定撤销合同的情形有( )。

A. 因重大误解订立的合同

B. 在订立合同时显失公平的

C. 一方以欺诈、胁迫的手段或者乘人之危的情形下订立的合同

D. 恶意串通,损害国家、集体或者第三人利益

7. 国际贸易合同标的风险分担的原则包括( )。

A. 以交货时间确定风险的原则
B. 国际惯例优先原则

C. 过失划分的原则
D. 诚实信用的原则

8. 违约责任的特征包括( )。

A. 违约责任是一种民事责任

B. 违约责任只能在当事人之间产生

C. 违约责任是合同当事人不履行或不适当履行债务的责任

D. 违约责任具有补偿性

三、判断题

1. 当事人在订立与履行合同时应当遵守法律、行政法规的规定,不得订立法律法规禁止的标的合同,不得违背善良风俗。　　　　　　　　　　　　　　　( )

2. 诺成合同是指除了当事人意思表示一致以外,尚须有实物给付才能成立的合同。
( )

3. 发盘人如果需要撤回发盘的,必须向受盘人发出撤回通知,只有该通知与发盘同时或先于到达受盘人时,才能撤回。　　　　　　　　　　　　　　　( )

4. 没有代理权或超越代理权或代理权终止后以被代理人名义订立的合同,相对人有理由相信行为人有代理权的,经被代理人追认后有效。　　　　　　　　( )

5. 债权转让是指债务人经债权人同意,将合同的义务全部或部分转让给第三人。
( )

6. 如果卖方交付的货物不符合合同规定,买方可要求其通过修理对不符合之处做出补救。　　　　　　　　　　　　　　　　　　　　　　　( )

7. 定金与违约金可以并用,一方当事人违约时,对方可以同时适用违约金和定金条款。
( )

8. 标的物不适于提存或提存费用过高的,债务人依法可以拍卖或变卖标的物,提存所得的价款。　　　　　　　　　　　　　　　　　　　　　( )

9. 电子商务经营者未在首页显著位置持续公示终止电子商务的有关信息的,由市场监督管理部门责令限期改正,可以处 5 万元以上 20 万元以下罚款。　　　( )

10. 电子商务平台经营者修改交易规则未在首页显著位置公开征求意见,未按照规定

的时间提前公示修改内容,或者阻止平台内经营者退出的,由有关主管部门责令限期改正;逾期不改正的,处 2 万元以上 10 万元以下的罚款。　　　　　　　　　　　　　　　(　　)

四、简答题

1. 简述合同订立的基本原则,并分析其对培育和践行社会主义核心价值观的作用。

2. 简述合同效力待定的情形。

3. 简述合同无效的情形。

4. 跨境电子商务合同的特征是什么?

五、案例分析题

某年 9 月,齐齐哈尔国际贸易有限公司与俄罗斯亚历山大有限公司签订了矿产品购货合同。合同约定:贸易术语为 DAF 满洲(意为满洲里车站交货);交易数量为 8 000 吨;运输方式为铁路运输;交货方式为分批装运;交货日期为当年 12 月 31 日前。签约后,俄罗斯亚历山大有限公司开始备货,办理了铁路运输手续,并于 12 月 30 日前将 8 000 吨产品分批装运。齐齐哈尔国际贸易有限公司在满洲里接受货物,在检验时发现有短量现象,同时发现有一部分货物是在次年 1 月份到达满洲里的,于是向俄罗斯亚历山大有限公司提出索赔。俄罗斯亚历山大有限公司以铁路承运人出具的运输单据证明自己按时交了货,并以商检证和铁路运单上所载明的数量说明自己是按量交货,拒绝赔偿。

请分析,俄罗斯亚历山大有限公司的交货行为是否构成违约? 为什么?

第四章　国际商事代理法律制度

学习目标

◆ 了解国际商事代理法律制度相关的法律和公约的颁布、框架和适用范围。

◆ 熟悉国际商事代理权的行使、国际商事代理制度的相关内容。

◆ 明确国际商事代理制度对国际贸易及跨境电子商务的促进作用。

◆ 具备从事国际商务代理活动的法律知识及基本能力。

本 章 概 要

　　本章包括两部分内容:第一部分为国际商事代理法律制度概述,介绍了
《代理法律适用公约》《国际货物销售代理公约》《国际保付代理公约》《国际贸
易代理合同范本》的颁布、框架和适用范围;第二部分为国际商事代理制度,介
绍了国际商事代理制度的产生、国际商事代理权的行使、国际商事代理制度的
内容、中国商事代理制度和国际商务代理的类型,并提供了委托代理出口协议
书、国际航空出口货运代理协议、国际商务总代理协议书和独家销售代理协议
的样本。

第一节　国际商事代理法律制度概述

　　在国际贸易及跨境电子商务领域中,代理制度都得到了广泛的应用,代理关系也成为普
遍的法律关系之一。为了规范国际商事的代理行为,调整当事人的法律关系,国际组织和各
国先后通过了《代理法律适用公约》《国际货物销售代理公约》《国际保付代理公约》《国际货
物销售代理公约》《国际贸易代理合同范本》等。

一、国际私法统一协会代理法律制度

（一）国际私法统一协会《代理法律适用公约》

随着全球化经济的深入发展,涉外代理的法律冲突问题日益显现,为了解决日益冲突的代理法律关系,1978 年 3 月 14 日,海牙国际私法会议通过了《代理法律适用公约》,并从 1992 年 5 月 1 日起实施。

《代理法律适用公约》分为五章,共计二十八条。第一章为适用范围;第二章为本人与代理人之间内部关系的法律适用;第三章为本人、代理人和第三人之间外部关系的法律适用;第四章为一般条款和其他问题;第五章为最后条款。

2. 代理法律适用公约的适用范围

《代理法律适用公约》适用于代理人有权代表本人利益与第三者进行的交易,无论是代理人以其自己或本人的名义进行的商事代理。继承法上的法定代理、司法机关或准司法机关决定的代理、与司法性质的程序有关的代理等不适用于《代理法律适用公约》。

（二）国际私法统一协会《国际货物销售代理公约》

为了排除因各国代理制度不同而影响国际贸易交易的障碍,国际私法统一协会通过了《国际货物销售代理公约》,于 1983 年 2 月 17 日在日内瓦外交会议上通过,并从 1983 年 2 月 17 日起实施。

《国际货物销售代理公约》分为五章,共计三十五条。第一章为适用范围和总则;第二章为代理权的设定和范围;第三章为代理人实施的行为的法律效力;第四章为代理权的终止;第五章为最后条款。

《国际货物销售代理公约》适用于代理人有权代理本人与第三人订立货物销售合同,无论代理人是以自己的名义或以本人的名义所从事的国际商事代理。证券交易所、商品交易所或其他交易所的代理、拍卖商的代理和继承法中的法定代理等不适用于《国际货物销售代理公约》。

（三）国际私法统一协会《国际保付代理公约》

为了保护保付代理交易中当事人的合法权利,国际统一私法协会通过了《国际保付代理公约》,于 1988 年 5 月 28 日在加拿大渥太华上通过,并从 1988 年 5 月 28 日起施行。

《国际保付代理公约》分为四章,共计二十三条。第一章为适用范围和总则;第二章为当事人各方的权利与义务;第三章为再转让;第四章为最后条款。

《国际保付代理公约》适用于本公约所规定的保付代理合同,即一方当事人(供应商)与另一方当事人(保付代理人)之间所订立的合同,涉及供应商融通资金和托收应收账款等内容。

《国际保付代理公约》规定:"本公约的适用可以由保付代理合同双方当事人排除,也可以向保付代理人送交排除书面通知,并由货物销售合同双方当事人予以排除。"也就是说,如果当事人不采用《国际保付代理公约》作为合同订立与履约的依据,可以在合同中明确予以排除。

二、国际商会《国际贸易代理合同范本》

为了提供国外代理协议的统一规则,避免各国法律的冲突,国际商会吸取了在国际贸易中代理的通常做法和各国代理法所承认的基本原则,制定了《国际贸易代理合同范本》,于

1990 年 11 月 11 日公布,作为制定进出口贸易代理合同的范本。

《国际贸易代理合同范本》分为五个部分:第一部分为国际贸易的统一标准格式;第二部分为补偿条款;第三部分为诉诸国际仲裁;第四部分为适用范围;第五部分为适用本标准格式应注意的事项。其附件还提供了商事代理合同的范本。

《国际贸易代理合同范本》适用于国际协议、与受雇代理人合同、购货代理合同、服务代理合同和寄存货物合同等范围。诸如人事代理等其他行为不适用于《国际贸易代理合同范本》。

第二节 国际商事代理制度

一、国际商事代理制度的产生

(一)国际商事代理的概念

1. 商事代理

商事是指一切以营利性为目的的活动。它不仅包括传统的商品买卖,还包括货运、仓储、保险等一切与商品交换相关的营利性活动。而代理是指代理人按照被代理人的授权,代表被代理人同第三人订立合同或其他的法律行为,由此而产生的权利与义务直接对被代理人发生效力行为。基于商事、代理的属性引出商事代理的内涵,即商事代理是指商事代理人接受被代理人的委托,在被代理人委托授权的范围内从事的商事代理行为。它包括代理买卖、代理租赁、代理承揽与运输、代理公司登记事项、代理专利申请与商标注册和代理保险等。

2. 国际商事代理

国际商事代理是指代理商根据代理协议的规定,依据被代理商的委托,以自己的名义或以委托人的名义为委托人从事境内外的商事代理行为,并从中获取报酬的经营活动。其中,国际商事代理行为包括进口与出口贸易、海外仓租赁、货物承揽与运输、各国专利申请与商标注册、进出口货物运输保险等的代理业务。

(二)国际商事代理的特征

国际商事代理表现为以下四个方面的特征。

1. 营利性

国际商事代理的目的是为获取报酬的经营活动,尽管在具体代理业务中会出现亏损,但营利始终是代理商进行代理行为的根本前提。

2. 间接性

国际商事代理是代理商通过代理协议,并根据被代理商的委托,以自己的名义或以委托人的名义从事境内外的商事代理行为。

3. 经营性

国际商事代理商是经过公司注册的,是具有主体资格的自然人或者法人和或者非法人组织,在其注册的经营范围及期限内容从事经营代理活动。

4. 灵活性

国际商事代理的代理商既可在委托协议中显示自己的姓名,也可不显示被代理人姓名,还可以自己的名义从事代理。

（三）国际商事代理制度产生的原因

代理制度是商品经济高度发达的产物。在简单商品经济条件下,商品交易活动相对简单,当事人凭借个人能力已足以完成各种事务,缺乏代理制产生的社会基础。进入资本主义社会,商品经济越来越发达,社会分工越来越细,各种企业组织形式的出现使社会关系更加错综复杂,事必躬亲地处理各项事务已经不可能了,需要具有专门知识和技能的人代为办理相关事务。随着各国对外贸易的发展,伴随着全球经济一体化的趋势,商事代理突破了国家或地域的界限,也就产生了国际商事代理制。

二、国际商事代理权的行使

（一）国际商事代理权的行使原则

代理是代理人代表被代理人同第三人订立合同或其他的一种法律行为,"代理人未经许可无权委托他人代理"是代理关系中一项基本原则。这一原则具体体现为下列三个方面。

1. 代理人在代理权限内做出确定的意思表示

代理人在被代理人授权的权限范围内,根据实施代理行为时的客观情况,独立决定并按照自己的意志进行代理活动。

2. 代理是以被代理人的名义进行的行为

代理行为一般以被代理人的名义进行的,代理人应在被代理人的授权范围内,按照其指示完成代理任务,而被代理人有义务为代理人履行合同提供便利。

 案例分析

开拓国际物流公司根据业务发展需要购置 2 000 亩土地,扩建海外仓,委托当地的威斯代理公司以代理人的名义与地产商谈判。由于开拓国际物流公司在当地声誉不错,能获取较低的地价,威斯代理公司擅自加了 500 亩,最终达成的购买协议为 2 000 亩与 500 亩两个地块,并分别交付。在交付时,威斯代理公司支付了 500 亩地价。

请分析,威斯代理公司的所为是否合法?为什么?

3. 代理行为的法律后果直接归属于被代理人

在法律上,代理人在被代理人授权范围内的所为被视为被代理人的行为,由此产生的权利与义务直接由被代理人承担。但是,代理人在完成代理任务过程中应诚实勤勉地履行其职责,如因代理人的过失造成被代理人损失的,要承担赔偿责任。

 案例分析

上海国际货代公司作为日本富士航海株式会社的代理,承运了上海机械设备进出口公司 10 台数控机床,并代表承运人富士航海株式会社签发了提单。由于其在装运时没有固定货物的支架,造成 2 台数控机床的损坏。收货人发现后向日本富士航海株式会社提出赔偿。

请分析,由谁承担赔偿责任?为什么?

（二）国际商事代理权的种类

1. 大陆法系的分类

1）依据代理名义的不同，国际商事代理权可分为直接代理和间接代理

直接代理是指代理人在代理授权的范围内，以被代理人的名义与第三人从事法律行为的代理。在直接代理合同中，被代理人与第三人是合同的双方当事人，代理行为产生的法律后果直接归属于被代理人，被代理人直接对第三人负责。

间接代理是指代理人以自己的名义，为了被代理人的利益而与第三人订立合同的代理。在间接代理合同中，代理人与第三人是合同的双方当事人，代理行为产生的法律后果由代理人来承担。

 案例分析

某洁具有限公司需从日本 TOTO 株式会社进口卫生洁具 2 万套，因其没有外贸经营权，于是委托大信进出口公司代理进口，并签订了代理合同。大信进出口公司与日本 TOTO 株式会社进行磋商，双方达成一致意见后签订了购货合同。

请分析，从代理行为来看，该代理是属于直接代理还是间接代理？为什么？

2）依据代理权利效力的不同，国际商事代理可分为无权代理和表见代理

无权代理是指不具有完全代理权的人所做的代理。无权代理有四种情形：一是未经授权的代理；二是超越代理权的代理；三是代理权终止后的代理；四是授权行为无效的代理。大陆法系认为，被代理人对无权代理人的代理行为可以进行追认，追认可以明示做出，也可以默示做出。被追认后的代理行为，被代理人要承担其法律责任。

表见代理是指无权代理行为人虽然没有代理权，但善意的第三人有充分理由相信该行为人具有代理权，并与其订立了合同，其权利与义务由被代理人承担的代理。确认表见代理有两个条件：一是存在使第三人有理由相信行为人拥有代理权的客观依据，例如，无权代理人与被代理人之间有特殊的身份关系，或者盖有合同章的空白合同书，或者盖有法人章的业务介绍信等；二是具有第三人不知道代理人属于无代理权行为的事实依据，而且对于这种不知情并非出于疏忽和懈怠所致，并承担举证责任。

大陆法系认为，对表见代理可以行使催告权与撤回权，使得无权代理的不确定状态予以明确认定。催告权是指第三人规定一个合理的期限，要求被代理人做出确认或者否认的行为；撤回权是指无权代理行为被代理人追认之前，第三人有权撤回其与无权代理所订立的合同。

 案例分析

高田公司业务员大山先生因过失造成公司损失，于 6 月 1 日被解雇。6 月 2 日，大山先生仍以该公司名义与老客户山木公司签订了价值 20 万元的采购合同，骗得货物后逃之。山木公司认为，在与大山先生订立合同时并不知其已被解雇，要求高田公司付款。高田公司则以大山先生已不是公司员工为由拒绝付款。

请分析，高田公司是否承担支付责任？为什么？

2. 英美法系的分类

1) 依据代理名义的不同,国际商事代理权可分为显名代理、隐名代理和未披露代理

显名代理是指在合同中公开被代理人姓名的代理。在显名代理合同中,被代理人与第三人是合同的双方当事人,被代理人享受合同的权利,承担合同的义务。代理人与第三人不发生合同法律关系,既不享有合同的权利,也不承担合同的义务。

隐名代理是指在合同中不公开被代理人姓名的代理。代理人在与第三人订立合同时,表明自己的是代理人,但不披露被代理人的姓名。在隐名代理合同中,被代理人与第三人是合同的双方当事人,被代理人对合同负法律责任,而代理人对合同不承担责任。

未披露代理是指代理人虽然得到被代理人的授权,但是在与第三人签订合同时,既不公开被代理人存在的事实,也不表明自己的代理身份,直接以自己的名义与第三人签订合同的代理。在未披露的代理合同中,代理人享有合同的权利,并承担合同的义务。

 案例分析

大庆物流公司是一家经济实力很强的企业,为扩建仓库面积欲购买 3 000 亩土地,考虑到自己亲自出面会引起其他仓储公司介入竞争而抬高地价,决定委托某不动产代理公司以其名义与地产商谈判,并签订购买协议。于是该不动产代理公司与地产商签订合同时,没有表明自己的代理身份,直接与其签订了合同。

请分析,这种代理是显名代理、隐名代理,还是未披露代理?为什么?

2) 依据代理事实的不同,国际商事代理权可分为不容否认的代理与客观必需的代理

不容否认的代理是指一方当事人以他的言论或行为使得善意第三人合理相信与其订立合同的另一方当事人是自己的代理人,有权以他的名义签订合同,且该第三人已基于这种相信采取了行动,他就要承担合同法律责任的代理。

客观必需的代理是在一方当事人虽然没有得到另一方当事人关于采取某种行为的明示授权,但由于客观情况的需要应视为具有此种授权的代理。

 案例分析

某冷链物流公司受一家水产公司的委托,配送一批海鲜到指定的内地城市,按照运输合同规定的时间与地点进行承运后,途中发生了不可抗力事件地震,在此情形下,承担运输的货车司机担心所承运的海鲜会发生变质,自主决定在现场进行拍卖。

请分析,这种代理是属于不容否认代理,还是客观必须的代理?为什么?

3) 依据代理行为的不同,国际商事代理权可分为默示代理与追认代理

默示代理是指被代理人虽然没有明确表示将代理权授予代理人,但是可以依据某些公认的准则而推断其为被授权的代理。

追认代理是指代理人未经授权或超出了授权范围而以被代理人的名义实施的代理行为,被代理人可以在事后批准或承认这个合同的代理。

三、国际商事代理制度的内容

国际商事代理制度的内容是代理人与被代理人之间的法律关系,是由代理合同来明确双方的权利与义务。各国法律对其都做了原则性规定,基本内容如下。

(一) 代理人义务

1. 代理人应该勤勉地履行其代理职责

设立代理制度的目的是为了利用代理人的知识与技能为被代理人服务,从而更好地维护被代理人的合法权益。因此,代理人在履行其代理职责时,应从被代理人的利益出发,勤勉地处理好被代理人的事务。我国《民法典》规定:代理人不履行或者不完全履行职责,造成被代理人损害的,应当承担民事责任。

2. 代理人应诚信与忠实于被代理人

代理人应诚信与忠实于被代理人的表现有三个方面:一是代理人应向被代理人进行如实汇报,在代理过程中应向被代理人报告代理事务的一切重要情况,在代理结束后应及时向被代理人报告代理事务的处理经过和结果,并将处理结果的相应文件与资料一并提交;二是代理人不得受贿或谋私或与第三人串通损害被代理人的利益,我国《民法典》规定,代理人与相对人恶意串通,损害被代理人合法权益,代理人和相对人应当承担连带责任;三是代理人不得以被代理人的名义与自己签订合同,也不得在同一交易中担任双方当事人的代理,收取双边佣金。

3. 代理人应对被代理人的商业秘密予以保密

代理人在代理协议的有效期限内以及在代理协议终止的一段时期内,都不得把在代理过程中获知的商业秘密泄漏给第三人,也不得利用这些资料同被代理人进行不正当竞争。

(二) 被代理人义务

1. 被代理人应向代理人支付佣金

被代理人必须按照代理合同的规定支付代理人佣金或者其他约定的报酬,这是被代理人最主要的一项义务。如果被代理人不经代理人的介绍,直接从代理人代理的区域内收到订单或直接与第三人订立买卖合同等行为,是否应支付佣金,这需要在代理合同中做出明确约定。因为有些国家在法律上对此并无详细规定,法院判决完全取决于代理合同的内容。

2. 被代理人应向代理人偿还因履行代理义务而产生的费用

在一般情况下,代理人因执行代理事务而支出的费用不得要求被代理人偿还,因为该费用属于佣金的范畴。如果代理人因为执行被代理人的指示超出代理范围之外的事务而支出的费用或遭到损失的,则有权要求被代理人予以支付或赔偿。

 案例分析

行思跨境电子商务公司委托中原国际货运代理公司向日本大阪的客户发送2个20英尺(1英尺=0.30米)货柜,签订了货运委托协议书,并在协议书上规定了委托人自行装车送货至指定集装箱堆场。由于行思跨境电子商务公司无法自送,要求该货运代理公司派集装箱卡车将货物送达指定的集装箱堆场。当货物出运后,行思跨境电子商务公司只支付海洋运费,拒付集装箱卡车费用。

请分析,行思跨境电子商务公司拒付车费的行为是否合理?为什么?

(三) 代理关系的终止情形

1. 根据当事人的行为终止代理关系

根据当事人的行为终止代理关系有以下两种情形。

1) 代理期限届满或代理事项完成

代理人与被代理人在代理合同中订有期限的,则代理关系于合同规定的期限届满时终止;代理合同中没有期限约定的,应在合理的期间内终止,如果代理事项在期限内完成,可以提前终止代理关系。

2) 被代理人与代理人单方面终止代理关系

各国法律原则上都允许被代理人单方面撤回代理权,也允许代理人单方面辞去代理权。但是为了保护双方的利益,对单方面撤回代理做了一定的限制。大陆法系的国家法律大多规定,如果被代理人或者代理人单方面终止合同,必须事先通知对方;否则,给对方造成的损失应承担赔偿责任。

2. 根据相关法律规定终止代理关系

根据相关法律规定终止代理关系有以下两种情形。

1) 被代理人死亡、破产或丧失行为能力

根据大陆法系国家的民商法规定,被代理人发生被代理人死亡、破产或丧失行为能力的,只是适用于民法上的代理权;而商法上的代理关系并不因被代理人死亡、破产或丧失行为能力而终止。

2) 代理人死亡、破产或丧失行为能力

根据各国的法律规定,当代理人发生死亡、破产或丧失行为能力的,无论是在民事上还是商事上,代理均因此而消灭。

(四) 代理关系终止后的法律后果

代理关系终止后的法律后果主要有以下两个方面。

1. 被代理人与代理人之间的法律后果

代理关系终止之后,代理人即不能再以被代理人的名义进行代理行为;否则,属于无权代理,按无权代理的法律规定处理。但是,有些大陆法系国家的法律条文予以规定,在终止代理合同时,代理人对于他在代理期间为被代理人建立的商业信誉,有权要求被代理人予以补偿。这是因为代理合同终止后,这种商业信誉将为被代理人所享有,而代理人将因此失去一定的利益。

2. 对第三人的法律后果

代理关系终止后,对于第三人是否产生法律上的后果,取决于第三人是否知情。如果代理关系终止时,被代理人及时通知第三人的,才对第三人产生法律上的后果;如果代理关系终止时,被代理人没有及时通知第三人,则对第三人不产生法律上的后果,被代理人仍然应当对代理人与第三人所为的行为承担法律后果。

四、中国商事代理制度

中国商事代理制度的立法现状如下。

(一)《民法典》

我国《民法典》从第一百六十一条至第一百七十五条系统地规定了代理的基本特征、适用范围、基本分类、委托代理权、无权代理及其后果、代理终止的情形等内容。

（二）《对外贸易法》

我国《对外贸易法》第十二条明确了对外贸易经营者可以接受他人的委托,在交易范围内代为办理对外贸易业务。

五、国际商事代理的类型

国际商事代理是指代理人按照被代理人的授权或者法律规定,代表被代理人从事与第三人签订国际商事合同或为其他有法律意义的国际商务行为,由此产生的权利义务直接对被代理人发生法律效力的行为。国际商事代理主要有以下三种类型。

（一）外贸代理

外贸代理主要有两种形式:一是拥有外贸经营权企业之间的代理,代理人以被代理人（委托人）的名义对外签订进出口合同,或代理人以自己的名义对外签订进出口合同;二是拥有外贸经营权与无外贸经营权企业之间的代理,拥有外贸经营权的企业接受不具有外贸经营权企业的委托,以自己的名义对外签订进出口合同。

1. 委托人的权利与义务

根据我国有关法律、法规的规定,外贸代理委托人的权利与义务有八项规定:一是委托人应依国家有关法律、法规的规定,办理委托进口或出口商品的有关报批手续;二是经受托人同意,委托人可参加对外谈判,但不得自行对外询价或进行商务谈判,不得自行就合同条款对外作任何形式的承诺;三是委托人不得自行与外商变更或修改进出口合同;四是委托人须按委托协议和进出口合同的规定履行义务,包括及时向受托人提供进口所需要的资金或委托出口的商品;五是因委托人不按委托协议履行其义务,导致进出口合同不能履行、不能完全履行、迟延履行或履行不符合约定条件的,委托人应偿付受托人为其垫付的费用、税金及利息,支付约定的手续费和违约金,并承担受托人因此对外承担的一切责任;六是委托人因不可抗力事件不能履行全部或部分委托协议的,免除其对受托人的全部或部分责任,但委托人应及时通知受托人并在合理期间内提供有关机构出具的证明,以便受托人与外商交涉,免除受托人对外商的责任;七是委托人有义务按照委托协议的规定,向受托人支付约定的手续费,并偿付受托人为其垫付的费用、税金及利息,委托人支付的进出口手续费以合同总价为计算基数,乘以约定的手续费率;八是对于出口商品的销售货款,委托人收取人民币还是外汇,由委托人与受托人在委托协议中协商确定。

 案例分析

天下进出口公司与南通制鞋公司签订了代理出口协议书,规定代理出口产品是南通制鞋公司的产品鞋子,代理费为1%。几日后,天下进出口公司接到日本大山商社的询盘,并告知下周直接来公司洽谈,决定与委托人共同参与对日商的谈判。由于在价格方面争议较大,双方未达成协议。近日,国家为减少出口企业的经济压力,增加了出口退税比例。于是,南通制鞋公司单方面同意了日商的价格要求,天下进出口公司出于无奈与日商签订了出口合同。在履行合同的过程中,由于规定的交货时间较紧,南通制鞋公司来不及生产,导致日商索赔。

请分析,此案例应由谁承担赔偿责任? 为什么?

2. 受托人的权利与义务

根据我国有关法律、法规的规定,外贸代理受托人的权利与义务有七项规定:一是受托人根据委托协议以自己的名义与外商签订进出口合同,并应及时将合同的副本送交委托人;二是受托人在遵照委托人的指示办理委托事宜时,必须服从国家法律、法规和其他外贸管理制度的规定;三是受托人应向委托人提供受托商品的国际市场行情,并应及时报告对外开展业务的进度及履行其义务的情况;四是受托人有义务办理履行进出口合同所需的各种手续,如托运、报检报关和投保等;五是因受托人不按委托协议履行其义务导致进出口合同不能履行、不能完全履行、迟延履行或履行不符合约定条件的,受托人应赔偿委托人因此受到的损失,并自行承担一切对外责任;六是受托人因不可抗力事件不能履行全部或部分委托协议的,免除其全部或部分受托责任,但应及时通知委托人和外商,并应在合理期限内提供有关机构出具的证明;七是如外商因不可抗力事件不能履行、不能完全履行或履行不符合进口合同的规定,受托人应免除对委托人的责任,但应取得有关机构证明并及时通知委托人。

 案例分析

成都进出口公司受汶川农产品公司的委托出口该公司的山核桃一批,并签订了代理出口协议书。日后,成都进出口公司与日商签订了山核桃销售确认书,在履行合同的过程中,由于公司业务员的疏忽未能及时办理托运手续,导致交货延期,货物遭到日商的拒收。

请分析,该案例的委托人和第三人的损失由谁承担?为什么?

3. 委托代理协议

委托代理协议是指用来明确委托人和代理人之间权利义务的法律文件。委托代理协议的内容由双方当事人按照契约自由的原则,根据双方的合意加以规定。进出口贸易动中的代理种类较多,委托代理协议的具体内容也不尽相同。但是,就其一般共性而言,委托代理协议主要包括六个方面的内容:一是协议当事人的相关信息;二是代理的商品名称、规格、数量和价格等相关信息;三是运输和交货相关信息;四是当事人的权利与义务;五是不抗力条款;六是仲裁条款。除此以外,当事人还可根据需要在委托代理协议中予以明确规定。

样例 4-1 是委托代理出口协议书的实例。

 样例 4-1

委托代理出口协议书　　　　协议编号:

甲方:　　　　　　　　　乙方:

经双方友好协商,就乙方委托甲方代理出口的有关事项达成如下协议:

（续上）

一、乙方委托甲方的具体事项：

1.1　品名规格：

1.2　品质标准：

1.3　数量：

1.4　单价：

1.5　总金额：

1.6　支付方式：

1.7　包装：

1.8　装运地：

1.9　目的地：

1.10　装运期限：

1.11　装运方式：

二、甲方接受乙方委托，以自己的名义代理以下事项：

2.1　对外签约

2.2　托运订舱

2.3　办理出口商检、报关

2.4　制单、结汇

2.5　涉外索赔、理赔

三、交货要求：

3.1　乙方交货期限：

3.2　交货地点：

3.3　交货方式：

四、费用及结算：

4.1　甲方向乙方收取出口发票金额的＿＿＿＿＿％作为代理手续费。

4.2　甲方在出口过程中垫付的费用(如报关费、商检费、运费、办证费等)均由乙方承担,在收汇后从结汇人民币金额中扣除。

五、甲方权利和义务：

5.1　甲方根据本协议书的约定,与外商签订售货确认书。

5.2　甲方在签订售货确认书前应将销售确认书副本送交乙方,经乙方签字认可。乙方如有异议应于收到销售确认书副本后次日起3个工作日内书面向甲方提出,逾期视为无异议。

凡经乙方认可的销售确认书条款,乙方不得由于条款本身的缺陷引起的损失向甲方要求补偿。

5.3　甲方如对销售确认书作重大的实质性修改或变更,事先需经乙方书面确认。

5.4　甲方根据乙方提供的资料,按照销售确认书的规定编制托运单据,办理托运手续。事先商定凭甲方通知交货的,甲方应及时将交货时间、地点通知乙方。

（续上）

5.5　甲方应按双方商定的方式及期限与乙方结算货款、代理手续费及代垫费用。部分代垫费用一时无法结算的，甲方可先按估计金额向乙方收取，事后按实际金额结算，多退少补。

5.6　甲方收汇后应根据乙方提供的增值税发票书等有关单据办理出口退税手续，退税所得金额由甲方划交乙方。

5.7　外商无故不履行部分或全部合同，或拖欠货款长期不付清，甲方应负责向外商催促履约和付款。

5.8　本协议书签订后，由于非甲方的原因而未能签订销售确认书，甲方免除责任。

5.9　因外商违约导致本协议书不能部分或全部履行，甲方免除责任，但须及时向外商索赔，并将索赔所得转给乙方。索赔所发生的费用由乙方承担。若因甲方过错未及时对外索赔，损失由甲方承担，若因乙方过错未及时对外索赔，损失由乙方自负。

六、乙方权利和义务：

6.1　乙方必须在本协议书规定的交货期前备妥委托甲方代理出口的商品，以书面形式通知甲方，并按甲方的要求将商品运到指定地点，送入指定仓库，承担相关的费用。

6.2　乙方提供的商品必须符合本协议书规定出口商品的品质标准，同时必须符合我国知识产权法有关规定，相应承担法律责任。如果由于乙方逾期交货或所交货物产生质量问题，或因知识产权纠纷而引起外商索赔，则由乙方负全部责任，乙方必须无条件接受索赔结果并支付赔偿金。

6.3　乙方在交货的同时必须提供完整、准确的交货单、装箱单、厂检证或换证凭单、出口包装证明等必备单据，并给予甲方合理的时间制作出口单证，安排托运。乙方需承担由于资料错误引起的后果。

6.4　乙方同意以_____方式由甲方向外商收汇，在售货确认书中订明，如非甲方的过错，甲方不承担收汇的风险。

6.5　乙方应在交货后_____天内向甲方提供增值税发票，税收专用缴款书等必备单据，供甲方办理退税手续，退税所得金额由甲方划交乙方。

6.6　当外商提出索赔时，甲方应及时向乙方转交外商提出的索赔函电复印件及有关证件，乙方收到后应及时弄清情况，通过甲方对外理赔，甲方应及时向乙方通报对外理赔情况。由于乙方的责任，未能及时对外理赔，乙方除承担对外商的一切经济、法律责任外，还应负责赔偿甲方所受到的一切损失。

6.7　发生对外理赔或索赔时，乙方应及时书面委托甲方处理，向甲方提供有效证据及预支有关费用，并承担理赔或索赔的后果。

6.8　乙方违反本协议书时，应偿付甲方代垫的费用及利息，支付代理手续费及售货确认书总价_____％的违约金，并承担甲方因此对外承担的责任。

七、因不可抗力事件导致本协议书不能部分或全部履行，当事方必须在事发1周内通知对方，并在_____天内向对方送交有关机构的书面证明，及时协商处理未尽事宜，逾期视作违约。

（续上）

> 八、双方在执行本协议书过程中如遇争议,应协商解决,如协商无效,任何一方都可
> 向中国国际经济贸易仲裁委员会上海分会仲裁,或甲方所在地人民法院起诉。
>
> 九、本协议书正本一式两份,经双方签字盖章后生效。
>
> 甲方(盖章):　　　　　　　　　乙方(盖章):
> 日期:　　　　　　　　　　　　　日期:
> 地点:　　　　　　　　　　　　　地点:

（二）国际货物运输代理

国际货物运输代理是指从事国际货运代理业务的企业,接受进出口货物收货人、发货人、承运人或其代理人的委托,以委托人的名义或以自己名义办理订舱、监装、转运、报检报关、仓储和投保等有关服务,收取代理费或佣金的行为。

1. 当事人

国际货物运输代理业务有三个当事人:一是委托人,可以是出口货物的发货人,也可是进口货物的收货人;二是被委托人,是国际货运代理企业,在代理权限内以代理人的名义与第三人签订合同;三是第三人,是出口货物和进口货物的实际承运人,如航空货物运输公司、海洋货物运输公司、国际物流公司等企业。

2. 代理人的权利与义务

国际货运代理作为代理人的权利有八个方面:一是以委托人名义处理委托事务的权利;二是在委托人授权范围内自主处理委托事务的权利;三是要求委托人提交待运货物和相关运输单证、文件资料的权利;四是要求委托人预付、偿还处理委托事务费用的权利;五是要求委托人支付服务报酬的权利;六是要求委托人承担代理行为后果的权利;七是要求委托人赔偿损失的权利;八是解除委托代理合同的权利。

国际货运代理作为代理人的义务也有八个方面:一是按照委托人的指示处理委托事务的义务;二是亲自处理委托人委托事务的义务;三是按照诚实信用原则办理委托事务的义务;四是向委托人报告委托事务处理情况的义务;五是披露委托人、第三人的义务;六是向委托人转交财产的义务;七是继续处理委托事务的义务;八是协助、保密义务。

 案例分析

> 宁波进出口贸易公司与伟士国际货运公司签订了两轮铝滑板的出口托运协议书。双方约定:收货人为威廉公司,凭威廉公司背书的航空货运单提货;若以其他方式将货物提走由伟士国际货运公司承担赔偿责任。但是,货物到达目的地后,伟士国际货运公司未交付给收货人威廉公司,并导致这批两轮铝滑板货物的失踪。为此,宁波进出口贸易公司向海事法院起诉,要求伟士国际货运公司给予赔偿。
>
> 请分析,宁波进出口贸易公司的诉求是否合理,为什么?

3. 国际货运代理协议

国际货运代理协议因不同的运输方式,其具体内容也不尽相同。但是,就其一般共性而言,国际货运代理协议主要包括七个方面的内容:一是当事人的相关信息;二是托运货物的名称及数量;三是当事人的权利与义务;四是运费及支付方式;五是不抗力条款;六是仲裁条款;七是协议的法律效力等。

样例4-2是国际航空出口货运代理协议的实例。

 样例 4-2

国际航空出口货运代理协议　　　协议编号:

签订日期:

甲方:　　　　　　　　　　乙方:

双方就国际航空出口货运代理运输事宜,_____签订如下协议。

一、乙方接受甲方的委托,代为办理国际航空货物出口运输事务。乙方将作为甲方的代理人向航空公司订舱,并将承运人的《航空货运单》递交给甲方,或作为承运人的代理人签发《航空货运单》。

二、根据甲方要求,乙方将作为其代理人代为安排上门提货,办理相关报检报关等事宜。

三、甲方将就每票货物的出运以书面形式(含电子邮件等电子方式)向乙方提交《国际航空货物出口运输代理委托书》(以下简称"委托书"),并加盖有效印鉴。甲方未提交有效委托书的,不影响委托的成立。

四、甲方保证所提供文件的真实性、完整性、有效性和合法性。

五、甲方将货物交付乙方及其代理人,或接受乙方签发的《航空货运单》,认为甲方已向乙方发出相应委托,双方已按《航空货运单》的内容确立了货运代理合同关系。

六、甲方要求变更或撤销委托事项的,应采用书面形式并得到乙方认可,甲方应承担相应的费用及因此对乙方造成的损失。

七、甲方将根据乙方的要求将货物送至乙方仓库或指定的地点,或通知乙方安排上门提货。

八、甲方提交的货物表面状况不良的,乙方可以不予接收和付运。甲方将承担因货物不能付运对乙方造成的损失。

九、甲方不应在托运货物中夹带易燃、易爆等物品及禁止出口的物品,乙方不受理危险品、贵重物品、尸体、骨灰、活动物等的运输,其他有特殊要求货物的运输,按照航空公司的规定办理。

十、除双方另有确认外,双方对有关事项的最终确认结果以《航空货运单》中载明的内容为准。

十一、运杂费的标准,除另有约定外,以附件为准。

（续上）

十二、甲方已将货物交付乙方或实际承运人，或接受乙方签发或递交的《航空货运单》的，认为甲方接受了乙方此前的报价。

十三、甲方认可乙方有权按双方约定的费用标准向其收取运费和其他相关费用，而无论乙方是否已就该票运输向承运人支付运费及相关费用。其他实际发生的费用，乙方将向甲方按实收取。

十四、对于"运费到付"的运输，如收货人届时不付运费的，甲方将承担该批货物的运杂费用和处置费用。

十五、如以外汇结算，应以乙方开具发票日当月第一个工作日国家公布外汇牌价的该币种与人民币汇率的中间价作为结算汇率。

十六、甲方将在相关《航空货运》签发之日起＿＿＿＿＿＿天内将相应款项支付给乙方。甲方逾期付款的，将按每天千分之三的比例向乙方支付逾期付款违约金。

十七、发生索赔的，甲方应及时通知乙方，由乙方代理或协助甲方向实际承运人提起。与本协议有关的所有索赔应按《民用航空法》的规定处理。

十八、由于航空公司，机场原因造成货物的不正常运输，包括航班延误、航班取消、临时拉下、中转站拉卸、错卸、漏装、有单无货或有货无单等，乙方不予负责，但应敦促航空公司采取相应补救措施。

十九、与本协议有关的诉讼，应向空运出口始发机场所在地的法院提起。

二十、本协议一式两份，具有同等法律效力，自双方盖章之日起生效，有效期至＿＿＿＿＿＿年＿＿＿月＿＿＿日止。

甲方付款美金账号：   乙方收款美金账号：

甲方付款人民币账号：   乙方收款人民币账号：

甲方授权使用的订舱章（样章）   业务章

甲方公章   乙方公章

甲方法人代表签字：   乙方法人代表签字：

        年 月 日   年 月 日

（三）其他商事代理的形式

1. 国际商务总代理

国际商务总代理是委托人在指定地区的全权代表，由其代表委托人从事一般商务活动和某些非商务性的事务。总代理人根据总代理合同的约定取得在一定范围内的总代理权，总代理人有权代理从事国际销售活动，也有权委托其他代理人即分代理人进行相应的国际销售活动。总代理人和分代理人都是以自己的名义签订合同，进行国际销售活动，其都属于间接代理。

样例4-3是国际商务总代理协议书的实例。

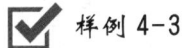 样例 4-3

国际商务总代理协议书 协议编号：

委托方： 总代理方：
地址： 地址：
电话： 电话：

第一条 总则

1. 委托方与总代理方（被委托方）在平等、互利、自愿的原则上达成总代理协议，共同信守。

2. 委托人指定的总代理人系独家全权代表，委托人授权其代表可根据协议所列的条款和条件，与卖方洽谈有关事项。

第二条 总代理

2.1 委托人指定其总代理人，系为独家全权总代理，代表委托人与卖方洽谈引进该项技术应付的价款及有关条件，并代表委托人联系有关事项。总代理人愿意接受此委托。

2.2 在协议有效期内，委托人不得指定其他任何人为其代理人洽谈引进该项技术的价格及有关条件，或代表委托人联系有关任何事项。

2.3 根据协议总代理人作为委托的独家全权代理，代表委托人洽谈本许可证的协议为引进该项目，一旦成交，予以承认并生效。

第三条 总代理人的职责

3.1 努力与卖方洽谈，取得最好的价格及最优惠的条款和条件，便于委托人获得该项技术的转让。

3.2 总代理人与卖方洽谈中若出现任何争议，应立刻向委托人提供有关详情，并就此事与委托人磋商。

3.3 应采取确实有效的办法为委托人取得该项技术。

3.4 未经委托人书面同意，总代理人不得以委托人的信用作担保，不得泄任何从委托人处获得的信息资料。

第四条 委托人的职责

4.1 代理人当代表其委托人与卖方商定价格、条款和条件时，委托人须立即向总代理人给予指示。

4.2 委托人应及时满足代理人的要求，向总代理人提供有关业务所需的信息，便于总代理人与卖方洽商转让和获得该项技术。

第五条 佣金

5.1 委托人同意支付给总代理人价格总金额的百分之_____的佣金。

第六条 争议的解决

6.1 在执行本协议中所发生的或与本协议有关的一切争执，应先由委托人和总代理人友好协商解决。

（续上）

6.2　若协商不能解决，在_____国仲裁委员会根据该委仲裁程序仲裁。

6.3　仲裁裁决是终局的，对委托人和总代理人都有约束力，仲裁费由败诉方负担。

第七条　本协议以英文和中文两种文字均为正式文本，具有同等法律效力。

第八条　凡有关本协议的通知须以文字为准，可采用电报等电子方式按对方地址寄发对方。

本协议于_____年___月___日在_____签署。

委托人：　　　　　　　　　　　　总代理人：

代表签字：　　　　　　　　　　　代表签字：

签订日期：　　　　　　　　　　　签订日期：

2. 国际商务独家代理

国际商务独家代理是在指定地区和期限内单独代表委托人行事，从事代理协议中规定的有关业务的代理人。委托人在该地区内，不得委托其他代理人。在出口业务中采用独家代理的方式，委托人须给予代理人在特定地区和一定期限内代销指定商品的独家专营权。

样例 4-4 是独家销售代理协议的实例。

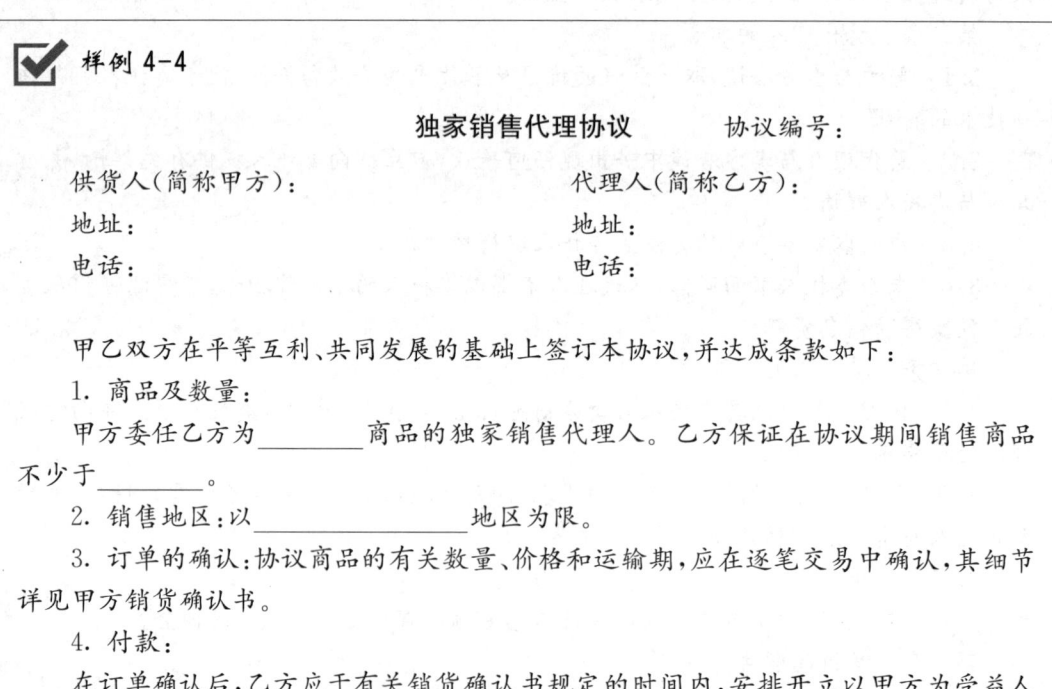

样例 4-4

独家销售代理协议　　　　协议编号：

供货人（简称甲方）：　　　　　　　代理人（简称乙方）：

地址：　　　　　　　　　　　　　　地址：

电话：　　　　　　　　　　　　　　电话：

甲乙双方在平等互利、共同发展的基础上签订本协议，并达成条款如下：

1. 商品及数量：

甲方委任乙方为_____商品的独家销售代理人。乙方保证在协议期间销售商品不少于_____。

2. 销售地区：以_____地区为限。

3. 订单的确认：协议商品的有关数量、价格和运输期，应在逐笔交易中确认，其细节详见甲方销货确认书。

4. 付款：

在订单确认后，乙方应于有关销货确认书规定的时间内，安排开立以甲方为受益人的、百分之百金额的、不可撤销的即期信用证，并于开证后立即通知甲方以便由方准备装运。

（续上）

5. 佣金：甲方于收妥货款后，按每批货物发票价值的百分之_____向乙方汇付佣金。

6. 市场情况报告：乙方有义务每3个月向甲方寄送一次详细的报告，反映当地的市场情况和消费者意见。乙方还应随时将其他供货人所报同样商品的样品，连同其价格、销售情况、广告资料等寄给甲方参考。

7. 广告宣传费用：乙方应负担协议期间在上述地区的一切广告宣传费用。所有用作广告宣传的和必须送交甲方取得事前同意。

8. 仲裁：凡因本合同或与本合同有关的一切争议，应通过双方协商解决。如协商不成，应提交中国国际经济贸易仲裁委员，按其仲裁规则在深圳进行仲裁。仲裁裁决是终局的，对双方均有约束力。

9. 协议有效期：本协议经有关双方签字后保持有效_____年，从_____年____月____日起至_____年____月____日止，如果一方需要，延长协议必须在满期前一个月书面通知另一方。如果一方未能履行协议条款，另一方有权终止本协议。

甲方（盖章）：　　　　　　　　乙方（盖章）：
日　期：　　　　　　　　　　　日　期：
地　点：　　　　　　　　　　　地　点：

 **案例思考**

国际商事代理争议案——契约精神

【案例简介】

某年3月1日，香港远东有限公司与意大利MDN公司签订了女士服装销售合同，总金额为243 694.30美元，货款的90％为信用证、见票后15天付款，其余10％为电汇、提单日后30天付款。3月2日，香港远东有限公司委托苏州针织服饰有限公司加工生产出口女式服装，双方签订了服装加工合同。3月15日，香港远东有限公司委托上海服装贸易有限公司办理从上海口岸出口至意大利的报检报关手续以及向意大利MDN公司代收货款的业务。3月26日，香港远东有限公司向意大利MDN公司出具了以上海服装贸易有限公司为受益人的形式发票。4月26日，意大利MDN公司根据香港远东有限公司的指示向上海服装贸易有限公司开立了金额为219 324.87美元的信用证，用于支付90％的货款。4月26日至8月8日，香港远东有限公司通过上海服装贸易有限公司按约定的时间交付销售合同规定的女士服装。为此，上海服装贸易有限公司代理香港远东有限公司收取了信用证项下的90％货款。11月7日，意大利MDN公司向上海服装贸易有限公司电汇了23 972.98美元的10％尾款。之后，香港远东有限公司要求上海服装贸易有限公司结算代理费用，返还扣除代理费后的全部剩余货款，上海服

（续上）

装贸易有限公司以香港远东有限公司与苏州针织服饰有限公司之间有未了争议为由,予以拒绝。于是,香港远东有限公司向属地中级人民法院起诉上海服装贸易有限公司,要求被告支付扣除代理费用后的货款。法院经查实做出判决,认为原告未能证明其与被告之间存在委托合同关系,故对其诉讼请求不予支持。

【案例启示】

本案争议的焦点是原告与被告之间是否存在委托合同关系,电商原告未能提供证明材料,最终未得到法院的支持。因此,在国际商事代理业务中,双方当事人应当订立代理合同,要具有契约的精神。契约精神是商品经济社会中契约关系的准则,是基于平等基础上的磋商、合理的对价,诚信的订约和守信的履约,这也是社会主义核心价值观"自由、平等"在商务合同中的具体体现。

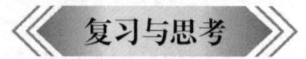

复习与思考

一、单项选择题

1. 下列各项中,属于国际商会制定的是（　　　）。

A.《国际货物销售代理公约》　　　　　　B.《国际货物销售代理公约》

C.《国际保付代理公约》　　　　　　　　D.《国际贸易代理合同范本》

2. 代理人在代理授权的范围内,以被代理人的名义与第三人从事法律行为属于（　　　）。

A. 直接代理　　　　B. 间接代理　　　　C. 无权代理　　　　D. 表见代理

3. 下列各项中,属于间接代理的是（　　　）。

A. 代理人在代理授权的范围内,以被代理人的名义与第三人从事法律行为

B. 在合同中公开被代理人姓名的代理行为

C. 代理人以自己的名义,为了被代理人的利益而与第三人从事法律行为

D. 代理人在与第三人订立合同时,表明自己是代理人,但不披露被代理人的姓名

4. 代理人在与第三人订立合同时,表明自己是代理人,但不披露被代理人的姓名的代理是（　　　）。

A. 显名代理　　　　B. 未披露代理　　　　C. 间接代理　　　　D. 隐名代理

5. 在一方当事人虽然没有得到另一方当事人关于采取某种行为的明示授权,但由于客观情况的需要应视为具有此种授权的代理是（　　　）。

A. 客观必需的代理　　　　　　　　B. 不容否认的代理

C. 默示代理　　　　　　　　　　　D. 追认代理

6. 下列关于国际商务总代理的规定中,错误的是（　　　）。

A. 国际商务总代理是委托人在指定地区的全权代表,由其代表委托人从事一般商务活动和某些非商务性的事务

B. 总代理人根据总代理合同的约定取得在一定范围内的总代理权

C. 总代理人有权代理从事国际销售活动

D. 国际商务总代理是在指定地区和期限内单独代表委托人行事,从事代理协议中规定的有关业务的代理人

7. 下列各项中,不属于国际货运代理人的权利的是(　　)。

A. 以委托人名义处理委托事务的权利

B. 在委托人授权范围内自主处理委托事务的权利

C. 要求委托人提交待运货物和相关运输单证、文件资料的权利

D. 亲自处理委托人委托事务的义务

8. 我国《民法典》(　　)规定了代理的基本特征、适用范围、基本分类等内容。

A. 第 151 条至第 160 条 　　　　　　B. 第 161 条至第 175 条

C. 第 176 条至第 186 条 　　　　　　D. 第 187 条至第 200 条

二、多项选择题

1. 下列各项中,属于国际组织制定的规范国际商事代理行为的公约有(　　)。

A.《代理法律适用公约》 　　　　　　B.《国际货物销售代理公约》

C.《国际保付代理公约》 　　　　　　D.《国际货物销售代理公约》

2. 下列各项中,不能适用于《代理法律适用公约》的代理包括(　　)。

A. 继承法上的法定代理 　　　　　　B. 司法机关决定的代理

C. 国际货物运输的代理 　　　　　　D. 与司法性质的程序有关的代理

3. 下列各项中,属于商事代理行为的有(　　)。

A. 代理买卖 　　　　　　　　　　　B. 代理公司登记事项

C. 代理商标注册 　　　　　　　　　D. 代理保险

4. 国际商事代理的类型包括(　　)。

A. 外贸代理 　　　　　　　　　　　B. 国际货物运输代理

C. 国际商务总代理 　　　　　　　　D. 国际商务独家代理

5. 依据代理权利效力的不同,代理行为可分为(　　)。

A. 无权代理 　　　B. 表见代理 　　　C. 直接代理 　　　D. 间接代理

6. 外贸代理委托人的权利义务有(　　)。

A. 委托人应依法律法规规定,办理委托进口或出口商品的有关报批手续

B. 经受托人同意,委托人可参加对外谈判

C. 委托人不得自行与外商变更或修改进出口合同

D. 委托人有义务按照委托协议的规定,向受托人支付约定的手续费

7. 国际货运代理作为代理人的权利有(　　)。

A. 以委托人名义处理委托事务的权利

B. 在委托人授权范围内自主处理委托事务的权利

C. 要求委托人提交待运货物和相关运输单证、文件资料的权利

D. 按照委托人的指示处理委托事务的义务

8. 下列关于国际商务独家代理的说法中,正确的有(　　)。

A. 独家代理是委托人在指定地区的全权代表,由其代表委托人从事一般商务活动和某

些非商务性的事务

B. 独家代理是在指定地区和期限内单独代表委托人行事,从事代理协议中规定的有关业务的代理人

C. 独家代理委托人在该地区内,不得委托其他代理人

D. 委托人须给予代理人在特定地区和一定期限内代销指定商品的独家专营权

三、判断题

1. 为了解决日益冲突的代理法律关系,1978 年 3 月 14 日,海牙国际私法会议通过了国际私法统一协会制定的《国际货物销售代理公约》,并从 1992 年 5 月 1 日起实施。（　）

2. 为了提供国外代理协议的统一规则,国际商会吸取了在国际贸易中代理的通常做法和各国代理法所承认的基本原则,制定了《国际贸易代理合同范本》。（　）

3. 国际商事代理的代理商既可在委托协议中显示自己的姓名,也可不显示被代理人姓名,还可以自己的名义从事代理。（　）

4. 在法律上,代理人在被代理人授权范围内的所为被视为被代理人的行为,由此产生的权利与义务直接由代理人承担。（　）

5. 无权代理是指无权代理行为人虽然没有代理权,但善意的第三人有充分理由相信该行为人具有代理权,并与其订立了合同,其权利与义务由被代理人承担的代理。（　）

6. 追认代理是指代理人未经授权或超出了授权范围而以被代理人的名义实施的代理。被代理人可以在事后批准或承认这个合同的行为。（　）

7. 如果代理人因为执行被代理人的指示超出代理范围之外的事务而支出的费用或遭到损失的,无权要求被代理人予以支付或赔偿。（　）

8.《对外贸易法》对外贸易经营者可以接受他人的委托,在交易范围内代为办理对外贸易业务。（　）

9. 国际货物运输代理是指从事国际货运代理业务的企业,接受进出口货物收货人、发货人、承运人或其代理人的委托,以委托人的名义或以自己名义办理订舱、监装、转运、报检报关、仓储和投保等有关服务,收取代理费或佣金的行为。（　）

10. 国际商务总代理中总代理人和分代理人都是以自己的名义签订合同,进行国际销售活动,其都属于直接代理。（　）

四、简答题

1. 国际商事代理的特征有哪些?

2. 代理人的义务有哪些?

3. 被代理人的义务有哪些?

4. 代理关系终止后的法律后果有哪些?

五、案例分析题

德国某商人根据当地市场销售情况,建议德国 FK 公司生产一种玩具,条件是要求作为销售该货物的独家代理人,FK 公司同意并签立合同。后来,FK 公司与当地某一公司直接签订订货合同,没有经过代理人,该商人向 FK 公司索要佣金,FK 公司以合同没有通过代理人为由,拒不支付佣金。

请分析,FK 公司是否要给代理商佣金? 为什么?

第五章　国际贸易知识产权法律制度

 学习目标

◆ 了解国际组织和我国颁布的关于国际贸易知识产权法律制度的基本概况。

◆ 熟悉国际贸易知识产权相关法律对商标权、专利权和著作权的基本内容。

◆ 明确学习国际贸易知识产权法律制度维护与促进全球经济发展的积极作用。

◆ 具备应用国际贸易知识产权法律知识的基本应用能力。

本 章 概 要

本章包括四部分内容:第一部分为国际贸易知识产权法律制度概况,介绍了《保护工业产权巴黎公约》(以下简称《巴黎公约》)、《商标国际注册马德里协定》(以下简称《马德里协定》)、《商标国际注册马德里协定有关议定书》(以下简称《马德里议定书》)、《专利合作条约》(以下简称《PCT》)、《保护文字和艺术作品伯尔尼公约》(以下简称《伯尔尼公约》)、《保护演唱者、唱片制作者和广播组织的国际公约》(以下简称《罗马公约》)、《保护录音制品制作者防止未经许可复制其录音制品公约》(以下简称《录音制品公约》)、《与贸易有关的知识产权协定》(以下简称《知识产权协定》)、《世界版权公约》《中华人民共和国商标法》(以下简称《商标法》)、《中华人民共和国专利法》(以下简称《专利法》)、《中华人民共和国著作权法》(以下简称《著作权法》)的签订或颁布以及其框架和主要内容;第二部分为商标权,介绍了商标的分类、注册、有效期、消灭和商标权的保护及侵权法律责任;第三部分为专利权,介绍了专利权的申请人和授予专利权的条件、原则、申请、保护以及侵权法律责任;第四部分为著作权,介绍了著作权人和著作权的许可使用、转让和侵权法律责任。

第一节　国际贸易知识产权法律制度概况

知识产权是指公民或法人对其在科学、技术、文化、艺术等领域的商标、专利和作品依法享有的专有权。知识产权分为工业产权和著作权两个部分:工业产权包括商标权和专利权;著作权包括作者权和传播权。为了保护知识产品,建立知识产品的保护体系,明确侵权的法律责任,国际组织和各国都先后通过或制定了相关的公约、协定、议定书和法律,主要包括《巴黎公约》《马德里协定》《马德里议定书》《PCT》《伯尔尼公约》《罗马公约》《录音制品公约》《知识产权协定》《世界版权公约》和我国《商标法》《专利法》《著作权法》等。

我国知识产权法律规定,中华人民共和国缔结或者参加的国际条约同我国相关法律有不同规定的,适用国际条约的规定,但中华人民共和国声明保留的条款除外。中华人民共和国法律和中华人民共和国缔结或者参加的国际条约没有规定的,可以适用国际惯例。

一、工业产权的公约、协定、议定书和法律

(一) 世界知识产权组织关于工业产权的公约、协定和议定书

1.《巴黎公约》

《巴黎公约》于 1883 年 3 月 20 日在巴黎签订,并于 1884 年 7 月 7 日生效。该公约之后经过八次次修订,现行版是于 1883 年 3 月 20 日在巴黎修订的,从 1884 年 7 月 7 日起生效。1985 年 3 月 19 日中国加入该公约,但是声明中华人民共和国不受该公约第二十八条第一款的约束。截至 2017 年 5 月 14 日,该公约缔约方总数已经达到 177 个国家。

《巴黎公约》分为三个部分,共计三十条:第一部分为实质性条款(第一条至第十二条),主要是关于工业产权的范围、国民待遇、专利、商标等相关内容的规定;第二部分为行政性条款(第十三条至第十七条),主要是关于联盟大会、执行委员会、国际局和财务等内容的相关规定;第三部分为最后条款(从第十八条至第三十条),主要是关于成员国的加入、批准、退出及接纳新成员国等内容的相关规定。

2.《马德里协定》

为了进一步实现工业产权的国际保护,简化商标国际注册手续,促进商标注册国际合作,阿尔巴尼亚、阿尔及利亚、亚美尼亚等 53 个国家于 1891 年 4 月 14 日在马德里签订了《马德里协定》,从 1892 年 7 月起生效。之后该协定经过六次修订,现行版是于 2001 年 10 月 3 日修订的,并于颁布日起实施。1989 年 10 月 4 日,中国加入该协定,但是做出两点声明:一是通过国际注册取得的保护,只有经商标所有人专门申请时,才能扩大到中国;二是第十四条第二款第四项仅适用于中国加入生效之后注册的商标。截至 2015 年 6 月,该协定共有 93 个成员国。

《马德里协定》的内容分为三个部分,共计十八条:第一部分为实质性条款(第一条至第九条),主要是关于申请国际注册的内容、效力、有效期、国家和国际收费等内容;第二部分为行政性条款(第十条至第十二条),主要是关于同盟大会、国际局和财务等内容的相关规定;第三部分为最后条款(第十三条至第十八条),主要是关于成员国的加入、批准、退约、签字、语言、保存职责和过度规定等内容。

3.《马德里议定书》

为了进一步扩大商标国际注册范围,在世界知识产权组织主持下,《马德里议定书》于1989年6月27日在马德里签订。1995年12月1日,中国加入该议定书,但是做出与加入《马德里协定》同样的两点声明。截至2018年6月,该议定书共有101个成员国。

《马德里议定书》分为三个部分,共计十八条:第一部分为实质性条款(第一条至第九条),主要是关于马德里联盟、国际注册的保护、申请、效力、有效期、续展、注册费和变更登记;第二部分为行政性条款(第十条至第十三条),主要是关于同盟大会、国际局和财务等内容的相关规定;第三部分为最后条款(第十四条至第十八条),主要是关于退约、签字、语言、保存职责和过度规定等内容。

4.《PCT》

为了建立国际专利申请的体系,美国、法国、西德、日本、苏联、英国在1967年完成了《PCT》的草案,并于1970年8月在华盛顿举行的外交会议上通过,从1978年6月1日起实施。之后该条约经过了三次修订,现行版是于2001年10月3日修订的,从颁布日起实施。1994年1月1日,中国加入该条约,中国专利局成为该条约国际专利申请受理局、国际检索单位和初步审查单位,中文成为申请的工作语言之一。截至2017年3月,该条约共有152个成员国。

《PCT》的内容分为两个部分,共计五十二条:第一部分为序言(第一条和第二条),主要是关于国际专利合作联盟的建立及相关定义。第二部分为实质性条款,分为四章,第一章为国际申请和国际检索(第三条至第三十条),主要是关于国际申请、请求书、说明书、权利要求书、要求优先权、申请人、受理局以及国际检索单位、国际检索单位的程序和国际检索报告等内容的相关规定;第二章为国际初步审查(第三十一条至第四十二条),主要是关于国际初步审查单位、国际初步审查单位的程序、国际初步审查报告、国际初步审查的保密性和国家审查的结果等内容的相关规定;第三章为共同规定(第四十三条至第四十九条),主要关于寻求某些种类的保护、寻求两种保护、地区专利条约、国际申请的不正确译文、期限和在国际单位执行业务的权利等内容的相关规定;第四章为技术服务(第五十条至第五十二条),主要关于专利信息服务和技术援助内容的相关规定。

(二) 中国工业产权法律体系

1.《商标法》

为了保护商标专用权,保障消费者和生产、经营者的利益,促进社会主义市场经济的发展,1982年8月23日召开的第五届全国人民代表大会常务委员会第二十次会议通过了《商标法》。之后该法经过三次修订,当前版本是在2015年12月27日第十二届全国人大第四次会议通过的修订版。

《商标法》分为八章,共计七十三条:第一章为总则;第二章为商标注册的申请;第三章为商标注册的审查和核准;第四章为注册商标的续展、变更、转让和使用许可;第五章为注册商标的无效宣告;第六章为商标使用的管理;第七章为注册商标专用权的保护;第八章为附则。其主要内容有五个方面:一是对商标的相关概念进行了界定,对商标禁用范围予以规定;二是对商标申请注册的要求、程序、登记和消灭等方面进行了规定;三是对商标注册的有效期、续展、转让和使用许可等方面进行了规定;四是对商标权的保护等方面进行了规定;五是对商标侵权及法律责任等方面进行了规定。

2.《专利法》

为了保护专利权人的合法权益,推动发明创造的应用,提高创新能力,促进科学技术进步和经济社会发展,1984 年 3 月 12 日,第七届全国人民代表大会常务委员会第二十七次会议通过了《专利法》。之后,该法经过了三次修订,当前版本为 2008 年 3 月 16 日第十一届全国人大第六次会议通过的修订版,自 2009 年 10 月 1 日起施行。

《专利法》分为八章,共计七十六条:第一章为总则;第二章为授予专利权的条件;第三章为专利的申请;第四章为专利申请的审查和批准;第五章为专利权的期限、终止和无效;第六章为专利实施的强制许可;第七章为专利权的保护;第八章为附则。其主要内容有四个方面:一是对发明、专利权和专利申请人等相关术语进行了界定;二是对授予专利权的条件和原则等方面进行了规定;三是对专利权的申请、审查批准和期限等方面进行了规定;四是对专利实施的强制许可和专利权的保护等方面进行了规定。

二、著作权的公约、协定和法律

(一) 世界知识产权组织关于著作权的公约和协定

1.《伯尔尼公约》

《伯尔尼公约》是世界上第一个国际版权公约,于 1886 年 9 月 9 日在瑞士伯尔尼举行的大会上予以通过,同年 12 月生效。之后该公约经过两次补充和五次修订,现行版是于 1971 年 7 月 24 日在巴黎修订的。1992 年 10 月 15 日,中国加入该公约。截至 2018 年 6 月 2 日,该公约缔约方总数已经达到 176 个国家和地区。

《伯尔尼公约》分为三个部分,共计三十八条:第一部分为实质性条款(第一条至第二十一条),主要是关于公约适用的范围、保护的原则、范围、主体、权利、期限以及发展中国家出于教育和科学研究需要发放翻译或复制有版权作品的强制许可证;第二部分为行政性条款(第二十二条至第二十五条),主要是关于联盟大会、执行委员会、国际局和财务等内容的相关规定;第三部分为最后条款(第二十六条至第三十八条),主要是关于成员国的加入、批准、退约、签字、语言等内容。

2.《罗马公约》

《罗马公约》于 1961 年 10 月 26 日在罗马签订,并于同日起生效。截至 2016 年 2 月,该公约有 92 个缔约国。

《罗马公约》的内容分为三个部分,共计三十四条:第一部分为实质性条款(第一条至第十五条),主要是对相关名词进行界定,规定享有国民待遇的条件、侵权的行为、保护的范围和许可证等内容;第二部分为行政性条款(第十六条至第二十二条),主要是关于反致的排除、公共秩序、无追溯效力、与其他公约的关系等内容;第三部分为最后条款(第二十三条至第三十四条),主要是关于成员国的加入、批准、生效等内容。

3.《录音制品公约》

由于复制技术的不断发展,对录音制品制作者权利的保护不够有力,在世界知识产权组织主持下,《录音制品公约》于 1971 年 10 月 29 日在日内瓦签订。1992 年 11 月 7 日,中国加入该公约。截至 2004 年 1 月,该公约共有 72 个成员国。

《录音制品公约》的内容分为三个部分,共计十三条:第一部分为实质性条款(第一条至第七条),主要是对相关名词进行界定,规定保护录音制品制作者权的范围、形式和时间和许可证等内容;第二部分为行政性条款(第八条和第九条),主要规定国际局的职能和公约的交存等内容;第三部分为最后条款(第十条至第十三条),主要是关于成员国的加入、批准、签字和语言等内容。

4.《知识产权协定》

《知识产权协定》是当前世界范围内知识产权保护领域中涉及面广、保护力度大、制约力强的一个国际公约,在 1994 年 4 月 15 日摩洛哥召开的乌拉圭回合谈判成员国部长级会议上予以签署,从 1995 年 1 月 1 日起生效。

《知识产权协定》分为七个部分,共计七十三条:第一部分为总条款与基本原则(第一条至第八条),主要是关于成员国的义务、知识产权公约、最惠国待遇、知识产权的保护目标和原则的内容的规定;第二部分为有关知识产权的效力、范围及利用的标准(第九条至第四十条),主要是关于版权和相关权利、商标、地理标识、工业设计、专利、集成电路布图设计、对未披露信息的保护、对协议许可中限制竞争行为的控制的内容的规定;第三部分为知识产权执法(第四十一条至第六十一条),主要是关于一般义务、民事和行政程序及救济、临时措施、边境措施相关的特殊要求、刑事程序的内容的规定;第四部分为知识产权的获得与维持及关当事人之间的程序(第六十二条);第五部分为争端的防止与解决(第六十三条和第六十四条);第六部分为过渡性安排(第六十五条至第六十七条);第七部分为机构安排与最后条款(第六十八条至第七十三条)。

(二)《世界版权公约》

《世界版权公约》是由联合国教科文组织于 1952 年 9 月在日内瓦签订,并从 1955 年 9 月 16 日起生效。之后该公约经过一次修订,现行版是于 1971 年 7 月 24 日修订的,并于同日生效。1992 年 7 月 30 日,中国加入该公约。

《世界版权公约》分为三个部分,共计二十一条:第一部分为实质性条款(第一条至第七条),主要是关于版权的保护的范围、时间、条件和许可证等相关规定;第二部分为行政性条款(第八条至第十五条),主要是关于政府间委员会的设立及其职责等内容;第三部分为最后条款(第十六条至第二十一条),主要是关于成员国的加入与生效原则,以及签字和保存职责等内容。

(三)《著作权法》

为保护文学、艺术和科学作品作者的著作权,以及与著作权有关的权益,促进社会主义文化和科学事业的发展与繁荣,1990 年 9 月 7 日召开的第七届全国人民代表大会常务委员会第十五次会议通过了《著作权法》。之后该法经过了两次修订,当前版本为 2010 年 2 月 26 日第十一届全国人大第十三次会议通过的修订版,自 2010 年 4 月 1 日起施行。

《著作权法》分为六章,共计六十一条:第一章为总则;第二章为著作权;第三章为著作权许可使用和转让合同;第四章为出版、表演、录音录像、播放;第五章为法律责任和执法措施;第六章为附则。其主要内容有六个方面:一是著作权人及其权利;二是权利的保护期;三是权利的限制;四是著作权许可使用和转让合同;五是出版、表演、录音录像、播放;六是法律责任和执法措施。

第二节　商　标　权

在国际贸易和跨境电商活动中,为了区别于其他经营者的商品或服务,当事人通常要使用一种特殊的标记商标进行标识。按照《巴黎公约》《马德里议定书》和各国商标法的规定,商标进行注册登记,商标权所有人方可获得商标权,并依法受到法律的保护。

一、商标概述

（一）商标的含义

商标是由文字、图形、字母、数字、颜色、商品独特的包装形状、多维标志、声音等要素及其组合构成的标志。《马德里议定书》第 15 条第一款规定："任何标记或标记的组合，只要能够将一企业的货物和服务区别于其他企业的货物或服务，即能够构成商标。"我国《商标法》第九条规定，商标应当有显著特征，便于识别，并不得与他人在先取得的合法权利相冲突规定。

（二）商标的禁用

《巴黎公约》和我国《商标法》对商标的禁用标志和内容规定如下。

1. 商标禁用标志

1）我国国家名称及国家标志

商标不得使用与中华人民共和国的国家名称、国旗、国徽、国歌、军旗、军徽、军歌、勋章相同或近似，以及同中央国家机关的名称、标志、地点名称或标志性建筑物的名称、图形相同的标志。

2）各国国家名称及国家标志

商标不得使用与各国的国家名称、国旗、国徽、军旗相同或近似的标志，但经该国政府同意的除外。

3）政府间国际组织名称及标志

商标不得使用与政府间国际组织的名称、旗帜、徽记等相同或近似的标志，但经该组织同意或者不易误导公众的除外。

4）官方标志印记

商标不得使用与表明实施控制、予以保证的官方、检验印记相同或近似的标志。

5）红十字会组织名称及标志

商标不得使用与"红十字"和"红新月"的标志，以及与名称相同或近似的文字。

6）不良影响的标志

商标不得使用带有民族歧视性的、带有欺骗性的、有害于社会主义道德风尚的、容易使公众对商品的质量等特点或产地产生误认的，以及其他不良的标志。

7）地名

商标不得使用县级以上行政区划的地名或公众知晓的外国地名，如"上海""北京"等。但是，地名具有其他含义或作为集体商标、证明商标组成部分的除外，如"赵州雪花梨""南山荔枝"等。

 案例分析

自然人王某在第三方跨境电商平台上开设了一家网店，销售自己编织的手工艺品，向属地商标局申请注册"CQ"商标，意为"色商"。商标局以其"易产生不良影响"为由，驳回了注册申请。色商的创意来源于情商 EQ、智商 IQ，代表着色彩商数，其英文全称为 color quotient。为此，王某向商标评审委员会、属地知识产权法院进行申诉，被同样理由驳回，于是向属地高院提起上诉。

请分析，王某申请注册"CQ"商标是否会得到法院的支持？为什么？

2. 商标禁用内容

商标注册禁用内容包括五个方面：一是本商品的通用名称和图形；二是直接表示商品质量、主要原料、功能、用途、重量、数量及其他特点的文字和图形；三是缺乏显著特征的；四是与在先权利相冲突，如与他人姓名权、肖像权、著作权、外观设计专利权、企业名称、商号权等民事权利相冲突的；五是仅以三维标志申请注册商标的。

（三）商标的分类

《巴黎公约》和我国《商标法》涉及的商标种类如下。

1. 商品商标

商品商标是指以生产企业的名义注册，表示商品的来源，在有形产品上使用的标志。

2. 服务商标

服务商标是指以服务商的名义注册，在提供无形服务过程中使用的标志。

3. 集体商标

集体商标是指以团体、协会或者其他组织名义注册的，供其成员在商事活动中予以使用，用以表明使用者在该组织中的成员资格的标志。

4. 证明商标

证明商标是指由对某种商品具有检测和监督能力的组织所控制，而由其以外的单位或者个人用于商品，以证明该商品原产地、原料、制造方法、质量或者其他特定品质的标志，如绿色商品标志。

5. 驰名商标

驰名商标是指为相关公众广为知晓并享有较高声誉的标志，如宝马汽车。

二、《巴黎公约》的基本原则

《巴黎公约》为协调各成员国关于商标的立法，提出了以下三个基本原则。

（一）国民待遇原则

公约各成员国必须在法律上给予公约其他成员国该国的国民待遇，即使是非成员国的国民，只要其在一个缔约国内拥有住所，或有工商营业所，也应给予其国民待遇。《马德里议定书》第 4 条规定："对于知识产权保护，一成员对任何其他国家国民给予的任何利益、优惠、特权或豁免，应立即无条件地给予所有其他成员的国民。"

（二）优先申请原则

凡在一个缔约国申请注册的商标，可以享受自初次申请之日起 6 个月的优先权，在这期间，如申请人再向其他成员国提出同样的申请，其首次申请的时间视为后来申请的日期。

（三）独立性原则

申请和注册商标的条件由各成员国相关法律决定。商标在某成员国取得注册之后，就独立于原商标，即使原注册国已将该商标予以撤销，或因其未办理续展手续而无效，但都不影响它在其他成员国所受到的保护。

三、国际商标注册的程序

（一）国际商标注册申请的原则

我国《商标法》以商标注册为获得商标专用权的法律依据，谁最先申请注册，谁就获得商标专用权。如果商标使用者已经在商业上使用某一商标,但是未在商标局进行商标注册的,不具有对该商标的专用权。

 案例分析

福特野马跑车系列闻名天下,来到中国之后却举步维艰。四川汽车工业集团有限公司于 1986 年注册了野马商标,后续申请注册了多个野马图形或文字的商标,并于 2015 年将公司更名为"四川野马汽车股份有限公司"。16 年后,福特野马引入我国,成立了福特汽车(中国)有限公司。当用户在网络上搜索野马汽车的时候,出来铺天盖地的是福特野马图片,于是四川野马汽车股份有限公司将福特汽车(中国)有限公司告上法庭,以涉嫌商标侵权向成都市中级人民法院提起诉讼。

请分析,四川野马汽车股份有限公司的起诉是否会得到法院的支持? 为什么?

(二)国际商标注册的程序

国际商标注册是指商标使用人为了取得商标专用权,将其使用或准备使用的商标,依照有关国际公约和本国法律所规定的条件和程序,向知识产权国际局提出注册申请,经其核准后予以注册,获取国际注册证书。

1. 申请人提出国际商标注册申请

1)申请人

《马德里协定》规定,缔约国的国民可以通过原属国的注册当局,向知识产权国际局提出商标注册申请。多个自然人或法人可作为同项国际注册的申请人,但是申请人应均为某缔约国的国民。

2)申请材料

申请人向原属国注册当局提供的材料包括:国际局统一制定的国际商标注册申请表一式两份;商标图样各 1 份;商标注册申请人的身份证明文件等,以颜色组合或者着色图样申请商标注册的,还应提交着色图样 1 份;不指定颜色的,提交黑白图样 1 份。

2. 原属国注册机构进行初审

商标原属国注册机构初审的内容包括:一是国际商标注册项目与本国注册簿中的项目是否相一致;二是注册商标商品是否按照国际分类表的类别号、名称填报;三是原属国申请注册的日期、号码是否注明;四是申请国际注册的日期是否注明。如果上述内容核准无误,由原属国注册机构签字。

3. 国际局审核

国际局先对通过原属国注册机构提交的商标注册申请材料进行审查,申请文件符合规定的给予受理;然后通知有关国家注册机构转告申请人缴纳注册费用。如果分类不正确或者商品和服务名称不正确的,或语言极含混的,或材料不符合规定的,国际局暂缓注册,并通知有关国家注册机构要求申请人在一定时间内完成修订或补齐材料。

4. 国际商标申请注册的登记

国际局收到申请人的缴费后,在国际注册簿上予以注册,在国际局《国际商标》刊物上进行公告,并通过原属国注册机关向注册商标所有人寄送注册证。根据《马德里议定书》的相关规定,国际商标在国际注册簿上注册之日起生效,受到缔约成员国的保护。

三、国际商标注册的有效期、续展、转让和使用许可

（一）注册商标的有效期

《马德里议定书》规定国际局商标注册的有效期为 20 年,我国《商标法》规定注册商标的有效期为 10 年,自核准注册之日起计算。

（二）注册商标的续展

在注册商标有效期满时,权利人需要继续使用,可办理续展。《马德里协定》规定,任何注册均可续展,期限自上一次期限届满时算起为 20 年,并可给予 6 个月的宽展期,但是要收取相应的罚款。我国《商标法》规定,申请续展的时间应当在期满前 12 个月内,在此期间未能提出申请的,同样可以给予 6 个月的宽展期。续展注册的有效期为 10 年,自公告之日起计算。

（三）注册商标的转让

根据《马德里议定书》的相关规定,国际商标只在一个与几个缔约国之间转让,国际局应同样予以登记。除此以外注册商标的转让还有三种情形:一是所有人国家变更引起的国际商标的转让,应当在国际注册簿上注册一个商标,因所有人国家变更转让给一个缔约国的人,国际局应当予以转让,并在刊物上予以公布;二是国际注册未满 5 年的转让,国际局应征得新所有人所属国家注册当局的同意,并公布该商标在该国所注册的日期和号码;三是部分注册国际商标的转让,国际局对部分注册国际商标的转让应在注册簿上给予登记,如果所转让的那部分商品与转让人所保留注册的那部分商品项目类似,缔约成员国不承认其转让的有效性。

根据我国《商标法》的相关规定,注册商标转让应由转让人和受让人签订转让协议,并共同向商标管理机构提出转让申请。转让注册商标经核准后,予以公告。受让人自公告之日起享有商标专用权。

（四）注册商标的使用许可

注册商标的使用许可是权利人的一项重要权利。商标注册人可以通过签订商标使用许可合同,许可他人使用其注册商标。商标使用许可合同应当报商标管理机构备案。

四、商标权的保护

（一）商标权保护的内容

商标权保护内容有六个方面:一是专有权,商标权人依法获准使用注册商标的权利,非经商标权人的许可,他人不能使用;二是禁止权,商标权人依法具有禁止他人伪造、擅自制造注册商标标识或在同一种商品、类似商品上使用与注册商标相同或近似商标的权利;三是转让权,商标权人依法具有将其注册商标转让给他人所有的权利;四是使用许可权,商标权人可以通过签订商标使用许可合同,允许他人使用其注册商标的权利;五是收益权,商标权人在转让或许可他人使用其注册商标时,有权获得一定的报酬;六是续展权,商标权人在注册商标有效期届满时,可在法定期间内申请续展注册。

（二）商标权的保护形式

我国《商标法》对商标专用权实行行政保护和司法保护并行的双轨制。行政保护具有方

便、快捷、高效的特点,大部分商标侵权案件是通过行政执法机关进行处理,给予受损害一方经济赔偿。司法保护是指对商标侵权涉嫌构成犯罪的,由行政执法部门移送司法部门处理的一种商标权的保护形式。

五、商标权的消灭

商标权的消灭有以下四种情形。

(一) 商标权终止

商标权终止是指注册商标专有权人因法定事由的发生而丧失商标权。商标权终止有五种情形:一是注册商标在有效期限届满时,因未办理续展注册而导致注册商标注销;二是商标注册人自动申请注销;三是注册商标因争议被商标评审委员会宣告无效;四是因商标注册不当,被商标评审委员会宣告无效;五是商标注册人因违反商标法规定,被商标局撤销其注册商标。

(二) 商标权撤销

商标权撤销是指商标局对违反商标法的有关规定使用商标的行为而给予撤销的处罚,使原注册商标专用权归于消灭的制度。商标权由于违法使用导致撤销的原因有四个方面:一是因自行改变注册商标的;二是因自行改变注册商标的注册人名义、地址或其他注册事项的;三是因没有正当理由连续 3 年不使用的;四是因注册商标的商品粗制滥造,以次充好,欺骗消费者的。商标局根据不同情形可以撤销该注册商标。

(三) 商标权无效

商标权无效是指对违法取得注册商标的,依法定程序使其归于消灭的制度。商标权无效的原因有七个方面:一是因注册商标属于禁止使用标志或缺乏显著性规定的;二是以欺骗手段或其他不正当手段取得注册的;三是侵犯他人合法在先权利的;四是因注册商标复制、模仿或翻译他人未在中国注册的驰名商标的;五是因注册商标复制、模仿或者翻译他人已经在中国注册的驰名商标,致使该驰名商标注册人的利益可能受到损害;六是因未经授权的代理人以自己名义将被代理人的商标进行注册的;七是因注册商标中有商品的地理标志,而该商品并非来源于该标志所标示的地区,误导公众的。对于注册不当的商标,从商标注册之日起 5 年内,在先权利人或利害关系人可以请求商标评审委员会宣告该注册商标无效。对于恶意注册的商标,驰名商标所有人不受其时间的限制。

 案例分析

某年,美国某自然人申请注册了"JUMEI"商标,对上海聚美电子商务有限公司申请"JUMEI"商标构成了申请障碍,该公司立即委托了某代理公司对该商标进行调查。调查结果显示,该商标权利人在注册时提供了虚假证据,并未在美国实际使用该商标。上海聚美电子商务有限公司以该商标权利人在申请过程中存在不诚信申请行为请求商标评审委员会宣告该商标无效,并提供了调查所搜集到的相关证据文件。

请分析,"JUMEI"商标是否构成了无效的条件?为什么?

(四) 商标注销

商标注销是指注册商标专有权人自动放弃注册商标或商标局依法取消注册商标的制

度。商标注销的原因有三个方面:一是注册商标法定期限届满,未续展和续展未获批准的;二是因商标注册人申请注销而导致的;三是因商标注册人死亡或终止,从死亡或终止之日起1年期满未办理转让手续的。

六、侵权法律责任

(一)商标侵权的情形

我国《商标法》中认定的商标侵权行为有六种情形:一是冒用注册商标,在同一种商品上冒用他人注册商标,并将该商品投入市场的;二是伪造他人注册商标标识或销售擅自制造他人注册商标标识的;三是故意混淆注册商标,在同一种或类似商品上使用与其注册商标近似的商标,容易导致混淆的;四是销售侵犯注册商标专用权商品;五是未经商标注册人同意,更换其注册商标并将该更换商标的商品又投入市场的;六是故意为侵犯他人商标专用权行为提供便利条件,并帮助其实施侵犯权行为的。

 案例分析

扬州美美电子商务有限公司经营朝鲜食品,在众多类别的商品和服务上申请注册了50多件商标,模仿与复制了韩国首尔知名企业的商标。韩国首尔牛奶公司向商标局进行了投诉,提供了该企业商标注册证复印件、获奖报道、广告宣传和促销活动资料以及扬州美美电子商务有限公司模仿与复制商标的证据材料。

请分析,扬州美美电子商务有限公司的行为是否构成了商标侵权行为? 为什么?

(二)侵权责任的承担

1. 民事责任

商标注册人或者利害关系人有证据证明存在侵犯其注册商标专用权的行为时,可以向人民法院起诉可以要求侵权人停止侵害、消除影响及赔偿损失。商标注册人或者利害关系人有证据证明他人正在实施或者即将实施侵犯其注册商标专用权的行为,如不及时制止将会使其合法权益受到难以弥补的损害的,可以依法在起诉前向人民法院申请采取责令停止有关行为和财产保全的措施。侵犯商标专用权的赔偿数额,按照权利人因被侵权所受到的实际损失确定;实际损失难以确定的,可以按照侵权人因侵权所获得的利益确定;权利人的损失或者侵权人获得的利益难以确定的,参照该商标许可使用费的倍数合理确定。对恶意侵犯商标专用权,情节严重的,可以在按照上述方法确定数额的1倍以上3倍以下确定赔偿数额。赔偿数额应当包括权利人为制止侵权行为所支付的合理开支。

2. 行政责任

市场监督管理部门在处理有关注册商标专用权的纠纷时,认定侵权行为成立的,将责令立即停止侵权行为,没收或销毁侵权商品和用于制造侵权商品与伪造注册商标标识的工具,并处罚款。当事人对处理决定不服的,可以自收到处理通知之日起15日内向人民法院提起行政诉讼。

根据我国《商标法》规定,未经注册商标的使用,由地方市场监督管理部门责令其限期申请注册,违法经营额5万元以上的,处以违法经营额20%以下的罚款,没有违法经营额或违法经营额不足 5 万元的,处以 1 万元以下的罚款。如果将未注册商标冒充注册商标使用的,或使用禁止商标内容的,由地方市场监督管理部门予以制止,限期改正,并予以通报,违法经营额 5 万元以上的,处以违法经营额 20% 以下的罚款,没有违法经营额或违法经营额不足 5 万元的,处以 1 万元以下的罚款。

3. 刑事责任

刑事责任有三种情形:一是未经商标注册人许可,在同一种商品上使用与其注册商标相同的商标,构成犯罪的,除赔偿被侵权人损失外,依法追究刑事责任;二是伪造或销售他人注册商标标识构成犯罪的,除赔偿被侵权人的损失外,依法追究刑事责任;三是销售假冒注册商标的商品,构成犯罪的,除赔偿被侵权人损失外,依法追究刑事责任。我国《商标法》规定,商标权人可在起诉前可以向法院申请对侵权人采取责令停止有关行为和财产保全措施,在诉讼中可以要求侵权人停止侵害、消除影响及赔偿损失等。

 案例分析

自然人张某于 2002 年开了一家"添腾汽车配件经营部",取前两个汉字拼音中的首字母"tt"向属地商标局申请注册了商标,并于 2007 年 8 月 14 日获得了商标注册证。2008 年,奥迪 tt 跑车在中国上市,张某委托律师向属地法院起诉,称跨国企业德国奥迪汽车股份公司与奥迪(中国)企业管理有限公司生产的奥迪 tt 跑车侵犯其商标专用权,要求其立即停止在中国境内生产与销售奥迪,并赔偿其经济损失 50 万元。奥迪公司代理人认为,奥迪"tt"跑车于 1998 年在德国上市,2002 年走进中国市场,但一直未申请商标权,直到 2007 年第二代跑车在中国上市后,才开始注册"tt"商标,依据"保护在先权"的原则,其诉请不应被支持。同时,"tt"商标的跑车都是在德国生产后,原装进口到中国的,两个商标不存在任何关联,都具有独立的使用权,尤其是奥迪汽车除使用"tt"标志外,还使用了四个相连的圆环商标,消费者不会对商品的来源产生混淆和误认,不存在侵权。

请分析,张某的请求是否合理?为什么?

第三节 专 利 权

发明创造是人类智慧的结晶,是推动着全球经济发展的原动力。根据《PCT》和各国专利法的规定,发明创造人将其发明创造申请专利注册后,其专有权将依法受到法律的保护。

一、专利概述

专利是指由政府机关或者代表若干国家的区域性组织根据申请而颁发的记载发明创造的内容一种证明。《PCT》和我国《专利法》对专利的类别、内涵和禁止授予专利范围规定如下。

(一)专利的类别

专利根据地域可划分为两类:一是国家专利,是指由一个国家注册机构授予的专利;二是地区专利,是指国际区域性组织授权的,在一个以上国家发生效力的专利。

（二）发明创造的内涵

发明创造包括发明、实用新型和外观设计。发明是指对产品、方法或者其改进所提出的新的技术方案;实用新型是指对产品的形状、构造或者其结合所提出的适于实用的新的技术方案;外观设计是指对产品的形状、图案或者其结合以及色彩与形状、图案的结合所做出的富有美感并适于工业应用的新设计。

（三）禁止授予专利的范围

禁止授予专利的范围有两种情形:一是对违反法律、社会公德或者妨害公共利益的发明创造,不授予专利权;二是对违反法律、行政法规的规定获取或者利用遗传资源,并依赖该遗传资源完成的发明创造,不授予专利权。

二、专利权概述

专利权是指发明专利的所有人可使用和处理其专利的权力。专利权依法受到保护,他人未经许可不得使用。

（一）专利权人

专利权人是享有专利权的主体,包括专利权所有人和持有人。专利权人享有法律所赋予的以下三种权利。

1. 独占权

独占权是指专利权人享有任何单位或者个人未经专利权人许可不得实施其制造、使用、销售、许诺销售和进口等权利。

2. 许可权

许可权是指专利权人通过签订许可合同的方式,许可他人在一定条件下使用其取得专利权的发明创造的全部或者部分技术的权利。

3. 转让权

转让权是指专利权人有权以买卖、赠予、交换等形式将专利权转让给他人。

（二）专利权申请人

《PCT》规定,专利权申请人包括自然人或法人,其国籍或居所是 PCT 成员国的,缔约国的任何居民或国民均可提出国际申请。《巴黎公约》规定,缔约国的居民或国民可以提出国际申请。我国《专利法》规定,专利权申请人是指可以申请并取得专利权的个人和单位,包括在中国具有经常居所的外国人。在中国没有经常居所或者营业所的外国人、外国企业或者外国其他组织在中国申请专利的,依照其所属国同中国签订的协议或者共同参加的国际条约,委托依法设立的专利代理机构办理。

（三）专利权申请人的类型

专利权申请人分为以下三种类型。

1. 发明人或设计人

发明人或设计人是指对发明创造的实质性特点做出创造性贡献的人。其所完成的非职务发明创造,申请专利的权利归其所有,申请被批准后,该发明人或者设计人为专利权人。在完成发明创造过程中只负责组织工作的人,或者为物质条件的利用提供方便的人,或者其他从事辅助工作的人,不应当被认为是发明人或设计人。

2. 发明人或设计人所在单位

发明人或设计人所在单位是指单位从业人员在执行本单位的任务或者主要是利用本单位物质条件所完成的职务发明创造,申请专利的权利归属于该单位。申请被批准后,该单位为专利权人。其中,利用本单位的物质技术条件,如资金、设备、零部件、原材料或者不对外公开的技术资料等所完成的发明创造,单位与发明人或设计人订有合同的,根据对申请专利的权利和专利权的归属的约定进行处理。我国《专利法》规定,职务专利发明人或设计人享有获得奖励、报酬的权利和署名的权利,没有独自使用、占有、处分专利的权利。

3. 共同发明人或设计人

共同发明人或设计人是指由两个以上的个人或单位协作完成共同发明创造或设计的人。共同发明创造的专利权归属于共同发明人或设计人。

(四) 授予专利权的条件

我国《专利法》规定,申请专利应当具有以下三个条件。

1. 新颖性

新颖性是指该发明或者实用新型不属于现有技术;也没有任何单位或者个人就同样的发明或者实用新型在申请日以前向国务院专利行政部门提出过申请,并记载在申请日以后公布的专利申请文件或者公告的专利文件中。

根据我国《专利法》规定,现有技术是指申请日以前在国内外为公众所知的技术。申请专利的发明创造在申请日以前6个月内,在中国政府主办或者承认的国际展览会上首次展出的,或在规定的学术会议或者技术会议上首次发表的,或他人未经申请人同意而泄露其内容的,不丧失新颖性。

2. 创造性

创造性是指与现有技术相比,该发明具有突出的实质性特点和显著的进步。

3. 实用性

实用性是指该发明能够制造或者使用,并且能够产生积极效果。

(五) 授予专利权的基本原则

我国《专利法》规定,授予专利权应当遵循以下三项基本原则。

1. 先申请原则

先申请原则是指两个或两个以上的人分别就同样发明创造申请专利的,专利权授予最先的申请人,其仅适用于发明创造的专利的原则。

2. 书面原则

书面原则是指专利申请人及其代理人在办理各种法定手续时,应当采用书面形式的原则。但是,微生物不仅要在专利申请说明书中进行描述,而且还要保藏微生物实体本身。

3. 单一性原则

单一性原则是指一份专利申请文件只能就一项发明创造提出专利申请的原则。一件发明或实用新型专利申请限于一项发明或实用新型,属于一个总的发明构思的两项以上发明或实用新型,可以作为一件申请提出。一件外观设计专利申请限于一种产品所使用的一项外观设计,用于同一类别且成套出售或使用产品的两项以上的外观设计,可以作为一件申请提出。

三、专利权的申请

中国公民可以通过《PCT》和《巴黎公约》两条途径申请国际专利。

(一)《PCT》国际专利申请流程

《PCT》规定,在任何缔约国,保护发明的申请都可以按照该条约作为国际申请提出,其限于发明和实用新型专利。中国是《PCT》的成员国,并且是受理局、国际检索和初步审查单位,具备国际申请的条件。

中国个人或单位申请发明和实用新型国际专利流程,有以下两个阶段。

1. 国际阶段是申请与审查

1) 向受理局提出国际申请

受理局是指受理国际申请的国家局或政府间组织。在中国,受理局通常是指国务院授权的专利行政部门。申请人应向指定的受理局提交《PCT》规定的材料,经国务院有关主管部门同意后,委托指定的专利代理机构办理。专利的国际申请应提交如下材料:一是请求书,在请求书中应注明“按《PCT》的规定予以处理”的文字、发明保护的缔约国名称、发明的项目名称、发明人的姓名、申请国际专利的要求和其他规定事项等内容;二是权利要求书,其应当包括具体的权利要求和保护内容,并应以说明书作为依据;三是附图,如果需要附图帮助对发明的理解或者性质予以说明的,应当附图;四是摘要,其不能用来解释所要求的保护范围及其他用途。

2) 受理局进行国际检索与公布

受理局先对专利国际申请的材料进行形式审查,再进行国际检索,并出具国际检索报告,给出一篇或多篇的现有技术文件,使得专利申请人了解现有技术的状况,初步判断该发明是否具备授予专利的条件。国际检索报告应当先送达申请人,然后再公布。专利申请人在收到国际检索报告后,在规定的期限内享有向国际局提出修改或简短声明的一次机会。

3) 受理局进行国际初步审查

专利申请人如有需要,可以要求该国的受理局对国际专利申请进行国际初步审查,通过初审后可以获得一份国际初步审查报告。如果报告表明该发明具备了新颖性、创造性和工业实用性,专利申请人可以进入国家或地区阶段的核准;如果报告表明该发明不具备新颖性、创造性和工业实用性,申请人根据国际检索报告与国际初步审查报告提出的意见,对文件进行修改。

2. 国家或地区阶段的核准

专利申请人的国际申请进入国家或地区阶段,由《PCT》国家或地区阶段的国家局或地区局在对国际申请材料核准后做出授予专利的决定,并向申请人发放发明人证书或实用证书。

(二) 巴黎公约国际专利申请流程

我国是《巴黎公约》的成员国,具备国际申请的条件。我国《专利法》第二十九条规定,申请人自发明或者实用新型在中国初次提出专利申请之日起 12 个月内,或者自外观设计在中国初次提出专利申请之日起 6 个月内,就相同主题在《巴黎公约》成员国提出专利申请,并享有优先权。具体专利申请流程如下。

1. 申请材料的准备

专利申请人在 12 个月优先权期限内,根据相关规定制作专利文件,包括中国专利受理通知书复印件、优先权副本、中国专利说明书、权利要求书、附图和委托书等申请材料。

2. 向指定国家申请

专利申请人完成专利文件制作后,按照指定国家的相关法律完成递交,并跟进相应国家的受理和审查过程。

3. 获取专利证书

专利申请通过指定国家专利局的审查后,领取专利证书,获得该国相关法律的专利保护。

四、专利权的保护

(一) 专利权保护的范围

1. 发明与实用新型专利权的保护依据

发明或者实用新型专利权的保护是以其权利要求的内容为准,说明书及附图可以用于解释权利要求的内容。

2. 外观设计专利权的保护依据

外观设计专利权的保护是以表示在图片或者照片中的该产品的外观设计为准,简要说明可以用于解释图片或者照片所表示的该产品的外观设计。

(二) 专利权保护的途径

当发生专利纠纷或遭受侵权时,专利权人可以通过以下四种途径予以保护。

1. 行政单位处理

侵夺发明人或者设计人的非职务专利权的,当事人可以向所在单位或者上级主管机关投诉,由其进行行政处理。

2. 当事人协商解决

未经专利权人许可实施其专利所引起纠纷的,可以由当事人协商解决。

3. 主管机构处理

当事人对侵权纠纷不愿协商或者协商不成的,可以请求管理专利工作的部门处理,认定侵权行为成立的,可以责令侵权人立即停止侵权行为。进行处理的管理专利工作的部门应当事人的请求,可以就侵犯专利权的赔偿数额进行调解。

4. 法院裁决

管理专利工作的部门对专利侵权纠纷调解不成的,当事人可以向人民法院起诉,诉讼时效为 2 年,自专利权人或者利害关系人得知或者应当得知侵权行为之日起计算。当事人也可以直接向人民法院起诉侵权行为,法庭依据相关法律条文直接予以判决。

 案例分析

自然人杨某于 2015 年 10 月 8 日向国家知识产权局提出了名称为"极速拉线装置"的实用新型专利申请,于 2016 年 3 月 9 日获得授权。2017 年某月,该专利权人发现阿里巴巴电商平台上有 240 条链接具有侵权行为,向属地知识产权机构进行了投诉,并提供了涉案专利的专利证书、专利权评价报告以及有初步实物拆解图的专利侵权初步分析报告等证据材料。该知识产权机构委托属地知识产权维权援助中心进行判定,经查实后发现,有部分网站销售商品构成了侵权行为,阿里巴巴平台及时对涉案链接进行了断开处理。

请分析,这种维权协作执法机制的作用是什么?

五、法律责任

我国《专利法》规定,对专利申请人的违法行为和假冒专利行为追究相应的法律责任。

（一）专利申请人的违法行为

专利申请人向外国申请专利,泄露国家秘密的,由所在单位或者上级主管机关给予行政处分;构成犯罪的,依法追究刑事责任。

（二）假冒专利的违法行为

1. 假冒专利的违法情形

假冒专利主要有以下三种情形:

（1）在未被授予专利权的产品及其包装上标注专利标识,专利权被宣告无效后或者终止后继续在产品及其包装上标注专利标识,或者未经许可在产品及其产品包装上标注他人的专利号。

（2）销售未被授予专利权在产品及包装上标注专利标识的商品,或者销售无效和终止专利权的产品及包装上标注专利标识的商品,或者销售未经许可他人专利号在产品及包装上标注专利标识的商品。

（3）故意对公众进行误导或混淆的行为,如在产品说明书等材料中,将未被授予专利权的技术和设计称为专利技术和专利设计,将专利申请称为专利,伪造或者变造专利证书、专利文件或者专利申请文件等。

2. 假冒专利的法律责任

我国《专利法》规定,假冒专利的,除依法承担民事责任外,由管理专利工作的部门责令改正并予公告,没收违法所得,可以并处违法所得4倍以下的罚款;没有违法所得的,可以处20万元以下的罚款;构成犯罪的,依法追究刑事责任。

3. 赔偿金额

侵犯专利权的赔偿数额包括权利人因被侵权所受到的实际损失和权利人为制止侵权行为所支出的合理费用。如果实际损失难以确定的,可以按照侵权人因侵权所获得的利益确定;如果这两者都难以确定的,依据该专利许可使用费的倍数进行合理确定;如果这三者都难以确定的,由人民法院根据专利权的类型、侵权行为的性质和情节等因素,确定给予1万元以上100万元以下的赔偿。

 案例分析

本田技研工业株式会社于2014年9月5日向国家知识产权局提出了名称为"摩托车（小型）"的外观设计专利申请,于2015年2月25日获得授权。2016年5月12日,本田技研工业株式会社发现上海某公司在某杂志刊登的HL100T-5A型号摩托车广告的页面上标注了其文字商标、图形商标和企业名称,即刻向公证处提出保全证据申请,公证购买了这款摩托车,取得了《机动车销售统一发票》三联,由该公证处出具了相关公证书,并进行了确认,认为上海某公司销售"摩托车（小型）"侵犯其外观设计专利权,遂向上海市知识产权局提出专利侵权纠纷处理请求。上海某公司辩称该摩托车涉及外观的配件均是向其他公司采购的产品,其仅是组装后再销售,属于合理使用范畴,不应承担侵权责任。

请分析,你认为其是否构成侵权?为什么?

第四节 著 作 权

在国际贸易和跨境电商活动中,交易的商品或提供的服务在其创意、造型、内容和标志等呈现方面,如果涉及他人的文学、艺术、自然科学、社会科学、工程技术等作品的作者权和传播权,其行为就侵犯了作品所有人的著作权。《伯尔尼公约》《罗马公约》《录音制品公约》《知识产权协定》《世界版权公约》和各国著作权法规定了著作权保护的范围、内容、时效和侵权责任等相关内容。

一、著作权概述

(一) 作品

1. 作品的含义

作品是指文学、艺术和科学领域内具有独创性并能以某种有形形式复制的智力成果。《伯尔尼公约》第二条第一款界定作品的内涵,是包括科学和文学艺术领域内的一切作品,不论其表现方式或形式如何。作品可以分为以下三种类别。

1) 文学作品

文学作品是指以语言文字为工具,以不同体裁表现内心情感,反映社会生活的各种原著。根据作品的体裁,文学作品可以分为诗歌、散文、小说、剧本等形式。根据作品的载体,文学作品可以分为文字作品和口述作品。其中,文字作品是指小说、诗词、散文、论文等以文字形式表现的书面和电子作品;口述作品是指即兴的演说、授课、法庭辩论等以口头语言形式表现的作品。

2) 艺术作品

艺术作品是指通过艺术构思和艺术创作,将头脑中形成的主客体统一的审美意象物态化,创造出来的审美鉴赏的对象。艺术作品包括八大类:一是音乐作品,是指歌曲、交响乐等能够演唱或者演奏的带词或者不带词的作品;二是戏剧作品,是指话剧、歌剧、地方戏等供舞台演出的作品;三是曲艺作品,是指相声、快书、大鼓、评书等以说唱为主要形式表演的作品;四是舞蹈作品,是指通过连续的动作、姿势、表情等表现思想情感的作品;五是美术作品,是指绘画、书法、雕塑等以线条、色彩或者其他方式构成的有审美意义的平面或者立体的造型艺术作品;六是建筑作品,是指以建筑物或者构筑物形式表现的有审美意义的作品;七是摄影作品,是指借助器械在感光材料或者其他介质上记录客观物体形象的艺术作品;八是电影作品和以类似摄制电影的方法创作的作品,是指摄制在一定介质上,由一系列有伴音或者无伴音的画面组成,并且借助适当装置放映或者以其他方式传播的作品。

3) 科学作品

科学作品主要包括自然科学作品和工程技术作品。其中,自然科学作品有集成电路、计算机软件等作品;工程技术作品有图形作品和模型作品等。

2. 外国作品

外国作品有三种情形:一是在国际著作权条约成员国的国民或者有经常居所居民的作品;二是在国际著作权条约成员国的外国人或无国籍人,首次或者同时发表的作品,如在中国境内的表演、制作或发行的录音制品等;三是中外合资经营企业、中外合作经营企业和外资企业按照合同委托他人创作的作品。

(二)著作权

1. 著作权人

作者是指所创作作品的公民。其作品包括由法人或者其他组织创作并承担责任的作品。著作权人是指依法享有著作权的作者。其包括公民、法人或者其他组织。

2. 著作权的内容

《世界版权公约》第一条规定:"缔约各国承允对文学、科学、艺术作品,包括文字、音乐、戏剧和电影作品,以及绘画、雕刻和雕塑的作者及其他版权所有者的权利,提供充分有效的保护。"著作权包括十六个方面:一是发表权,是指著作权人具有对其作品是否公之于众的权利;二是署名权,是指著作权人具有在其作品上署名,表明作者身份的权利;三是修改权,是指著作权人具有对其作品进行修改或者授权他人修改作品的权利;四是保护作品完整权,是指著作权人具有对其作品不受歪曲或篡改的权利;五是复制权,是指著作权人具有对其作品进行印刷、复印、拓印、录音、录像、翻录和翻拍,复印或制作多份的权利;六是发行权,是指著作权人具有对其作品进行出售或者赠予,为公众提供作品的原件或者复制件的权利;七是出租权,是指著作权人对其作品具有有偿许可他人临时使用电影作品和以类似摄制电影的方法创作的作品、计算机软件的权利,计算机软件不得出租的主要标的的除外;八是展览权,是指公开陈列美术作品、摄影作品的原件或者复制件的权利;九是表演权,是指著作权人对其作品具有公开表演,或者用各种手段公开播送作品的权利;十是放映权,是指著作权人对其作品具有通过放映机、幻灯机等技术设备公开再现美术、摄影、电影和以类似摄制电影的方法创作作品等权利;十一是广播权,是指著作权人对其作品具有通过无线或有线方式公开广播或者传播作品,以及通过扩音器或者其他传送符号、声音、图像的类似工具向公众传播广播的作品的权利;十二是信息网络传播权,是指著作权人对其作品具有通过有线或者无线方式向公众提供,使公众可以在其个人选定的时间和地点获得作品的权利;十三是摄制权,是指著作权人对其作品具有通过摄制电影或者以类似摄制电影的方法将作品固定在载体上的权利;十四是改编权,是指著作权人对其作品具有改变作品,创作出具有独创性的新作品的权利;十五是翻译权,是指著作权人对其作品具有将一种语言文字转换成另一种语言文字的权利;十六是汇编权,是指著作权人具有将其作品或者作品的片段通过选择或者编排,汇集成新作品的权利。

3. 著作权归属

著作权的归属有以下九个方面。

1)属于作者

我国《著作权法》第十一条规定:"著作权属于作者,本法另有规定的除外。"

2)属于改编、翻译、注释、整理者

改编、翻译、注释、整理已有作品而产生的作品,由其改编、翻译、注释、整理者享有,但不得侵犯原作品的著作权。

3)属于合作作者

两人以上合作创作的作品由合作作者共同享有,也可以对各自创作的部分单独享有著作权,但不得侵犯合作作品整体的著作权。例如,电影作品中的剧本、音乐等可以单独使用,编剧和音乐制作者有权单独行使其著作权。如果发生合作作者之一死亡,其权利无人继承又无人受遗赠的,由其他合作作者享有。

4) 属于汇编者

汇编作品要体现编排的独创性,其著作权由汇编人享有,如百科全书和选集等,但不得侵犯原作品的著作权。

5) 属于制片者

电影作品和以类似摄制电影的方法创作的作品,其著作权由制片者享有,但编剧、导演、摄影、作词、作曲等作者享有署名权,并有权按照与制片者签订的合同获得报酬。

6) 属于职务作品的著者

公民为完成法人或者其他组织工作任务所创作的作品,除法律规定以外,著作权由作者享有,但在作品完成 2 年内,未经单位同意,不得许可第三人以与单位使用的相同方式使用该作品。如果单位同意,所获报酬,由作者与单位按约定的比例分配。

7) 属于职务作品的法人或其他组织

凡是法律、行政法规规定的,以及合同约定的著作权由法人或者其他组织享有的职务作品,还包括利用法人或者其他组织的物质技术条件创作,并由法人或者其他组织承担责任的工程设计图、产品设计图、地图、计算机软件等职务作品。但是,作者享有署名权,并可获得该法人或者其他组织给予的奖励。

8) 属于委托作品合同的约定者

受委托创作的作品著作权,根据双方当事人签订的合同约定归属。如果合同未做约定或者没有订立合同,著作权属于受托人,即作者。

9) 属于依法继承者

著作权属于公民的,如果其死亡后,在保护期内依照继承法的规定其著作财产权可以被继承。著作权属于法人或者其他组织的,如果其发生变更、终止后,在保护期内,由承受其权利义务的法人或者其他组织享有;如果没有,则由国家享有,由国务院著作权行政管理部门进行管理。

4. 著作权的保护

1) 著作权的保护范围

我国《著作权法》第二条规定,依法享有著作权的情形为四种:一是中国公民、法人或者其他组织的作品,不论是否发表;二是外国人、无国籍人的作品根据其作者所属国或者经常居住地国同中国签订的协议或者共同参加的国际条约的;三是外国人、无国籍人的作品首先在中国境内出版的;四是未与中国签订协议或者共同参加国际条约的国家的作者以及无国籍人的作品首次在中国参加的国际条约的成员国出版的,或者在成员国和非成员国同时出版的。

2) 著作权的保护期限

《世界版权公约》规定:"某作品的版权保护期限,应由该作品要求给予版权保护所在地的缔约国的法律来规定。"

我国《著作权法》对著作权保护起始日进行了如下规定:一是著作权自作品完成之日起产生;二是在中国境内出版的外国人、无国籍人著作权的产生为作品首版之日,如果其作品在中国境外首版 30 日内再到中国境内出版的,应当视为该作品同时在中国境内出版。

《伯尔尼公约》对著作权保护期限的规定如下：一是作者的署名权、修改权、保护作品完整权的保护期不受限制；二是公民作品的发表权为作者或最后作者死亡后第 50 年的 12 月 31 日；三是法人或其他组织的作品著作权的保护期为首次发表后第 50 年的 12 月 31 日；四是实施对外国实用艺术作品的保护期为自该作品完成起 25 年；五是外国计算机程序作为文学作品的保护期为自该程序首次发表之年年底起 50 年；六是作者身份不明的作品保护期截至作品首次发表后第 50 年的 12 月 31 日。

二、著作权的许可使用与转让

我国《著作权法》规定，著作权人可以通过订立书面的许可使用合同或转让合同，为他人提供作品使用权，但是必须向著作权行政管理部门备案。许可使用合同应当包括许可使用的权利种类、许可使用的地域范围和期间、付酬标准和办法、违约责任以及双方认为需要约定的其他内容；转让合同应当包括作品的名称转让的权利种类、地域范围、转让价金、交付转让价金的日期和方式、违约责任和双方认为需要约定的其他内容。

（一）著作权人的义务与权利

1. 著作权人的义务

著作权人应当按照出版合同约定期限交付作品，作品刊登后，其他报刊可以转载或者作为文摘、资料刊登。

2. 著作权人的权利

著作权人享有的权利有五个方面：一是向报社投稿的，自稿件发出之日起 15 日内未收到刊登通知的，可以将同一作品向其他报社投稿；二是向期刊社投稿的，自稿件发出之日起 30 日内未收到刊登通知的，可以将同一作品向其他期刊社投稿；三是著作权人的作品具有专有出版权，受法律保护，保护期为 10 年，任何改编、翻译、注释、整理、汇编著作权人的作品，必须经著作权人的许可；四是著作权人可以获取合同约定的相应稿酬或其他报酬；五是著作权人可以向复制、发行、通过信息网络向公众传播录音录像制品的被许可人收取报酬。

（二）受让人的义务与权利

1. 图书出版者的义务与权利

1）图书出版者的义务

图书出版者承担的义务有三项：一是图书出版者出版图书应当和著作权人订立出版合同，支付报酬，并按照合同约定享有专有出版权的法律保护；二是未经著作权人的许可，不得对作品内容进行修改；三是经著作权人的许可，通过改编、翻译、注释、整理和汇编的形式出版作品，应向著作权人支付相应的报酬。

2）图书出版者的权利

图书出版者享有的权利为四项：一是图书出版者经作者许可，可以对作品修改或删节；二是报社和期刊社可以对作品作文字性修改或删节；三是作品刊登后，其他报刊可以转载或者作为文摘、资料刊登，除著作权人声明不得转载与摘编外；四是出版者有权许可或者禁止他人使用其出版的图书、期刊的版式设计，保护期为 10 年。

2. 表演者的义务与权利

1）表演者的义务

表演者通过现场直播、公开传送、录音录像等方式使用作品，应当取得著作权人许可，并支付报酬。

2）表演者的权利

表演者享有的权利有七个方面：一是表明表演者身份；二是保护表演形象不受歪曲；三是许可他人从现场直播和公开传送其现场表演，并获得报酬；四是许可他人录音录像，并获得报酬；五是许可他人复制、发行录有其表演的录音录像制品，并获得报酬；六是许可他人通过信息网络向公众传播其表演，并获得报酬；七是许可他人复制、发行、通过信息网络向公众传播录音录像制品，并获取被许可人支付的报酬。

3. 录音录像制作者的义务与权利

1）录音录像制作者的义务

录音录像制作者依法承担四项义务：一是使用他人作品制作录音录像制品，应当取得著作权人许可，并支付报酬；二是改编、翻译、注释、整理已有作品而产生的作品，应当取得著作权人的许可，并支付报酬；三是使用他人合法的录音制品的音乐作品制作录音制品，可以不经著作权人许可，但应当按照规定支付报酬；四是制作录音录像制品应当同表演者订立合同，并支付报酬。

2）录音录像制作者的权利

录音录像制作者对其制作的录音录像制品，享有许可他人复制、发行、出租、通过信息网络向公众传播并获得报酬的权利，保护期为 50 年。

4. 广播与电视台的义务与权利

1）广播与电视台的义务

广播与电视台具有承担的义务有四个方面：一是播放他人未发表的作品，应当取得著作权人许可，并支付报酬，如果播放他人已发表的作品，可以不经著作权人许可，但应当支付报酬；二是播放已经出版的录音制品，可以不经著作权人许可，但应当支付报酬；三是播放他人的电影作品和以类似摄制电影的方法创作的作品、录像制品，应当取得制片者或者录像制作者许可，并支付报酬；四是播放他人的录像制品，应当取得著作权人许可，并支付报酬。

2）广播与电视台的权利

未经广播与电视台的许可，不得播放其广播，不得进行电视转播，不得将其播放的广播、电视录制在音像载体上以及复制音像载体。这种专有权的保护期为该广播、电视首次播放之日起 50 年。

三、侵权法律责任

（一）承担民事责任

1. 侵权行为

我国《著作权法》第四十七条规定，依法承担民事责任的侵权行为：一是未经著作权人许可，发表其作品的；二是未经合作作者许可，将与他人合作创作的作品当作自己单独创作的作品发表的；三是没有参加创作，为谋取个人名利，在他人作品上署名的；四是歪曲、篡改他人作品的；五是剽窃他人作品的；六是未经著作权人许可，以展览、摄制电影和以类似摄制电影的方法使用作品，或者以改编、翻译、注释等方式使用作品的；七是使用他人作品，应当支付报酬而未支付的；八是未经电影作品和以类似摄制电影的方法创作的作品、计算机软件、录音录像制品的著作权人或者与著作权有关的权利人许可,出租其作品或者录音录像制品的;九是未经出版者许可,使用其出版的图书、期刊的版式设计的;十是未经表演者许可,从现场直播或者公开传送其现场表演,或者录制其表演的;十一是其他侵犯著作权以及与著作权有关的权益的行为。

2. 侵权责任

我国《著作权法》第四十七条规定,具有上述侵权行为的责任人,应当承担停止侵害、消除影响、赔礼道歉、赔偿损失等民事责任。

 案例分析

近日,由某影星表演的舞蹈节目《千手观音》在某电视综艺节目中播出,受到广大观众的喜爱与赞扬。《千手观音》舞蹈的编导是张继钢,著作权人是中国残疾人艺术团。为此中国残疾人艺术团发表声明:某影星在综艺节目中表演的舞蹈《千手观音》未经著作人授权许可。

请分析,该影星是否构成了侵权行为?为什么?

(二) 承担民事责任、行政责任和刑事责任

1. 侵权行为

我国《著作权法》第四十八条规定,承担民事责任、行政责任和刑事责任的侵权行为:一是未经著作权人许可,复制、发行、表演、放映、广播、汇编、通过信息网络向公众传播其作品的;二是出版他人享有专有出版权的图书的;三是未经表演者许可,复制、发行录有其表演的录音录像制品,或者通过信息网络向公众传播其表演的;四是未经录音录像制作者许可,复制、发行、通过信息网络向公众传播其制作的录音录像制品的;五是未经许可,播放或者复制广播、电视的;六是未经著作权人或者与著作权有关的权利人许可,故意避开或者破坏权利人为其作品、录音录像制品等采取的保护著作权或者与著作权有关的权利的技术措施的;七是未经著作权人或者与著作权有关的权利人许可,故意删除或者改变作品、录音录像制品等的权利管理电子信息的;八是制作、出售假冒他人署名的作品的。

此外,复制品的出版者、制作者不能证明其出版、制作有合法授权的,复制品的发行者或者电影作品或者以类似摄制电影的方法创作的作品、计算机软件、录音录像制品的复制品的出租者不能证明其发行、出租的复制品有合法来源的,应当承担法律责任。

当事人不履行合同义务或者履行合同义务不符合约定条件的,应当依照我国《民法通则》《合同法》等有关法律规定承担民事责任。

2. 侵权责任

我国《著作权法》第四十八条规定,具有上述侵权行为的责任人,应当承担停止侵害、消除影响、赔礼道歉、赔偿损失等民事责任;同时损害公共利益的,可以由著作权行政管理部门责令停止侵权行为,没收违法所得,没收、销毁侵权复制品,并可处非法经营额1倍以上5倍以下的罚款,如果没有非法经营额或者非法经营额5万元以下的,著作权行政管理部门根据情节轻重,可处25万元以下的罚款;情节严重的,著作权行政管理部门还可以没收主要用于制作侵权复制品的材料、工具、设备等;构成犯罪的,依法追究刑事责任。

案例分析

2019年6月,张某在自己的"格丽莎卫浴"淘宝网店上销售"格丽莎"系列水龙头产品,在网站水龙头页面的图片上印有"格丽莎grace"水印标记,买家下单后,就从海门丽丽卫浴有限公司进货。1个多月来,"格丽莎卫浴"淘宝网店经过促销后,该水龙头的销售势头很旺。南通卫浴有限公司于2018年7月注册了系列水龙头"格丽莎"商标,该产品向全国销售。2019年6月的某日,该公司业务部在淘宝网发现了"格丽莎卫浴"淘宝网店在销售"格丽莎"系列水龙头产品,立即向属地市场监督管理局进行了投诉。

请分析,张某的经营行为构成了哪些侵权行为?为什么?应如何对其进行处罚?

(三) 侵权惩罚

1. 实际损失赔偿

侵犯著作权或者与著作权有关的权利的,侵权人应当按照权利人的实际损失给予赔偿;实际损失难以计算的,可以按照侵权人的违法所得给予赔偿。赔偿数额还应当包括权利人为制止侵权行为所支付的合理开支。权利人的实际损失或者侵权人的违法所得不能确定的,由人民法院根据侵权行为的情节,判决给予50万元以下的赔偿。

2. 财产保全

著作权人或者与著作权有关的权利人有证据证明他人正在实施或者即将实施侵犯其权利的行为,如不及时制止将会使其合法权益受到难以弥补的损害的,可以在起诉前向人民法院申请采取责令停止有关行为和财产保全的措施。

3. 保全证据

为制止侵权行为,在证据可能灭失或者以后难以取得的情况下,著作权人或者与著作权有关的权利人可以在起诉前向人民法院申请保全证据。人民法院接受申请后,必须在48小时内做出裁定;裁定采取保全措施的,应当立即开始执行。

4. 没收违法财物

人民法院审理案件,对于侵犯著作权或者与著作权有关的权利的,可以没收违法所得、侵权复制品以及进行违法活动的财物。

 **案例思政**

知识产权侵权案——全民守法

【案例简介】

我国某电子商务公司在25类"服装、鞋"等商品上申请了"Pantheras及图"商标。该商标图形部分是宾夕法尼亚州立大学委托美国某设计公司创作,于1984年用于该校塔尼雄狮队的队徽,对该图形享有不可辩驳的在先著作权。为此,宾夕法尼亚州立大学对该商标申请提出了异议,并历经了异议复审、行政诉讼一审等多个程序,却均未获得商标局、商标评审委员会和一审法院的支持,主要理由是宾夕法尼亚州立大学在上述程序中提交的注册商标列表、网页截图、全球招生宣传册等不足以证明其对图形享有著作

（续上）

权。宾夕法尼亚州立大学委托某律师代理其进行该案的二审工作。在二审过程中,该律师向二审法院补交了经公证认证的图形作品说明书、作者声明、著作权转让协议、多本在美国的公开出版物原件、图形在中国域外地区的商标注册信息等 15 份证据,以进一步证明宾夕法尼亚州立大学对图形作品享有著作权。我国属地高级人民法院经二审审理后认为,根据宾夕法尼亚州立大学主张的图形,系由黑白相间经过艺术处理的简明线条所构成的动物图形,具有一定的独创性,构成了著作权法所界定的美术作品,结合其所提交的在"Pantheras 及图"申请注册日之前公开出版物证据,以及该图形在中国域外地区的商标注册信息、设计公司做出的图形作品说明书、作者说明、作品著作权转让协议等证据,可以证明该作品著作权归属于宾夕法尼亚州立大学。因此,我国属地高级人民法院综合在案证据,认定"Pantheras 及图"商标的注册损害了宾夕法尼亚州立大学对图形的在先著作权,原审判决及裁定认定错误,予以撤销并责令商标评审委员会就该异议复审案件重新做出决定。

【案例启示】

我国属地高级人民法院依据法律认真开展了二审工作,分析了宾夕法尼亚州立大学主张的图形给予了科学的界定,主动撤销了原审判决和裁定,切实维护了当事人的合法权益,体现了我国执法部门实事求是的严谨工作作风,树立了我国法治社会的良好国际形象。

复习与思考

一、单项选择题

1. 下列各项中,属于保护专利权的国际条约的是(　　)。

A.《伯尔尼公约》　　　　　　　　B.《罗马公约》

C.《马德里议定书》　　　　　　　D.《PCT》

2. 当前世界范围内知识产权保护领域中涉及面广、保护力度大、制约力强的一个国际公约是(　　)。

A.《录音制品公约》

B.《伯尔尼公约》

C.《知识产权协定》

D.《PCT》

3. 我国《商标法》规定注册商标的有效期为 10 年,自商标(　　)之日起计算。

A. 申请注册　　　　　　　　　　B. 初审公告

C. 异议成立　　　　　　　　　　D. 核准注册

4. H 市的甲公司生产啤酒,申请注册的"向阳花"文字商标被国家有关部门认定为驰名商标。下列各项中,不属于商标侵权行为的是(   )。

    A. 乙公司在自己生产的葡萄酒上使用"葵花"商标

    B. 设在 G 市的丙公司将"向阳花"作为自己的商号登记使用

    C. 丁公司将"向阳花"注册为域名,用于网上宣传、销售书籍等文化用品

    D. 戊公司自己生产的农药产品上使用"向阳花"商标

    5. 美国某公司于 2004 年 12 月 1 日在美国就某口服药品提出专利申请并被受理,2005年 5 月 9 日就同一药品向中国专利局提出专利申请,要求享有优先权并及时提交了相关证明文件。中国专利局于 2008 年 4 月 1 日授予其专利。下列关于该中国专利的选项中,正确的是(   )。

    A. 保护期从 2004 年 12 月 1 日起计算   B. 保护期从 2005 年 5 月 9 日起计算

    C. 保护期从 2008 年 4 月 1 日起计算   D. 该专利的保护期是 10 年

    6. 小刘从小就显示出很高的文学天赋,他 9 岁时写了小说《隐形翅膀》,并将该小说的网络传播权转让给某网站。小刘的父母反对该转让行为。下列说法中,正确的是(   )。

    A. 小刘父母享有该小说的著作权,因为小刘是无民事行为能力人

    B. 小刘及其父母均不享有著作权,因为该小说未发表

    C. 小刘对该小说享有著作权,网络传播权转让合同无效

    D. 小刘对该小说享有著作权,网络传播权转让合同有效

    7. 甲公司获得了某医用镊子的实用新型专利,不久后乙公司自行研制出相同的镊子,并通过丙公司销售给丁医院使用。乙公司、丙公司、丁医院都不知道甲公司已经获得该专利。下列选项中,正确的是(   )。

    A. 乙公司的制造行为不构成侵权

    B. 丙公司的销售行为不构成侵权

    C. 丁医院的使用行为不构成侵权

    D. 丙公司和丁医院能证明其产品的合法来源,不承担赔偿责任

    8. 甲网站与乙唱片公司签订录音制品的信息网络传播权许可使用合同,按约定支付报酬后,即开展了网上原版音乐下载业务。甲网站的行为应定性为(   )。

    A. 合法使用行为

    B. 侵权行为,因为该行为应取得著作权人许可,而不是取得录音制作者的许可

    C. 侵权行为,因为该行为还须取得著作权人、表演者的许可并支付报酬

    D. 侵权行为,因为该行为虽然无须取得著作权人的许可,但必须取得表演者的许可

二、多项选择题

1. 下列各项中,属于保护商标权的国际公约的有(   )。

A.《巴黎公约》

B.《马德里协定》

C.《马德里议定书》

D.《PCT》

2. 下列各项中,属于保护著作权的国际公约的有(   )。

A.《巴黎公约》

B.《伯尔尼公约》

C. 《罗马公约》

D. 《世界版权公约》

3. 下列各项中,属于我国《商标法》禁止使用的标志的有(　　)。

A. 中央国家机关标志性建筑物的名称

B. 政府间国际组织的旗帜

C. "红十字"和"红新月"的标志

D. 县级以上行政区划的地名

4. 下列各项中,不受《著作权法》保护的有(　　)。

A. 依法禁止出版、传播的作品

B. 法律、法规及官方文件

C. 时事新闻

D. 历法、通用数表、通用表格和公式

5. 依据《专利法》的规定,下列各项中,不授予专利权的情形有(　　)。

A. 甲发明了仿真伪钞机

B. 乙发明了对糖尿病特有的治疗方法

C. 丙发现了某植物新品种

D. 丁发明了某植物新品种的生产方法

6. 专利申请的原则包括(　　)。

A. 书面申请原则　　　　　　　　　　B. 单一性原则

C. 优先权原则　　　　　　　　　　　D. 先申请原则

7. 我国《著作权法》保护的邻接权包括(　　)。

A. 表演权　　　　　　　　　　　　　B. 表演者权

C. 音像制作权　　　　　　　　　　　D. 广播组织者权

8. 商标的构成要素有(　　)。

A. 可视可听性　　　　　　　　　　　B. 显著性

C. 非冲突性　　　　　　　　　　　　D. 创造性

三、判断题

1. 我国知识产权法律规定,中华人民共和国缔结或者参加的国际条约同我国相关法律有不同规定的,适用国际条约的规定。　　　　　　　　　　　　　　　　(　　)

2. 集体商标是指由对某种商品具有检测和监督能力的组织所控制,而由其以外的单位或者个人用于商品,以证明该商品原产地、原料、制造方法、质量或者其他特定品质的标志。
(　　)

3. 根据《马德里议定书》的相关规定,国际商标在国际注册簿上注册之日起生效,受到缔约成员国的保护。　　　　　　　　　　　　　　　　　　　　　　　(　　)

4. 对于注册不当的商标,从商标注册之日起 2 年内,在先权利人或利害关系人可以请求商标评审委员会宣告该注册商标无效。　　　　　　　　　　　　　　　(　　)

5. 在完成发明创造过程中只负责组织工作的人,或者为物质条件的利用提供方便的人,或者其他从事辅助工作的人,应当被认为是发明人或设计人。　　　　　(　　)

6. 国际申请进入国家或地区阶段,由《PCT》国家或地区阶段的国家局或地区局在对国

际申请材料核准后做出授予专利的决定,并向申请人发放发明人证书或实用证书。 （ ）

7. 发明或者实用新型专利权的保护是以其权利要求的内容和说明书为准,附图可以用于解释权利要求的内容。 （ ）

8. 摄影作品是指摄制在一定介质上,由一系列有伴音或者无伴音的画面组成,并且借助适当装置放映或者以其他方式传播的作品。 （ ）

9. 信息网络传播权是指著作权人对其作品具有通过有线或者无线方式向公众提供作品,使公众可以在其个人选定的时间和地点获得作品的权利。 （ ）

10. 受委托创作的作品著作权,根据双方当事人签订的合同约定归属。如果合同未做约定或者没有订立合同,著作权属于委托人。 （ ）

四、简答题

1.《巴黎公约》的基本原则有哪些?

2.《专利法》中不丧失新颖性的情形有哪些?

3.《商标法》规定的商标侵权的情形有哪些?

4.《著作权法》规定的表演者的权利有哪些?

五、案例分析题

浙江蓝野酒业有限公司于 2003 年将"蓝色风暴"注册为该公司的商标,范围涵盖可乐、矿泉水及其他饮料,随后将这一商标使用在其啤酒产品上。2005 年 5 月,百事公司开始耗巨资在中国大陆强势推出了同名的"蓝色风暴"主题促销宣传活动,并将"蓝色风暴"的字样使用在可乐的包装、瓶盖等部位。百事公司的"蓝色风暴"豪华营销让浙江蓝野酒业有限公司面临生存困境,由于其知名度不如百事公司,曾被挂上"李鬼"的头衔,被误解为傍名牌,假冒百事可乐。2005 年 11 月 3 日,丽水市质量技术监督局因为怀疑浙江蓝野酒业有限公司的"蓝色风暴"啤酒涉嫌冒用百事可乐标识,查封扣押了其 107 箱产品。11 月 4 日,蓝野酒业提供了"蓝色风暴"商标注册证,被扣押的产品才获解封。2005 年 12 月 12 日,浙江蓝野酒业有限公司将百事公司旗下的上海百事可乐饮料有限公司起诉至杭州市中级人民法院,称百事公司推出的"蓝色风暴"系列产品侵犯了该公司的商标权,索赔 300 万元,并要求赔偿其他合理开支。

请分析,你认为百事公司是否侵犯了浙江蓝野酒业有限公司的商标权? 为什么? 请谈谈企业应如何加强对商标权的保护。百事公司从此案件中可以总结哪些经验和教训?

第六章　国际贸易市场监管法律制度

学习目标

◆ 了解国际组织和我国颁布的反垄断与反不正当竞争法律的适用范围及基本内容。

◆ 熟悉反垄断与反不正当竞争法律制度的具体规定。

◆ 明确学习反垄断与反不正当竞争相关法律对营造国际营商环境的主要作用。

◆ 具备应用反垄断与反不正当竞争法律知识的基本应用能力。

本 章 概 要

　　本章包括三部分内容:第一部分为国际贸易市场监管法律制度概述,介绍了《关于产品责任的法律适用公约》(以下简称《海牙公约》)、《关于造成人身伤害与死亡的产品责任的欧洲公约》(以下简称《斯特拉斯堡公约》)、《关于对有缺陷的产品责任的指令》(以下简称《产品责任指令》)、《欧盟非合同之债法律适用条例》(以下简称《罗马条例Ⅱ》)、《保护贸易及商业以免非法限制及垄断法案》(以下简称《谢尔曼反托拉斯法》)、《克莱顿反托拉斯法》《联邦贸易委员会法》《中华人民共和国产品质量法》(以下简称《产品质量法》)、《中华人民共和国侵权责任法》(以下简称《侵权责任法》)、《中华人民共和国涉外民事法律关系适用法》(以下简称《涉外民事法律关系适用法》)、《中华人民共和国反垄断法》(以下简称《反垄断法》)、《中华人民共和国反不正当竞争法》(以下简称《反不正当竞争法》)的颁布、框架及内容;第二部分为国际产品侵权责任,介绍了国际产品责任、国际产品侵权责任和经营者责任;第三部分为国际市场不正当竞争责任,介绍了反垄断法与反不正当竞争法概述、垄断行为、涉嫌垄断行为的调查、不正当竞争行为、经营者的权利与责任。

第一节　国际贸易市场监管法律制度概述

伴随着全球经济一体化的进程,为了保护国际产品经营者与消费者的利益,追究侵权责任行为,预防和制止垄断行为,维护国际贸易市场健康发展,世界与地区组织以及各国先后通过或制定了相关的公约、指令、法案和法律,如国际私法协会的《海牙公约》,欧盟的《斯特拉斯堡公约》《产品责任指令》《罗马条例Ⅱ》,美国的《谢尔曼反托拉斯法》《克莱顿反托拉斯法》《联邦贸易委员会法》,我国的《产品质量法》《侵权责任法》《涉外民事法律关系适用法》《反垄断法》《反不正当竞争法》等。

一、国际产品侵权责任法律制度

(一) 国际私法协会的公约

1973 年 10 月 2 日,国际私法协会在海牙召开的国际私法会议上通过了《海牙公约》,并于 1977 年 10 月 1 日起施行。截至 1983 年 9 月 1 日止,该公约的成员国包括法国、荷兰、挪威、南斯拉夫、比利时、意大利、卢森堡、葡萄牙等。

《海牙公约》分为两个部分,共计二十二条:第一部分为实质性条款(第一条至第十四条),主要是规定了适用范围、产品与损害定义、产品责任、赔偿依据与范围、诉讼时效和不适用范围等内容;第二部分为行政性条款(第十五条至第二十二条),主要规定了公约不优先原则不适用的范围,以及公约生效与废止等内容。

(二) 欧洲共同体的公约和指令

1.《斯特拉斯堡公约》

为了统一欧洲各国在关于造成人身伤害与死亡的产品责任立法中的差异,1977 年 1 月 27 日,法国斯特拉斯堡召开的欧洲共同体部长理事会议通过了《斯特拉斯堡公约》,并于同日施行。

《斯特拉斯堡公约》分为两个部分,共计十七条:第一部分为实质性条款(第一条至第十二条),主要是规定了履行约定、适用范围、产品与生产者及瑕疵定义、产品责任及赔偿责任、诉讼时效和不适用范围等内容;第二部分为行政性条款(第十三条至第十七条),主要规定了公约的签字、生效以及非成员国的加入、批准和退出公约等内容。

2.《产品责任指令》

为了统一欧洲各国在产品责任立法中的差异,1985 年 7 月 25 日,欧洲共同体理事会通过了《产品责任指令》,并要求欧洲共同体成员 15 国通过国内立法实施。截至 2003 年 2 月,各国先后完成了相应的国内立法程序,确立了缺陷产品致害的严格责任原则。

《产品责任指令》分为两个部分,共计十五条:第一部分为实质性条款(第一条至第十二条),主要是规定了严格产品责任原则,对生产者与缺陷产品进行了定义,确定了诉讼时效、损害赔偿的范围及要求,明确了产品责任的抗辩事由和不适用范围等内容;第二部分为行政性条款(第十三条至第十五条),主要规定了执行该指令的各项要求等内容。

3.《罗马条例Ⅱ》

2007 年 7 月 11 日,欧洲议会和欧盟理事会通过了《罗马条例Ⅱ》,并于 2009 年 1 月 11

日起施行。该条例建立在两大法律体系和欧洲各国比较法的基础上,首次在欧共体层面对欧洲侵权法律适用制度做了统一。

《罗马条例Ⅱ》分为七章,共计三十二条:第一章为适用范围(第一条至第三条),规定了该条例的适用范围;第二章为侵权损害之债(第四条至第九条),主要规定了有关一般侵权与不法行为法律适用的一般性规则与特殊规则;第三章为准合同和缔约过失之债(第十条至第十三条),主要规定了不当得利、无因管理及缔约过失引起的非合同之债的法律适用规则;第四章为意思自治(第十四条),主要对双方当事人选择准据法的时间、形式及限制条件予以规定;第五章为法律适用的共同规则(第十五条至第二十二条),主要对准据法的适用范围、强制性规则、安全和行为规则、举证责任等进行了规定;第六章为其他规定(第二十三条至第二十八条),主要包括惯常居所的认定、反致的排除、多法域国家、法院的公共政策以及与共同体、国际公约的关系等内容;第七章为最后条款(第二十九条至第三十二条),主要包括条约一览表、审查条款、条例的时间与适用日期等内容。

(三) 中国产品责任法体系

1.《产品质量法》

为了加强对产品质量的监督管理,明确产品质量责任,保护消费者的合法权益,1993 年 2 月 22 日,第七届全国人民代表大会常务委员会第三十次会议通过了《产品质量法》,并于同年 9 月 1 日起施行。之后该法经过了三次修订,现行版是在 2018 年 12 月 29 日召开的第十三届全国人民代表大会常务委员会第七次会议上通过的修改版。

《产品质量法》分为六章,共计七十四条:第一章为总则;第二章为产品质量的监督;第三章为生产者、销售者的产品质量责任和义务;第四章为损害赔偿;第五章为罚则;第六章为附则。其主要有四个方面的内容:一是规定了产品质量监督等方面的内容;二是规定了生产者、销售者的产品质量责任和义务等方面的内容;三是规定了损害赔偿的范围和时效等方面的内容;四是规定了对各类违法行为的处罚等方面的内容。

2.《侵权责任法》

为了保护民事主体的合法权益,明确侵权责任,预防并制裁侵权行为,2009 年 12 月 26 日,第十一届全国人民代表大会常务委员会第十二次会议通过了《侵权责任法》,并于 2010 年 7 月 1 日起施行。

《侵权责任法》分为十二章,共计九十二条:第一章为一般规定;第二章为责任构成和责任方式;第三章为不承担责任和减轻责任的情形;第四章为关于责任主体的特殊规定;第五章为产品责任;第六章为机动车交通事故责任;第七章为医疗损害责任;第八章为环境污染责任;第九章为高度危险责任;第十章为饲养动物损害责任;第十一章为物件损害责任;第十二章为附则。其主要有三个方面的内容:一是对民事权益、民事责任进行了规定;二是对责任的构成、方式、主体和责任等方面进行了规定;三是对交通事故、医疗损害、环境污染、高度危险、饲养动物损害和物件损害等责任方面进行了规定。

3.《涉外民事法律关系适用法》

为了明确涉外民事关系的法律适用,合理解决涉外民事争议,维护当事人的合法权益,2010 年 10 月 28 日,第十一届全国人民代表大会常务委员会第十七次会议通过了《涉外民事法律关系适用法》,并自 2011 年 4 月 1 日起施行。

《涉外民事法律关系适用法》分为八章,共计五十二条:第一章为一般规定;第二章为民事主体;第三章为婚姻家庭;第四章为继承;第五章为物权;第六章为债权;第七章为知识产品;第八章为附则。其主要有四个方面的内容:一是规定了法律的适用范围对民事权益;二是规定了民事主体的适用法律;三是规定了涉外婚姻的条件、手续和财产关系以及继承等相关内容;四是规定了物权、消费者合同、侵权责任、产品责任和知识产权适用法律等内容。

二、国际市场不正当竞争法律制度

(一)美国反不正当竞争法律体系

1.《谢尔曼反托拉斯法》

1890年7月2日,美国联邦国会通过了《谢尔曼反托拉斯法》。该法是一部现代意义上的反垄断法,成为以后各国反垄断法的范本。

《谢尔曼反托拉斯法》共计八条,其中,第一条和第二条为实质性条款。第一条规定以托拉斯或任何类似形式限制州际贸易或对外贸易者均属非法,违者处以5000美元以下罚金,或1年以下监禁,或两者并处;第二条规定了凡垄断或企图垄断,或与其他任何人联合或勾结,以垄断州际或对外贸易与商业的任何部分者,均作为刑事犯罪,一经确定,处罚与第一条相同。

2.《克莱顿反托拉斯法》

1914年,美国国会制定了《克莱顿反托拉斯法》。该法是对《谢尔曼反托拉斯法》的补充,旨在制止反竞争性的企业兼并以及资本和经济力量的集中。该法明确规定的非法垄断行为有十七种,如:"可能在实质上削弱竞争或趋向于建立垄断"的商业活动;价格歧视,即同一种商品以不同价格卖给不同买主从而排挤竞争对手的行为;搭卖合同,即厂商在供应一种主要货物时坚持要买方必须同时购买搭卖品的行为;在竞争性厂商之间建立连锁董事会,即几家从事州际商业的公司互任董事的行为;在能够导致削弱竞争后果的情况下购买和控制其他厂商股票的行为等。

3.《联邦贸易委员会法》

1914年1月1日,美国国会通过了《联邦贸易委员会法》,并于颁布日起施行。

该法分为三个部分,共计十九条:第一部分为行政性条款(第一条至第三条),主要规定了联邦贸易委员会的组织机构内容的规定;第二部分为实质性条款(第四条至第十六条),主要规定了公司与文件性证据的概念、影响商业的不公平、欺骗性及惯例的非法行为、联邦贸易委员职能与权利、非法行为的责任等内容;第三部分为最后条款(第十七条至第十九条),是关于该法的效力与说明。《谢尔曼反托拉斯法》《克莱顿反托拉斯法》和《联邦贸易委员会法》构成了美国反垄断法的核心与基础。之后,1936年,美国国会通过了《罗伯逊·帕特曼法案》,对《克莱顿反托拉斯法》第二条做出了修正,禁止那些可能会削弱竞争或导致市场垄断的价格歧视;1938年,颁布了《惠勒-利法》,对《联邦贸易委员会法》第五条做出了修正,规定除了不正当竞争方法以外,不正当或欺骗性行为也属于违法;1950年颁布的《赛勒·凯弗维尔法》和1980年颁布的《反托拉斯诉讼程序改进法》均对《联邦贸易委员会法》第七条做出了修正。

(二)联合国组织的多边协议、示范法、示范条款、原则和规则

1.《控制限制性商业行为的公平原则和规则的多边协议》

1980年,联合国贸易与发展委员会草拟了《控制限制性商业行为的公平原则和规则的

多边协议》,并在联合国大会通过,是反垄断法领域中的第一份国际性法规。

2.《关于限制性商业行为的示范法》

1983 年,联合国贸易与发展委员会草拟了《关于限制性商业行为的示范法》,供发展中国家立法参考。

3.《反不正当竞争示范条款》

1996 年 2 月,联合国世界知识产权组织国际局发布的了《反不正当竞争示范条款》。

《反不正当竞争示范条款》共计六条:第一条为总则,规定了构成不正当竞争行为的原则、救济权和条款的适用原则;第二条为对他人企业或活动引起混同,规定了商标、商号等商业标识的混同行为,属于不正当竞争行为;第三条为损害他人的信誉或者名声,规定了对他人企业的商誉造成的或可能造成的损害,属于不正当竞争行为;第四条为误导公众,规定了对其他企业提供的产品或服务进行误导,属于不正当竞争行为;第五条为诋毁他人企业或其活动,规定了对其他企业提供的产品或服务进行诋毁,属于不正当竞争行为;第六条为有关秘密信息的不正当竞争,规定了违反诚信获取或披露的信息,属于不正当竞争行为。

4.《多边协议的管制限制性商业惯例的公平原则和规则》

1980 年 12 月 5 日,发展中国家在第三十五届联合国大会上通过了《多边协议的管制限制性商业惯例的公平原则和规则》(以下简称《原则和规则》),并于颁布日起施行。《原则和规则》尽管不具有法律约束力,但为形成国际反托拉斯法体系奠定了基础。

《原则和规则》的主要内容包括七章:第一章为目标;第二章为定义和适用范围;第三章为多边协议的控制限制性商业惯例的公平原则;第四章为包括跨国公司在内的企业制定的原则和规则;第五章为各国在国家、区域和分区各级规定的原则和规则;第六章为国际措施;第七章为国际体制机构。其主要内容包括四个方面:一是对限制性商业惯例、市场力量的支配地位、企业和该套原则和规则的适用范围进行了界定;二是规定了一般原则、适用本套原则和规则的有关因素和给予发展中国家的优惠待遇或差别待遇;三是规定了企业应遵守其营业所在国的限制性商业惯例法和其他法律中有关限制性商业惯例的规定,企业应同直接受影响的国家的主管当局,在控制不利于这些国家的限制性商业惯例方面进行磋商和合作等方面的要求;四是有关管制"限制性商业惯例"的国际措施。

(三) 中国反不正当竞争法律体系

1.《反垄断法》

为了预防和制止垄断行为,保护市场公平竞争,提高经济运行效率,维护消费者利益和社会公共利益,2007 年 8 月 30 日,第十届全国人民代表大会常务委员会第二十九次会议通过了《反垄断法》,并自 2008 年 8 月 1 日起施行。

《反垄断法》分为八章,共计五十七条:第一章为总则;第二章为垄断协议;第三章为滥用市场支配地位;第四章为经营者集中;第五章为滥用行政权力排除、限制竞争;第六章为对涉嫌垄断行为的调查;第七章为法律责任;第八章为附则。其主要有四个方面的内容:一是规定了垄断行为与垄断协议的情形;二是规定了滥用市场支配地位的行为、经营者集中的情形;三是规定了反垄断执法机构调查措施;四是规定了达成并实施垄断协议的法律责任。

2.《反不正当竞争法》

为了制止不正当竞争行为,保护经营者和消费者的合法权益,1993 年 9 月 2 日,第八届全国人民代表大会常务委员会第三次会议通过了《反不正当竞争法》,并于同年 12 月 1 日起施行。该法之后进行了一次修订,现行版是于 2017 年 11 月 4 日在第十二届全国人民代表大会常务委员会第三十次会议上通过修订的,并于 2018 年 1 月 1 日起施行。

《反不正当法》分为五章,共计三十二条:第一章为总则;第二章为不正当竞争行为;第三章为对涉嫌不正当竞争行为的调查;第四章为法律责任;第五章为附则。其主要有四个方面的内容:一是界定了不正当竞争的概念;二是规定了不正当竞争行为的法律界限;三是规定了不正当竞争行为监督检查的内容;四是规定了违法者应承担的法律责任等内容。

第二节　国际产品侵权责任

随着全球经济一体化的进程,国际产品侵权责任案件日益增多,世界各国加强了对涉外产品侵权等立法。

一、国际产品责任

(一) 产品责任的要素

产品责任是指因产品有缺陷而导致消费者或其他人伤亡或财产损失,产品的制造者与销售者应承担相应的民事责任。其具有五个要素:一是产品本身具有缺陷;二是产品生产者与销售者有提供具有缺陷产品的行为;三是存在着造成他人损害的事实;四是损害事实与提供具有缺陷产品的行为具有因果关系;五是无免责事由。

(二) 产品责任法的特征

产品责任法是调整产品的制造者、销售者与消费者、使用者之间因产品缺陷而形成的侵权赔偿关系的法律规范的总和。其目的在于保护消费者的利益,确定生产者与消费者对其生产或出售的产品所应承担的责任。产品责任法具有四个方面特征:一是属于民事责任的法律;二是具有公法性质,与属于私法的买卖法相比,对当事人更具强制性;三是补偿范围包括物质和精神损失,赔偿金额比一般贸易索赔金额大;四是法律诉讼不需要原被告之间存在合同关系。

(三) 产品责任的客体

1. 产品

产品责任的客体是指经过加工、制作,用于销售的产品。公约和我国法律对产品概念的界定存在着一定的差异:《海牙公约》规定,产品应包括天然产品和工业产品,无论是未加工还是加工的,是动产还是不动产;《斯特拉斯堡公约》规定,产品是指所有动产品包括天然动产、工业动产,无论是未加工还是加工过的,即使是组装在另外的动产内或组装在不动产内,也应该包括在内。

2. 产品缺陷

产品缺陷是指产品存在危及人身、他人财产安全的不合理的危险。《斯特拉斯堡公约》对缺陷的界定是:如果一项产品没有向有权期待安全的人提供安全,则该产品为有瑕疵。《产品责任指令》第四条规定,若产品未给人们和财产提供一个人有权期待的安全,则该产品有瑕疵。我国《产品质量法》第四十六条规定:"缺陷是指产品存在危及人身、他人财产安全的不合理的危险;产品有保障人体健康和人身、财产安全的国家标准、行业标准的,是指不符合该标准。"中国与欧盟国家对"缺陷"的界定有较大区别:我国认定缺陷产品采取的是不合理危险标准和生产标准,且优先适用生产标准,企业只要证明自己的产品符合有关国家标准和行业标准,就无须承担责任;欧盟国家判断一个产品是否为缺陷产品,看其是否符合消费者期待的安全性,即使符合产品标准,仍有可能要承担产品责任。

(四)产品责任的主体

产品责任的主体主要包括以下两类。

1. 生产者

生产者一般是指从事物质资料生产的劳动者。《产品责任指令》第二条规定:"生产者是指成品的制造者、原材料的制造者、零部件的制造者以及将其姓名、商标或其他识别特征标示于产品之上,表明其是该商品的生产者。若不能查明商品的生产者,应视商品的每一个提供者为该商品的生产者,除非他在合理时间内将生产者或其他提供商品者的身份通知受害者。任何为再销售或类似目的将商品输入欧洲共同体内者应视为该商品的生产者。"《斯特拉斯堡公约》规定,生产者是指成品或零配件的制造商以及天然产品的生产者,也包括在产品上显示自己名字、商号等识别标志的进口产品者。

2. 销售者

销售者是指以营利为目的专门从事向消费者提供商品服务的商业组织和自然人。它包括进口商、批发商和零售商等销售产品者。

(五)产品责任的赔偿范围

商品生产者应对商品的瑕疵造成的损害承担责任。我国《民法典》第一千二百零二条规定:"因产品存在缺陷造成他人损害的,生产者应当承担侵权责任。"《斯特拉斯堡公约》和《产品责任指令》也有相应的规定,生产者应当承担由其产品瑕疵造成的死亡或人身伤害的赔偿。对有缺陷产品的自身的损失、不超过 500 欧元的损失、因核事故引起的损失不予考虑。

(六)产品责任赔偿的限额

《产品责任指令》规定的最低赔偿金额标准为 500 欧元,并允许成员国可以对损害赔偿额规定上限。我国《产品质量法》未对赔偿限额做出具体的规定。

(七)产品责任的诉讼

1. 诉讼时效

《斯特拉斯堡公约》和《产品责任指令》对产品责任的诉讼时效规定为 3 年,从受害方应该知道损害或缺陷的存在以及生产者身份时起计算。但产品进入流通满 10 年后,生产者对产品缺陷造成的损害责任消灭,除非受害者同时已对生产者起诉。我国《产品质量法》在借鉴了各国经验的基础上对诉讼时效做出了如下规定:因产品存在缺陷造成的损害要求赔偿的时效期间为 2 年,自当事人知道或应当知道其权益受到损害时期算。该请求权在造成损害的缺陷产品交付最终用户、消费者满 10 年后丧失,但尚未超过明示的安全试用期的除外。

2. 举证责任

《产品责任指令》规定,受害人应当对损害或缺陷及两者之间的因果关系负举证责任。我国《产品质量法》虽然没有明文规定如何举证,但是按照"谁主张、谁举证"的一般法律原则,也应当由受害人负责举证。

(八)产品责任的抗辩事由

在产品责任的诉讼中,被告可以提出无罪的抗辩。《产品责任指令》规定的抗辩事由主要包括四种情况：一是证明该缺陷与产品不存在任何关系，如自己生产的产品还没有投放市场；二是证明产品存在缺陷时非在其控制下，如投放市场时不存在引起损害的缺陷；三是证明缺陷是因遵守官方发布的有关产品的强制性规章所导致的；四是证明缺陷是在产品投入市场时的科学技术水平不可能发现的。

二、国际产品侵权

（一）国际产品侵权责任的分类

侵权责任是指侵害民事权益后应当承担的民事责任。其分为以下两大类。

1. 一人实施侵权行为的责任

一人实施侵权行为责任有以下两种现象。

1）过错侵权责任

行为人因过错侵害他人民事权益，应承担侵权责任。根据法律规定推定行为人有过错，行为人不能证明自己没有过错的，应承担侵权责任；行为人损害他人民事权益，不论行为人有无过错，应承担侵权责任

2）教唆或帮助他人实施侵权责任

教唆或帮助他人实施侵权行为的，应与行为人承担连带责任。教唆或帮助无民事行为能力人、限制民事行为能力人实施侵权行为的，应承担侵权责任；该无民事行为能力人、限制民事行为能力人的监护人未尽到监护责任的，应承担相应的责任。

2. 两人以上实施侵权行为的责任

两人以上实施侵权行为责任有以下两种现象。

1）共同实施侵权责任

两人以上共同实施侵权行为，造成他人损害的，应当承担连带责任。两人以上实施危及他人人身、财产安全的行为，其中一人或者数人的行为造成他人损害，能够确定具体侵权人的，由侵权人承担责任。不能确定具体侵权人的，行为人承担连带责任。

2）分别实施侵权责任

两人以上分别实施侵权行为造成同一损害，每个人的侵权行为都足以造成全部损害的，行为人承担连带责任。两人以上分别实施侵权行为造成同一损害，能够确定责任大小的，各自承担相应的责任。难以确定责任大小的，平均承担赔偿责任。

（二）国际产品侵权责任的主体

侵权责任主体是在产品责任主体的基础上而引申出的，各国法律对其规定可以归为两类：一是因产品存在缺陷造成他人损害的，生产者应当承担侵权责任；二是因销售者的过错使产品存在缺陷，造成他人损害的，不能指明缺陷产品的生产者也不能指明缺陷产品的供货者的，销售者应当承担侵权责任。

（三）国际产品侵权责任法律的适用

国际产品侵权责任法律适用主要有以下五种基本原则。

1. 侵害地国法律

适用侵害地国家法律的范围，在《海牙公约》和《罗马条例 Ⅱ》的第四条中有着明确的界定：《海牙公约》规定，如果侵害地国家同时又是直接遭受损害的人的惯常居所地，或者是被请求承担责任人的主营业地，或者是直接遭受损害的人取得产品的地方，则适用侵害地国家的国

内法;《罗马条例Ⅱ》规定,因侵权与不法行为而产生的非合同之债,适用损害发生地国法。

2. 惯常所在地国家法律

适用惯常所在地国家法律的范围,在《海牙公约》和《罗马条例Ⅱ》都有明确的表述:《海牙公约》第五条规定,如果直接遭受损害的人的惯常所在地,同时又是被请求承担责任的人的主营业地,或者是直接遭受损害的人取得产品的地方,则仍然适用于直接遭受损害的人的惯常居住地国家的国内法;《罗马条例Ⅱ》第四条第二款规定,被请求承担责任人与受害人在同一国拥有惯常居所,应适用该共同惯常居所地国法。

3. 主营业地国家法律

适用主营业地国家法律的范围,《海牙公约》第六条做了相应的规定:如果上述第四条和第五条指定的适用法律都不适用,应适用被请求承担责任的人的主营业地国家的国内法,除非原告基于侵害地国家的国内法提出其请求。

4. 最密切联系地法律

适用最密切联系地法律的范围,《罗马条例Ⅱ》第四条第三款做了相应的规定:如果从案件各种事实来看,侵权与不法行为明显于该条第一、第二款以外的国家有密切联系的,则适用该国的国内法。

5. 当事人意思自治原则

适用当事人意思自治原则的范围,《罗马条例Ⅱ》第十四条第三款做了相应的规定:当事人地合意选择适用于非合同之债的法律,可以在损害事件发生之前或之后自由订立协议的方式,选择法院地以外的法律。在案件的审理中,其在顺序上优先于侵权行为地法。

我国《涉外民事关系法律适用法》中的产品责任法律选择,不仅引入了意思自治和属人法等原则,还运用了选择性的冲突规范,将各种方法、原则进行了有机结合。《涉外民事关系法律适用法》第四十四条规定,侵权责任适用侵权行为地法律,但当事人有共同经常居所地的,适用共同经常居所地法律。侵权行为发生后,当事人协议选择适用法律的,按照其协议;其第四十五条规定,产品责任适用被侵权人经常居所地法律,被侵权人选择适用侵权人主营业地法律、损害发生地法律的,或者侵权人在被侵权人经常居所地没有从事相关经营活动的,适用侵权人主营业地法律或者损害发生地法律;其第三条规定,当事人依照法律规定可以明示选择涉外民事关系适用的法律,体现了当事人自治原则。

(四) 国际产品侵权责任的赔偿

1. 请求损害赔偿的对象

我国《侵权责任法》规定,因产品存在缺陷造成损害的,被侵权人可以向产品的生产者请求赔偿,也可以向产品的销售者或经营者请求赔偿。如果产品缺陷因生产者造成的,销售者或经营者在赔偿后可向生产者追偿;如果产品缺陷因销售者或经营者的过错造成的,生产者在赔偿后有权向销售者或经营者追偿;如果产品缺陷因运输者、仓储者等第三人的过错造成他人损害的,生产者、销售者或经营者在赔偿后可向第三人追偿。上述规定直接来源于我国《产品质量法》第四十一条至第四十三条的相关规定。

2. 请求损害赔偿的范围

各国相关法律法规对损害赔偿的范围大致归为以下三类。

1) 人身损害赔偿

造成他人身体上痛苦、残疾、死亡等人身伤亡的,根据其不同情况赔偿为治疗与康复支出的合理费用、残疾生活辅助费与残疾赔偿金、丧葬费与死亡赔偿金等,还应当赔偿精神损失费。

2)财产损失赔偿

财产损失赔偿应当包括为替换或修复受损坏的财产所支出的合理费用。侵害他人财产损失的,应当按损失发生时的市场价格或其他方式计算确定赔偿金额;侵害他人人身权益造成财产损失的,应当按被侵权人因此受到的损失确定赔偿金额;被侵权人的损失难以确定,侵权人因此获得利益的,按照其获得的利益确定赔偿金额。如果被侵权人和侵权人就赔偿数额协商不成的,可向法院提起诉讼。

3)其他现象赔偿

其他现象赔偿主要有三种情形:一是因防止或制止他人民事权益被侵害而使自己受到损害的,由侵权人承担责任,其无法实施的情况下由受益人给予适当补偿;二是因紧急避险造成损害的,由引起险情发生的人承担责任;三是利用网络服务实施侵权行为的,被侵权人有权通知网络服务提供者采取删除、屏蔽、断开链接等必要措施,如果其未及时采取必要措施的,应当承担连带责任。

(五)除外责任

除外责任主要包括三种现象:一是损害是因受害人故意造成的,行为人不承担责任;二是因不可抗力造成他人损害的,不承担责任;三是因正当防卫造成损害的,不承担责任。

三、经营者责任

经营者是指向消费者提供商品或者服务的法人、其他经济组织和自然人。我国《侵权责任法》规定,经营者向消费者提供商品或服务应根据有关法律法规的规定履行义务。

(一)人身与财产安全的责任

1. 确保提供的场所与设施应符合保障人身、财产安全的要求

(1)经营者为消费者提供的消费场所、服务设施、店堂装饰、商品陈列、网络环境等场所与设施应当符合保障人身、财产安全的要求,对可能危及消费者人身、财产安全的场所和设施条件,应以显著的方式设置安全使用说明、警示标识,并采取必要的安全防护措施。

(2)经营者提供的场所和设施遇到危险或不法侵害时,经营者应当给予救助。

2. 确保提供的商品或服务符合保障人身和财产安全的要求

(1)经营者发现其提供的商品或服务存在的缺陷,有危及人身或财产安全危险的,应向有关行政部门报告和告知消费者,并采取停止销售、警示、召回、无害化处理、销毁、停止生产或服务等措施。

(2)经营者以奖励或附赠等形式向消费者免费提供商品或服务,应符合保障人身和财产安全的强制性标准,不存在其他危及人身和财产安全的危险。

(二)商品和服务质量的责任

1. 确保商品的质量

(1)不得在生产和销售商品中掺杂、掺假,以不合格商品冒充合格商品。

(2)不得销售失效或变质的商品。

(3)不得将"处理品""残次品""等外品"等商品作为正品销售。

(4)经营者应保证在正常使用商品的情况下其提供的商品应具有的质量、性能、用途和有效期限。

（5）经营者以广告、产品说明、实物样品或其他方式表明商品质量状况的，应确保提供的商品实际质量与表明的质量状况相符。

2. 确保服务的质量

（1）经营者不得以虚假的商品说明、商品标准、实物样品、价格表示、促销方式、现场说明和演示等方式销售商品或服务。

（2）经营者应保证在正常接受服务的情况下其提供的服务应具有的质量和有效期限。

（3）经营者以广告方式表明服务质量状况的，应确保提供的服务实际质量与标明的质量状况相符。

（三）经营和服务规范的责任

1. 经营的规范性

（1）经营者应当标明其真实名称和标记，租赁他人柜台或场地也应当标明；采用电视方式提供商品或服务的，应在电视画面中以显著方式标明商品经营者的名称和标记。

（2）经营者提供的商品或服务应明码标价，提供商品或服务后依法或商业惯例向消费者出具购货凭证或服务单据。

（3）网络交易平台提供者应对进入平台销售商品或提供服务的经营者进行身份信息审查和登记，应建立平台内交易规则、交易安全保障、不良信息处理、信用评价等管理制度。各项管理制度应当在其网站持续显示，并从技术上保证消费者能够便利、完整地阅览和保存。

（4）网络交易平台经营者应当建立消费者信息安全保障制度，采取电子签名、数据备份、故障恢复等技术手段确保消费者网络交易数据和资料的完整性和安全性，并应当保证原始数据的真实性。

（5）经营者不得收集与经营业务无关的信息或者采取不正当方式收集信息，不得向消费者的固定电话、移动电话等通信设备，电脑等电子终端或者电子邮箱、网络硬盘等电子信息空间发送商业性电子信息或者拨打商业性推销电话。

（6）经营者不得生产和销售伪造产地、伪造或冒用他人的厂名、厂址、篡改生产日期、伪造冒用质量标志的商品，不得生产和销售侵犯他人注册商标专用权、虚假名称和标记的商品，不得采用虚构交易、虚标成交量、虚假评论或雇佣他人等方式进行欺骗式销售诱导。

（7）网络交易平台经营者应当对通过平台销售的商品和服务信息，以及通过平台销售商品或者提供服务的经营者建立检查监控制度，发现有涉嫌违法行为的，应当向有关行政部门报告，并及时采取措施制止。

（8）网络交易平台经营者不得挪用消费者权益保证金及专项赔付款。

2. 服务的规范性

（1）经营者应向消费者提供有关商品或服务的真实信息，不得做引人误解的虚假宣传。

（2）经营者提供的服务不得侵犯他人注册商标专用权，不得以虚假的名称和标记提供服务。

（3）经营者应听取消费者对其提供的商品或服务的意见，接受消费的监督，及时回答消费者就提供商品或服务的质量和使用方法等问题，并依法承担包修、包换、包退或其他责任的。

（4）经营者不得对消费者进行侮辱、诽谤，不得搜查消费者的身体及其携带的物品，不得侵犯消费者的人身自由。

（5）经营者不得以格式合同、通知、声明、店堂告示等方式做出对消费者不公平、不合理的规定,或减轻、免除其损害消费者的合法权益。

(6)网络交易平台在其从事经营活动的主页面显著位置公示相关信息,应自行或与平台内经营者协议建立消费者权益保证金制度或先行赔付制度,并公开消费者权益保证金及赔付款项的管理和使用办法,不得在提供金融商品或服务过程中出现欺诈金融消费者的行为。

第三节 国际市场不正当竞争责任

全球经济一体化推动了世界经济的发展,也加剧了国际市场的竞争,调节不正当竞争行为的法律主要有反垄断法与反不正当竞争法。反垄断法在国际条约和各国立法的名称用语各不相同,欧盟称之为竞争法,美国称之为反托拉斯法,德国称之为卡特尔法,日本称之为公平贸易法,名称虽然不同,其实质都是禁止垄断,保护竞争。

一、反垄断法与反不正当竞争法概述

(一)基本概念

1. 垄断

垄断是指在市场结构模式中,一个或少数几个人或公司支配着某项产品或服务的市场。《布莱克法律词典》中关于垄断的表述为:"垄断是赋予某个人或公司或更多的个人或公司的一种特权或特别优势,正是由于这种专有权利的存在,上述人或公司才能从事一种特别的事业,制造某种特别的产品或控制某种特殊商品的整个供应规模。"由此可见,垄断具有市场主体、市场客体和市场资源集中的特点。

2. 反垄断

反垄断是指有关世界组织或国家政府采取法律、行政等手段进行干预,禁止市场垄断和贸易限制等相关行为。

3. 竞争

竞争是指在市场经济条件下,经营者在从事生产或服务的中从各自的利益出发,为取得更多的市场资源而进行的优胜劣汰过程。

4. 不正当竞争

不正当竞争行为是指在市场经济条件下,经营者在市场竞争中采取非法的或者有悖于公认的商业道德手段和方式,如以假冒、虚假广告、窃取商业秘密等与其他经营者展开竞争的行为,攫取他人的竞争优势。

(二)法律效应

1. 反垄断法的作用

反垄断法是指通过规范垄断和限制竞争行为来调整经营者相互竞争关系的法律规范的总和。其主要有以下三个方面的作用。

1)保障个人或企业自由地参与市场活动

这种市场活动主要包括开业自由、经营决策自由、贸易自由、分配自由等,维护公平竞争。

2)打击行政性垄断

行政性垄断是指行政机关或其授权的组织滥用行政权力,限制竞争的行为。在一些计划经济向市场经济过度的国家中,地区行政性市场垄断、行政强制交易、行政部门干涉企业经营行为、行政性公司滥用优势行为等现象大量存在,不利于市场竞争。

3) 维护有序的市场竞争秩序

反垄断法通过法律的强制性作用排除各种对市场竞争机制作用的干扰,保护市场主体参与市场竞争的权利,维护有效的市场结构和市场秩序。

2. 反不正当竞争法的作用

反不正当竞争法是调整国家在制止不正当竞争行为过程所发生的社会关系的法律规范的总称。

其主要有以下四个方面的作用。

1) 规范市场竞争规则

竞争机制的正常发挥,需要有公平合理的交易秩序。反不正当竞争法通过立法明确公平竞争与不正当竞争行为的界限,规范市场竞争规则,对于不遵守市场竞争规则的经营者给予制裁。

2) 制止不正当竞争行为

不正当竞争者违背商业道德,违背市场交易原则,其不正当竞争行为直接扰乱市场竞争秩序,反不正当竞争法通过立法制止不正当竞争行为,具有强大的威慑力,维护了正常的市场秩序。

3) 维护市场主体的利益

消费者、生产者和销售者是市场的主体,反不正当竞争法通过立法不仅维护了消费者的合法权益,还保护了单个被不正当竞争行为侵权的生产者或销售者,维护了市场主体的整体利益。

4) 有利于生产力的提高

反不正当竞争法通过立法建立了市场公平竞争机制,保障了经营者合法权益,能激励经营者努力改进技术、提高产品或服务质量,降低生产或服务成本,推动整个社会生产力的不断提高。

(三) 基本原则

1. 反垄断法的基本原则

1) 市场原则

国家制定与实施与市场经济相适应的竞争规则,完善宏观调控,健全开竞争有序的市场体系,在更大程度上发挥市场在资源配置中的基础性作用。

2) 竞争原则

经营者可以通过公平竞争、自愿联合,依法实施集中,扩大经营规模,提高市场竞争力。防止企业在市场竞争中通过兼并等手段形成独占地位或垄断优势,进而破坏竞争机制。

3) 公平原则

行政机关和法律法规授权的具有管理公共事务职能的组织不得滥用行政权力,制定含有排除、限制竞争内容的规定。

2. 反不正当竞争法的基本原则

反不正当竞争法的基本原则主要有以下五项。

1) 自愿原则

自愿原则是指经营者能够根据自己内心的真实意愿来参与特定的市场交易活动,设立、变更和终止特定的法律关系的原则。它是市场交易的基本前提,也是国际公约和各国反不正当竞争法的共同原则。

2) 平等原则

平等原则是指任何参与市场交易活动的经营者的法律地位平等,享有平等的权利能力,在平等的基础上平等协商,任何一方都不得将自己的意志强加给对方的原则。它是国际公约和各国反不正当竞争法的共同原则。

3) 公平原则

公平原则一般是指在市场交易中,经营者应当遵循公平与公正规则的原则。在市场竞争中,公平原则与平等原则常常联系在一起。《原则和规则》规定:"各国在控制限制性商业惯例时,应按照既定的法律程序,保证对所有企业给予公正、公平、一视同仁的待遇。"

4) 诚信原则

诚信即诚实信用原则,是指现代市场经济中公认的商业道德的原则。它也是道德与伦理规范在法律上的表现。《瑞士反不正当竞争法》第二条"诚实信用"和我国《反不正当竞争法》第二条都将其确立为基本原则,还在具体的条款中做了规定。

5) 遵守公认的商业道德原则

公认的商业道德是指在长期的市场交易活动中形成的,为社会所普遍承认和遵守的商业行为准则。公认的商业道德是以公平和诚实信用为基础而发展起来的具体商业惯例,也是国际公约和各国反不正当竞争法的共同原则。例如,《原则和规则》提出了企业应遵守其营业所在国的限制性商业惯例法和其他法律中有关限制性商业惯例的规定。

(四) 辩证关系

竞争必然导致经济实体实力的增强与集中,从而导致垄断。垄断进而排斥竞争,导致市场失去竞争活力。两者是对立统一的辩证关系。

1. 反垄断法与反不正当竞争法的对立性

两者的主要区别如下。

1) 法律性质不同

反垄断法属于公法,是调整国家与普通公民之间、组织之间、国家机关及其组成人员之间关系的法律;反不正当竞争法属于私法,是调整普通公民与组织之间关系的法律。

2) 立法目的不同

反垄断法调整的目的在于禁止限制竞争行为,维护合法竞争的自由性,促进经营者积极参与市场竞争;反不正当竞争法调整的目的在于禁止不正当竞争行为,维护合法竞争的公平性,规范合法竞争的市场秩序。

3) 规制对象的不同

反垄断法的重点部分是竞争者之间的协调行为,目的是防止市场上形成排除竞争或者严重限制竞争的局面;反不正当竞争法的重点部分是市场上企业间的相互竞争行为,目的是制止不正当竞争行为。

2. 反垄断法与反不正当竞争法的统一性

反垄断法与反不正当竞争法都属于竞争法的范畴,两者互依互存。如果只反对垄断,不反对不正当竞争行为,人或公司就可能会滥用自由竞争权利,随意侵犯他人正当权益。反不正当竞争法和反垄断法不仅互为条件,在很多情况下也是交叉存在的。

二、垄断行为

我国《反垄断法》规定的垄断行为主要有以下三种情形。

(一) 经营者达成垄断协议

1. 垄断协议的类型

垄断协议是指排除、限制竞争的协议或者决定或者其他协同行为。其有以下两种类型。

1) 横向垄断协议

横向垄断协议是指具有竞争关系的经营者达成的协议。协议主要内容涉及六个方面：一是固定或变更商品价格；二是限制商品生产数量或销售数量；三是分割销售市场或原材料采购市场；四是限制购买新技术、新设备或限制开发新技术、新产品；五是联合抵制交易；六是反垄断执法机构认定的其他垄断协议。

2) 纵向垄断协议

纵向垄断协议是指经营者与交易相对人达成的协议。协议主要内容涉及三个方面：一是固定向第三人转售商品的价格；二是限定向第三人转售商品的最低价格；三是反垄断执法机构认定的其他垄断协议。

 案例分析

2000 年至 2011 年 6 月，四家在中国生产轴承的日资企业，在日本组织召开了亚洲研究会，在上海组织召开了轴承出口市场会议，讨论亚洲地区及中国市场的轴承涨价方针、涨价时机和幅度、交流涨价实施情况。四家轴承企业在中国境内销售轴承时，依据亚洲研究会、出口市场会议共同协商的价格或互相交换的涨价信息，实施了涨价行为，损害了下游制造商的合法权益和我国消费者利益。

请分析，四家轴承企业是否涉嫌达成并实施了轴承的价格垄断协议？为什么？

2. 垄断协议的除外情形

经营者能够证明所达成的协议属于下列情形之一的，不属于垄断协议：

(1) 为改进技术、研究开发新产品的。

(2) 为提高产品质量、降低成本、增进效率，统一产品规格、标准或实行专业化分工的。

(3) 为提高中小经营者经营效率，增强中小经营者竞争力的。

(4) 为实现节约能源、保护环境和救灾救助等社会公共利益的。

(5) 因经济不景气，为缓解销售量严重下降或生产明显过剩的。

(6) 为保障对外贸易和对外经济合作中的正当利益的。

(7) 法律和国务院规定的其他情形。

3. 实施垄断协议的法律责任

1) 经营者违法达成并实施垄断协议的责任

经营者违法达成并实施垄断协议的，由反垄断执法机构责令停止违法行为，没收违法所得，并处上一年度销售额 1% 以上 10% 以下的罚款；尚未实施所达成的垄断协议的，可以处 50 万元以下的罚款。经营者主动向反垄断执法机构报告达成垄断协议的有关情况并提供重要证据的,反垄断执法机构可以酌情减轻或免除对该经营者的处罚。

2) 行业协会违法组织经营者达成垄断协议的责任

行业协会违法组织本行业经营者达成垄断协议的,反垄断执法机构可以处50万元以下的罚款;情节严重的,社会团体登记管理机关可以依法撤销登记。

(二) 经营者滥用市场支配地位

滥用市场支配地位是指经营者在相关市场内具有能够控制商品价格、数量和其他交易条件,或能够阻碍、影响其他经营者进入相关市场能力的市场地位。相关市场是指经营者在一定时期内就特定商品或服务进行竞争的商品范围和地域范围。

1. 市场支配地位的认定

认定经营者是否具有市场支配地位应依据六个方面的因素:一是该经营者在相关市场的市场份额,以及相关市场的竞争状况;二是该经营者控制销售市场或原材料采购市场的能力;三是该经营者的财力和技术条件;四是其他经营者对该经营者在交易上的依赖程度;五是其他经营者进入相关市场的难易程度;六是与认定该经营者市场支配地位有关的其他因素。

2. 市场支配地位的推定

可以推定经营者具有市场支配地位有三种情形:一是某经营者在相关市场的市场份额达到1/2的;二是2个经营者在相关市场的市场份额合计达到2/3的;三是3个经营者在相关市场的市场份额合计达到3/4的。

3. 滥用市场支配地位的行为

禁止具有市场支配地位的经营者不得滥用市场支配地位有七种行为:一是以不公平的高价销售商品或者以不公平的低价购买商品;二是没有正当理由,以低于成本的价格销售商品;三是没有正当理由,拒绝与交易相对人进行交易;四是没有正当理由,限定交易相对人只能与其进行交易或者只能与其指定的经营者进行交易;五是没有正当理由搭售商品,或者在交易时附加其他不合理的交易条件;六是没有正当理由,对条件相同的交易相对人在交易价格等交易条件上实行差别待遇;七是反垄断执法机构认定的其他滥用市场支配地位的行为。

4. 滥用市场支配地位的法律责任

经营者违法滥用市场支配地位的,根据我国《反垄断法》规定由反垄断执法机构责令停止违法行为,没收违法所得,并处上一年度销售额1%以上10%以下的罚款。

 案例分析

三佳交互数字技术公司参与各类无线通信国际标准的制定,将其直接或间接拥有的专利权纳入无线通信的国际标准,并以此形成了相关市场的支配地位。桦微技术有限公司是全球主要的电信设备提供商,向法院起诉主张,三佳交互数字技术公司在相关市场处于垄断地位,无视其在加入标准组织时对公平、合理、无歧视原则的承诺,对其专利许可设定不公平的过高价格,对条件相似的交易相对人设定歧视性的交易条件,在许可条件中附加不合理的条件,在许可过程中涉嫌搭售,滥用其市场支配地位,不仅损害了竞争秩序,也对桦微技术有限公司造成实质损害,已威胁到桦微技术有限公司在相关市场的正常运营。故其请求法院判令三佳交互数字技术公司立即停止垄断民事侵权行为,赔偿桦微技术有限公司经济损失人民币2 000万元。

请分析,三佳交互数字技术公司是否构成滥用市场支配地位?为什么?

（三）经营者集中

1. 经营者集中的情形

经营者集中情形有三个方面：一是经营者合并；二是经营者通过取得股权或资产的方式取得对其他经营者的控制权；三是经营者通过合同等方式取得对其他经营者的控制权或能够对其他经营者施加决定性影响。

2. 经营者集中申报的标准

经营者集中达到国务院规定的申报标准的，经营者应事先向反垄断执法机构申报。其标准有两个方面：一是参与集中的所有经营者上一会计年度在全球范围内的营业额合计超过 100 亿元人民币，其中至少 2 个经营者上一会计年度在中国境内的营业额均超过 4 亿元人民币；二是参与集中的所有经营者上一会计年度在中国境内的营业额合计超过 20 亿元人民币，其中至少 2 个经营者上一会计年度在中国境内的营业额均超过 4 亿元人民币。这里所指的营业额包括相关经营者上一会计年度内销售产品和提供服务所获得的收入，扣除相关税金及其附加；在中国境内意指是指经营者提供产品或服务的买方所在地在中国境内。

3. 经营者集中不予申报的情形

经营者集中不予申报的两种情形：一是参与集中的一个经营者拥有其他每个经营者 50% 以上有表决权的股份或者资产的；二是参与集中的每个经营者 50% 以上有表决权的股份或资产被同一个未参与集中的经营者拥有的。

4. 经营者集中的申报流程

国家市场监督管理局反垄断局承担受理和审查经营者集中申报工作，是经营者集中反垄断审查的执法机构。

1）经营者提交申报文件资料

经营者向反垄断执法机构申报集中，应提交申报书、集中对相关市场竞争状况影响的说明、集中协议、参与集中的经营者经会计师事务所审计的上一会计年度财务会计报告、受理机构规定的其他文件和资料。申报书应当载明参与集中的经营者的名称、住所、经营范围、预定实施集中的日期和受理机构规定的其他事项。经营者提交的文件资料不完备的，应当在规定期限内补交文件资料，逾期视为未申报。

2）受理机构进行初步审查

受理机构应自收到经营者提交的文件资料之日起 30 日内，对申报的经营者集中进行初步审查，做出是否实施进一步审查的决定，并书面通知经营者。审查的依据有六个方面：一是参与集中的经营者在相关市场的市场份额及其对市场的控制力；二是相关市场的市场集中度；三是经营者集中对市场进入和技术进步的影响；四是经营者集中对消费者和其他有关经营者的影响；五是经营者集中对国民经济发展的影响；六是反垄断执法机构认为应当考虑的影响市场竞争的其他因素。

受理机构做出决定前，经营者不得实施集中；做出不实施进一步审查的决定或逾期未做出决定的，经营者可以实施集中。

3）受理机构做出进一步审查的决定

受理机构决定实施进一步审查的，应当自决定之日起 90 日内审查完毕，并书面通知经营者。如果经营者因提交文件资料不准确需要核实的，或申报后有关情况发生重大变化的，可以申请延长审查期限，须经受理机构同意，但最长不得超过 60 日。

受理机构做出禁止经营者集中的决定,应当说明理由。审查期间,经营者不得实施集中。如果受理机构逾期未做出决定的,经营者可以实施集中。

5. 违法集中的法律责任

经营者违反实施集中的,根据我国《反垄断法》规定由反垄断执法机构责令停止实施集中、限期处分股份或者资产、限期转让营业以及采取其他必要措施恢复到集中前的状态,可以处 50 万元以下的罚款。

三、涉嫌垄断行为的调查

我国《反垄断法》规定对涉嫌垄断行为的举报、调查措施和调查规定如下。

（一）涉嫌垄断行为的举报

任何单位和个人对涉嫌垄断行为有权向反垄断执法机构举报,反垄断执法机构应当为举报人保密。举报采用书面形式并提供相关事实和证据的,反垄断执法机构应当进行必要的调查。

（二）涉嫌垄断行为的调查措施

反垄断执法机构调查涉嫌垄断行为的措施有五个方面:一是进入被调查的经营者营业场所或其他有关场所进行检查;二是询问被调查的经营者和利害关系人或其他有关单位与个人,要求其说明有关情况;三是查阅和复制被调查的经营者和利害关系人或其他有关单位与个人的有关单证、协议、会计账簿、业务函电、电子数据等文件资料;四是查封和扣押相关证据;五是查询经营者的银行账户。实施这些措施需要向反垄断执法机构主要负责人书面报告,并经批准后方可实施。

（三）涉嫌垄断行为的调查

1. 执法机构及人员的职责和义务

执法机构及人员的职责和义务有五个方面:一是反垄断执法机构调查涉嫌垄断行为的执法人员不得少于 2 人,执法时应出示执法证件;二是询问和调查应制作笔录,由被询问人或被调查人签字;三是对被调查的经营者和利害关系人提出的事实、理由和证据进行核实;四是对执法过程中知悉的商业秘密负有保密义务;五是对涉嫌垄断行为调查核实并构成垄断行为的,应依法做出处理决定向社会公布。

2. 被调查对象的义务

被调查的经营者、利害关系人或其他有关单位和个人应当配合反垄断执法机构依法履行职责,有权陈述意见,不得阻碍或拒绝调查。

3. 涉嫌垄断行为调查的中止

1) 中止调查的情形

被调查的涉嫌垄断行为经营者承诺在反垄断执法机构认可的期限内,采取具体措施消除该行为后果的,反垄断执法机构对其履行承诺的情况进行监督,如果确实履行承诺的,可以决定终止调查。

2) 恢复调查

反垄断执法机构发现对被调查的涉嫌垄断行为经营者未履行承诺的,或做出中止调查决定所依据的事实发生重大变化的,或基于经营者提供的不完整或不真实的信息做出的,应当恢复调查。

4. 涉嫌垄断行为调查的法律责任

1) 被调查对象的法律责任

对反垄断执法机构依法实施的审查和调查,拒绝提供有关材料、信息,或提供虚假材料、信息,或隐匿、销毁、转移证据,或有其他拒绝和阻碍调查行为的,由反垄断执法机构责令改正,并处个人2万元以下、单位20万元以下的罚款;情节严重的,对个人处2万元以上10万元以下的罚款,对单位处20万元以上100万元以下的罚款;构成犯罪的,依法追究刑事责任。

2) 执法机构工作人员的法律责任

反垄断执法机构工作人员滥用职权、玩忽职守、徇私舞弊或者泄露执法过程中知悉的商业秘密,构成犯罪的,依法追究刑事责任;尚不构成犯罪的,依法给予处分。

四、不正当竞争行为

(一) 不正当竞争行为的表现

世界知识产权组织公布的《反不正当竞争示范条款》和我国《反不正当竞争法》等对不正当竞争的行为都有具体的规定。其主要有以下七种。

1. 混淆行为

混淆行为是指经营者采用欺骗性的手段从事市场交易,使自己的商品或服务与特定竞争对手的商品、服务相混淆,或与足以引人误认与他人存在特定联系,以造成购买者误认或误购目的的不正当竞争行为。《反不正当竞争示范条款》第二条第一款规定:"在工商业活动中,对他人企业或其活动,特别是对该企业提供的产品或服务,引起或者可能引起混同的任何行为或行径,应构成不正当竞争行为。"混淆行为具有三个特征:一是行为的目的是竞争,行为人在主观上希望客户或消费者产生混淆和误解,以此获得竞争优势;二是行为的表现,行为人利用他人的商品或服务标志,包括商品名称、包装、装潢、企业名称、社会组织名称、姓名、网站名称等;三是行为的本质,是欺骗与之交易的消费者和经营者。

我国《反不正当竞争法》第六条规定,混淆行为有以下四种情形:

(1) 擅自使用他人有一定影响的商品名称、包装、装潢等相同或者近似的标识。

(2) 擅自使用他人有一定影响的企业名称(包括简称、字号等)、社会组织名称(包括简称等)、姓名(包括笔名、艺名、译名等)。

(3) 擅自使用他人有一定影响的域名主体部分、网站名称、网页等。

(4) 其他足以引人误认为是他人商品或与他人存在特定联系的混淆行为。

2. 诋毁商誉行为

诋毁商誉行为又称为商业诽谤行为,是指经营者自己或利用他人,通过编造、传播虚假信息或误导性信息,对竞争对手的商业信誉、商品声誉进行恶意的诋毁、贬低,以削弱其市场竞争能力,为自己取得竞争优势的行为。《反不正当竞争示范条款》第三条第一款规定:"在工商业活动中,对他人企业的商誉或声誉造成损害或可能造成损害,无论是否引起混同的任何行为或行径,应构成不正当竞争行为。"在现实经济生活中,诋毁商誉行为的情形是多种多样的,主要分成五类:一是产品附属资料中的商业诽谤;二是产品交易中的商业诽谤;三是新闻、广告中的商业诽谤;四是直接在公众中散布谣言;五是组织、唆使、利用他人进行商业诽谤。

3. 误导公众行为

误导公众是指经营者对其商品的性能、功能、质量、销售状况、用户评价、曾获荣誉等作虚假或者引人误解的商业宣传。《反不正当竞争示范条款》第四条第一款规定:"在工商业活动中,对某个企业或其活动,特别是对该企业提供的产品或服务,进行误导或可能误导公众的任何行为或行径,应构成不正当竞争行为。"误导公众行为具有两种特征:一是商品宣传的内容与实际情况不符;二是宣传的内容易误导消费者对该商品的认识并影响其购买的行为。

经营者不得通过组织虚假交易等方式,帮助其他经营者进行虚假或引人误解的商业宣传。虚假宣传行为主要有三种类型:一是商品的交易或服务的提供是虚构的;二是商品或服务的信息存在着虚构现象;三是商品或服务的效果是虚构的。

4. 侵犯商业秘密行为

商业秘密是指不为公众所知悉、具有商业价值并经权利人采取相应保密措施的技术信息和经营信息。《反不正当竞争示范条款》第六条第一款规定:"在工商业活动中,未经合法控制秘密信息的人许可,由他人以违反诚实商业惯例的方式,导致该信息披露、获取或使用的任何行为或行径,应构成不正当竞争行为。"侵犯商业秘密行为具有三个法律特征:一是秘密性,是指技术信息和经营信息不为公众所知悉,这是商业秘密的本质特征;二是保密性,是指权利人对技术信息和经营信息采取了保密措施,权利人是否采取了保密措施不仅是技术信息或经营信息能否成为商业秘密的条件,也是寻求法律保护的前提;三是信息性,是指商业秘密只包括具有信息性质的技术信息和经营信息。

我国《反不正当竞争法》第九条规定侵犯商业秘密行为有三种情形:一是以盗窃、贿赂、欺诈、胁迫或其他不正当手段获取权利人的商业秘密;二是披露、使用或允许他人使用以前项手段获取的权利人的商业秘密;三是违反约定或违反权利人有关保守商业秘密的要求,披露、使用或允许他人使用其所掌握的商业秘密。第三人明知或应知商业秘密权利人的员工、前员工或其他单位、个人实施违法行为,仍获取、披露、使用或允许他人使用该商业秘密的,视为侵犯商业秘密。

5. 商业贿赂行为

商业贿赂行为是指经营者为争取交易机会,暗中给予交易对方有关人员和能够影响交易的其他相关人员以财物或其他好处的行为。商业贿赂行为具有四个特征:一是商业贿赂的主体是从事市场交易的经营者,既可以是卖方,也可以是买方;二是商业贿赂的性质是经营者故意侵犯同业竞争者的公平竞争权,扰乱了社会经济秩序;三是商业贿赂的目的是为了排挤竞争对手;四是商业贿赂的表现,违反国家有关财务、会计、廉政等方面法律法规的规定秘密给付财物,提供免费的度假和旅游等,以及赠送昂贵物品等形式。

商业贿赂行为有两种情形:一是经营者不得采用财物或其他手段进行贿赂,以谋取交易机会或竞争优势。贿赂的对象包括交易相对方的工作人员、受交易相对方委托办理相关事务的单位或个人、利用职权或影响力影响交易的单位或个人等。二是经营者的工作人员进行贿赂的,应当认定为经营者的行为。如果经营者有证据证明该工作人员的行为与为经营者谋取交易机会或竞争优势无关的除外。

6. 不正当有奖销售行为

不正当有奖销售行为是指经营者销售商品或提供服务,附带性地向购买者提供物品、金钱或其他经济上的利益的行为。

我国《反不正当竞争法》第十条规定有奖销售不得存在三种情形：一是所设奖的种类、兑奖条件、奖金金额或奖品等有奖销售信息不明确，影响兑奖；二是采用谎称有奖或故意让内定人员中奖的欺骗方式进行有奖销售；三是抽奖式的有奖销售，最高奖的金额超过5万元。

7. 妨碍破坏网络经营行为

妨碍破坏网络经营行为是指利用软件等技术手段，在互联网领域通过影响用户选择或其他方式，实施的干扰、限制、妨碍、破坏、影响其他经营者合法提供的网络产品或服务正常运行的行为。

我国《反不正当竞争法》第十二条规定，经营者不得利用技术手段，通过影响用户选择或其他方式，实施妨碍、破坏其他经营者合法提供的网络产品或服务正常运行的行为。其主要有四种情形：一是未经其他经营者同意，在其合法提供的网络产品或服务中插入链接，强制进行目标跳转；二是误导、欺骗、强迫用户修改、关闭、卸载其他经营者合法提供的网络产品或服务；三是恶意对其他经营者合法提供的网络产品或服务实施不兼容；四是其他妨碍、破坏其他经营者合法提供的网络产品或服务正常运行的行为。

（二）对涉嫌不正当竞争行为的调查

1. 涉嫌不正当竞争行为的举报

我国《反垄断法》规定，监督检查部门应当向社会公开受理举报的电话、信箱或电子邮件地址，接受任何单位和个人对涉嫌不正当竞争行为的举报，并为举报人保密。

2. 涉嫌不正当竞争行为的调查措施

我国《反垄断法》第十三条规定，监督检查部门调查涉嫌不正当竞争行为可以采取的措施：一是进入涉嫌不正当竞争行为的经营场所进行检查；二是询问被调查的经营者、利害关系人及其他有关单位、个人，要求其说明有关情况或提供与被调查行为有关的其他资料；三是查询、复制与涉嫌不正当竞争行为有关的协议、账簿、单据、文件、记录、业务函电和其他资料；四是查封、扣押与涉嫌不正当竞争行为有关的财物；五是查询涉嫌不正当竞争行为的经营者的银行账户。实施这些措施需要向应当向监督检查部门主要负责人书面报告，并经批准。采取上述第四、第五项规定的措施，当事人应当向设区的市级以上人民政府监督检查部门主要负责人书面报告，并经批准。

3. 涉嫌不正当竞争行为的调查

监督检查部门的调查职责有三个方面：一是监督检查部门及其工作人员对调查过程中知悉的商业秘密负有保密义务；二是监督检查部门接到举报后应当依法及时处理，对实名举报并提供相关事实和证据的，监督检查部门应当将处理结果告知举报人；三是监督检查部门调查涉嫌不正当竞争行为，应当遵守《中华人民共和国行政强制法》和其他有关法律、行政法规的规定，并应当将查处结果及时向社会公开。监督检查部门的工作人员滥用职权、玩忽职守、徇私舞弊或泄露调查过程中知悉的商业秘密的，依法给予处分；构成犯罪的，依法追究刑事责任。

监督检查部门调查涉嫌不正当竞争行为，被调查的经营者、利害关系人及其他有关单位、个人应当如实提供有关资料或者情况。

五、经营者的权利与责任

（一）经营者的权利

我国《反垄断法》第十七条规定，经营者的合法权益受到不正当竞争行为损害的，可以向人民法院提起诉讼。因不正当竞争行为受到损害的经营者的赔偿数额,按照其因被侵权所受到的实际损失确定;实际损失难以计算的,按照侵权人因侵权所获得的利益确定。赔偿数额还应当包括经营者为制止侵权行为所支付的合理开支。

(二) 经营者的责任

我国《反垄断法》第十七条规定:"经营者违反本法规定,给他人造成损害的,应当依法承担民事责任。"经营者的责任有以下八个方面。

1. 混淆行为的法律责任

混淆行为的法律责任有两项:一是权利人因被侵权所受到的实际损失、侵权人因侵权所获得的利益难以确定的,由人民法院根据侵权行为的情节判决给予权利人300万元以下的赔偿。二是实施混淆行为的,由监督检查部门责令停止违法行为,没收违法商品;违法经营额在5万元以上的,可以并处违法经营额5倍以下的罚款;没有违法经营额或违法经营额不足5万元的,可以并处25万元以下的罚款;情节严重的,吊销营业执照。

2. 诋毁商誉行为的法律责任

经营者或与其他经营者受指使从事诋毁竞争对手商业信誉、商品声誉的,可以构成共同侵权人,由监督检查部门责令停止违法行为、消除影响,处10万元以上50万元以下的罚款;情节严重的,处50万元以上300万元以下的罚款。

3. 误导公众行为的法律责任

经营者对其商品作虚假或者引人误解的商业宣传,或者通过组织虚假交易等方式帮助其他经营者进行虚假或者引人误解的商业宣传,由监督检查部门责令停止违法行为,处20万元以上100万元以下的罚款;情节严重的,处100万元以上200万元以下的罚款,可以吊销营业执照;属于发布虚假广告的,依照我国《广告法》的规定处罚。

4. 侵犯商业秘密行为的法律责任

经营者侵犯商业秘密的,由监督检查部门责令停止违法行为,处10万元以上50万元以下的罚款;情节严重的,处50万元以上300万元以下的罚款。

5. 商业贿赂行为的法律责任

《反不正当竞争法》规定,经营者贿赂他人的,由监督检查部门没收违法所得,处10万元以上300万元以下的罚款;情节严重的,吊销营业执照。

6. 不正当有奖销售行为的法律责任

经营者违反《反不正当竞争法》规定进行有奖销售的,由监督检查部门责令停止违法行为,处5万元以上50万元以下的罚款。

7. 妨碍破坏网络经营行为的法律责任

经营者违反《反不正当竞争法》规定妨碍、破坏其他经营者合法提供的网络产品或服务正常运行的,由监督检查部门责令停止违法行为,处10万元以上50万元以下的罚款;情节严重的,处50万元以上300万元以下的罚款。

8. 其他情形法律责任

经营者从事不正当竞争,有主动消除或者减轻违法行为危害后果等法定情形的,依法从轻或者减轻行政处罚,由监督检查部门记入信用记录;如果违法行为轻微并及时纠正,没有造成危害后果的,不予行政处罚。经营者如果妨害监督检查部门依照《反不正当竞争法》履行职责,拒绝、阻碍调查的,由监督检查部门责令改正,对个人可以处5 000元以下的罚款,对单位可以处 5 万元以下的罚款,并可以由公安机关依。

 案例思政

国际产品纠纷案——敬业精神

【案例简介】

　　某年 3 月,消费者佐佐木女士在日本东京百货商店服装柜台其女儿购买了一套中国产的童装。当该消费者的女儿穿上新衣将双手插进口袋时,被上衣右口袋内遗漏的一根缝纫针刺破了右手,流出了鲜血,还为此去医院进行了确诊。消费者佐佐木女士向该商店销售者请求赔偿 100 万日元。商店销售者向佐佐木女士赔偿了以后,立即停止发售这批童装,同时向日本供应商某商社提出了索赔,并要求其组织人力对这批童装重新进行检验。该商社(进口商)在检验过程中又发现了 10 多根缝纫针,于是向出口商中国某进出口公司提出索赔,要求其赔偿包括佐佐木女士赔偿的 100 万日元、检验费用 200 万日元、商店销售者因停止发售损失 100 万日元。出口商不仅赔偿了进口商提出的 400 万日元的要求,还十分重视这期国际产品纠纷案,并组成专案工作小组到这批童装加工企业进行调查,分析生产管理漏洞,找出存在的问题,要求其进行整改。

【案例启示】

　　本案引发的后果虽然不是十分严重,但是涉及的加工生产企业的管理制度以及从业人员的职业态度,其核心就是缺乏敬业的精神。敬业是国家倡导的社会主义核心价值观的基本内容,是我们每一位公民在学习与工作中应当遵守的准则。一根缝纫针遗漏在衣服口袋中,看上去是一件很小的事情,但是影响了我国在国际贸易领域中的良好国际形象。

复习与思考

一、单项选择题

　　1. 1973 年 10 月 2 日,国际私法协会在海牙召开的国际私法会议上通过了《关于产品责任的法律适用公约》,简称(　　)。

　　A.《纽约公约》　　　　　　　　　　B.《斯特拉斯堡公约》

　　C.《罗马公约》　　　　　　　　　　D.《海牙公约》

　　2. 建立在两大法律体系和欧洲各国比较法的基础上,首次在欧共体层面对欧洲侵权法律适用制度做了统一的条例是(　　)。

　　A.《罗马条例Ⅱ》　　　　　　　　　B.《斯特拉斯堡公约》

　　C.《海牙公约》　　　　　　　　　　D.《欧洲公约》

　　3. 被称为"现代意义上的反垄断法"的是(　　)。

　　A.《克莱顿反托拉斯法》　　　　　　B.《谢尔曼反托拉斯法》

C.《联邦贸易委员会法》　　　　　　　　　D.《关于限制性商业行为的示范法》

4.《斯特拉斯堡公约》和《产品责任指令》对产品责任的诉讼时效规定为（　　）年。

A. 1　　　　　　　　B. 2　　　　　　　　C. 3　　　　　　　　D. 4

5. 下列情形中,可以推定经营者具有市场支配地位的是（　　）。

A. 某经营者在相关市场的市场份额达到 1/3

B. 2 个经营者在相关市场的市场份额合计达到 2/3

C. 2 个经营者在相关市场的市场份额合计达到 1/2

D. 3 个经营者在相关市场的市场份额合计达到 2/3 的

6. 参与集中的所有经营者上一会计年度在全球范围内的营业额合计超过 100 亿元人民币,其中至少 2 个经营者上一会计年度在中国境内的营业额均超过（　　）亿元人民币的情形,经营者应事先向反垄断执法机构申报。

A. 7　　　　　　　　B. 6　　　　　　　　C. 5　　　　　　　　D. 4

7. 抽奖式的有奖销售,最高奖的金额不得超过（　　）元。

A. 1 000　　　　　　B. 5 000　　　　　　C. 10 000　　　　　　D. 50 000

8. 在商业混淆诉讼中,权利人因被侵权所受到的实际损失、侵权人因侵权所获得的利益难以确定的,由人民法院根据侵权行为的情节判决给予权利人（　　）万元以下的赔偿。

A. 100　　　　　　　B. 200　　　　　　　C. 300　　　　　　　D. 500

二、多项选择题

1. 下列各项中,属于国际产品侵权责任的法律适用公约的有（　　）。

A.《关于产品责任的法律适用公约》

B.《关于造成人身伤害与死亡的产品责任的欧洲公约》

C.《关于对有缺陷的产品责任的指令》

D.《欧盟非合同之债法律适用条例》

2. 下列各项中,属于我国《侵权责任法》包含的侵权责任有（　　）。

A. 违约责任　　　　　　　　　　　　　B. 产品责任

C. 高度危险责任　　　　　　　　　　　D. 机动车交通事故责任

3. 下列各项中,属于联合国组织反不正当竞争法律体系的有（　　）。

A.《控制限制性商业行为的公平原则和规则的多边协议》

B.《关于限制性商业行为的示范法》

C.《反不正当竞争示范条款》

D.《多边协议的管制限制性商业惯例的公平原则和规则》

4. 下列各项中,属于产品责任法的特征的有（　　）。

A. 属于民事责任的法律

B. 具有公法性质,更具强制性

C. 补偿范围包括物质和精神损失

D. 法律诉讼不需要原被告之间存在合同关系

5. 下列各项中,属于我国《涉外民事关系法律适用法》中对侵权责任适用的法律正确的有（　　）。

A. 侵权行为地法律　　　　　　　　　B. 共同经常居所地法律

C. 协议选择适用法律　　　　　　　　D. 被侵权人主营业地法律

6. 因产品存在缺陷造成损害的,被侵权人可以向产品的(　　)请求赔偿。

A. 生产者　　　　　B. 监督者　　　　　C. 销售者　　　　　D. 经营者

7. 下列各项中,属于纵向垄断协议主要内容的有(　　)。

A. 财产保全

B. 固定向第三人转售商品的价格

C. 限定向第三人转售商品的最低价格

D. 反垄断执法机构认定的其他垄断协议

8. 下列各项中,属于诋毁商誉表现形式的有(　　)。

A. 产品附属资料中的商业诽谤　　　　B. 新闻、广告中的商业诽谤

C. 直接在公众中散布谣言　　　　　　D. 组织、唆使、利用他人进行商业诽谤

三、判断题

1. 1914 年,美国国会制定了《谢尔曼反托拉斯法》,该法是对《克莱顿反托拉斯法》的补充,旨在制止反竞争性的企业兼并以及资本和经济力量的集中。　　　　　　(　　)

2. 1980 年,联合国贸易与发展委员会草拟了《控制限制性商业行为的公平原则和规则的多边协议》,并在联合国大会通过,该协议是反垄断法领域中的第一份国际性法规。

(　　)

3. 欧盟国家认定缺陷产品采取的是不合理危险标准和生产标准,且优先适用生产标准,企业只要证明自己的产品符合有关国家标准和行业标准,就无须承担责任。　　(　　)

4. 证明缺陷是在产品投入市场时的科学技术水平不可能发现的,不属于产品责任的抗辩事由。　　　　　　　　　　　　　　　　　　　　　　　　　　　　　　(　　)

5. 产品责任适用侵权人经常居所地法律,被侵权人选择适用侵权人主营业地法律、损害发生地法律的,或者侵权人在被侵权人经常居所地没有从事相关经营活动的,适用侵权人主营业地法律或者损害发生地法律。　　　　　　　　　　　　　　　　　　(　　)

6. 如果产品缺陷因运输者、仓储者等第三人的过错造成他人损害的,生产者、销售者或经营者在赔偿后不能向第三人追偿。　　　　　　　　　　　　　　　　　　(　　)

7. 没有正当理由,限定交易相对人只能与其进行交易或者只能与其指定的经营者进行交易的行为属于滥用市场支配地位的行为。　　　　　　　　　　　　　　　(　　)

8. 经营者通过合同等方式取得对其他经营者的控制权或能够对其他经营者施加决定性影响的不属于经营者集中的情形。　　　　　　　　　　　　　　　　　　(　　)

9. 商业秘密是不为公众所知悉,能为权利人带来经济利益、具有实用性并经权利人采取相应保密措施的技术信息和经营信息。　　　　　　　　　　　　　　　　(　　)

10. 经营者的工作人员进行贿赂的,应当认定为经营者的行为。如果经营者有证据证明该工作人员的行为与为经营者谋取交易机会或竞争优势无关的除外。　　　(　　)

四、简答题

1. 简述产品责任的要素。

2. 简述经营者向消费者提供的人身与财产安全责任的表现。

3. 简述认定经营者是否具有市场支配地位所依据的因素。

4. 简述网络不正当竞争行为的表现。

五、案例分析题

某年,欧盟反垄断监管机构对三洋、松下和索尼三家日本公司调查中发现,在 2004—2007 年,这三家日本公司与三星 SDI 公司协调可充电锂离子电池价格,当时由于钴(一种用于生产锂离子电池的原材料)的价格临时上涨,四家公司统一上涨了锂电池的价格。反垄断监管机构认定,四家公司组成卡特尔,操纵手机和笔记本电脑等设备所使用的锂电池价格,并对其处以总计 1.66 亿欧元的罚款。

请分析,欧盟反垄断监管机构对四家公司查处的依据是什么?

第七章　国际货物运输法律制度

 学习目标

◆ 了解国际组织和我国颁布的关于国际货物运输相关法律的适用范围及基本内容。

◆ 熟悉国际货物运输相关法律关于运输合同当事人权利与责任的法律规定。

◆ 明确学习国际货物运输相关法律对促进我国对外贸易和跨境电子商务发展的意义。

◆ 具备订立与履行国际货物运输合同的法律知识及基本能力。

本 章 概 要

本章包括四部分内容:第一部分为国际货物运输法律制度概述,介绍了《统一提单的若干法律规定的国际公约》(以下简称《海牙规则》)、《修改统一提单若干法律规定的国际公约议定书》(以下简称《维斯比规则》)、《联合国海上货物运输公约》(以下简称《汉堡规则》)、《关于统一国际航空运输某些规则的公约》(以下简称《华沙公约》)、《修改1929年统一国际航空运输某些规则的公约的议定书》(以下简称《海牙议定书》)、《统一非缔约承运人所办国际航空运输某些规则以补充华沙公约的公约》(以下简称《瓜达拉哈拉公约》)、《统一国际航空运输某些规则的公约》(以下简称《蒙特利尔公约》)、《国际铁路货物运送公约》(以下简称《国际货约》)、《国际铁路货物联合运输协定》(以下简称《国际货协》)、《中华人民共和国民用航空法》(以下简称《民用航空法》)、《中华人民共和国海商法》(以下简称《海商法》)、《中华人民共和国铁路法》(以下简称《铁路法》)、《中华人民共和国邮政法》(以下简称《邮政法》)的颁布、框架和适用范围;第二部分为国际海上货物运输,介绍了国际海上货物运输合同的当事人、订立、海上货物运输提单、当事人的权利与责任、赔偿;第三部分为国际航空货物运输,介绍了国际航空货物运输合同的当事人、运输方式、订立、航空货运单、当事人的权利与责任;第四部分为国际铁路货物联合运输,介绍了国际铁路货物运输合同的当事人、运输方式、合同当事人的权利与责任;第五部分为国际邮政与快递服务,介绍了国际邮政服务的形式、国际邮政包裹的邮寄流程、当事人的权利与责任,以及国际快递服务当事人(快递企业和寄件人)的权利与责任、其他法律责任。

第一节　国际货物运输法律制度概述

国际货物运输是国际贸易及跨境电子商务产业链中的一个重要环节,承担着将不同关境的货物从发货人转移到收货人的任务。根据国际贸易交易模式的不同,国际货物运输方式分为两类:一是传统的进出口国际货物运输,主要包括国际海上货物运输、国际航空货物运输和国际铁路货物运输;二是国际贸易领域跨境电子商务的货物运输。除上述运输方式外,国际货物运输还涉及邮政速递和物流快递。为了明确国际货物运输中承运人与托运人的法律关系,国际组织和各国都先后通过或制定了相关的公约、议定书和法律,主要包括《海牙规则》《维斯比规则》《汉堡规则》《华沙公约》《海牙议定书》《瓜达拉哈公约》《蒙特利尔公约》《国际货约》《国际货协》《万国邮政公约》和我国《海商法》《民用航空法》《铁路法》《邮政法》等。

根据我国相关法律的规定,中华人民共和国缔结或者参加的国际条约同我国相关法律有不同规定的,适用国际条约的规定,中华人民共和国法律和中华人民共和国缔结或者参加的国际条约没有规定的,可以适用国际惯例。

一、国际海上货物运输法律制度

(一) 国际法协会国际海事委员的规则

1.《海牙规则》

为了统一世界各国关于提单的不同法律规定,并确定承运人与托运人在海上货物运输中的权利和义务,1924 年 8 月 25 日,国际法协会国际海事委员会在比利时首都布鲁塞尔通过了《海牙规则》,并于 1931 年 6 月 2 日起实施。

《海牙规则》分为两大部分,共计十六条。第一部分为实质性条款(第一条至第十条),主要包括五个方面的内容:一是规定了承运人最低限度的义务;二是明确了承运人运输货物的责任期间、承运人的赔偿责任限额和承运人的免责事项;三是规定了索赔与诉讼时效;四是规定了运输合同的无效条款;五是规定了适用范围等内容。第二部分为程序性条款(第十一条至第十六条),主要包括有关公约的批准、加入和修改程序性条款等内容。

《海牙规则》适用于在任何缔约国所签发的一切提单,包括不属于缔约国签发的订有适用该规则条款的提单。租船合同的提单不适用于《海牙规则》。

2.《维斯比规则》

随着国际贸易与海洋运输的发展,《海牙规则》的部分条款已经不能适用,而且在义务、免责事项、索赔诉讼和责任限制等方面偏袒于承运人,对货主的保护则相对较少,要求修改《海牙规则》的呼声不断。在此情形下,国际法协会国际海事委员会着手对《海牙规则》的修改工作,起草了《维斯比规则》又称《1968 年布鲁塞尔议定书》,并提交于 1968 年 2 月 23 日召开的布鲁塞尔十二届海洋法外交会议进行审议通过,从 1977 年 6 月 23 日起实施。

《维斯比规则》共计十七条,其中前七条是对《海牙规则》的修改与补充。其主要内容包括六个方面:一是确定了规则的适用范围;二是规定了提单证据的效力;三是规定了承运人及其受雇人员的责任限制;四是规定了承运人对货物损害赔偿的限额;五是增加了"集装箱条款";六是规定了当事人的诉讼时效。

《维斯比规则》适用于在缔约国签发的、货物在一个缔约国的港口起运的和注明适用于《维斯比规则》条款的提单。租船合同的提单不适用于《维斯比规则》。

3.《汉堡规则》

《维斯比规则》对《海牙规则》没有进行实质性的修改,仍然保留了偏袒于承运人利益的条款,由此对《海牙规则》和《维斯比规则》做全面修改的呼声日益不绝。在此背景下,联合国国际贸易法委员会受联合国贸易和发展会议的委托在汉堡起草了《汉堡规则》,并于 1978 年 3 月 31 日在德国汉堡由联合国主持的海上货物运输大会上通过。根据《汉堡规则》的生效条件规定:"本公约自第二十份批准书、接受书、认可书或加入书交存之日起满一年后的次月第一日生效。"《汉堡规则》直至埃及递交了批准书后才满足了生效条件,自 1992 年 11 月 1 日起正式生效。

《汉堡规则》分为七个部分,共计三十四条:第一部分为总则;第二部分为承运人的责任;第三部分为托运人的责任;第四部分为运输单证;第五部分为索赔和诉讼;第六部分为补充规定;第七部分为最后条款。《汉堡规则》保留了《维斯比规则》对《海牙规则》修改的内容,废除了《海牙规则》的不合理条款,较为合理地规定了承运人与托运人的权利与义务。其主要有六个方面的内容:一是规定了承运人的责任原则、承运人的责任期间和承运人赔偿责任限额;二是规定了对延迟交付货物的责任、承运人和实际承运人的赔偿责任以及托运人的责任;三是明确了保函的法律地位;四是提出了索赔通知的要求;五是提出了诉讼时效、管辖权和仲裁的相关规定;六是确定了规则的适用范围等内容。

《汉堡规则》适用于两个不同国家之间的、或装货港或卸货港或备选卸货属于缔约国的海上运输合同以及载有适用于《汉堡规则》条款的提单。租船合同及其提单不适用于《汉堡规则》。

(二)《海商法》

为了调整海上运输关系、船舶关系,维护当事人各方的合法权益,促进海上运输和经济贸易的发展,1992 年 11 月 7 日,第七届全国人民代表大会常务委员会第二十八次会议通过了《海商法》,并于 1993 年 7 月 1 日起施行。

我国《海商法》分为十五章,共计二百七十八条。第一章为总则;第二章为船舶;第三章为船员;第四章为海上货物运输合同;第五章为海上旅客运输合同;第六章为船舶租用合同;第七章为海上拖航合同;第八章为船舶碰撞;第九章为海难救助;第十章为共同海损;第十一章为海事赔偿责任限制;第十二章为海上保险合同;第十三章为时效;第十四章为涉外关系的法律运用;第十五章为附则。其主要有六个方面的内容:一是对该法的适用范围及相关术语进行了界定;二是对船舶所有权、船舶抵押权、船舶优先权、船员资格和责任等方面进行了规定;三是对承运人和托运人的权利与义务、运输单证和运输合同的解除等方面进行了规定;四是对海上旅客运输合同当事人的权利与义务等方面进行了规定;五是对船舶租用合同、海上拖航合同当事人的权利与义务等方面进行了规定;六是对船舶碰撞、海难救助、共同海损和海事赔偿责任限制的界定等方面进行了规定。

中国没有加入《海牙规则》《维斯比规则》和《汉堡规则》,但是我国《海商法》吸收了其相关的规定:在承运人的责任期间方面,引用了《海牙规则》和《汉堡规则》的相关规定;在集装箱货物方面,采用了《汉堡规则》的相关规定;在非集装箱货物方面,采用了《海牙规则》的相关规定;在承运人对单件货物灭失及损坏赔偿限额方面,采用了《维斯比规则》的相关规定;在承运人迟延交货责任方面,部分引入《汉堡规则》相关规定的基础上做了规定;在赔偿限额方面,采用国际货币基金组织设定的特别提款权(SDR)为计算单位,放弃以人民币为计算单位。

《海商法》适用于海上货物运输和海上旅客运输,包括海江之间、江海之间的直达运输。

二、国际航空货物运输法律制度

(一)国际民航组织的公约、议定书

1.《华沙公约》

为了统一世界各国关于国际航空运输承运人责任的不同规定,确定承运人与托运人、旅客在航空运输中的权利和义务,国际民航组织于 1929 年 10 月 12 日在华沙召开的航空法国际会议签订了通过了《华沙公约》,并于 1933 年 2 月 13 日起实施。《华沙公约》是最早的国际航空私法,也是目前为止为世界上大多数国家接受的航空公约。截至 1997 年 4 月 20 日,该公约共有 146 个成员国。中国和中国香港特别行政区分别于 1958 年 7 月 20 日和 1975 年 8 月 20 日提交了加入申请书,并分别自 1958 年 10 月 18 日、1997 年 7 月 1 日起生效。

《华沙公约》分为五章,共四十一条:第一章为范围和定义;第二章为运输凭证;第三章为承运人的责任;第四章为关于联合运输的规定;第五章为一般和最后条款。其主要有三个方面的内容:一是对该公约的适用范围进行了界定;二是对客票、行李票、航空货运单的条款、份数等内容进行了规定;三是对航空运输承运人与旅客、货物托运人、收货人的权利与义务进行了规定。《华沙公约》适用于人员、行李、货物的国际航空运输,邮件和邮包的运输不适用该公约。

2.《海牙议定书》

由于航空运输业的飞速发展,《华沙公约》的某些规定不符合现实的要求,在此背景下国际民航组织于 1955 年在海牙召开的航空法国际会议上通过了《海牙议定书》,并于 1963 年 8 月 1 日起生效。我国于 1975 年 8 月 20 日递交了加入申请书,自 1975 年 11 月 18 日起生效。

《海牙议定书》分为三章,共计二十七条:第一章为海牙议定书;第二章为公约经修改后的适用范围;第三章为最后条款。《海牙议定书》主要有四个方面的内容:一是对国际运输定义做了修改;二是简化了运输凭证的项目;三是删去了免费条款中由于驾驶、操作、领航上的过失可以对货物和行李损失免除责任的规定;四是提高了承运人对每个旅客和行李、货物应负的赔偿限额。《海牙议定书》适用于人员、行李、货物的国际航空运输,邮件和邮包的运输不适用该议定书。

3.《瓜达拉哈拉公约》

由于《华沙公约》没有非运输合同一方国际航空运输的专门规则,国际民航组织于 1961 年在墨西哥瓜达拉哈拉召开的航空法国际会议通过了《瓜达拉哈拉公约》,并于 1964 年 5 月 1 日起生效。

《瓜达拉哈拉公约》共计十八条,主要有四个方面的内容:一是对缔约承运人和实际承运人的定义做了界定;二是规定了缔约承运人、实际承运人、代理人的权利与义务;三是规定了赔偿的最高金额;四是规定了原告向缔约承运人和实际承运人提起的诉讼地。《瓜达拉哈拉公约》适用于人员、行李、货物的国际航空运输,邮件和邮包的运输不适用该公约。

4.《蒙特利尔公约》

1999 年 5 月 28 日,国际民航组织在加拿大蒙特利尔召开的航空法国际会议通过了《蒙特利尔公约》,并于 2003 年 11 月 4 日起生效。截至 2005 年 1 月 18 日,71 个国家和欧盟签署了该公约,61 个国家和欧盟批准、接受、核准或加入了公约。2005 年 6 月 1 日,中国向国际民航组织交存批准书,同年 7 月 31 日起该公约对中国生效。

《蒙特利尔公约》分为七章,共计五十七条:第一章为总则(第一条和第二条),对适用范围、国家履行的运输和邮件运输等内容进行了规定;第二章为旅客、行李和货物运输的有关凭证和当事人的义务(第三条至第十六条),对旅客、行李、货物和航空货运单、处置货物的权利、货物的交付、托运人和收货人权利的行使等内容进行了规定;第三章为承运人的责任和损害赔偿范围(第十七条至第三十七条),对货物的延误或损失以及人身伤亡的责任及其赔偿进行了确定,包括索赔时效及要求等内容;第四章为联合运输(第三十八条),对部分采用航空运输的联合运输的条件进行了规定;第五章为非缔约承运人履行的航空运输(第三十九条至第四十八条),对缔约承运人和实际承运人各自的责任、赔偿总额、索赔对象等内容进行了规定;第六章为其他规定(第四十九条至第五十二条),对强制适用、保险和特殊情况下履行的运输进行了规定;第七章为最后条款(第五十三条至第五十七条),对签署、批准、生效和退出等内容进行了规定。

（二）中国民用航空法律体系

为了维护国家的领空主权和民用航空权利,保障民用航空活动安全和有秩序地进行,保护民用航空活动当事人各方的合法权益,1995 年 10 月 30 日,第八届全国人民代表大会常务委员会第十六次会议通过了《民用航空法》。之后该法经过五次修订,现版本是于 2018 年 12 月 29 日第十三届全国人民代表大会第七次会议通过修订的,并于颁布之日起实施。

《民用航空法》分为十六章,共计二百一十四条:第一章为总则;第二章为民用航空器国籍;第三章为民用航空器权利;第四章为民用航空器适航管理;第五章为航空人员;第六章为民用机场;第七章为空中航行;第八章为公共航空运输企业;第九章为公共航空运输;第十章为通用航空;第十一章为搜寻援救和事故调查;第十二章为对地面第三人损害的赔偿责任;第十三章为对外国民用航空器的特别规定;第十四章为涉外关系的法律适用;第十五章为法律责任;第十六章为附则。其主要有六个方面的内容:一是规定了中华人民共和国的领空和民用航空器的国籍及其权利;二是规定了民用航空器适航管理、航空人员和民用机场的管理;三是规定了空域、飞行、飞行保护和文件的管理;四是规定了公共航空运输企业的权利与义务;五是规定了公共航空运输的范围、运输凭证及承运人的责任;六是规定了通用航空的条件、对地面第三人损害的赔偿责任和法律责任等内容。《民用航空法》适用于中华人民共和国的领陆和领水之上空域的民用航空活动。

三、国际铁路货物运输法律制度

（一）欧洲联盟铁路货物运输的公约、协定

1.《国际货约》

1890 年,欧洲各国铁路代表在瑞士伯尔尼召开的国际铁路合作会议上通过了《国际铁路货物运送规则》,从此国际铁路货物联运有了第一个完整的国际铁路规章,改变了当时欧洲各国的铁路轨距、铁路调度、车辆规格等规定不一致,铁路管理层次繁多的局面。之后该规则经过三次修订,在 1934 年进行第三次修订时,其改称为《国际货约》,并于 1938 年 10 月 1 日开始施行。该公约现行版是于 1980 年 5 月 9 日修订的,正式成员国共有 49 个国家。

《国际货约》分为六个部分,共计七十条:第一部分为公约的目的和适用范围;第二部分为运输合同;第三部分为责任、法律诉讼;第四部分为各种规定;第五部分为特殊规定;第六部分为最终规定。其主要有三个方面的内容:一是规定了运输契约发货人、收货人和承运人的权利与义务;二是规定了各铁路间的清算、承运人的责任;三是规定了索赔与诉讼以及赔偿请求的时效。《国际货约》适用于至少两个缔约国之间的铁路联运。

2.《国际货协》

为了加强社会主义国家间的经济合作和交流,对抗西方国家的经济封锁,苏联、波兰、民主德国、阿尔及利亚等八国于 1951 年 11 月在华沙签订了《国际货协》。2018 年 7 月 1 日,国际铁路合作组织委员会根据 1997—2017 年国际铁路合作组织运输法专门委员会例会决议,修订并通过了《国际货协》和《国际铁路货物联运协定办事细则》。我国于 1954 年 1 月加入该协定,其后朝鲜、越南、蒙古也陆续加入,该协定共有 12 个成员国。

《国际货协》分为八章,共计四十条:第一章为总则;第二章为运输合同的缔结;第三章为运输合同的履行;第四章为运输合同的变更;第五章为铁路的责任;第六章为赔偿请求、诉讼、赔偿请求和诉讼时效;第七章为各铁路间的清算;第八章为一般规定。其主要有四个方面的内容:一是对协定的适用范围进行了规定;二是对运输合同及当事人的权利与义务等方面进行了规定;三是对赔偿请求与诉讼时效进行了规定;四是对清算运价货币、办事细则和国内法令的适用进行了规定。《国际货协》适用于至少两个缔约国之间的铁路联运。

在《国际货约》的成员国中,有的同时还参加了《国际货协》,该国家的进出口货物可以通过铁路直接转运到《国际货协》的成员国,为国际间铁路货物的运输提供了便利的条件。

(二)中国民用铁路法律体系

为了保障铁路运输和铁路建设的顺利进行,适应社会主义现代化建设和人民生活的需要,1990 年 9 月 7 日,第七届全国人民代表大会常务委员会第十五次会议通过了《铁路法》,并于 1991 年 5 月 1 日起施行。之后该法经过两次修订,现版本于 2015 年 4 月 24 日第十二届全国人民代表大会常务委员会第十四次会议通过修订,并于颁布之日起生效。

《铁路法》分为六章,共计一百一十九条:第一章为总则;第二章为铁路运输营业;第三章为铁路建设;第四章为铁路安全与保护;第五章为法律责任;第六章为附则。其主要有四个方面的内容:一是规定了铁路主管部门及其职责;二是规定了铁路运输合同的规范及当事人的权利与义务;三是规定了承运人的免责条款;四是规定了托运人和旅客的法律责任。《铁路法》适用于中华人民共和国境内的铁路运输活动。

四、跨境电商物品寄送法律制度

(一)《万国邮政公约》

1874 年 9 月 15 日,英国、德国和美国等 22 国代表在瑞士的伯尔尼签署了《伯尔尼条约》,成立了邮政总联盟。1878 年 5 月,该公约经过修订改名为《万国邮政公约》,邮政总联盟也改名为万国邮政联盟(以下简称"万国邮联")。1964 年 7 月 10 日,万国邮联第十五届代表大会按照组织条例与业务分开的原则,将《万国邮政公约》分为《万国邮政联盟组织法》《万国邮政联盟总规则》《万国邮政公约》和《万国邮政公约实施细则》四个单项法规。现行版的《万国邮政公约》于 1989 年 12 月 14 日颁布,并于 1991 年 1 月 1 日起生效。目前,万国邮联的会员约有 190 多个国家或地区。中华人民共和国于 1972 年 4 月取得万国邮联的合法席位。2004年 9 月,黄国忠在第 23 届万国邮政联盟大会上当选为万国邮政联盟国际局副总局长。2016年 10 月,我国当选为万国邮联行政理事会和邮政经营理事会理事国,这大大提高了我国在国际邮政合作事务中的话语权,对推动"一带一路"和"中欧班列"的建设起到了重要的作用。

《万国邮政公约》分为四个部分,共计二百二十条:第一部分为适用于国际邮政业务的共同规则(包括:第一章总则,第二章邮费的免付);第二部分为关于函件业务的规定(包括:第一章规则,第二章挂号函件和保价信函,第三章责任,第四章邮费的归属、转运费和终端费);第三部分为函件的航空运输(包括:第一章规则,第二章航空运费);第四部分为最后条款。《万国邮政公约》适用于国际邮政业务的共同规则和有关函件业务的各项规定。

（二）《邮政法》

为了保障邮政普遍服务,加强对邮政市场的监督管理,维护邮政通信与信息安全,保护通信自由和通信秘密,保护用户合法权益,促进邮政业健康发展,1986 年 12 月 2 日,第六届全国人民代表大会常务委员会第十八次会议通过了《邮政法》。之后该法经过了三次修订,现行版于 2015 年 4 月由第十二届全国人民代表大会第十四次会议通过修订。

《邮政法》分为九章,共计二百七十八条:第一章为总则;第二章为邮政设施;第三章为邮政服务;第四章为邮政资费;第五章为损失赔偿;第六章为快递业务;第七章为监督检查;第八章为法律责任;第九章为附则。其主要有四个方面的内容:一是规定了邮政管理部门及其职责;二是规定了邮政企业的经营服务规范及其法律责任;三是规定了邮政资费标准的依据、损失赔偿的责任及限额;四是规定了快递业务的资质和规范服务。《邮政法》适用的主体是我国境内所有的用户,包括公民、法人和其他组织;适用的客体是按照国家规定的业务范围、服务标准,以合理的资费标准提供的邮政服务。

第二节　国际海上货物运输

国际海上货物运输是指承运人或其代理人接受托运人的货物运输的要求,订立海上货物运输合同,由承运人按照约定的地点将货物从一国港口运至另一国港口,并由托运人支付约定运费的运输。

一、国际海上货物运输合同

（一）国际海上货物运输合同的当事人

1. 承运人

《汉堡规则》第一条第一款对承运人的定义为:"是指其本人或以其名义与托运人订立海上货物运输合同的任何人。"

2. 托运人

《汉堡规则》第一条第三款对托运人的定义为:"是指其本人或以其名义或代其与承运人订立海上货物运输合同的任何人或指其本人或以其名义或代其将货物实际交付给海上货物运输合同有关的承运人的任何人。"

3. 收货人

《汉堡规则》第一条第四款对收货人的定义为:"是指有权提取货物的人。"《海牙规则》对收货人未做出描述。

我国《海商法》引用了《汉堡规则》对承运人、托运人和收货人含义的界定。

（二）国际海上货物运输合同的订立

在班轮货物运输中,由托运人向船公司或其代理人提出货物运输的要求,填写货物运输委托书,在法理上被称为邀约。船公司或其代理人核准货物运输委托书的内容并接受该票货物的运输,即在货物运输委托书注明一个提单号,再予以签章确认,在法理上被称为接受。由此,国际海上货物运输合同即告成立。

由于班轮运输是通过签发提单来确定承运人与托运人之间的法律关系,因此提单是国际海上货物运输合同的证明,也是确定承运人与托运人权利义务的依据。但是,对于提单的受让人而言,因其没有参加货物运输合同的签订,也就不知托运人与承运人之间在货物托运委托书中的约定,只能依据提单上的记载。因此,在承运人与提单受让人之间,提单不仅是货物运输合同的证明,本身还是一份货物运输合同。

 案例分析

江苏食品贸易公司与美国卡尔公司签订了小麦进口合同,采用 FOB 旧金山交易条件,由进口商负责订舱。江苏食品贸易公司委托香港东昌船运有限公司承运这批进口小麦,双方在货物运输委托书上签章。美国卡尔公司按照香港东昌船运有限公司规定的时间将小麦交付指定地。货物装船后,香港东昌船运有限公司向江苏食品贸易公司签发了提单。

请分析,该笔货物的运输合同成立了吗? 为什么?

(三) 海上货物运输提单

1. 提单的含义

我国《海商法》第七十一条规定:"提单是指用以证明海上货物运输合同和货物已经由承运人接收或者装船,以及承运人保证据以交付货物的单证。提单中载明的向记名人交付货物,或者按照指示人的指示交付货物,或者向提单持有人交付货物的条款,构成承运人据以交付货物的保证。"

2. 提单的内容

《汉堡规则》第十五条第一款对提单的必要项目规定了 15 个项目,我国《海商法》引用了其相关内容,并归为十一项。具体内容包括:一是货物的品名、标志、包数或者件数、重量或者体积,以及运输危险货物时对危险性质的说明;二是承运人的名称和主营业所;三是船舶名称;四是托运人的名称;五是收货人的名称;六是装货港和在装货港接收货物的日期;七是卸货港;八是多式联运提单增列接收货物地点和交付货物地点;九是提单的签发日期、地点和份数;十是运费的支付;十一是承运人或者其代表的签字。提单缺少前款规定的一项或者几项,不影响提单的性质。

3. 提单的种类

1)已装船提单与待运提单

按货物是否已装船,提单可分为已装船提单和待运提单。已装船提单是指承运人将货物装上指定的船只后签发的,并注明载货船舶名称和装货日期的提单;待运提单是承运人收到托运的货物后,在待装船期间签发给托运人的提单。待运提单转换为已装船提单,通常是在货物装船完毕,由承运人加注船名和装船日期,或向承运人换取已装船提单。

2)清洁提单与不清洁提单

按提单上有不良无批注,提单可分为清洁提单和不清洁提单。清洁提单是指货物在装船时表面状况良好,承运人在签发提单上未加任何货损、包装不良或其他有碍结汇批注的提单;如果承运人在签发提单上注明货物或包装有缺陷等批注,即构成不清洁提单。清洁提单和不清洁提单反映了不同的货物状况,为了规避风险,银行和收货人只接受清洁提单。

 案例分析

江苏食品贸易公司与美国卡尔公司签订了小麦进口合同,约定采用麻袋包装,每袋装小麦75千克。美国卡尔公司的供应商在小麦包装结尾时发现采购的新麻袋不够了,由于急于装船,将剩余的1 500千克装了20个旧麻袋。货物装船后,理货员收货单上批注"货物部分包装是旧麻袋",香港东昌船运有限公司向江苏食品贸易公司签发的提单上也注明该批注。

请分析,这个批注是否能构成不清洁提单吗?为什么?

3)记名提单、不记名提单和指示提单

按提单收货人的抬头,提单可分为记名提单、不记名提单和提示提单。记名提单是指在提单的收货人栏里,写明收货人的具体名称,不能通过背书进行转让的提单;不记名提单是指提单收货栏内留空,不需背书,即可转让,风险极大的提单;指示提单是指在提单收货人一栏内填写"凭指定""凭发货人指定"等字样,可通过空白背书或记名背书进行转让的提单。其中,空白背书是指背书人在提单背面签名,并注明背书日期;记名背书是指背书人除了在提单背面签名外,还列明被背书人名称。

4)直达提单与转船提单

按提单运输方式的不同,提单可分为直达提单与转船提单。直达提单是指货物从装货港装船后,中途不经转船,直接运至目的港卸船交与收货人的提单;转船提单是指由承运人签发的,货物从起运港装载的船舶不直接驶往目的港,需要在中途港口换装其他船舶转运至目的港卸货的提单。

5)全式提单与简式提单

按提单内容的简繁,提单可分为全式提单和简式提单。全式提单是指提单正面印有提单格式所记载的事项,背面列有关于承运人与托运人及收货人之间权利、义务等详细条款的提单;简式提单是指提单背面没有关于承运人与托运人及收货人之间的权利义务等详细条款的提单。

二、国际海上货物运输合同当事人的权利与责任

《海牙规则》《汉堡规则》和我国《海商法》对国际海上货物运输合同当事人的权利与责任规定如下。

(一)承运人的权利与责任

1. 承运人的权利

1)享有批注权

承运人或代理人可在提单上批注,如注明提单的记载与实际不符等内容。《汉堡规则》

第十六条第一款规定:"如果承运人或代其签发提单的其他人确知或有合理的根据怀疑提单所载有关货物的品类、主要标志,包数或件数、重量或数量等项目没有准确地表示实际接管的货物,或在签发'已装船'提单的情况下,没有准确地表示已实际装船的货物,或者其他人无适当的方法来核对这些项目,则承运人或该其他人必须在提单上做出保留,注明不符之处、怀疑根据、或无适当的核对方法。"

2) 享有运费收取、货物留置和拍卖请求权

我国《海商法》第八十七条、第八十八条规定,托运人应当向承运人支付的运费、共同海损分摊、滞期费和承运人为货物垫付的必要费用以及应当向承运人支付的其他费用没有付清,又没有提供适当担保的,承运人可以在合理的限度内留置其货物。如果留置货物自船舶抵达卸货港的次日起满60日无人提取的,承运人可以申请法院裁定拍卖;货物易腐烂变质或者货物的保管费用可能超过其价值的,可以申请提前拍卖。

3) 享有危险货物销毁权

《汉堡规则》第十三条规定,托运人没有告知危险货物的预防措施或通知有误时,承运人可根据实际情况在任何时间地点将危险货物卸下予以销毁,防止其产生危害。由此而产生的费用或损失,须由托运人承担。

4) 享有邻近港口卸载权

我国《海商法》第九十一条规定:"因不可抗力或者其他不能归责于承运人和托运人的原因致使船舶不能在合同约定的目的港卸货的,除合同另有约定外,船长有权将货物在目的港邻近的安全港口或者地点卸载,视为已经履行合同。"

5) 享有合理绕航权

《汉堡规则》第四条第四款规定:"为救助或企图救助海上人命或财产而发生的绕航,或任何合理绕航,都不能作为破坏或违反本公约或运输合同的行为;承运人对由此而引起的任何灭失或损害,都不负责。"

2. 承运人的责任

《汉堡规则》第四条第一款规定:"承运人对货物的责任期间包括在装货港,在运输途中以及在卸货港,货物在承运人掌管的全部期间。"在承运人的责任期间,货物发生灭失或者损坏,承运人应当负赔偿责任。根据我国《海商法》第四十六条规定,承运人的责任期间有两种情形:一是集装箱装运货物的责任期间,"是指从装货港接收货物时起至卸货港交付货物时止,货物处于承运人掌管之下的全部期间";二是非集装箱装运货物的责任期间,"是指从货物装上船时起至卸下船时止,货物处于承运人掌管之下的全部期间"。

1) 提供适航的船舶

承运人在船舶开航前和开航时应恪尽职责,使船舶适于航行,适当地配备船员、装备船舶和供应船舶,使货舱、冷藏舱和该船其他载货处所能适宜和安全地收受、运送和保管货物。

2) 安全地运载货物

承运人应适当和谨慎地装卸、搬运、配载、运送、保管、照料和卸载所运货物。承运人未能将货物在约定的时间内、指定的卸货港交付的,为迟延交付。由于承运人的过失,致使货物因迟延交付,或者灭失或者损坏的,承运人应当负赔偿责任。

江苏食品贸易公司从美国卡尔公司进口的小麦是由香港东昌船运有限公司属下的"宏大"轮承运。该轮在驶向中国目的港航线的过程中遇到了大风浪,到了目的地港卸货时发现部分小麦发霉变质。目的港有关部门对"宏大"轮的货舱及货物进行检查,发现该轮货舱舱盖严重锈蚀并有裂缝,舱盖板水密橡胶衬垫老化脱开及通风筒损坏,导致舱盖边缘、舱盖板接缝下以及通风筒下的小麦发霉变质。

　　请分析,部分小麦发霉变质的损失由谁承担责任? 为什么?

　　3）签发提单

　　《海牙规则》第三条第三款规定:"承运人或船长或承运人的代理人在收受货物归其照管后,经托运人的请求,应向托运人签发提单。"

　　《汉堡规则》的第二、第三部分与我国《海商法》的第二、第三节对承运人与托运人的责任及其违约赔偿的限额都有明确的相关规定。

　　3. 承运人的除外责任

　　除外责任是指承运人在责任期间不承担货物灭失或者损坏的赔偿。其有十四种情形:一是船长、船员、引航员或者承运人的其他受雇人在驾驶船舶或者管理船舶中的过失;二是自然火灾;三是海上或者其他可航水域的危险或者意外事故;四是战争或者武装冲突;五是政府或者主管部门的行为、检疫限制或者司法扣押;六是罢工、停工或者劳动受到限制;七是在海上救助或者企图救助人命或者财产;八是托运人、货物所有人或者他们的代理人的行为;九是货物的自然特性或者固有缺陷;十是货物包装不良或者标志欠缺、不清;十一是经谨慎处理仍未发现的船舶潜在缺陷;十二是非由于承运人或者承运人的受雇人、代理人的过失造成的其他原因;十三是因运输活动物的固有的特殊风险造成活动物灭失或者损害的,承运人不负赔偿责任;十四是舱面货物装载因其特殊风险造成的。但是,除自然火灾现象以外,承运人应当举证。

　　香港东昌船运有限公司属下的"宏大"轮承运江苏食品贸易公司从美国进口的小麦,在驶向中国目的港航线的过程中遇到了大风浪,并接到附近一艘船舶的水上救援信号,该船某个货舱起火。于是"宏大"轮前往事发地,参与了灭火,使得该船舶避免了更大的损失。"宏大"轮到达了目的港迟于货物运输委托书约定的时间,故遭到江苏食品贸易公司因逾期造成损失赔偿的请求。

　　请分析,承运人香港东昌船运有限公司是否应承担逾期的责任? 为什么?

　　（二）托运人的权利与责任

　　1. 托运人的权利

　　1）获取提单权

　　《汉堡规则》第十四条第一款规定:"承运人或实际承运人接管货物时,应托运人要求,承运人必须给托运人签发提单。"托运人将出运货物交付承运人后,有权要求承运人或其代理人签发提单,以证明货物已经在承运人的控制下。

2) 享有索赔权

《汉堡规则》第五条规定,承运人应对因货物灭失或损坏或延迟交货所造成的损失负赔偿责任。

3) 解除合同权

我国《海商法》第八十九条规定:"船舶在装货港开航前,托运人可以要求解除合同。"

但是,托运人应当向承运人支付约定运费的一半;货物已经装船的,并应当负担装货、卸货和其他与此有关的费用。

2. 托运人的责任

托运人的责任主要有以下四项。

1) 及时提供正确的托运信息和合适的包装

因托运货物的包装不良或者提供的信息不正确,对承运人造成损失的,托运人应当负赔偿责任。我国《海商法》第六十六条规定,托运人托运货物,应当向承运人保证,货物装船时所提供的货物的品名、标志、包数或者件数、重量或者体积的正确性。

2) 及时提供全套的、信息准确的单证

因将与托运货物有关的单据送交不及时、份数不齐全或者内容不正确,导致承运人的利益受到损害的,托运人应当负赔偿责任。我国《海商法》第六十七条规定,托运人应及时办理货物运输所需要的各项手续,并将已办理各项手续的全套单证送交承运人。

3) 及时按照危险货物运输的相关规定交付

因未能依照海上危险货物运输规定进行包装、做出危险品的标志和标签的,以及未将预防危害措施的书面通知发送承运人或者通知有误的,导致承运人的利益受到损害的,托运人应当负赔偿责任。我国《海商法》第六十八条规定,托运人应当依照有关海上危险货物运输的规定,妥善包装,做出危险品标志和标签,并将其正式名称和性质以及应当采取的预防危害措施书面通知承运人。

4) 及时向承运人支付约定的运费

我国《海商法》第六十九条规定,托运人应当按照约定向承运人支付运费。托运人与承运人可以约定运费由收货人支付;但是,此项约定应当在运输单证中载明。

 案例分析

承运人香港东昌船运有限公司属下的"宏大"轮承运托运人江苏食品贸易公司从美国进口的小麦,"宏大"轮在驶向中国目的港航线的过程中遇到了大风浪,因船舶不适航引起部分小麦发霉变质,还因参与水上救助导致交货延迟。为此,托运人拒绝支付承运人剩余的相关费用。

请分析,托运人的行为是否违法?为什么?

3. 托运人的除外责任

托运人有两种情形不承担相关责任:一是对承运人、实际承运人所遭受的损失或者船舶所遭受的损坏,不负赔偿责任;二是托运人的受雇人、代理人对承运人、实际承运人所遭受的损失或者船舶所遭受的损坏,不负赔偿责任。

三、国际海上货物运输合同当事人的赔偿

(一) 灭失、损坏或延迟交付的通知

《汉堡规则》第十九条对三种通知时间进行了规定:一是收货人必须在收到货物之日后第一个工作日内未将灭失或损坏的书面通知送交承运人,叙明灭失或损坏的一般性质,则视为完好无损地交付货物;二是遇有不明显的灭失或损坏,收货人必须在收到货物之日后 15 日内未将灭失或损坏的书面通知送交承运人,则视为完好无损地交付货物;三是收货人在收到货物之日后 60 日内未将灭失或损坏的书面通知送交承运人,则对延迟交付造成的损失不予赔偿。如果货物的状况在交付收货人时,已经由当事各方联合检查或检验,就不用送交书面通知。

(二) 索赔的时效

《汉堡规则》第二十条规定:"如果在两年内没有提出司法或仲裁程序,即失去时效。"

时效期限自承运人交付货物或部分货物之日第二日起算,如未交付货物,则自货物应该交付的最后一日起。

(三) 赔偿的限额

1. 赔偿的计算方法

1) 按照货物的实际价值计算

货物灭失的赔偿额按照货物的实际价值计算,赔偿时应当减去因货物灭失或者损坏而少付或者免付的有关费用。

2) 按照货物受损前后实际价值的差额或者货物的修复费用计算

货物损坏的赔偿额按照货物受损前后实际价值的差额或者货物的修复费用计算。

3) 按照货物装船时的价值加保险费加运费计算

货物的实际价值按照货物装船时的价值加保险费加运费计算。

2. 赔偿的限额

1) 计算单位的规定

承运人对货物的灭失或者损坏的赔偿限额,按照货物件数或者其他货运单位数计算,货物用集装箱、货盘或者类似装运器具集装的,提单中载明装在此类装运器具中的货物件数或者其他货运单位数,视为货物件数或者其他货运单位数;未载明的,每一装运器具视为一件或者一个单位。装运器具不属于承运人所有或者非由承运人提供的,装运器具本身应当视为一件或者一个单位。

2) 赔偿限额的规定

承运人对货物的灭失或者损坏的赔偿限额,按照每件或者每个其他货运单位为 666.67 计算单位,或者按照货物毛重计算,每千克为 2 计算单位,以两者中赔偿限额较高的为准。但是,托运人在货物装运前已经申报其性质和价值,并在提单中载明的,或者承运人与托运人已经另行约定高于本条规定的赔偿限额的除外。

承运人对货物因迟延交付造成经济损失的赔偿限额,为所迟延交付的货物的运费数额。

3. 赔偿责任限额的除外情形

货物的灭失、损坏或者迟延交付不适用赔偿责任限额的有两种情形:一是由于承运人的

175

故意或者明知可能造成损失而轻率地作为或者不作为造成的；二是由于承运人的受雇人、代理人的故意或者明知可能造成损失而轻率地作为或者不作为造成的。

第三节 国际航空货物运输

国际航空货物运输是指航空公司或其代理人接受托运人的委托，订立航空货物运输合同，由承运人按照约定的地点将货物从一国的航空站运至另一国的航空站，并由托运人支付约定运费的运输。

一、国际航空货物运输合同

（一）当事人

1. 缔约承运人

《瓜达拉哈拉公约》第一条第一款规定，缔约承运人是指"以业主身份与旅客或托运人，或与旅客或托运人的代理人订立一项适用华沙公约的运输合同的人"。缔约承运人对合同约定的全部运输负责。

2. 实际承运人

《瓜达拉哈拉公约》第一条第二款规定，实际承运人是指缔约承运人以外，根据缔约承运人的授权办理承运全部或部分货物或旅客的人。实际承运人对其履行的运输负责。

3. 托运人

托运人是指与航空承运人订立合同，要求使用航空器运输特定货物的当事人。它包括自然人、法人和非法人组织等。

4. 收货人

收货人是航空运输合同指定的货物被运送至约定地点后提取该货物的当事人。其可以是托运人，也可以是托运人之外的第三人。

（二）运输的方式

国际航空货物运输主要有班机运输和包机运输两种方式。

1. 班机运输

班机运输是指在固定时间、固定航线、固定始发站和固定目的站的航空运输方式。班机通常使用客货混合型飞机，一些大的航空公司也有开辟定期全货机航班。

2. 包机运输

包机运输是指一个发货人或几个发货人共同包租一架飞机运送货物的方式。包机可分为两种形式：一是整架包机，适用于运送数量较多的商品；二是部分包机，适用于始发站与目的站相同的多个发货人的运输。

（三）合同的订立

托运人在航空公司或其代理人办理航空托运手续时，填写航空货运单，随附必要的有效证明文件，一并交付航空公司或其代理人，经其确认接受后在航空货运单上签字与盖章，国际航空货物运输合同即告成立。国际航空货物运输是通过签发航空货运单来作为国际海上货物运输合同的证明，并以条款的形式明确承运人与托运人的权利与义务。

（四）航空货运单

1. 航空货运单的种类

航空货运单分为总运单和分运单两种形式。总运单是由航空公司签发航空货运代理公司的单据；分运单则由航空货运代理公司签发给托运人的单据，具有与总运单同样的法律效力。

2. 航空货运单的内容

《华沙公约》第八条对航空货运单的内容规定了十七项：一是地点和日期；二是起运地和目的地；三是约定的经停地点；四是托运人的名称和地址；五是第一承运人的名称和地址；六是收货人的名称和地址；七是货物的性质；八是包装件数、包装方式、特殊标志或号数；九是货物的重量、数量、体积或尺寸；十是货物和包装的外表情况；十一是运费金额、付费日期和地点以及付费人；十二是货到付款应写明货物的价格；十三是声明的价值；十四是航空货运单的份数；十五是随同航空货运单交给承运人的凭证；十六是运输期限与经过的路线；十七是订有受本公约约束的条款。

二、国际航空货物运输合同当事人的权利与责任

《华沙公约》《海牙议定书》《瓜达拉哈拉公约》和我国《民用航空法》对国际航空货物运输合同当事人的权利与责任规定如下。

（一）承运人的权利与责任

1. 承运人的权利

1）享有运费收取权

承运人在接受托运人的航空货物运输的委托后，具有一次性向托运人收取运费及相关的费用的权利。

2）解除合同权

托运货物在发运前，经合同当事人双方协商同意，或任何一方因不可抗力不能履行合同时，可以解除航空运输合同，但应及时通知对方。承运人提出解除合同的，应退还已收的运输费用。

2. 承运人的责任

承运人对货物承担责任是有时空限制的，即货物在承运人保管下的航空货物运输的期间，包括在航空站内或者站外、在航空器上或者航空器下，不论是装货过程，还是转运或者交货过程，只要在承运人的掌管之下。承运人在航空货物运输期间的责任有以下三个方面。

1）签发航空货运单

航空货运单为一式三份；第一份注明"交承运人"，由托运人签字与盖章；第二份注明"交收货人"，由承运人、托运人签字与盖章；第三份由承运人在接受货物后签字与盖章，交给托运人。承运人向托运人签发航空货运单，是表示接受货物运输的承诺。《华沙公约》第十一条第一款规定："航空货运单是订立合同、接受货物和承运条件的证明。"

2）安全地运载货物

承运人应按照航空货运单上指定的地点，在约定的期限内将货物运送到目的地，否则应承担违约责任。《华沙公约》第十九条规定："承运人对旅客、行李或货物在航空运输过程中因延误而造成的损失应负责任。"

3）通知收货人

《国际货协》第二十六条第一款规定："货物到达到站后,承运人必须将运单和货物交付收货人,收货人必须领取货物和运单。"

3. 承运人的除外责任

《华沙公约》第二十条、第二十一条规定了承运人三种除外责任的情形:一是"承运人如果证明自己和他的代理人为了避免损失的发生,已经采取一切必要的措施,或不可能采取这种措施时,就不负责任";二是"在运输货物和行李时,如果承运人证明损失的发生是由于驾驶上、航空器的操作上或领航上的过失,而在其他一切方面承运人和他的代理人已经采取一切必要的措施以避免损失时,就不负责任";三是如果承运人证明损失的发生是由于受害人的过失所引起或造成,可免除或减轻承运人的责任。

我国《民用航空法》第一百二十五条还规定了承运人除外责任的其他四种情形:"(一)货物本身的自然属性、质量或者缺陷;(二)承运人或者其受雇人、代理人以外的人包装货物的,货物包装不良;(三)战争或者武装冲突;(四)政府有关部门实施的与货物入境、出境或者过境有关的行为。"

（二）托运运人的权利与责任

1. 托运人的权利

1）货物支配权

货物交付托运后,托运人可以根据自己的意愿对货物重新进行安排,将货物提回与退回,或者中止运输,或者交付其他收货人。《华沙公约》第十二条第一款规定:"托运人在履行运输合同所规定的一切义务的条件下,有权在起运地航空站或目的地航空站将货物提回,或在途中经停时中止运输,或在目的地或运输途中交给非航空货运单上所指定的收货人,或要求将货物退回起运地航空站,但不得因为行使这种权利而使承运人或其他托运人遭受损害,并且应该偿付由此产生的一切费用。"

 案例分析

浙江仙仙水产进出口公司与法国大川商社签订了活蟹销售合同,并与美达国际货运代理公司签订了航空货物运输委托协议,支付了约定的运费及费用。该委托协议规定:航空货物运输,起运地为上海浦东机场,目的地为法国巴黎机场;托运货物于7月8日运抵指定航空货运站,于7月9日装机出运。浙江仙仙水产进出口公司在7月8日晚间获悉,承运活蟹的航空公司飞机驾驶员因劳资纠纷举行大罢工,取消所有航班,为了避免因活蟹死亡带来的损失,即向美达国际货运代理公司告知提回托运货物。

请分析,托运人的行为是否构成违约? 承运人能否退还已支付的运费及费用? 为什么?

2）享有索赔权

货物交付托运后,托运人在履行运输合同义务的条件下,有权对承运人除外责任以外所造成货物的灭失、损坏和延迟交付引起的利益损害,依法提出索赔。

案例分析

　　浙江鲜限水产进出口公司与法国大川商社签订了活蟹销售合同,因承运的航班取消,提回了托运的活蟹。届时,浙江鲜限水产进出口公司又联系了另一家四海国际货运代理公司,签订了航空货物运输委托协议,支付了约定的运费及费用。该委托协议规定:航空货物运输,起运地为上海浦东机场,目的地为法国巴黎机场;托运活蟹于7月9日送抵指定航空货运站,于7月10日由东方航空公司装机出运。东方航空公司的班机到达了巴黎机场后,因机场地勤工作人员不满飞机驾驶员大罢工所产生的超大工作量,也举行了当日的罢工示威,班机的货物无法卸货,导致部分活蟹死亡。

　　请分析,托运人是否有权向承运人提出索赔? 为什么?

　　3) 解除合同权

　　解除合同权有两种情形:一是货物发运前,经合同当事人双方协商同意,可以解除航空运输合同,但应支付承运人已发生的费用;二是因发生不可抗力事件不能履行合同时,应及时通知对方,依法解除航空运输合同。

　　2. 托运人的责任

　　1) 提供正确的托运信息

　　因在航空货运单内容上提供了错误信息,对承运人造成损失的,导致承运人的利益受到损害的,托运人应当负赔偿责任。《华沙公约》第十条第一款规定:"对于在航空货运单上所填关于货物的各项说明和声明的正确性,托运人应负责任。"

　　2) 根据规定进行货物包装

　　因未能按照国家主管部门规定的标准包装,或者未按货物的性质和承载飞机等条件包装的,导致承运人的利益受到损害的,托运人应当负赔偿责任。

　　3) 提交全套的、信息准确的单证

　　因未及时提交与托运货物有关的单据,或提交的单据不齐全或者内容不正确,导致承运人的利益受到损害的,托运人应当负赔偿责任。《华沙公约》第十六条第一款规定:"托运人应该提供各种必需的资料,以便在货物交付收货人以前完成海关、税务或公安手续,并且应该将必需的有关证件附在航空货运单后面。除非由于承运人或其代理人的过失,这种资料或证件的缺乏、不足或不合规定所造成的任何损失,应该由托运人对承运人负责。"

　　4) 支付约定的运费

　　托运人应按照规定的费率缴付运费和其他费用,在承运人开具航空货运单时一次付清。

　　(三) 收货人的权利与责任

　　1. 收货人的权利

　　1) 提取货物权

　　在托运货物到达目的地后,收货人在缴付应付款项和履行航空货运单上所列的运输条件后,有权向承运人提取航空货运单载明的托运货物。

2）享有索赔权

收货人依法享有索赔有两种情形：一是应在收到货物之日起 10 日内，对托运货物所发生损失可以依法提出；二是货物发生延误的，收货人应自货物交付或者处理之日起 21 日内提出。《华沙公约》第十三条第二款规定："如果承运人承认货物已经遗失或货物在应该到达的日期 7 日后尚未到达，收货人有权向承运人行使运输合同所赋予的权利。"

2. 收货人的责任

收货人在接到提货通知后，应持提货证明或者其他有效证件在规定的时间内提取货物；逾期提取货物的，应当向承运人支付保管费。

第四节　国际铁路货物联合运输

国际铁路货物联合运输是指在两个或两个以上国家铁路运送中，使用一份运送单据，以连带责任办理货物的全程运送，由铁路当局对全程运输负责的联运方式。

一、国际铁路货物运输合同

（一）国际铁路货物运输合同的当事人

1. 承运人

承运人是指参加货物运送的缔约承运人和接续承运人。缔约承运人是指根据《国际货协》的规定，与托运人缔结运输合同的承运人；接续承运人是指与缔约承运人签订运输合同，承担接运货物并以继续运送的实际承运人。

2. 托运人

托运人是指运单中注明的发货人，包括自然人、法人和非法人组织等。

3. 收货人

收货人是指运单中注明的货物领收人，包括自然人、法人和非法人组织等。

（二）国际铁路货物运输的方式

《国际货协》第十三条规定："货物运送可采用国际货约/国际货协运单办理。"国际货协运单是指由《国际货协》统一制定的，是国际货协成员国之间办理铁路联运时所使用的运输单据，是承运人与托运人之间的运输合同；国际货约运单是指由《国际货约》统一制定的，是国际货约成员国之间办理铁路联运时所使用的运输单据，是承运人与托运人之间的运输合同。由此，国际铁路运输划分为以下两种方式。

1. "货协国"之间的运输

"货协国"之间的运输方式是指《国际货协》成员国根据《国际货协》的规定，使用一份国际货协运单来完成成员国之间货物运输的方式。

2. "货协国"与"货约国"之间的运输

"货协国"与"货约国"之间的运输方式是指《国际货协》成员国使用一份国际货协运单将货物运到最后一个成员国关境时，再使用一份国际货约运单完成与《国际货约》成员国之间货物运输的方式。

（三）国际铁路货物运输合同的订立

托运人（出口商）在铁路公司或其代理人办理国际铁路货物联运时，填写国际联运委托书，随附出口贸易合同、货物清单和报关单据等资料向车站（承运人）办理托运手续。车站对提供的资料和货物进行查验，确认无误后申报铁路国际联运计划，该计划获批后通知发货人填写国际货协运单。发货人在货物装车后支付运费及各项费用，车站在国际货协运单上加盖发站日期戳记，国际铁路货物运输合同即告成立。

（四）国际铁路货物运输运单的内容

国际铁路货物运输运单可以采用纸质或电子的形式。其基本内容包括：发货人名称及其通信地址；收货人名称及其通信地址；缔约承运人名称；发送路及发站名称；到达路及到站名称；国境口岸站名称；货物名称及其代码；批号；包装种类；货物件数；货物重量；车辆（集装箱）号码，运送货物的车辆由何方提供（发货人或承运人）；发货人附在运单上的添附文件清单；关于支付运送费用的事项；封印数量和记号；确定货物重量的方法；缔结运输合同的日期。

二、国际铁路货物运输合同当事人的权利与责任

《国际货协》第十四条第七款规定："运送参加者可使用纸质或电子文件履行其权利和义务。"《国际货协》《国际货约》和我国《铁路法》对承运人、托运人和收货人的权利与责任规定如下。

（一）承运人的权利与责任

1. 承运人的权利

1）检查权

承运人有权依据国内的相关法律检查托运人是否遵守运输的相关规定，以及货物与运单中记载的事项是否相符。

2）收取相关费用权

承运人在接受托运人的国际铁路货物运输的委托后，可以向托运人收取运费、杂费、合同变更费和违约金等相关费用的权力。《国际货协》第三十一条规定，承运人有权要求在运送开始前支付运送费用；承运人有权要求为声明货物价格支付杂费；承运人有权要求支付附加运送费用和由于变更运输合同而产生的费用；在缔结运输合同以后，承运人发现承运的货物中有禁止通过该运送应经由国家中任何一国的国境运送的物品，或者承运了危险货物且未遵守其运送条件，或者发货人装车的货物超过车辆最大载重量，或者运送费用额度过低，或者出现了危及行车安全的情况，可向托运人收取违约金；上述相关费用按办理支付所在国的国内法律规定的办法支付给承运人。

3）货物留置权

《国际货协》第三十四条规定，承运人在收到运输合同所产生的全部费用以前有权留置其管理的货物，根据承运人行使其留置权所在国的国内法律执行。

4）货物处置权

《国际货协》第二十三条规定，承运人由于与自身无关的原因不能变更运送经路运送货物、继续运送或将货物交付收货人，应立即向发货人寻求相关指示。如果在 8 昼夜内，其中易腐货物为 3 昼夜内、动物为 2 昼夜内未收到发货人的指示，承运人有权处理货物。如果货

物状态必须即刻采取措施,承运人可立即处理货物。

2. 承运人的责任

国际铁路货物联运运输责任方面采用统一责任制,承运人承担仅由运输合同产生的责任。其具体内容如下。

1) 签发货运单

《国际货协》第十五条第四款规定:"运单可以办理成纸质文件(纸质运单)或电子文件(电子运单)的形式。"

2) 安全地运载货物

缔约承运人和接续承运人应按照货运单上指定的地点,在约定的期限内将货物运送到目的地,并交付收货人。在运输合同生效期间,被运载货物如果发生灭失或损坏或逾期,由承运人负责赔偿。《国际货协》第十四条规定:"根据运输合同,承运人应有偿将发货人托运的货物,按发货人同缔约承运人商定的经路运至到站并将其交付收货人。承运人自承运货物时起,至交付货物时为止,对货物灭失、短少、毁损(腐坏)所造成的损失负责。"

3) 交付运单和货物

缔约承运人和接续承运人应向货运单上指定的收货人交付运单和货物。《国际货协》第二十六条第一款规定,货物到达到站后,承运人必须将运单和货物交付收货人。

3. 承运人的除外责任

《国际货协》第三十九条对承运人的除外责任情形规定如下。

1) 承运人对下列原因导致货物灭失、短少和毁损不予负责

这些原因分为十个方面:一是由于铁路不能预防和不能消除的情况所造成的;二是由于货物、容器、包装质量不符合要求或由于货物、容器、包装的自然和物理特性所造成的;三是由于发货人或收货人的过失或由于其要求所造成的;四是由于发货人或收货人装车或卸车的原因所造成的;五是由于货物没有运送该货物所需的容器或包装所造成的;六是由于发货人在托运货物时,使用不正确、不确切或不完全的名称,或未遵守《国际货协》规定的条件所造成的;七是由于发货人将货物装入不适于运送该货物的车辆或集装箱所造成的;八是由于发货人错误地选择了易腐货物运送方法或车辆种类所造成的;九是由于发货人、收货人未执行或未适当执行海关或其他行政手续所造成的;十是由于与承运人无关的原因国家机关检查、扣留、没收货物所造成的。

2) 承运人对下列情况导致货物短少不予负责

这些原因分为六种情形:一是对于有容器或包扎运送的货物,如将货物交付收货人时件数齐全,容器或包扎完好,并且没有可以成为货物短少原因的能触及内装物的外部痕迹时;二是对于无容器或无包扎运送的货物,如将货物交付收货人时件数齐全,并且没有可以成为货物短少原因的能触及货物的外部痕迹时;三是对于由发货人装入车辆、多式运输单元或汽车运输工具的货物,如将货物交付收货人时发货人的封印完好,并且没有可以成为货物短少原因的能触及货物的外部痕迹时;四是对于由发货人装车的集装箱货物,如该车辆内的集装箱在运送途中没有重新摆放,并且交付收货人时没有检查封印,也没有可以成为货物短少原因的能触及货物的外部痕迹时;五是对于用敞车类货车承运的货物,如货物在运送途中未经换装且到达时车辆完好,并且没有能够证明运送时发生货物短少的痕迹时;六是对于施封的多式运输单元或汽车运输工具内的可拆零件和备用零件,如将这些多式运输单元或汽车运

输工具交付收货人时发货人的封印完好。

案例分析

浙江义乌贸易公司与俄罗斯亚丽贸易公司签订了价值 25 万美元的人造皮革销售合同,并与美达国际货运代理公司签订了国际铁路货物联运协议。该协议规定:计量单位为捆;包装方式为集装箱,由浙江义乌贸易公司的人造皮革制造商装箱;起运地为浙江宁波铁路车站,目的地为俄罗斯莫斯科的帕维列兹卡娅铁路车站;托运货物于 4 月 4 日运送到指定车站,于 4 月 9 日装车出运。4 月 4 日,人造皮革制造商按照出运数量装入集装箱,并进行封铅。集装箱卡车司机按约定时间交付至宁波铁路车站,该车站检查集装箱的封铅完好后予以接受,并在约定时间装入铁路货车。该列货车到达目的地站后,收货人提货发现数量短缺,即向接续承运人莫斯科铁路公司提出索赔。

请分析,承运人是否给予赔偿? 为什么?

3) 承运人对下列原因导致货物逾期不予负责

这些原因分为三种情形:一是由于承运人不能预防和不能消除的情况发生;二是由于发货人或收货人的过失或由于其要求造成的;三是由于发货人、收货人或其授权人未执行或未适当执行海关或其他行政手续造成的。

4) 承运人对下列原因在国际铁路—轮渡直通联运中导致货物灭失、短少、毁损和逾期不予负责

这些原因分为三种情形:一是由于自然火灾造成的;二是为拯救生命而采取的措施或为抢救财产而采取的合理措施所造成的;三是由于风险、危险或不幸事故所造成的。

(二) 托运人的权利与责任

1. 托运人的权利

1) 变更合同权

《国际货协》第二十五条规定,托运人可以向缔约承运人提出申请,变更国际铁路货物运输合同中的货物到站或收货人的名称。

2) 查寻权

《国际货协》第二十七条第一款规定,在货物运输期限到达后 10 天内未将货物交付收货人,发货人有权向缔约承运人提出货物查寻申请书。

3) 索赔权

《国际货协》第四十六条第一款规定,发货人有权采用书面形式,列明具体赔偿金额,向缔约承运人提出赔偿请求。部分灭失、损坏或逾期赔偿自交付货物之日起 2 个月内,全部灭失的赔偿自货物运到期限届满后 30 日内。

承运人在收到赔偿请求书之日起的 180 天内对其进行审查,并给赔偿请求人以答复,对确认的赔偿必须支付应付的款额。

2. 托运人的责任

1) 提供正确的货物托运信息

《国际货协》第十六条第一款规定:"发货人应对其在运单中记载和所声明的事项的正确

性负责。由于记载和声明的事项不正确、不确切或不完备,以及由于将上述事项记入运单中无关的栏而发生的一切后果,均由发货人负责。"

2)提供符合要求的包装、标记好货签

《国际货协》第十八条规定,托运货物必须装入符合要求的容器或包装,保证货件上所作或粘挂的标记、表示牌或货签的正确性。承运人对存在缺陷的包装可以拒绝承运,对不正确的标记、表示牌或货签所产生的后果,可以向托运人索赔。

3)支付运费

《国际货协》第三十一条规定,托运人应向缔约承运人支付运送费用。

(三)收货人的权利与责任

1. 收货人的权利

1)变更合同权

《国际货协》第二十五条规定,收货人可以在货物尚未到达国境站时向接续承运人提出申请,变更国际铁路货物运输合同中的货物到站或收货人的名称。

2)查寻权

《国际货协》第二十七条第一款规定,在货物运输期限到达后 10 天内未将货物交付收货人,其有权向交付货物的承运人提出货物查寻申请书。

3)索赔权

《国际货协》第二十七条第二款规定:"如在货物运到期限期满后 30 天内未将货物交付收货人,则认为货物已灭失。"此时,收货人可以采用书面形式向交付货物的承运人提出索赔。

2. 收货人的责任

1)支付运送费用

《国际货协》第三十一条规定,收货人应向接续承运人支付运送费用。

2)领取货物和运单

《国际货协》第二十六条第一款规定:"货物到达到站后,承运人必须将运单和货物交付收货人,收货人必须领取货物和运单。"

3)保证车辆、集装箱的清洁

《国际货协》第二十六条第五款规定:"货物卸车后将车辆、集装箱返还承运人时,收货人应保证车辆、集装箱的清洁。"

 案例分析

浙江义乌贸易公司与俄罗斯亚丽贸易公司签订了价值 25 万美元的人造皮革销售合同,委托美达国际货运代理公司托运,在国际铁路货物联运协议约定,运费预付,其中浙江宁波至满洲里段的运费为 12 200 元人民币,满洲里到莫斯科段的运费为 1 800 美元。浙江义乌贸易公司在联运协议签订后予以支付。

请分析,托运货物到达目的地站后,根据《国际货协》第三十一条规定,收货人应当完成哪些义务?

第五节 国际邮政与快递服务

一、国际邮政服务

国际邮政是指根据《万国邮政公约》和我国《邮政法》的相关规定,在国家或地区之间为不同关境的用户提供信函和包裹、印刷品等物品的寄递服务。其中,信函是指按照名址递送给特定人的,并将套封进行缄封的形式;物品是指按照封装上的名址递送给特定人的包裹和印刷品等实物。

(一) 国际邮政服务的形式

国际邮政服务依据效率、安全和重量的不同,可以分为以下三大类。

1. 寄递与特快专递服务

1) 寄递服务

寄递服务是指将信函和包裹、印刷品和其他物品按照封装上的名址递送给特定人的活动。它包括收寄、分拣、运输、投递等环节。寄递有两种服务形式:一是国内邮件,是指在中华人民共和国内互寄的邮件,其中寄往中国香港、澳门、台湾地区的邮件称为港澳台地区邮件;二是国际邮件,是指中华人民共和国与其他国家或地区之间互寄的邮件以及其他国家或地区通过中华人民共和国境内经转的邮件。

2) 邮政特快专递服务

邮政特快专递服务(EMS)是由万国邮联管理下的,享有海关、航空等部门优先处理权,能通过最快速的运输方式完成国际的函件和物品的收取与投递的国际邮件快递服务。例如,中国邮政 EMS 快递和香港邮政 EMS 快递等服务都属于邮政特快专递服务。

2. 平常邮件与挂号邮件

1) 平常邮件

平常邮件是指邮政企业在收寄时不出具收据,投递时不要求收件人签收的寄件形式。例如,中国邮政平常邮件、中国香港地区邮政平常邮件和新加坡邮政平常邮件等都属于平常邮件。

2) 挂号邮件

挂号邮件是指邮政企业在收寄时向寄件人出具收据,投递时由收件人签收的寄件形式。例如,中国邮政挂号邮件、中国香港地区邮政挂号邮件和瑞士邮政挂号邮件等都属于挂号邮件。

3. 国际邮政小包与国际邮政大包

1) 国际邮政小包

国际邮政小包是指重量在 2 000 克以内,外包装长宽高之和小于 90 厘米,且最长边小于 60 厘米,通过邮政空邮服务寄往国外的小邮包。例如,中国邮政小包和中国香港地区邮政小包等都属于国际邮政小包。国际邮政小包分为两种:一是非挂号国际邮政小包,其费率较低,不提供跟踪查询服务;二是挂号国际邮政小包,其费率稍高,可提供网上跟踪查询服务。

2) 国际邮政大包

国际邮政大包是指重量在 2 000 克以上,外包装长宽高之和小于 300 厘米或 200 厘米,且最长边小于 150 厘米或 105 厘米,通过邮政空邮服务寄往国外的大邮包。国际大包分为两种：一是非挂号国际邮政大包，其费率较低，不提供跟踪查询服务；二是挂号国际邮政大包，其费率稍高，可提供网上跟踪查询服务。

（二）国际邮政包裹的邮寄流程

1. 国际邮政小包的邮寄流程

不同国家或地区的国际邮政小包的邮寄环节基本相同，下面以中国香港地区邮政小包邮寄流程为例。

1）寄件人填写相关信息

寄件人在包裹单和报关签条填写相关信息，选择平邮或挂号，并在小包上粘贴报关签条和跟踪条码。

2）物流企业分拣

小包在指定物流企业进行汇集，按国家或地区进行分拣与装箱，并办理出境通关手续，到达香港空邮中心。

3）香港空邮中心装机后离港

香港空邮中心根据不同的目的地国家或地区进行排舱，装机后离港，运往各国邮政配货中心。

4）各国邮政配货中心完成小包配送

各国邮政配货中心进行二、三级分拨，按城市、街道分拣，并配送至收件人。

5）收件人确认小包

收件人对当地物流企业配送交付的小包进行核准，确认后在签收单上签字。

2. 中国国际邮政大包的邮寄流程

中国国际邮政大包分为三种形式：一是邮政航空大包，全程运输方式为航空，从起运地直飞目的地；二是邮政空运水路大包，是"空运＋海运"联合运输方式；三是邮政水路陆大包，全程为海运方式。下面以中国邮政航空大包邮寄流程为例。

1）寄件人填写相关信息

寄件人在包裹详情单上填写收寄人详细通信信息、内装物品名称、包裹价值和保价金额，并在包裹上贴上收寄件人姓名与地址等有关信息的黏纸。

2）邮政局分拣包裹

邮政局将所有的大包集中发送到属地邮政监管中心，按照不同的国家或地区、城市进行分拣，装入集装包，并办理出境通关手续。

3）机场航空货运站进行装机与通关

机场航空货运站先根据航班动态和可用载量进行配载，并办理通关手续；然后工作人员对通过后的大包进行装机，运往目的地机场。

4）目的地物流代理完成大包配送

目的地物流代理接受大包后办理入境通关手续，完成不同客户货物的分拣，并配送至收件人。

5）收件人确认大包

收件人对物流企业交付的大包进行相关信息的核准，确认后在物流配送单上签字。

（三）当事人的权利与责任

《万国邮政公约》和我国《邮政法》对当事人的权利与责任相关规定如下。

1. 邮政企业的权利与责任

1）邮政企业的权利

邮政企业的权利有四个方面：一是收取寄件人的邮费、通关费用和各种税款；二是收取逾期保管费；三是拒绝办理违反有关法律和行政法规禁止的函件和物品；四是拒绝接受封装可能伤害工作人员或污损其他函件或邮政设备的函件或物品。

2）邮政企业的责任

邮政企业的责任有九个方面的规定：一是提供的邮政普遍服务必须符合相应的标准，违者由邮政管理部门责令改正，可以处1万元以下的罚款，情节严重的，并处1万元以上5万元以下的罚款，对直接负责的主管人员和其他直接责任人员给予处分；二是邮政企业停止办理或者限制办理邮政普遍服务业务和特殊服务业务，或者撤销提供邮政普遍服务的邮政营业场所的，必须经邮政管理部门批准，违者由邮政管理部门责令改正，可以处2万元以下的罚款，情节严重的，并处2万元以上10万元以下的罚款，对直接负责的主管人员和其他直接责任人员给予处分；三是邮政企业应按照规定向用户明示其业务资费标准，违者由政府价格主管部门依照我国《价格法》规定予以处罚；四是邮政企业建立收件验视制度，根据法律、行政法规关于禁止寄递或者限制寄递物品的规定收寄邮件，并执行收件验视，否则对邮政企业直接负责的主管人员和其他直接责任人员给予处分；五是邮政企业应当根据我国《海关法》等相关法律、行政法规的规定经营国际寄递业务，违者依照我国有关法律、行政法规的规定处罚；六是邮政企业应当对用户提供的信息不得出售、泄露或者非法提供，违者由邮政管理部门责令改正，没收违法所得，并处1万元以上5万元以下的罚款，对邮政企业直接负责的主管人员和其他直接责任人员给予处分；七是邮政企业应依法实施监督检查，阻碍依法监督检查的违法行为，尚不构成犯罪的，依法给予治安管理处罚；八是及时并安全地寄递函件和物品，违者应承担因过失造成邮件的丢失、损毁和内件短少的赔偿；九是无法投递的函件和物品，应当退回寄件人，如果为无法投递又无法退回的函件和物品，应按照有关规定处理。

 案例分析

某市鑫福快递公司在没有获取快递业务经营许可证和营业执照的情形下，承运了危险化学品，污染了其他快件，并导致收件人及其家属1人死亡、9人中毒，即"夺命快递"事件。属地检察院反渎职部门办案检察官根据该市邮政管理局工作人员的岗位职责和监管流程，认定该局分管监管业务的副局长管某、监管科副科长孔某、科员刘某负有监管责任。管某与孔某交代，明知鑫福快递公司未按规定办理备案手续，却没有依法查处，放任其非法经营。刘某交代，在例行检查时，该公司没有能够出示快递业务经营许可证和营业执照的情况下，给予了"通融"，也没有做出任何处理。经检察院提起公诉，法院审理后对被告人管某、孔某和刘某做出判决，以玩忽职守罪论处。

请分析，该邮政局违反了哪些法律责任？

3）邮政企业的除外责任

邮政企业的除外责任包括五种情况：一是因物品自然属性或者合理的损耗；二是因目的地海关对函件和物品进行核查导致的扣押关或清关延误；三是因寄件人或收件人的过错，如商品信息或申报信息有误导致包裹等物品遭到充公、毁灭、没收或扣留等；四是因包装不妥所导致函件和物品的延误或损毁；五是因不可抗力事件产生延误、损失或灭失。

2. 寄件人的权利与责任

1）寄件人的权利

寄件人的权利有四个方面：一是具有依法受到通信自由和通信秘密的保护，任何组织或者个人不得检查、扣留信函或物品，违者按照国家有关规定根据情节轻重予以处罚；二是在尚未投交收件人之前，可要求撤回函件或物品；三是国际邮政包裹运到国外目的地后，寄件人因各种特殊原因可以提出退件，但应承担一切相关费用；四是国际邮政包裹交付收件人后，寄件人对邮政局除外责任以外所造成货物的灭失与损坏，有权依法提出索赔。

2）寄件人的责任

寄件人的责任有三个方面：一是不得在邮件中夹带法律、行政法规禁止寄递或者限制寄递的物品，如麻醉药物与精神药品、易爆易燃物品及其他危险物品、淫秽或有伤风化的物品，尚不构成犯罪的，依法给予治安管理处罚；二是不得在国际邮递物品中夹带我国《海关法》等法律、行政法规禁止的或目的地国家禁止进口的物品，违者依照有关法律、行政法规的规定予以处罚；三是应按照有关规定寄递函件或物品，否则承担对其他函件或物品造成的损害的赔偿。

（四）挂号邮件的赔偿

邮政企业对挂号邮件的赔偿有四个方面的规定：一是保价的挂号邮件丢失或者全部损毁的，按照保价额赔偿；二是保价的挂号邮件部分损毁或者内件短少的，按照保价额与邮件全部价值的比例对邮件的实际损失予以赔偿；三是未保价的挂号邮件丢失、损毁或者内件短少的，按照实际损失赔偿，但最高赔偿额不超过所收取资费的 3 倍；四是挂号信件丢失、损毁的，按照所收取资费的 3 倍予以赔偿。

二、国际快递服务

国际快递服务是指快递公司根据《万国邮政公约》和我国的《邮政法》的相关规定，用最快的速度在境内与境外的用户之间传送急件物品的一种跨境物流方式。国际快递服务当事人的权利与责任如下。

（一）快递企业的权利与责任

1. 快递企业的权利

1）拒收权

快递企业拒收寄件人快件的情形有两个方面的规定：一是对寄件人拒绝验视的快件，应当拒绝收寄；二是发现寄件人交寄禁止寄递物品的，应当拒绝收寄。

2）处置权

快递企业依法处置快件的情形有三个方面的规定：一是发现已经收寄的快件中有疑似禁止寄递物品的，应当立即停止分拣、运输和投递；二是对快件中依法应当没收、销毁或者可能涉及违法犯罪的物品，应当向有关部门报告并配合调查处理；三是对其他禁止寄递物品和限制寄递物品，应当按照法律、行政法规的规定进行处理。

2. 快递企业的责任

我国的《邮政法》和《快递暂行条例》关于经营快递业务企业的责任有以下三个方面。

1）明确市场主体资格

快递企业市场主体资格有五个方面的规定：一是应依法取得快递业务经营许可，违者由邮政管理等部门责令改正,没收违法所得,处5万元以上10万元以下的罚款,情节严重的,并处10万元以上20万元以下罚款;二是快递企业及其分支机构可以设立快递末端网点,但必须自开办之日起20日内向属地邮政管理部门办理备案,违者可以处1万元以下的罚款,情节严重的,并处1万元以上5万元以下的罚款和停业整顿;三是两个以上快递企业可以签订书面协议使用统一的商标、字号或者快递运单经营快递业务,明确各自的权利义务,遵守共同的服务约定,在服务质量、安全保障、业务流程等方面实行统一管理,为用户提供统一的快件跟踪查询和投诉处理服务,违者可以处1万元以上5万元以下的罚款,情节严重的,并处5万元以上10万元以下的罚款和停业整顿;四是应当按照规定向用户明示其业务资费标准,违者由政府价格主管部门依照我国《价格法》的规定予以处罚;五是因各种特殊原因停止经营,快递企业应提前10日向社会公告暂停服务的原因和期限,妥善处理尚未投递的快件,并书面告知邮政管理部门,交回快递业务经营许可证,违者可以处1万元以下的罚款,情节严重的,并处1万元以上5万元以下的罚款和停业整顿。

2)明确企业管理制度

快递企业管理制度有五个方面的规定:一是订立培训教育制度,应当对其从业人员加强职业操守、服务与作业规范、安全驾驶等方面的培训,规范操作;二是制定信息化建设制度,应当实行快件寄递全程信息化管理,公布联系方式,提供业务咨询、快件查询等服务,并在7日处理用户的投诉;三是制定收寄验视制度,应当在收寄快件时验视内件,并做出验视标识,拒绝接受法律、行政法规禁止的快件,违者由邮政管理部门依照我国《邮政法》和《反恐怖主义法》的规定予以处罚,并对直接相关人员给予处分,责令企业停业整顿,并可吊销其快递业务经营许可证;四是建立快递运单及电子数据管理制度,定期销毁快递运单,不得违法通过用户信息,违者没收违法所得,处1万元以上5万元以下罚款,情节严重的,并处5万元以上10万元以下罚款和停业整顿直至吊销其快递业务经营许可证;五是签订安全协议,与长期、批量需求快递服务的受寄件人应当签订安全协议,明确双方的安全保障义务。

3)明确从业人员操作要求

快递企业从业人员操作要求有五个方面的规定:一是在收寄快件时,要查验寄件人身份并登记身份信息;二是在寄件人填写快递运单前,从业人员应当提醒其阅读快递服务合同条款、遵守禁止寄递和限制寄递物品的有关规定,要对快件进行安全检查;三是在寄件人交寄贵重物品时,要告知相关保价规则和保险服务项目,可以要求寄件人对贵重物品予以保价;四是应当将快件投递到收件人地址和指定人;五是应当具有法律意识,不得出售、泄露或者非法提供快递服务过程中知悉的用户信息。如果快递企业从业人员在工作过程中违反上述规定的,必须承担相应的法律责任。

 案例分析

某快递公司物流寄递网点工作人员小李在接受小王快递业务时,看到盒子包装严实,就未按规定开箱查验,导致3 000克的易燃固体铝粉流入寄递渠道,危害了社会公共利益和人民群众生命财产的安全。为此,相关主管部门对小王处以行政拘留10日,对该物料公司处以行政罚款20万元人民币,公司负责人章某和工作人员小李各处罚款1万元人民币。

请分析,行使处罚权力的是什么机构?罚款的依据是什么?

（二）寄件人的权利与责任

1. 寄件人的权利

1）享有保护权

寄件人快件依法保护的情形有两个方面的规定：一是任何单位或者个人不得非法检查他人快件，不得私自开拆、隐匿、毁弃、倒卖他人快件。我国《快递暂行条例》第四十二条规定，冒领、私自开拆、隐匿、毁弃、倒卖、非法检查或者非法扣留快件的，由邮政管理部门没收违法所得，处5万元以上10万元以下的罚款；情节严重的，并处10万元以上20万元以下罚款和责令停业整顿直至吊销其快递业务经营许可证。二是收件人或者代收人有权当面验收。

2）具有索赔权

寄件人依法具有索赔的情形有两个方面的规定：一是收件人对快件延误、丢失、损毁或者内件短少等现象。寄件人可以根据我国《快递暂行条例》第二十七条规定向快递企业提出赔偿，保价快件应当按照经营快递业务的企业与寄件人约定的保价规则确定赔偿责任，未保价快件依照民事法律的有关规定确定赔偿责任。二是两个以上经营快递业务的企业使用统一的商标、字号或者快递运单经营快递业务情形下，寄件人快件延误、丢失、损毁或者内件短少而受到损害的，寄件人可以要求该商标、字号或者快递运单所属企业赔偿，也可以要求实际提供快递服务的企业赔偿。

 案例分析

方某在第三方电子商务平台注册了一家销售进口手机网店，通过快递方式向买家交付手机。近日，方某快递一单某牌手机，因快递公司将邮件遗失，方某向属地法院起诉，要求快递公司赔偿手机价款4 000元，因该邮件未保价，根据所签订的快递服务合同的规定，最高获赔7倍运费限额的154元人民币。数日后，方某快递另一单iPhone手机，并进行了保价，同样被快递公司遗失，方某又向属地法院起诉要求赔偿手机价款8 000元，最终根据法院判决获赔保价价值6 000元。

请分析，法院判决的依据是什么？为什么？

2. 寄件人的责任

1）依法守法义务

寄件人交寄快件应当遵守我国《邮政法》关于禁止寄递或者限制寄递物品的规定，不得利用快件从事危害国家安全、社会公共利益或者他人合法权益的活动。法律法规对食品、药品等特定物品的运输有特殊规定的，寄件人、经营快递业务的企业应当遵守相关规定。

2）诚实守信义务

寄件人交寄快件时，应当如实提供寄件人姓名、地址、联系电话和收件人姓名、地址、联系电话以及寄递物品的名称、性质、数量等事项，寄件人拒绝提供身份信息或者提供身份信息不实的，经营快递业务的企业不得收寄。

三、其他法律责任

我国《邮政法》第八十三条规定，邮政管理部门和其他有关部门的工作人员在监督管理工作中滥用职权、玩忽职守、徇私舞弊的，依法给予处分；构成犯罪的，依法追究刑事责任；造成人身、财产或者其他损害的，依法承担赔偿责任。

我国《邮政法》第七十七条规定，快递企业拒绝、阻碍依法实施的监督检查，尚不构成犯罪的，依法给予治安管理处罚，责令停业整顿，并可吊销其快递业务经营许可证；第七十八条与第八十一条规定，快递企业及其从业人员在经营活动中有危害国家安全行为的，依法追究法律责任，并由邮政管理部门吊销其快递业务经营许可证，被吊销之日起 3 年内不得申请经营快递业务。

 案例思政

国际公约优先案——公平自由

【案例简介】

新时代国际运输服务有限公司与美国格鲁普公司的下属阿联酋 FZE 公司签订了包机合同，承运该公司的货物从中国上海市至美国芝加哥市。合同签订后，新时代国际运输服务有限公司按照合同约定支付了 33 万美元运费，但是阿联酋 FZE 公司未能按约运输货物，该公司只得委托其他航空公司将货物运到目的地，由此产生经济损失31.80 万美元。为此，新时代国际运输服务有限公司上海分公司将阿联酋 FZE 公司诉至上海市浦东新区人民法院。阿联酋 FZE 公司认为，上海市浦东新区人民法院无管辖权，要求驳回诉讼请求。新时代国际运输服务有限公司代理人认为，本案当事人阿联酋 FZE 公司、美国格鲁普公司系设立于中华人民共和国境外的法人，故本案应属涉外纠纷。

上海市浦东新区人民法院根据《民法典》的规定，中国缔结或参加的国际条约和中国法律不同的，优先适用国际条约的规定。中国和阿联酋、美国都是《蒙特利尔公约》缔约国，根据该公约的规定，损害赔偿诉讼由原告选择，向承运人住所地、主要营业地或者订立合同的营业地的法院，或者向目的地点的法院提起，而上述地点皆非在中国境内，上海市浦东新区人民法院对本案无管辖权，故依法裁定驳回新时代国际运输服务有限公司上海分公司的诉讼请求。

【案例启示】

本案涉及注册在自贸区内的国内运输企业与国外航空运输企业之间的国际航空运输合同关系。法院在准确界定涉案合同关系的基础上，优先适用国际条约，在司法中体现了"切实履行国际义务"现代国际法基本准则，充分展现了中国司法尊重国际规则及公平开放的姿态，营造了良好的国际市场法治环境。

复习与思考

一、单项选择题

1.《华沙公约》从（　　　）年起适用于中国香港特别行政区。

A. 1929   B. 1933   C. 1958   D. 1997

2. 1955 年召开的海牙会议上通过了《修改 1929 年统一国际航空运输某些规则的公约的议定书》,简称为(　　)。

A.《海牙规则》   B.《瓜达拉哈拉公约》 C.《海牙议定书》   D.《汉堡规则》

3.《国际铁路货物运送规则》在 1934 年伯尔尼会议上进行第三次修订时,被改称为《国际铁路货物运送公约》,简称为(　　)。

A.《海牙规则》   B.《国际货协》   C.《海牙议定书》   D.《国际货约》

4. 为了加强社会主义国家间的经济合作和交流,对抗西方国家的封锁,1951 年 11 月,由苏联、波兰、民主德国、阿尔及利亚等八国在华沙共同签订了《国际铁路货物联合运输协定》,简称为(　　)。

A.《海牙规则》   B.《国际货协》   C.《海牙议定书》   D.《国际货约》

5. 1874 年 9 月 15 日,英国、德国和美国等 22 国代表在瑞士的伯尔尼签署了《伯尔尼条约》,成立了邮政总联盟。1878 年 5 月,该公约经过修订,改名为(　　)。

A.《万国邮政联邦组织法》   B.《万国邮政联盟总规则》

C.《万国邮政公约》   D.《万国邮政公约实施细则》

6. 在国际海上货物运输合同当事人中,"其本人或以其名义或代其与承运人订立海上货物运输合同的任何人或指其本人或以其名义或代其将货物实际交付给海上货物运输合同有关的承运人的任何人"的是(　　)。

A. 承运人   B. 收货人   C. 托运人   D. 代理人

7. 国际铁路货物运输合同中,在货物运输期限到达后(　　)天内未将货物交付收货人,发货人有权向缔约承运人提出货物查寻申请书。

A. 3   B. 5   C. 8   D. 10

8. 重量在 2 000 克以内,外包装长宽高之和小于 90 厘米,且最长边小于 60 厘米,通过邮政空邮服务寄往国外的邮包是(　　)。

A. 国际邮政大包   B. 国际邮政小包

C. 国内邮政大包   D. 国内邮政小包

二、多项选择题

1. 下列各项中,属于适用于国际海上货物运输的法律有(　　)。

A.《海牙规则》   B.《维斯比规则》   C.《汉堡规则》   D.《华沙公约》

2. 下列各项中,属于适用于国际航空货物运输的法律有(　　)。

A.《海牙规则》   B.《华沙公约》

C.《海牙议定书》   D.《瓜达拉哈拉公约》

3. 下列国家中,加入《国际货协》的成员国有(　　)。

A. 中国   B. 朝鲜   C. 越南   D. 蒙古

4. 1964 年 7 月 10 日,万国邮联第十五届代表大会按照组织条例与业务分开的原则,将《万国邮政公约》分为(　　)。

A.《万国邮政联邦组织法》   B.《万国邮政联盟总规则》

C.《万国邮政公约》   D.《万国邮政公约实施细则》

5. 国际航空货物运输合同的当事人有(　　)。

A. 缔约承运人　　　　B. 实际承运人　　　　C. 托运人　　　　　D. 收货人

6. 在国际海上货物运输中,承运人在责任期间不承担货物灭失或者损坏的赔偿情形有（　　）。

A. 船长、船员、引航员或者承运人的其他受雇人在驾驶船舶或者管理船舶中的过失

B. 海上或者其他可航水域的危险或者意外事故

C. 在海上救助或者企图救助人命或者财产

D. 货物包装不良或者标志欠缺、不清

7. 国际铁路货物运输合同中承运人对（　　）等原因导致货物逾期不予负责。

A. 由于承运人不能预防和不能消除的情况发生

B. 由于发货人或收货人的过失或由于其要求造成的

C. 由于承运人的过失造成的

D. 由于发货人、收货人或其授权人未执行或未适当执行海关或其他行政手续造成的

8. 下列关于国际快递企业处置权的说法中,正确的有（　　）。

A. 发现已经收寄的快件中有疑似禁止寄递物品的,应当立即停止分拣、运输和投递

B. 发现已经收寄的快件中有疑似禁止寄递物品的,应报告并继续分拣、运输和投递

C. 对快件中依法应当没收、销毁或者可能涉及违法犯罪的物品,应当向有关部门报告并配合调查处理

D. 对其他禁止寄递物品以及限制寄递物品,应按照法律、行政法规的规定进行处理

三、判断题

1. 中国先后加入了《海牙规则》《维斯比规则》和《汉堡规则》。　　　　　　（　　）

2. 《瓜达拉哈拉公约》改变了《华沙公约》的基本原则。　　　　　　　　　（　　）

3. 在《国际货约》的成员国中,有的同时还参加了《国际货协》,参加《国际货约》国家的进出口货物,可以通过铁路直接转运到的《国际货协》成员国。　　　　　　（　　）

4. 中华人民共和国于 1972 年 4 月取得万国邮联的合法席位。　　　　　　（　　）

5. 如果承运人在签发提单上注明货物或包装有缺陷等批注,即构成不清洁提单。
　　　　　　　　　　　　　　　　　　　　　　　　　　　　　　　（　　）

6. 托运人没有告知危险货物的预防措施,承运人可根据实际情况在任何时间地点将危险货物卸下予以销毁,由此而产生的费用或损失须承运人承担。　　　　　　（　　）

7. 《汉堡规则》规定,如果在 3 年内没有提出司法或仲裁程序,当事人就失去诉讼或仲裁时效。　　　　　　　　　　　　　　　　　　　　　　　　　　　（　　）

8. 包机运输是指在固定时间、固定航线、固定始发站和固定目的站的航空运输。班机通常使用客货混合型飞机,一些大的航空公司也有开辟定期全货机航班。　　　（　　）

9. 《国际货协》规定,托运货物必须装入符合要求的容器或包装,保证货件上所作或粘挂的标记、表示牌或货签的正确性。　　　　　　　　　　　　　　　　　（　　）

10. 寄件人交寄快件时,可以不如实提供寄件人姓名、地址、联系电话和收件人姓名、地址、联系电话以及寄递物品的名称、性质、数量等事项。　　　　　　　　　（　　）

四、简答题

1. 我国《海商法》吸收了《汉堡规则》中的哪些内容?

2. 国际航空货物运输中托运人享有哪些权利?

3. 国际铁路货物运输中承运人承担的责任有哪些?

4. 快递服务中寄件人享有哪些权利?

五、案例分析题

2020年3月15日,我国A公司向韩国B公司发出要约,欲以每台500美元的价格按照CIF青岛价格条件购买电视机2 000台,总价值为100万美元。2020年3月17日,韩国B公司接到我国A公司发出的要约。3月18日,韩国B公司将2 000台电视机交给韩国大丰货运公司装船运输,但韩国大丰货运公司发现其中有400台电视机包装破损,准备签发不清洁提单。但韩国B公司为从韩国大丰货运公司处拿到清洁提单,在其签发提单前,向韩国大丰货运公司出具了承担赔偿责任的保函,承运人韩国大丰货运公司遂给B公司签发了清洁提单。B公司持清洁提单按信用证结汇,中国A公司于2020年3月24日收到货物,发现400台电视机有严重质量问题,于是向承运人韩国大丰货运公司索赔。

请分析,承运人是否应该承担责任?为什么?如果A公司向B公司索赔,其是否能成立?为什么?

第八章 国际货物运输保险法律制度

 学习目标

◆ 了解英国和我国颁布的国际货物运输保险法律及保险条款的基本内容。

◆ 熟悉伦敦保险业协会货物保险条款和中国保险条款主要险别的规定。

◆ 明确学习国际货物运输保险及保险条款对促进我国市场经济发展的意义。

◆ 具备订立与履行国际货物运输保险合同的法律知识及基本能力。

本 章 概 要

本章包括四部分内容:第一部分为国际货物运输保险法律制度概述,介绍了英国的《海上保险法》《伦敦保险业协会货物保险条款》和《中华人民共和国保险法》(以下简称《保险法》)、《中国保险条款》的颁布、框架、内容;第二部分为国际海洋货物运输保险,介绍了国际海洋货物运输保险的范围、险别、承保范围、赔偿,国际海洋货物运输保险合同及合同当事人(保险人与被保险人)的权利与义务;第三部分为国际航空货物运输保险,介绍了伦敦保险业协会航空货物运输保险和 PICC 航空货物运输保险;第四部分为 PICC 陆上货物与邮包运输保险,介绍了陆上货物运输保险条款和邮包运输保险条款。

第一节 国际货物运输保险法律制度概述

国际货物运输保险是国际贸易及跨境电子商务产业链中的一个重要环节。发货人或收货人为了避免在运输期间因发生各种自然灾害或意外事故所引起的货物灭失或损失,向保险公司进行投保,一旦发生保险范围内的全部或部分损失,可从保险公司获取约定的赔偿。根据国际货物运输方式的不同,国际货物运输保险分为国际海洋货物运输保险、国际航空货物运输保险、国际铁路货物运输保险和邮包运输保险。

为了规范货物运输保险合同,明确保险合同中的保险人与被保险人的法律关系,各国先后制定了相关的法律、法规,如英国的《海上保险法》《伦敦保险业协会货物保险条款》和我国的《保险法》《中国保险条款》。

一、英国海上保险法律体系

(一)《海上保险法》

1906 年,英国制定了《海上保险法》。为了进一步为购买保险的消费者和非消费者提供保护,英国对该法进行了修订,于 2015 年 2 月 12 获得英国议会的通过,并于 2016 年 8 月 12 日起生效。随着全球经济的不断发展,海洋货物运输保险业也发生了较大的变化,但是该法的许多原则和条款仍然适用,一直被许多国家所引用,我国《海商法》和《中国保险条款》在许多方面都借鉴了该法。

《海上保险法》分为七个部分,共计二十三条:第一部分为保险合同;第二部分为公平提示义务;第三部分为保证及其他条款;第四部分为欺诈性索赔;第五部分为诚信原则和合同排除法律规定的适用;第六部分为对《2010 年第三方(对保险人的权利)法》的修改;第七部分为总则。

(二)《伦敦保险业协会货物保险条款》

《伦敦保险业协会货物保险条款》(又称"ICC 货物保险条款")于 1912 年由英国伦敦保险协会制定。它包括《ICC 海洋货物运输保险条款》《协会货物险条款(航空)》。之后该条款经过了两次修订,现行版是于 2008 年 11 月 24 日公布的,并于 2009 年 1 月 1 日起实施。该条款在世界各国保险业具有广泛的影响,2/3 的国家直接采用或根据该条款制定本国的货物运输保险条款。

二、中国保险法律体系

(一)《保险法》

为了保护保险活动当事人的合法权益,加强对保险业的监督管理,维护社会经济秩序和社会公共利益,1995 年 6 月 30 日,第八届全国人民代表大会常务委员会第十四次会议通过了《保险法》。之后该法经过三次修订,现版本是在 2015 年 4 月 24 日召开的第十二届全国人民代表大会第十四次会议通过修订的,并于颁布之日起实施。

《保险法》分为八章,共计一百八十五条:第一章为总则;第二章为保险合同;第三章为保险公司;第四章为保险经营规则;第五章为保险代理人和保险经纪人;第六章为保险业监督管理;第七章为法律责任;第八章为附则。其主要有六个方面的内容:一是对该法的适用范围及相关术语进行了界定;二是对船舶所有权、船舶抵押权、船舶优先权、船员资格和责任等方面进行了规定;三是对承运人和托运人的权利与义务、运输单证和运输合同的解除等方面进行了规定;四是对海上旅客运输合同当事人的权利与义务等方面进行了规定;五是对船舶租用合同、海上拖航合同当事人的权利与义务等方面进行了规定;六是对船舶碰撞、海难救助、共同海损和海事赔偿责任限制的界定等方面进行了规定。

(二)《中国保险条款》

《中国保险条款》包括《PICC 海洋货物运输保险条款》《PICC 航空货物运输保险条款》《PICC 陆上货物运输保险条款》和《PICC 邮包运输保险条款》,是由原中国人民保险公司制定的。其中,《PICC 海洋货物运输保险条款》于 1963 年制定,它全面引用了《伦敦协会货物保险条款》的相关规定,在此基础上增加了检验人和注意事项两个内容。《中国保险条款》分别于 1972 年、1976 年、1980 年和 2008 年经过了四次修订,由中国保险监督委员会备案后公布。

第二节　国际海洋货物运输保险

一、国际海洋货物运输保险范围

国际海洋货物运输保险是指投保人根据保险合同的约定,向保险人支付保险费,当保险标的遭遇约定的海上风险和事故所引起的灭失或损失时,可以向保险人进行索赔,保险人确认自己的责任后对其进行理赔的行为。《ICC 海洋货物运输保险条款》和《PICC 海洋货物运输保险条款》对海洋货物运输的险别与承保范围、除外责任、保险期间、被保险人的义务、赔偿处理和争议处理等内容做了明确的规定:

(一) 国际海洋货物运输保险的范围

1. 承保的风险

保险人承保的风险包括海上风险和外来风险。

1) 海上风险

海上风险是指货物在海上运输过程中发生的风险。它包括海上发生的自然灾害和意外事故。

2) 外来风险

外来风险是指货物在海上运输过程中,由于海上风险以外的其他外来原因所引起的风险。外来风险有两种类型:一是一般外来风险,是指被保险货物在运输途过程中由于一般外来原因所造成的损失,如偷窃、雨淋、短量、沾污、渗漏、破碎、串味、受潮、锈损、钩损等;二是特殊外来风险,是指由于国家的政策、法令、行政和军事等特殊外来原因所造成的风险与损失。

2. 承保的损失

保险人承保的损失是海损,即被保险货物在海洋运输过程中因海上风险所造成的损失,也包括与海陆连接的陆上和内河运输中所发生的损失。按照货物的损失程度,海损可分为以下两种形式。

1) 全部损失

全部损失是指在海洋运输过程中因海上风险导致货物,或不可分割的一批货物的全部损失。我国《海商法》第二百四十五条对实际全部损失做了明确的界定:实际全部损失是指保险标的发生保险事故后灭失,或者受到严重损坏完全失去原有形体、效用,或者不能再归被保险人所拥有的损失。

2) 部分损失

部分损失是指在海洋运输过程中因海上风险导致被保险货物损失没有达到全部损失程度的损失。按照损失的性质,部分损失可分为两种类型:一是共同海损,是指在海洋运输过程中,同一艘船舶和运载的货物及其他财产遭遇了共同的危险,为了共同安全,有目的地采取合理措施所直接造成的特殊牺牲和支付的特殊费用;二是单独海损,是指在海洋运输过程中,同一艘船舶和运载的货物及其他财产遭遇了除共同海损以外的,仅由各受损者单独负担的部分损失。

 案例分析

> 装载 150 万吨出口货物的"浦东"轮在运往至索菲亚港的过程中,遇到雷电的电击,导致 A 舱火灾,该舱的被保险人华民贸易公司保险的标的货物全部被烧毁。在针对 A 舱灭火和控制大火扩大的过程中,大量的灭火液与消防水流进了 B 舱,导致该舱的被保险人上海进出口公司 1 万台打印机中的 500 台被浸泡受损。
>
> 请分析,华民贸易公司和上海进出口公司的货损是属于何种损失? 为什么?

3. 承保费用

被保险货物在海洋运输过程中除了遭遇风险导致货物遭受损失之外,还会产生因营救船舶、货物而支出的费用,保险人对这种费用也给予赔偿。保险人承保的费用有以下两种类型。

1) 施救费用

施救费用是指保险标的在遭遇保险责任范围内的暴风、雷电、洪水、地震、失火、爆炸等事故时,被保险人或其他代理人为抢救被保险货物,防止损失继续扩大所支出的合理费用。

2) 救助费用

救助费用是指保险标的遭受承保范围内的事故时,由保险人和被保险人以外的无契约关系的第三者采取救助措施并且获救成功的行为,由被救方向施救者支付的费用。

 案例分析

> "浦东"轮在前往目的地港的过程中,A 舱遭遇雷电的电击引起火灾,为了船舶及载运货物的安全,船长迅速下令船员一起灭火,并向在附近航行的"火龙"号船舶发出救援。在"浦东"轮和"火龙"号船员的奋力扑救下,大火终于熄灭。
>
> 请分析,"浦东"轮和"火龙"号船舶因参与灭火所产生的费用属于何种费用? 为什么?

(二) 国际海洋货物运输保险的险别与承保范围

险别是保险人的承保责任和被保险人缴纳保险费的依据。《PICC 海洋货物运输保险条款》借鉴其相关的规定,将险别分为基本险和附加险,其中,基本险可独立投保,附加险必须在投保基本险的基础上才能加保。《ICC 海洋货物运输保险条款》的险别分为主险和附加险,其中,主险可独立投保,附加险必须在投保主险的基础上才能加保。

1. 基本险

1) 基本险的险别

《PICC 海洋货物运输保险条款》将基本险划分为平安险、水渍险和一切险三种险别,其中,平安险的责任范围最小,一切险的责任范围最大。《ICC 海洋货物运输保险条款》将主险划分为协会货物(A)险条款[以下简称"ICC(A)"条款]、协会货物(B)险条款、协会货物(C)

险条款三种险别,其中,协会货物(A)险条款的责任范围最大,协会货物(C)险条款的责任范围最小。

2)基本险的承保范围

(1)平安险的承保范围。《PICC海洋货物运输保险条款》对平安险的承保范围的情形予以规定:一是被保险货物由于恶劣气候、雷电、海啸、地震、洪水等事故造成货物的全部损失;二是由于水上运输工具遭受搁浅、触礁、沉没、与水以外的任何外部物体或触碰造成被保险货物的全部损失或部分损失;三是陆上运输工具遭受碰撞、倾覆或出轨造成被保险货物的全损或部分损失;四是在水上运输工具已经发生搁浅、触礁、沉没、焚毁等意外事故的情况下,由于货物在此前后又遭受恶劣气候、雷电和海啸等自然灾害所引起的部分损失;五是在船舶或驳船装卸时,任何整件货物落海或跌落造成的全部损失或部分损失;六是由于被保险人对承保责任内的遭遇危险货物采取抢救、防止或减少货损的措施而支付的合理费用,但以不超过该批被救货物的保险金额为限;七是运输工具遭遇天灾,海上或者其他可航行水域的危险或意外事故后,在避难港由于卸货所引起的损失以及在中途港,避难港由于卸货、存仓以及运送货物所产生的特别费用;八是由于采取合理措施避免船舶和保险标的遭遇共同危险而产生的共同海损的牺牲、分摊和救助费用;九是由于运输合同中订有"船舶互撞责任"条款,根据该条款规定应由货方偿还船方的损失。

 案例分析

装载150万吨出口货物的"浦东"轮在运送货物至索菲亚港的过程中,遇到雷电的电击,导致A舱火灾,该舱的被保险人华民贸易公司保险的标的货物全部被烧毁。该公司向中国人民财产保险股份有限公司投保了平安险,支付了保险费,并获取保险单。

请分析,华民贸易公司能否获得中国人民财产保险股份有限公司的理赔?为什么?

《ICC海洋货物运输保险条款》对协会货物(C)险条款规定的承保范围与平安险大致相同。其承保的风险范围包括六种情形:一是因火灾或爆炸所引起保险标的损失;二是因船舶或驳船遭受搁浅、触礁、沉没或倾覆所引起保险标的损失;三是因陆上运输工具的倾覆或出轨所引起保险标的损失;四是因船舶、驳船或运输工具同除水以外的任何外界物体碰撞所引起保险标的损失;五是因采取合理措施而产生共同海损的牺牲;六是因抛货或者浪击入海所导致保险标的损失。

(2)水渍险的承保范围。《PICC海洋货物运输保险条款》规定水渍险的承保范围,除平安险的各项责任外,还负责被保险货物由于恶劣气候、雷电、海啸、地震、洪水等自然灾害所造成的部分损失。

《ICC海洋货物运输保险条款》对协会货物(B)险条款规定的承保范围与水渍险大致相同。其承保的风险范围除了协会货物(C)险条款的责任范围外,还负责因地震、火山爆发、雷电所引起保险标的部分损失和因海水、湖水或河水进入船舶、驳船、运输工具、集装箱、大型海运箱或储存处所所引起保险标的损失。

(3)一切险的承保范围。《PICC海洋货物运输保险条款》规定一切险的承保范围,除一切险责任范围外,还负责赔偿被保险货物在运输途中由于一般外来原因所致的全部或部分损失。

《ICC 海洋货物运输保险条款》中对协会货物(A)险条款规定的承保范围与一切险大致相同。该条款规定,除"除外责任"项下所列风险保险人不予负责外,其他风险均予负责。该除外责任包括一般除外责任、不适航或不适货除外责任、战争除外责任和罢工除外责任。

 案例分析

"浦东"轮在前往目的地港的过程中,A 舱遭遇雷电的电击引起火灾,导致 A 舱被保险人华民贸易公司的货物全部被烧毁。为了船舶及载运货物的安全,"浦东"轮和"火龙"号船舶的船员进行灭火所产生了相关费用;同时,因灭火引起被保险人上海进出口公司部分打印机被浸泡受损。

请分析,被保险人投保哪种险别才可获得保险公司的理赔? 为什么?

3) 基本险的责任起讫

《PICC 海洋货物运输保险条款》对基本险承保责任起讫是引用了《ICC 海洋货物运输保险条款》的相关规定,采用国际保险业通用的"仓至仓"条款,即保险公司的保险责任自被保险货物离开保险单所载明的起运(港)地发货人的仓库开始,直至该货物到达保险单所载明的目的(港)地收货人的仓库、或被保险人用作分配时终止。如果被保险货物从船上卸下后,放在码头或海关仓库,而没有运到收货人的仓库,保险责任仍继续有效,但最长负责到卸离海轮后 60 天为止。如果在此期间货物需转运至非保险单所载明的目的地时,则以开始转运时终止。

4) 基本险的除外责任

除外责任是指保险人不承担赔偿的范围。《PICC 海洋货物运输保险条款》规定基本险除外责任有五种情形:一是由于被保险人的故意行为或过失所造成的损失;二是由于发货人责任所引起的损失;三是在保险责任开始前,因被保险货物已存在品质不良或数量短差的损失;四是因被保险货物自然损耗、本质缺陷和特性,以及市价跌落、运输延迟引起的损失或费用;五是属于海洋运输货物战争险和罢工险规定的除外责任。

《ICC 海洋货物运输保险条款》规定主险的除外责任包括十四种情形:一是因被保险人故意行为所造成的损失和费用;二是因任何人或多人的错误行为引发保险标的或其组成部分的损坏而造成的费用;三是因保险标的自然渗漏,重量或容量的自然损耗,或自然磨损所引起的损失或费用;四是因保险标的包装或准备不足或不当所造成的损失或费用,包括用集装箱或海运集装箱装载的;五是因保险标的本质缺陷或特性所引起的损失和费用;六是因延迟所造成的损失或费用;七是因船舶所有人、管理人、租船人或经营人破产或不履行债务所引起的损失或费用;八是因船舶或驳船不适航或由被保险人或其雇员所进行的集装箱、海运箱积载不当所造成的损失或费用;九是因战争、内战、叛乱、造反或由此引起的内乱或任何敌对行为所造成的损失或费用;十是因捕获、拘留、禁制、扣押(海盗行为除外)所引起的损失或费用;十一是因遗弃的水雷、鱼雷、炸弹或其他遗弃的战争武器所引起的损失或费用;十二是因罢工、被迫停工、工潮、暴动或民变所造成的损失或费用;十三是因任何恐怖主义者或者任何出于政治目的采取的行动所造成的损失或费用;十四是由于使用原子或核子裂变或其他类似放射性作用或放射性物质战争武器所造成的损失或费用。

2. 附加险

1）附加险的险别

《PICC 海洋货物运输保险条款》将附加险划分为一般附加险和特殊附加险两类：一般附加险承保因一般外来风险所造成的全部或部分损失，包括偷窃、提货不着险，淡水雨淋险，短量险，混杂、沾污险，渗漏险，碰损、破碎险，串味险，受热、受潮险，钩损险，包装破裂险和锈损险十一个险别；特殊附加险是承保由于特殊外来风险所造成的全部或部分损失，包括战争险，罢工险，交货不到险，进口关税险，拒收险，舱面险，黄曲霉素险，货物出口到香港（包括九龙）或澳门存仓火险责任扩展条款八个险别。

《ICC 海洋货物运输保险条款》附加险划分为协会货物战争险条款、协会货物罢工险条款和恶意损害险条款三种险别。

2）附加险的承保范围

《PICC 海洋货物运输保险条款》对附加险的承保范围规定如下。

（1）一般附加险的承保范围。保险公司对一般附加险十一种险别承担赔偿的承保范围分别是：偷窃、提货不着险是承保被保险货物因偷窃行为所致的损失和整件提货不着等损失；淡水雨淋险是承保被保险货物因遭受雨淋、雪溶或其他原因的淡水所致的损失；短量险是承保被保险货物的数量和实际重量短缺的损失；混杂、沾污险是承保货物在运输过程中，因混进杂质所造成的损失，或因与其他物质接触而被沾污所造成的损失；渗漏险是承保的液体物质和油类物质，如因容器损坏而引起的渗漏损失，或用液体储藏的货物因液体的渗漏而引起货物的腐败、变质等损失；碰损、破碎险是承保机械设备或易碎性物质等货物在运输途中因颠簸、挤压、装卸野蛮造成货物本身的碰损和破碎的损失；串味险是承保被保险货物因与其他异味货物混装，引发其品质的损失；受热、受潮险是承保货物在运输过程中，因气温突变或因船上通风设备失灵致使船舱水汽凝结、发潮、发热所造成的损失；钩损险是承保货物在装卸过程中，因使用手钩、吊钩等工具所造成的损失，并对包装进行修补或调换所支付的费用；包装破裂险是承保货物因装运或装卸不慎致使包装破裂所造成的损失；锈损险是承保货物由于生锈所造成的损失，由保险公司给予赔偿。

 案例分析

"浦东"轮船舶的 A 舱装载华民贸易公司的出口服装，B 舱装载上海进出口公司的出口打印机，C 舱装载南通粮油进出口公司 10 万吨袋装大米。当船舶即将到达目的地港时，因船上水管漏水，致使 200 多吨大米致损。南通粮油进出口公司向中国人民财产保险有限责任公司投保了平安险加淡水雨淋险加罢工险，于是向保险人请求索赔。

请分析，保险人能否给予南通粮油进出口公司这部分损失的理赔？为什么？

（2）特殊附加险的承保范围。保险公司对八种特殊附加险承担赔偿的承保范围如下：

战争险承保范围是因战争、类似战争行为和敌对行为、武装冲突或海盗行为及由此引起的捕获、拘留、禁止和扣押所造成的损失，或各种常规武器所造成的损失，以及由于上述原因引起的共同海损牺牲、分摊和救助费用。战争险的责任起讫是以水上危险为限，即自货物在起运港装上海轮或驳船时开始，直到目的港卸离海轮或驳船时为止。如果货物不卸离海轮或驳船,则从海轮到达目的地的当日午夜起算满 15 天,保险责任自行终止。如果货物在中途港转船,保险责任以海轮到达该港或卸货地点的当日午夜起算满 15 天为止,等到再装上海轮时恢复有效。

罢工险承保范围是因罢工者、被迫停工工人、参加工潮暴动和民变的人员采取行动,或任何人的恶意行为所造成的直接损失,以及上述行为所引起的共同海损的牺牲、分摊和救助费用负责赔偿。罢工险按战争险费率计收,其保险责任起讫,采取"仓至仓"条款。按国际保险业惯例,如被保险人投保战争险再加保罢工险,不另增收保险费。

交货不到险承保范围是从承保货物装上船舶开始,不能在预定抵达目的地的日期起 6 个月内交货的,不论任何原因,按全损负责赔偿。

进口关税险承保范围是承保货物遭受保险责任范围以内的损失,而海关仍要求被保险人按完好货物价值完税时,保险公司对损失部分货物的进口关税负责赔偿。

拒收险承保范围是承保货物具备有效进口许可证的情况下,被进口国当局拒绝进口或没收,按货物的保险价值负责赔偿。

舱面险承保范围是承保货物存放舱面时,包括在舱面的普通集装箱装,除按保险单所载条款负责外,还包括被抛弃或被风浪冲击落水的损失。

黄曲霉素险承保范围是承保险货物因所含黄曲霉素超过进口国的限制标准,被拒绝进口、没收或强制改变用途而遭受的损失。

货物出口到香港(包括九龙)或澳门存仓火险责任扩展条款承保范围是承保货物运抵目的港香港(包括九龙在内)或澳门卸离运输工具后,如果直接存放于保险单载明的过户银行所指定的仓库,该保险对存仓火险的责任至银行收回押款解除货物的权益为止,或运输险责任终止时满 30 天为止。

 案例分析

"浦东"轮经过 30 多天的航行,终于到了目的地港索菲亚港,这时恰逢港口工人因劳资关系进行了大罢工。因罢工遭遇警察的干涉引发了双方的冲突,于是港口工人从 C 舱卸下南通粮油进出口公司出口的袋装大米作为掩体,损失惨重。南通粮油进出口公司向中国人民财产保险有限责任公司投保了平安险加淡水雨淋险加罢工险,于是向保险人请求索赔。

请分析,保险人能否给予这部分损失的理赔?为什么?

《ICC 海洋货物运输保险条款》对协会货物战争险条款承保责任范围的规定包括:因战争、内战、革命、叛乱、造反或由此引起的内乱,或国与国之间的任何敌对行为造成的损失和费用;因捕获、拘留、扣留、禁制、扣押,以及这些行动或企图造成的损失或费用;因遗弃的水雷、鱼雷、炸弹或其他战争武器造成的损失和费用;为避免保险合同承保风险所造成的或与之有关的共同海损和救助费用。

《ICC 海洋货物运输保险条款》对协会货物罢工险条款承保责任范围的规定包括:因罢工者、被迫停工工人或参与工潮、暴动或民变的人员所造成的损失;因任何恐怖分子或任何出于政治目的采取行动的人所致的损失;为避免承保风险引起的共同海损和救助费用;因对恶意损害险条款责任范围的规定,除被保险人以外的其他人的故意损害、故意破坏、恶意行为所引起保险标的的损失。

(三)国际海洋货物运输保险的赔偿

1. 索赔流程

当保险标的发生在承保范围内的损失时,被保险人依据保险合同的规定向保险公司办理索赔手续,同时还应以收货人的身份向承运人办妥必要的手续,以维护自己的索赔权利。具体操作内容如下。

1)发出损失通知

当被保险人获悉或发现保险货物遭损,应马上通知保险人,以便保险人检验损失,提出施救意见,确定保险责任,查核发货人或承运人责任。

2)向承运人等有关方提出索赔

被保险人或收货人在提货时发现货物明显受损或整件短少,除向保险公司报损外,还应立即向承运人、受托人以及海关、港务局等索取货损货差证明。当这些损失涉及承运人、受托人或其他有关方面(如码头、装卸公司)的责任,应立即以书面向他们提出索赔,并保留追偿权利,必要时还要申请延长索赔时效。

3)采取合理的施救和整理措施

保险货物受损后,被保险人应该对受损货物采取必要措施以防止损失扩大,特别是对受损货物,被保险人仍须协助保险人进行转售、修理和改变用途等工作。

4)提供必要的索赔单证

索赔单证主要包括:保单或保险凭证正本;提单、发票、装箱单、磅码单;向承运人或有责任方请求赔偿的书面文件;检验报告;海事报告摘录或海事声明书;货损货差证明;索赔清单等。

2. 计算方法

对同一标记和同一价值的或不同标记,但是同一价值的各种包、件、扎、块均视作同一重量和同一保险价值计算处理赔偿。

3. 索赔时效

索赔时效为2年,自被保险货物在最后卸载港全部卸离海轮后起计算。

二、国际海洋货物运输保险合同

英国的《海上保险法》《伦敦保险业协会货物保险条款》和我国的《保险法》《海商法》《中国保险条款》对国际货物运输保险合同的标的、内容、订立及变更、转让、终止都进行了相应的规定。

(一)国际海洋货物运输保险合同的当事人

国际海洋货物运输保险合同的当事人主要有被保险人和保险人。

1. 被保险人

被保险人又称为投保人,是指与保险人订立保险合同,并按照保险合同约定负有支付保险费义务的自然人、法人和非法人组织。被保险人应当是具有民事行为能力的人和依法登记注册并获得许可的独立经营业务的各种经济组织,并应当具有保险利益。

2. 保险人

保险人是指与被保险人订立保险合同,按照保险合同约定收取保险费,承担约定保险责任,并对保险范围内的灭失或损失,给予被保险人补偿的保险公司。根据我国相关法律的规定,保险公司必须经过政府机构批准获得保险人资格,并办理工商登记和备案,具备经营海上保险业务的资格。目前,我国具有经营国际海洋货物运输保险业务资质的企业主要有中国人民财产保险有限责任公司、中国太平洋财产保险有限责任公司和中国平安财产保险有限责任公司。

(二)国际海洋货物运输保险合同的标的

根据各国相关法律的规定,国际海洋货物运输保险合同标的可以归纳为七类:一是运输工具;二是承运货物;三是运费、租金、旅客票款等营运收入;四是货物预期利润;五是相关人员的工资和其他报酬;六是对第三人的责任;七是由于发生保险事故可能受到损失的其他财产和产生的责任与费用。

(三)国际海洋货物运输保险合同的订立

1. 国际海洋货物运输保险合同订立的原则

各国保险法对订立国际货物运输保险合同的原则都有相应的规定,保险人与被保险人在订立保险合同时应当遵循以下基本原则。

1)最大诚信原则

最大诚信原则是指国际货物运输保险合同的双方当事人应以诚实信用为基础订立和履行保险合同,恪守信用,互不欺骗隐瞒的原则。我国《保险法》规定:"订立保险合同,保险人应当向被保险人说明保险合同的条款内容,并可以就保险标的或者被保险人的有关情况提出询问,被保险人应当如实告之。"我国《海商法》规定,在合同订立前,被保险人应当将其知道的或者在通常业务中应当知道的有关影响保险人据以确定保险费率或确定是否同意承保的重要情况,如实告知保险人。被保险人故意未将重要情况如实告知保险人的,保险人有权解除合同,并不退还保险费。合同解除前发生保险事故造成损失的,保险人不负赔偿责任。

2)保险利益原则

保险利益原则是指被保险人对保险标的应当具有合法的利益关系(包括现有利益、期待利益或责任利益)的原则。我国《保险法》规定,投保人对保险标的应当具有保险利益,投保人对保险标的不具有保险利益的,保险合同无效。

3)近因原则

近因原则是指保险人在保险范围内只对承保风险与保险标的之间有直接因果关系的损失承担赔偿责任的原则。虽然我国《保险法》《海商法》都没有对近因原则做出明文规定,但在国际货物运输保险实践中,各国保险公司将其作为对保险标的的损失是否承担保险责任以及承担何种保险责任的一条重要原则。

4)代位求偿原则

代位求偿原则是指保险人为便利被保险人,按保险合同的约定先行赔付,同时取得被保险人在标的物上的相关权利后,再以被保险人的名义向第三人进行索赔的原则。我国《海商法》规定:"保险标的发生保险责任范围内的损失是由第三人造成的,被保险人向第三人要求赔偿的权利,自保险人支付赔偿之日起,相应转移给保险人。"

5)损失补偿原则

损失补偿原则是指当保险标的遭受保险责任范围内的损失时,保险人应当依照保险合同的约定履行对被保险人的赔偿义务的原则。国际海洋货物运输保险合同属于补偿性保险合同,保险赔偿金额应当公平合理,应当有利于保险人和被保险人的双方利益,一方面要充分补偿被保险人的实际损失,达到保险保障的目的,另一方面不能使赔偿数额超过实际损失,损害保险人的合法权益。

2. 国际海洋货物运输保险合同订立的流程

国际海洋货物运输保险合同是被保险人与保险人约定保险权利与义务关系的协议。首先,被保险人填写进出口货物运输保险投保单,向保险公司提出投保的要求,其行为构成邀约;其次,保险人审核相关内容后,由保险公司核保人在投保单上填写报单号和费率,在法理上被称为接受,保险合同即告成立。

(四) 国际海洋货物运输保险单

国际海洋货物运输保险合同订立后,被保险人应当立即支付保险费,保险人在收取保险费后应及时向被保险人签发国际海洋货物运输保险单或者其他保险凭证。保险单和保险凭证的主要内容包括保险人名称、被保险人名称、保险标的、保险价值、保险金额、保险责任与除外责任、保险期间和保险费等。

(五) 国际海洋货物运输保险合同的变更、转让和终止

1. 国际海洋货物运输保险合同的变更

国际海洋货物运输保险合同的变更是指在国际海洋运输货物保险合同主体不变的情况下,对该合同中约定的某些内容进行的改变。国际海洋货物运输保险合同的内容需要修改时,被保险人可以向保险人提出申请,在保险人核准后支付其相应的费用,并获取保险人签发的批单。国际海洋货物运输保险合同变更内容主要有:航程变更,包括起运港或目的港的变更和起运港和目的港均发生的改变;保险标的种类的变更、保险标的数量的变更、投保险别的变更等。

2. 国际海洋货物运输保险合同的转让

国际海洋货物运输保险合同的转让是指由于保险标的的权益发生了转移而出现的被保险人变更。国际海洋货物运输保险合同的转让不需要保险人的同意,保险人对转让后的保险合同仍然承担相应的责任。

3. 国际海洋货物运输保险合同的终止

国际海洋货物运输保险合同的终止是指合同双方当事人的权利与义务的消灭。其主要有以下三种情形。

1) 自然终止

自然终止是指保险合同约定事由发生,由此引起对双方当事人的权利义务关系的消灭。保险合同自然终止的原因主要包括:保险合同期限届满之日起,保险合同即告消灭;保险事故发生,保险人依约履行全部保险金给付义务后,保险合同自然终止。

2) 协议终止

协议终止是指保险合同的双方当事人按照订立合同时议定的终止事项而解除合同。如果保险人提出终止保险合同时,必须提前告知投保人,并按期计算未到期的保险费退还投保人;如果被保险人提出终止合同时,保险人对终止日前的保险有效期按短期费率计收保费。

3) 违约终止

违约终止是指因发生当事人违约情况,使合同双方当事人之间的权利义务关系予以消灭,合同的法律效力终止。违约终止主要原因包括:因合同一方当事人不履行义务而终止;

因合同双方当事人违约而终止。

三、国际海洋货物运输保险合同当事人的权利与义务

根据英国《海上保险法》和我国《海商法》《保险法》的相关规定,国际海洋货物运输合同当事人的权利与责任如下。

（一）保险人的权利与义务

1. 保险人的权利

保险人的权利包括三个方面:一是收取保险费用,在国际货物运输保险合同订立后,即可向被保险人收取合同约定的保险费;二是增加保险费,被保险人故意未将其知道的或者在通常业务中应当知道的有关影响保险人据以确定保险费率或者确定是否同意承保的重要情况告知保险人的,保险人有权要求相应增加保险费;三是解除合同,被保险人故意未将其知道的或者在通常业务中应当知道的有关影响保险人据以确定保险费率或者确定是否同意承保的重要情况告知保险人的,保险人有权解除合同,不退还保险费,并对合同解除前发生保险事故造成损失的,不负赔偿责任。

2. 保险人的义务

保险人的义务主要有两个方面:一是向被保险人收取保险费后,保险人应当及时向被保险人签发海洋货物运输保险单或者其他保险凭证;二是发生保险责任范围的损失后,保险人应当及时向被保险人支付保险赔偿,但是可以要求被保险人提供与确认保险事故性质和损失程度有关的证明和资料。

（二）被保险人的权利与义务

1. 被保险人的权利

被保险人的权利有三个方面:一是获取单证权,被保险人支付保险费后有权向保险人获取保险单证;二是享有索赔权,在货物运输过程中,被保险货物遭到保险责任内的灭失或损坏或延迟,有权向保险人要求承担相应的赔偿责任;三是解除合同权,投保人在保险合同成立后可以解除合同,而保险人不得解除合同。

2. 被保险人的义务

被保险人的义务有四个方面:一是提供正确的投保货物的信息,被保险人应当提供影响保险人据以确定保险费率或者确定是否同意承保的相关信息;二是及时向保险人支付约定的保险费;三是及时提货,当被保险货物运抵保险单所载目的港以后,被保险人应及时提货;四是及时有效控制损害货物的扩大,被保险人应当采取必要的合理措施,防止或者减少损失。

第三节 国际航空货物运输保险

国际航空货物运输保险是指投保人根据国际航空货物运输保险合同的约定,支付保险费,当保险标的遭遇约定的风险和事故所产生的损失时,由保险人确认责任后对其进行理赔的行为。

一、伦敦保险业协会航空货物运输保险

1965 年，伦敦保险业协会首次制定了与航空运输保险有关的《协会航空运输货物一切险条款》；1982 年，又对其进行了修订，将其更名为《协会货物险条款（航空）》，并颁布了《协会战争险条款（航空货物）》和《协会罢工险条款（航空货物）》。

（一）《协会货物险条款（航空）》

1.　保险的承保范围

《协会货物险条款（航空）》的承保范围较广，与 ICC（A）条款一样，是采用一切风险减除外责任的方法，即承保保险标的损失或损害的一切风险。《协会货物险条款（航空）》可以单独投保，被保险人在发生承保范围的损失时，可以向保险人进行索赔。

2.　保险人的除外责任

《协会货物险条款（航空）》规定的除外责任情形包括：一是因被保险人的故意行为所造成的损失、损害或费用；二是因保险标的物的正常渗漏、重量或容量的正常损耗或正常磨损；三是因保险标的包装或搭配不固或不当引起的损失、损害或费用，而这种包装或搭配是由被保险人或其雇员在保险责任开始前完成的；四是因保险标的的内在缺陷或特性造成的损失、损害或费用；五是因在保险责任开始前，被保险人或其雇员在保险标的装载时已知情的，飞机、运输工具或集装箱不适于安全运载保险标的所引起的损失、损害或费用；六是因延迟为近因所引起的损失、损害或费用；七是因使用任何原子、核子裂变和或聚变或其他类似反应或放射性物质的武器或设备引起的损失、损害或费用；八是因运输飞机的所有人、经理人、租用人或营运人的破产或债务所引起的损失、损害或费用，但是保险合同转让的除外；九是因战争、内战、革命、叛乱、造反或由此引起的内乱，或交战国或针对交战国的任何敌对行为所引起的损失、损害或费用；十是因捕获、拘留、扣留、禁制、扣押（海盗行为除外）以及这种行为的后果或这方面的企图所引起的损失、损害或费用；十一是因被遗弃的水雷、鱼雷、炸弹或其他被遗弃的战争武器所引起的损失、损害或费用；十二是因罢工者、被迫停工工人或参与工潮、暴动或民众骚乱的人员所致者所引起的损失、损害或费用；十三是因恐怖主义行为，或与恐怖主义行为相联系，任何组织通过暴力直接实施的旨在推翻或影响法律上承认的或非法律上承认的政府的行为所致者所引起的损失、损害或费用；十四是因任何人出于政治、信仰或宗教目的实施的行为所致者所引起的损失、损害或费用。

3.　保险的责任期限

《协会货物险条款（航空）》的责任期限，是从保险标的因搬运至运输车辆或其他运输工具进入保险合同载明地点的仓库或储存处所起生效，直至运到保险合同载明的目的地仓库或储存处所完成卸货，或者保险合同载明的目的地任何仓库或储存处所或途中的任何其他仓库或储存处所完成卸货，或者被保险人用作或在正常运输过程以外的储存、分配或分派，自保险标的物在最后卸载地卸离飞机卸载后满 30 天。

4.　目的地的变更

当保险责任开始后，被保险人需要变更目的地，应立即通知保险人，并另行约定保险费率和相关条件。

5.　保险合同的索赔

当保险标的发生在承保范围内的损失时，被保险人应及时有效控制损害货物的扩大，并

通知保险人,并向保险单所载明的检验、理赔代理人申请检验,确定腐败件数或损失程度。如发现被保险货物整件短少或有明显残损痕迹时,应向承运人或海关、机场当局等索取货损货差证明。发生保险责任范围内的损失是由第三人造成的,被保险人应当向保险人提供必要的文件和其所需要知道的情况,协助保险人向第三人追偿。

(二)《协会战争险条款(航空货物)》

1. 保险的承保范围

《协会战争险条款(航空货物)》的承保范围,是在航空货物运输途中因战争、内乱、革命、叛乱、动乱、颠覆引起的内乱,或来自交战国的敌对行为引起的捕获、拘留、扣留、禁制、扣押而造成的保险标的的损失,其中也包括废弃水雷、鱼雷、炸弹以及其他废弃武器造成的损失,还包括共同海损和救助费用。该战争险条款仅对战争行为及战争武器导致的保险标的的直接损失负责,不负责因此而致的费用损失和海盗风险。《协会战争险条款(航空货物)》可以单独投保,被保险人在发生承保范围的损失时,可以向保险人进行索赔。

2. 保险人的除外责任

《协会战争险条款(航空货物)》包括《协会货物险条款(航空)》的除外责任一至七的情形,还包括因航程或冒险的损失或落空的任何索赔。

3. 保险的责任期限

《协会战争险条款(航空货物)》的责任期限,是自保险标的或其一部分开始运输而被装上飞机时开始,直到在最终卸货地卸离飞机时为止。如保险标的不卸离飞机,则以飞机到达最终卸货地当天午夜 12 时起满 15 天为止。如保险标的在中途转运,在转运地的承保期限是 15 天,再装上飞机时保险责任恢复。

(三)《协会罢工险条款(航空货物)》

1. 保险的责任范围

《协会罢工险条款(航空货物)》的责任范围有三种情形:一是在航空货物运输途中因罢工者、被迫停工工人或参与工潮、暴动或民变的人员所造成的损失;二是因恐怖分子或任何出于政治目的采取行动的人所致的损失;三是为避免承保风险所产生的共同海损和救助费用。

2. 保险人的除外责任

《协会罢工险条款(航空货物)》的除外责任包括《协会货物险条款(航空)》除外责任一至十二的情形,还包括航程中或意外时致使的损失和费用。

3. 保险的责任期限

《协会罢工险条款(航空货物)》的责任期限,是从保险标的离开本保险合同所载明地点的仓库或储存处所开始运输时生效,直至运到交付指定目的地收货人及其仓库或储存处所,或者交付保险合同载明的目的地任何仓库或储存处所或途中的任何其他仓库或储存处所为被保险人所用,或者被保险人用作或在正常运输过程以外的储存、分配或分派,自保险标的物在最后卸载地卸离飞机卸载后满 60 天。这三种终止情形以最先发生的为准。

4. 目的地的变更

当保险责任开始后,被保险人需要变更目的地,应立即通知保险人,并另行约定保险费率和相关条件。

二、PICC 航空货物运输保险

《PICC 航空货物运输保险条款》是由原中国人民保险公司借鉴了伦敦保险协会《协会货物险条款(航空)》《协会战争险条款(航空货物)》和《协会罢工险条款(航空货物)》制定的,并经过了 1981 年和 2009 年两次修订。

(一)《PICC 航空货物运输保险条款》的险别

《PICC 航空货物运输保险条款》分为航空运输险和航空运输一切险两种险别,当被保险货物遭受承保范围内的损失时,保险人负赔偿责任。

1. 航空运输险

航空运输险是承保被保险货物在运输途中,由于遭受雷电、火灾或爆炸或由于飞机遭受恶劣气候或其他危难事故而被抛弃,或由于飞机遭受碰撞、倾覆、坠落或失踪意外事故所造成的全部或部分损失。

被保险人对航空运输险承保责任内的危险货物采取抢救,防止或减少货损的措施而支付的合理费用,但以不超过该批被救货物的保险金额为限。

2. 航空运输一切险

航空运输一切险的承保责任范围包括航空运输险的责任以外,还负责被保险货物由于外来原因所致的全部或部分损失。

(二) 保险的除外责任

《PICC 航空货物运输保险条款》规定的保险除外责任包括:一是由于被保险人的故意行为或过失所造成的损失;二是由于发货人责任所引起的损失;三是保险责任开始前,由于被保险货物已存在的品质不良或数量短差所造成的损失;四是由于被保险货物的自然损耗、本质缺陷、特性以及市价跌落、运输延迟所引起的损失或费用;五是包括航空运输货物战争险条款和货物运输罢工险条款规定的责任范围和除外责任。

(三) 保险责任起讫

《PICC 航空货物运输保险条款》的保险责任起讫,是自被保险货物运离保险单所载明的起运地仓库或储存处所开始运输时生效,包括正常运输过程中的运输工具以内,直到该项货物运达保险单所载明目的地收货人的最后仓库或储存处所或被保险人用作分配、分派或非正常运输的其他储存处所为止;如未运抵上述仓库或储存处所,则以被保险货物在最后卸载地卸离飞机后满 30 天为止;如在上述 30 天内被保险的货物需转送到非保险单所载明的目的地时,则以该项货物开始转运时终止。

由于被保险人无法控制的运输延迟、绕道、被迫卸货、重新装载、转载或承运人运用运输契约赋予的权限所做的任何航行上的变更或终止运输契约,致使被保险货物运到非保险单所载目的地时,被保险人应当及时将获知的情况通知保险人,在加交保险费后,该保险仍继续有效。如果被保险货物在非保险单所载目的地出售,保险责任至交货时为止,但不论任何情况,均以被保险的货物在卸载地卸离飞机后满 30 天为止。

(四) 保险合同的损失赔偿

1. 被保险人提出索赔

当被保险货物运抵保险单所载目的地以后,被保险人提货时当发现被保险货物遭受任何损失,应立即向保险单上所载明的检验、理赔代理人申请检验,备齐索赔单据向保险人进行索赔。如被保险人发现被保险货物整件短少或有明显残损痕迹,应立即向承运人、受托人或有关当局索取货损货差证明,如果货损货差是由于承运人、受托人或其他有关方面的责任所造成,并应以书面方式向其提出索赔;同时,对受损货物采取合理的抢救措施,防止或减少货物损失。

2. 保险人进行理赔

保险人收到被保险人的赔偿请求后,应当及时就是否属于保险责任做出核定,并将核定结果通知被保险人;情形复杂的,保险人在收到被保险人的赔偿请求并提供理赔所需资料后30日内未能核定保险责任的,保险人与被保险人根据实际情形商议合理期间,保险人在商定的期间内做出核定结果并通知被保险人;对属于保险责任的,在与被保险人达成有关赔偿金额的协议后 10 日内,履行赔偿义务。

第四节 PICC 陆上货物与邮包运输保险

一、陆上货物运输保险条款

陆上货物运输包括铁路货物运输和公路货物运输。由于铁路货物运输和公路货物运输的相似性,各国在制定保险条款时都将铁路货物运输保险和公路货物运输保险作为陆上货物运输保险一并加以规定。陆上货物运输保险是指投保人通过火车或汽车运载货物,与保险人签订陆上货物运输保险合同,双方当事人按约定履行各自的权利与义务的法律行为。

(一)陆上货物运输的险别

《PICC 陆上货物运输保险条款》是由原中国人民保险公司制定的,并经过了 1981 年和 2009 年两次修订。其分为陆运险和陆运一切险两种险别,当被保险货物遭受承保范围内的损失时,保险人负赔偿责任。

1. 陆运险

陆运险是承保被保险货物在运输途中由于遭受暴风、雷电、洪水、地震自然灾害,或由于运输工具遭受碰撞、倾覆、出轨,或在驳运过程中由于驳运工具遭受搁浅、触礁、沉没、碰撞,或由于遭受隧道坍塌、崖崩,或失火、爆炸意外事故所造成的全部或部分损失。

被保险人对遭受承保责任内的危险货物采取抢救,防止或减少货损的措施而支付的合理费用,但以不超过该批被救货物的保险金额为限。

2. 陆运一切险

陆运一切险的承保责任范围包括陆运险的责任以外,还负责被保险货物在运输途中由于外来原因所致的全部或部分损失。

(二)保险除外责任

《PICC 陆上货物运输保险条款》规定的保险除外责任包括:一是由于被保险人的故意行为或过失所造成的损失;二是属于发货人责任所引起的损失;三是在保险责任开始前,由于被保险货物已存在的品质不良或数量短差所造成的损失;四是由于被保险货物的自然损耗、本质缺陷、特性以及市价跌落、运输延迟所引起的损失或费用;五是包括陆上运输货物战争险条款和货物运输罢工险条款规定的责任范围和除外责任。

(三)保险责任起讫

《PICC 陆上货物运输保险条款》采用"仓至仓"条款,自被保险货物运离保险单所载明的起运地仓库或储存处所开始运输时生效,包括正常运输过程中的陆上和与其有关的水上驳运在内,直至该项货物运达保险单所载目的地收货人的最后仓库或储存处所或被保险人用作分配、分派的其他储存处所为止,如未运抵上述仓库或储存处所,则以被保险货物运抵最后卸载的车站满 60 天为止。

（四）保险合同的损失赔偿

《PICC 陆上货物运输保险条款》规定的赔偿与《PICC 航空货物运输保险条款》的内容基本一致。

二、邮包运输保险条款

邮包运输是指邮包通过海运、空运、陆运运输工具,通过其中一种或两种以上的运输工具的运送方式。邮包运输保险是指投保人通过不同的运输方式运送邮包,与保险人签订邮包运输保险合同,双方当事人按约定履行各自的权利与义务的法律行为。

（一）邮包运输的险别

《PICC 邮包运输保险条款》是由原中国人民保险公司制定的,并经过了 1981 年和 2009 年两次修订。其分为邮包险和邮包一切险两种险别,当被保险货物遭受承保范围内的损失时,保险人负赔偿责任。

1. 邮包险

邮包险是承保被保险邮包在运输途中由于恶劣气候、雷电、海啸、地震、洪水自然灾害或由于运输工具遭受搁浅、触礁、沉没、碰撞、倾覆、出轨、坠落和失踪,或由于失火、爆炸意外事故所造成的全部或部分损失。

被保险人对遭受承保责任内危险的货物采取抢救、防止或减少货损的措施而支付的合理费用,但以不超过该批被救货物的保险金额为限。

2. 邮包一切险

邮包一切险的承保责任范围包括邮包险的责任以外,还负责被保险邮包在运输途中由于外来原因所致的全部或部分损失。

（二）保险除外责任

《PICC 邮包运输保险条款》规定的保险除外责任包括:一是由于被保险人的故意行为或过失所造成的损失;二是属于发货人责任所引起的损失;三是在保险责任开始前,由于被保险货物已存在的品质不良或数量短差所造成的损失;四是由于被保险货物的自然损耗、本质缺陷、特性以及市价跌落、运输延迟所引起的损失或费用;五是包括邮包战争险条款和货物运输罢工险条款规定的责任范围和除外责任。

（三）保险责任起讫

《PICC 邮包运输保险条款》规定,保险责任自被保险邮包离开保险单所载起运地点寄件人的处所运往邮局时开始生效,直至该项邮包运达本保险单所载目的地邮局,自邮局签发到货通知书当日午夜起算满 15 天终止。但在此期限内邮包一经递交至收件人的处所时,保险责任即行终止。

（四）保险合同的损失赔偿

被保险邮包运抵保险单所载明的目的地以后,被保险人应及时提取包裹。如果其遭受任何损失,被保险人应立即向保险单上所载明的检验、理赔代理人申请检验。如果发现被保险邮包整件短少或有明显残损痕迹,被保险人应即向邮局索取短、残证明,应以书面方式向其提出索赔,并提供邮包收据等索赔单据。

 案例思政

国际航空货运保险损害赔偿案——法治社会

【案例简介】

2000 年 3 月,中国某化工有限公司向印度某公司出售一批 8-羟基喹啉,委托某国际货运代理公司托运,并由马来西亚航空公司承运。该国际货运代理公司办理了该批货物的报检报关手续,通过海关和商检等部门的查验后,将货物交给地服公司包装、装机,并提供了所需单证。地服公司根据其中一份《鉴定书》的鉴定结论"货物为 8-羟基喹啉,按普通货物装卸、运输"的要求将该批货物装入飞机。当飞机抵达马来西亚卸货时,马来西亚航空公司发现该批货物发生泄漏,经查实不是 8-羟基喹啉,而是强酸性腐蚀化学品,属危险品货物的草酰氯,并通知托运人中国某化工有限公司。同时,马来西亚航空公司立即对飞机进行了清理、净化和抢救,对剩余货物进行了销毁处理。该飞机经制造商确认的修理成本至少为 8 900 万美元,经鉴定评估,修理成本超过保险金的 75%,而且修理后的使用价值不大,据此推定为飞机全损。据此,境外保险公司向马来西亚航空公司进行了理赔,支付了 9 500 万美元的全额保险金,并取得了保险代位求偿权。随后马来西亚航空公司与境外保险公司一起将中国某化工有限公司和某国际货运代理公司诉至属地高级人民法院,认为其谎报运送货品的名称,隐藏危险品托运,导致强酸性腐蚀化学药品在航空运输过程中泄漏,造成飞机腐蚀报废,要求索赔 8 000 万美元。属地高级人民法院民二庭对该案进行了公开宣判,认为原告举证事实依据客观充分,被告也承认客观事实,判决被告向原告马来西亚航空公司及为其提供保险的境外保险公司支付 6 506.3 万美元赔偿金,同时驳回了其他索赔的要求。

【案例启示】

法治是市场经济有序发展的基本保障,也是我国营造良好的国际营商环境的重要内容。中国属地高级人民法院依据客观公正的原则,依据我国相关的民事法律解决了当年索赔标的额最大的国际航空货物运输保险损害赔偿纠纷案,维护和保障了境外当事人的根本利益,体现了我国社会主义的法治精神,树立了我国良好的国际形象。

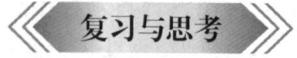 复习与思考

一、单项选择题

1. 在世界各国保险业具有广泛的影响,2/3 的国家直接采用或根据该条款制定本国的货物运输保险条款的是(　　)。

A.《海上保险法》　　　　　　　　B.《保险契约法》

C.《中国保险条款》　　　　　　　　　　D.《伦敦保险业协会货物保险条款》

2. 与被保险人订立保险合同,按照保险合同约定收取保险费,承担约定保险责任,并对保险范围内的灭失或损失,给予被保险人补偿的保险公司称为(　　)。

A. 投保人　　　　　　　　　　　　　B. 被保险人

C. 保险人　　　　　　　　　　　　　D. 受益人

3. 下列各项中,属于对近因原则的解释的是(　　)。

A. 是指被保险人对保险标的应当具有合法的利益关系,包括现有利益、期待利益或责任利益

B. 是指保险人为便利被保险人,按保险合同的约定先行赔付,同时取得被保险人在标的物上的相关权利后,再以被保险人的名义向第三人进行索赔

C. 是指当保险标的遭受保险责任范围内的损失时,保险人应当依照保险合同的约定履行对被保险人的赔偿义务

D. 是指保险人在保险范围内只对承保风险与保险标的之间有直接因果关系的损失承担赔偿责任

4. 下列各项中,属于国际海洋货物运输保险人承保的全部损失的是(　　)。

A. 在海洋运输过程中因海上风险导致被保险货物损失没有达到全损程度的损失

B. 保险标的发生保险事故后受到严重损坏完全失去原有形体、效用

C. 在海洋运输过程中,同一艘船舶和运载的货物及其他财产遭遇了共同的危险,为了共同安全,有目的地采取合理措施所直接造成的特殊牺牲和支付的特殊费用

D. 在海洋运输过程中,同一艘船舶和运载的货物及其他财产遭遇了除共同海损以外的,仅由各受损者单独负担的部分损失

5. 下列各项中,对《PICC 邮包运输保险条款》中邮包险的解释错误的是(　　)。

A. 邮包险是承保被保险邮包在运输途中由于恶劣气候、雷电、海啸、地震、洪水自然灾害所造成的全部或部分损失

B. 邮包险是承保被保险邮包在运输途中由于运输工具遭受搁浅、触礁、沉没、碰撞、倾覆、出轨、坠落和失踪所造成的全部或部分损失

C. 邮包险负责被保险邮包在运输途中由于外来原因所致的全部或部分损失

D. 邮包险是承保被保险邮包在运输途中由于失火、爆炸意外事故所造成的全部或部分损失

6. 下列关于《PICC 航空货物运输保险条款》的保险责任起讫的说法中,错误的(　　)。

A. 航空货物运输保险责任起讫,是自被保险货物运离保险单所载明的起运地仓库或储存处所开始运输时生效

B. 包括正常运输过程中的运输工具内,直到该项货物运达保险单所载明目的地收货人的最后仓库或储存处所为止

C. 包括正常运输过程中的运输工具内,直到该项货物运达被保险人用作分配、分派或非正常运输的其他储存处所为止

D. 如未运抵上述仓库或储存处所,则以被保险货物在最后卸载地卸离飞机后满 20 天为止

7.《PICC 航空货物运输保险条款》规定,当被保险货物运抵保险单所载目的地以后,被

保险人提货时当发现被保险货物遭受任何损失,应立即向保险单上所载明的(　　)申请检验,备齐索赔单据向保险人进行索赔。

A. 保险人

B. 承运人

C. 受托人

D. 检验、理赔代理人

8.《PICC 邮包运输保险条款》规定,保险责任自被保险邮包离开保险单所载起运地点寄件人的处所运往邮局时开始生效,直至该项邮包运达本保险单所载目的地邮局,自邮局签发到货通知书当日午夜起算满(　　)天终止。

A. 10

B. 15

C. 20

D. 30

二、多项选择题

1. 国际货物运输保险包括(　　)。

A. 国际海洋货物运输保险

B. 国际航空货物运输保险

C. 国际铁路货物运输保险

D. 邮包运输保险

2. 下列货物运输保险法律法规中,由英国制定的有(　　)。

A.《海上保险法》

B.《保险契约法》

C.《保险业法》

D.《伦敦保险业协会货物保险条款》

3. 下列各项中,属于《中国保险条款》组成部分的有(　　)。

A.《PICC 海洋货物运输保险条款》

B.《PICC 航空货物运输保险条款》

C.《PICC 陆上货物运输保险条款》

D.《PICC 邮包运输保险条款》

4. 我国具有经营国际货物运输保险业务资质的企业主要有(　　)。

A. 中国人民财产保险有限责任公司

B. 中国太平洋财产保险有限责任公司

C. 中国平安财产保险有限责任公司

D. 中国人民健康保险股份有限公司

5. 国际货物运输保险合同变更内容主要有(　　)。

A. 航程变更

B. 保险标的种类的变更

C. 保险标的数量的变更

D. 投保险别的变更

6.《PICC 海洋货物运输保险条款》将基本险划分为(　　)。

A. 平安险

B. 水渍险

C. 一切险

D. 罢工险

7. 下列条款中,由伦敦保险业协会制定的有(　　)。

A.《协会货物险条款(航空)》

B.《协会战争险条款(航空货物)》

C.《PICC 航空货物运输保险条款》

D.《协会罢工险条款(航空货物)》

8. 下列各项中,对《PICC 陆上货物运输保险条款》中陆运险的解释正确的有(　　)。

A. 陆运险是承保被保险货物在运输途中由于遭受暴风、雷电、洪水、地震自然灾害所造成的全部或部分损失

B. 陆运险是承保被保险货物在运输途中由于运输工具遭受碰撞、倾覆、出轨所造成的全部或部分损失

C. 陆运险是承保被保险货物在运输途中由于在驳运过程中由于驳运工具遭受搁浅、触礁、沉没、碰撞所造成的全部或部分损失

D. 陆运险是承保被保险货物在运输途中由于遭受隧道坍塌、崖崩或失火、爆炸意外事故所造成的全部或部分损失

三、判断题

1. 随着全球经济的不断发展,海洋货物运输保险业也发生了较大的变化,英国《海上保险法》的许多原则和条款已经不再适用。　　　　　　　　　　　　　　　(　　)

2. 保险人又称为投保人,是指与保险人订立保险合同,并按照保险合同约定负有支付保险费义务的自然人、法人和非法人组织。　　　　　　　　　　　　　　(　　)

3. 被保险人故意未将重要情况如实告知保险人的,保险人有权解除合同,并不退还保险费。合同解除前发生保险事故造成损失的,保险人不负赔偿责任。　　　　(　　)

4. 保险标的发生保险责任范围内的损失是由第三人造成的,被保险人向第三人要求赔偿的权利,自保险人支付赔偿之日起,相应转移给保险人。　　　　　　　(　　)

5. 一般外来风险是指由于国家的政策、法令、行政和军事等特殊外来原因所造成的风险与损失。　　　　　　　　　　　　　　　　　　　　　　　　　　　(　　)

6. 单独海损是指在海洋运输过程中,同一艘船舶和运载的货物及其他财产遭遇了共同的危险,为了共同安全,有目的地采取合理措施所直接造成的特殊牺牲和支付的特殊费用。　　　　　　　　　　　　　　　　　　　　　　　　　　　　　　(　　)

7. 黄曲霉素险承保范围是承保险货物因所含黄曲霉素超过进口国的限制标准,被拒绝进口、没收或强制改变用途而遭受的损失。　　　　　　　　　　　　　　(　　)

8.《协会战争险条款(航空货物)》的责任期限,是自保险标的或其一部分开始运输而被装上飞机时开始,直到在最终卸货地卸离飞机时为止。　　　　　　　　(　　)

9.《PICC陆上货物运输保险条款》采用"仓至仓"条款,自被保险货物运离保险单所载明的起运地仓库或储存处所开始运输时生效。　　　　　　　　　　　　(　　)

四、简答题

1. 简述订立国际货物运输保险合同的基本原则。
2. 简述国际货物运输保险合同的终止情形。
3. 简述国际海洋货物运输合同保险人的权利。
4. 简述《协会罢工险条款(航空货物)》的保险责任范围。

五、案例分析题

A保险公司承保了三个进口商的进口纱布,B进口商投保了海运货物平安险,C进口商投保了水渍险,D进口商投保了一切险。载货船舶在航行途中遭遇到恶劣气候,船员虽然尽快关闭了货舱的通风口,但是仍有一些海水在通风口关闭以前被大浪打入货舱,三个进口商的纱布一部分不幸被浸泡在海水中。船长命令船员立即采取行动打开包装进行晾晒,并进行了重新包装,但货物仍遭受了一定损失。由于恶劣气候持续下去,通风口关闭时间过长,使得船舱温度上升,大量舱汗聚集,因此通风口附近的三批纱布也遭受了水湿损失。到货后,三个进口商就纱布的损失分别向保险公司索赔。

请分析,三个进口商是否都能得到A保险公司的赔偿? 为什么?

第九章 进出境货物监管法律制度

◎ 学习目标

◆ 了解国际组织和我国颁布的关于进出境货物监管相关法律的适用范围及基本内容。

◆ 熟悉进出口货物配额与许可证管理制度的相关法律规定。

◆ 明确学习进出境货物监管相关法律对促进我国对外贸易和跨境电商的基本作用。

◆ 具备应用进出境货物监管法律知识的基本应用能力。

本 章 概 要

本章包括三部分内容:第一部分为进出口货物监管法律制度概述,介绍了进出口商品检验法律制度和对外贸易法律制度(包括世界海关组织法规体系和中国外贸法规体系);第二部分为进出口货物配额与许可证管理制度,介绍了货物进出口原则、货物进出口分类管理、货物进出口临时措施和违法责任;第三部分为进出境货物监管制度,介绍了进出口货物监管机构、报关报检企业、进出境货物工作、进出境货物监管工作、报关报检法 律责任和跨境电商通关。

第一节 进出境货物监管法律制度概述

无论是国际贸易,还是跨境电子商务,其所交易的货物或物品、承载货物或物品的运输工具从境内到境外,必须按照各国法律的规定办理检验检疫和通关手续。进出口货物监管涉及主体资质、对象范围和监管方法等方面,为了规范货物进出口管理,维护货物进出口秩序,促进国际贸易健康发展,世界贸易组织、世界海关组织与我国先后通过或制定了相关的协定、公约、框架和法律,如《1994 年关税与贸易总协定》(以下简称《关贸总协定》)、《进口许可程序协议》《贸易便利化协定》《商品名称及编码协调制度的国际公约》《全球贸易安全和便利标准框架》《世界海关组织跨境电商标准框架》（以下简称《跨境电商标准框架》）、《中华人民共和国对外贸易法》（以下简称《外贸法》）、《中华人民共和国海关法》（以下简称《海关法》）、《中华人民共和国货物进出口管理条例》（以下简称《货物进出口管理条例》）、《中华人民共和国进出口商品检验法》（以下简称《商检法》）、《中华人民共和国食品安全法》（以下简称《食品安全法》）、《中华人民共和国进出境动植物检疫法》（以下简称《进出境动植物检疫法》）等法律法规。

一、对外贸易法律制度

（一）世界贸易组织的协定和协议

1.《关贸总协定》

世界贸易组织于 1994 年 4 月 15 日通过了《关贸总协定》，并于同日生效。该协定是世界贸易组织管辖的一项多边贸易协定。

《关贸总协定》分为三大部分：第一部分为总协定；第二部分为关税减让议定书；第三部分为八项条款。其主要内容有四个方面：一是规定了缔约方之间在关税和贸易方面相互提供无条件的最惠国待遇原则以及关税减让事项；二是规定了缔约方贸易政策，包括国民待遇、反倾销、反补贴、保障措施、一般性取消数量限制、法规统一与透明度、国营贸易企业和磋商程序等；三是规定了协定的适用范围、谈判和活动方式、协定的修订、减让的停止或撤销；四是规定了对发展中国家缔约成员的贸易和经济发展方面给予特殊差别待遇。

2.《进口许可程序协议》

为了避免对一般来源或特定来源的产品实施进口限制，保证进口许可程序的实施管理的简化、透明、公平与公正，规范各成员的行为，世界贸易组织通过了《进口许可程序协议》，并于 1994 年 4 月 15 日生效。

《进口许可程序协议》分为两大部分：第一部分为前言；第二部分为八项条款，即总则、自动进口许可、非自动进口许可、机构、通报、磋商和争端解决、审议、最后条款。其主要内容有四个方面：一是一般规则，包括及时公布必要的信息、简化申请和展期手续、不得因小错而拒绝批准进口、允许安全和保密例外的等；二是自动进口许可制度，符合法律要求的任何人均有资格申请并获得许可证，审批时间最长不应超过 10 个工作日；三是非自动进口许可制度，保证许可证管理的透明度、公正及时地实施许可程序，符合配额许可证分配的要求，对误差采取补偿措施；四是加强通报和审议职能，世界贸易组织成立的进口许可制度委员会负责审议，确保各项规则得到遵守，各成员及时向进口许可制度委员会通报其许可制度的详细信息。

3.《贸易便利化协定》

为了便利各国贸易，降低交易成本，推动世界贸易和全球经济的增长，世界贸易组织各成员于 2014 年 11 月通过了《贸易便利化协定》，并交付世界贸易组织成员核准。2015 年 9 月 4 日，中国向世界贸易组织递交了接受书，是接受《贸易便利化协定》的第 16 个世贸组织成员。2017 年 2 月 22 日，该协定被 112 个成员核准接受后正式生效，达到 2/3 成员核准接受后生效的条件。

《贸易便利化协定》分为三个部分，共计二十四条：第一部分为实质性条款（第一条至第十二条），主要是关于各成员在贸易便利化方面的实质性义务的规定，包括信息公布、货物放行、结关措施、进出口与过境相关单证与手续、过境运输收费与担保、海关及边境机构之间合作等内容;第二部分为行政性条款(第十三条至第二十二条),主要是关于发展中成员和最不发达国家在实施实质性条款可享受的特殊和差别待遇;第三部分为最后条款(第二十三条和第二十四条),规定了机构安排等内容。

(二) 世界海关组织的公约和框架

1.《商品名称及编码协调制度的国际公约》

为了适用于海关监管、海关征税及海关统计,需要按照进出口商品的性质、用途、功能或加工程度等将商品准确地归之对应的类别和编号,海关合作理事会(现为世界海关组织)于1983年6月24日在布鲁塞尔举行的第62届会议上批准了协调制度委员会制定的《商品名称及编码协调制度的国际公约》草案,开放供各国签署,并于1988年1月1日正式实施。《商品名称及编码协调制度的国际公约》被全球200多个国家或地区使用,超过全球贸易总量90%以上的货物以其进行分类。

该公约分为三大部分:第一部分为归类总规则,规定了分类原则和方法,确保某一个商品能够归入一个唯一的编码;第二部分为类、章、目和子目的注释,界定了商品的范围,区分商品的技术标准及界限;第三部分为按顺序编排的目与子目及条文,采用6位编码,将所有商品依据社会生产部类划分为二十一类,将所有商品依据自然属性、用途或功能划分为九十七章,章下再分为目和子目。其中,6位编码的第1、第2位代表"章",第3、第4位代表"目",第5、第6位代表"子目"。我国采用8位编码,在6位编码的基础上增加2位,代表"增列税目"。

2.《全球贸易安全和便利标准框架》

为保障不断增长的国际贸易物流的安全,促进贸易便利,世界海关组织在2005年6月召开的年会上通过《全球贸易安全和便利标准框架》。截至2017年6月,世界海关组织共有182个海关成员,其中包括中国海关在内的168个海关成员表达实施该框架的意向,作为其实施国际贸易的原则和最低标准。

《全球贸易安全和便利标准框架》分为四大部分:第一部分为前言;第二部分为益处;第三部分为世界海关组织关于全球贸易安全和便利的标准;第四部分为附件。该框架的主要内容包括:一是"4个要求",即要求成员海关对进出口和转运货物提前递交电子信息,要求成员海关承诺采用一致的风险管理方法来应对安全方面的威胁,要求成员海关对进口国的合理要求,出口国海关对出口的高风险集装箱和货物进行查验,要求成员海关向达到最基本供应链安全标准的企业提供相应的便利;二是"2个支柱",第一个支柱为海关与海关的合作,第二个支柱为海关与商界的伙伴关系;三是"17项标准",第一个支柱涉及供应链管理、查验权力与查验技术、风险管理和布控、电子信息交换、绩效和安全评估、工作人员的廉政等海关监管工作的11项标准,第二个支柱涉及企业执行海关规定安全标准为参数的自我评估程序、供应链经营者应采取的安全措施、授权认证的取得、新技术的采用、与海关合作与交流、获取贸易便利的条件6项标准。

3.《跨境电商标准框架》

世界海关组织为制定通关事务和相关数据协调的统一标准,促进全球范围内电商的合理发展,于2018年6月发布了《跨境电商标准框架》。《跨境电商标准框架》不是公约,其以《世界海关组织卢克索决议》为基础,制定了全球范围内跨境电商的基本标准。世界海关组织秘书长要求所有世界海关组织成员海关尽快实施该标准框架,进一步加强边境管理,提升贸易便利化。

《跨境电商标准框架》分为四章:第一章为概述;第二章为原则和立法;第三章为实施战略、监督、益处和能力建设;第四章为跨境电商的管理。该框架的主要内容包括:一是跨境电商的特征及发展趋势;二是标准框架的 8 项原则及法律法规框架;三是标准框架的实施、监督和能力建设;四是标准框架的关键原则和 15 项标准。

（二）中国外贸法规体系

1.《外贸法》

为了扩大对外开放,发展对外贸易,维护对外贸易秩序,保护对外贸易经营者的合法权益,1994 年 5 月 12 日,第八届全国人民代表大会常务委员会第七次会议通过了《外贸法》。之后该法经过两次修订,现版本是在 2016 年 11 月 7 日召开的第十二届全国人民代表大会第二十四次会议通过修订的,并于颁布之日起实施。

《外贸法》分为十一章,共计七十条。第一章为总则;第二章为对外贸易经营者;第三章为货物进出口与技术进出口;第四章为国际服务贸易;第五章为与对外贸易有关的知识产权保护;第六章为对外贸易秩序;第七章为对外贸易调查;第八章为对外贸易救济;第九章为对外贸易促进;第十章为法律责任;第十一章为附则。其主要有七个方面的内容:一是对对外贸易经营者的内涵、资质等方面进行了规定;二是对禁止自由进出口货物与技术的范围、许可申请、关税配额管理等方面进行了规定;三是对国际服务贸易的范围和国际服务贸易市场准入等方面进行了规定;四是对知识产权保护的依据、原则和方法等方面进行了规定;五是对在对外贸易活动中的违法行为和垄断行为等方面进行了规定;六是对在对外贸易活动中的实施调查的范围和要求以及救济等方面进行了规定;七是对相关的违法行为及承担的责任进行了规定。

2.《海关法》

为维护国家的主权和利益,加强海关监督管理,促进对外经济贸易和科技文化交往,1987 年 1 月 22 日,第六届全国人民代表大会常务委员会第十九次会议通过了《中华人民共和国海关法》（以下简称《海关法》）。之后该法经过了五次修改,现行版本是在 2017 年 11 月 4 日第十二届全国人民代表大会常务委员会第三十次会议通过的修订版。

《海关法》分为九章,共计一百零二条:第一章为总则;第二章为进出境运输工具;第三章为进出境货物;第四章为进出境物品;第五章为关税;第六章为海关事务担保;第七章为执法监督;第八章为法律责任;第九章为附则。其主要内容有五个方面:一是对海关行使的权利、报关的资质及当事人的权利与义务等方面进行了规定;二是对进出境运输工具的报关及承运的货物与旅客的监管等内容进行了规定;三是对进出境货物报关的时间、单证、形式和监管等内容进行了规定;四是对海关执法的依据、行为、进出境物品的监管内容、要求和方法等内容进行了规定;五是对进出口货物通关过程中违法行为及承担责任进行了规定。

3.《货物进出口管理条例》

为了规范货物进出口管理,维护货物进出口秩序,促进对外贸易健康发展,2001 年 10 月 31 日,国务院第 46 次常务会议通过了《货物进出口管理条例》,自 2002 年 1 月 1 日起实施。

《货物进出口管理条例》分为八章,共计七十七条:第一章为总则;第二章为货物进口管理;第三章为货物出口管理;第四章为国营贸易和指定经营;第五章为进出口监测和临时措施;第六章为对外贸易促进;第七章为法律责任;第八章为附则。其主要内容有五个方面:一是对禁止进口货物、限制进口货物、自由进口货物、关税配额管理货物的范围进行了规定;二是对禁止出口货物和限制出口货物的范围进行了规定;三是对国营贸易企业和指定经营企业的经营的原则、内容和方法等方面进行了规定;四是对专进出口监测和临时措施的原则、方法和范围等方面进行了规定;五是对货物进出口管理过程中的违法行为及承担的责任进行了规定。

二、进出口商品检验法律制度

(一)《商检法》

为了规范进出口商品检验行为,维护社会公共利益和进出口贸易有关各方的合法权益,促进对外经济贸易关系的顺的利发展,1989 年 12 月 21 日,第七届全国人民代表大会常务委员会第六次会议通过了《商检法》。之后该法于 2002 年和 2013 年进行了两次修订,并于 2018 年 12 月 29 日进行了修改。

《商检法》分为六章,共计四十一条:第一章为总则;第二章为进口商品的检验;第三章为出口商品的检验;第四章为监督管理;第五章为法律责任;第六章为附则。其主要有四个方面的内容:一是对实施进出口商品检验的原则、方法和范围进行了相关规定;二是对进出口商品检验的程序、方法和要求等方面进行了规定;三是对实施抽查检验、监督管理与检验、进出口商品检验鉴定业务、进出口商品实施认证以及当事人的权利与义务等方面进行了规定;四是对进出口商品检验违法的行为及承担的责任进行了规定。

(二)《食品安全法》

为了保证食品安全,保障公众身体健康和生命安全,2015 年 4 月 24 日,第十二届全国人民代表大会常务委员会第十四次会议修订通过了《食品安全法》,并于 2015 年 10 月 1 日起实施。现行版本于 2018 年 12 月 29 日修正。

《食品安全法》分为十章,共计一百五十四条:第一章为总则;第二章为食品安全风险监测和评估;第三章为食品安全标准;第四章为食品生产经营;第五章为食品检验;第六章为食品进出口;第七章为食品安全事故处置;第八章为监督管理;第九章为法律责任;第十章为附则。其主要内容有五个方面:一是对该法的适用范围、监管的原则与方法及要求等方面进行了规定;二是对食品安全风险监测的范围、方法和要求以及评估等内容进行了规定;三是对食品安全标准的内容与审查、食品经营的范围、条件、许可、监控和管理,以及食品检验机构等内容进行了规定;四是对进出口食品的要求、监管、安全事故的处理等内容进行了规定;五是对食品安全违法行为及承担责任进行了规定。

(三)《进出境动植物检疫法》

为防止动物传染病、寄生虫病和植物危险性病虫害的传入、传出国境,保护农、林、牧、渔业生产和人体健康,促进对外经济贸易的发展,1991 年 10 月 30 日,第七届全国人民代表大会常务委员会第二十二次会议通过了《进出境动植物检疫法》,并自 1992 年 4 月 1 日起施行。之后,该法于 2009 年 8 月 27 日召开的第十一届全国人民代表大会常务委员会第十次会议上通过了修订。

《进出境动植物检疫法》分为八章,共计五十条:第一章为总则;第二章为进境检疫;第三章为出境检疫;第四章为过境检疫;第五章为携带、邮寄物检疫;第六章为运输工具检疫;第七章为法律责任;第八章为附则。其主要内容有六个方面:一是对国家动植物检疫机关及其职责等内容进行了规定;二是对进出境动植物、动植物产品和其他检疫物的检疫申请、检疫要求、检疫证书和时效等方面进行了规定;三是对装载过境动物的运输工具、装载容器、饲料和铺垫材料的检疫要求进行了规定;四是对邮寄进境的动植物、动植物产品和其他检疫物的检疫内容与要求进行了规定;五是对进出境运输工具及其动植物性废弃物处理的内容与要求进行了规定;六是对进出境动植物检疫的违法行为及承担责任进行了规定。

第二节　进出口货物配额与许可证管理制度

进出口商品配额与许可证管理制度是世界上大多数国家普遍采用的管理进出口贸易的秩序的重要工具。它是根据国家有关法律法规对进出口经营权、经营范围、贸易国别、进出口商品的品种等实行有效监测,通过政府有关行政机构发放进出口商品配额与签发进口货物许可证或出口货物许可证来进行全面管理。我国《外贸法》第十九条规定,国家对限制进口或者出口的货物,实行配额、许可证等方式管理;对限制进口或者出口的技术,实行许可证管理。目前,我国采用配额许可证管理的措施,即配额与许可证结合使用,需要配额管理的商品必须要申领许可证。

一、货物进出口原则

(一) 最惠国待遇

《关贸总协定》及其他协议在有关条款中规定了成员之间应相互给予最惠国待遇。最惠国待遇要求在世界贸易组织成员间进行贸易时彼此不能搞歧视,大小成员要一律平等,只要其进出口的产品是相同的,则享受的待遇也应该相同,不能附加任何条件,并且是永久的。我国《货物进出口管理条例》第五条规定:"中华人民共和国在货物进出口贸易方面根据所缔结或者参加的国际条约、协定,给予其他缔约方、参加方最惠国待遇、国民待遇,或者根据互惠、对等原则给予对方最惠国待遇、国民待遇。"

(二) 货物进出口自由

我国《货物进出口管理条例》第四条规定:"国家准许货物的自由进出口,依法维护公平、有序的货物进出口贸易。除法律、行政法规明确禁止或者限制进出口的外,任何单位和个人均不得对货物进出口设置、维持禁止或者限制措施。"

二、货物进出口分类管理

(一) 禁止进出口货物

进出口货物的禁止有两大类:一是我国《外贸法》第十七条规定情形之一的货物;二是其他法律、行政法规规定禁止进出口的货物。禁止进出口货物的目录由商务部会同国务院有关部门制定、调整并公布。

(二) 限制进出口的货物

进出口货物的限制有两大类:一是我国《外贸法》第十六条规定情形之一的货物;二是其他法律、行政法规规定限制进出口的货物。限制进出口的货物目录由商务部会同国务院有关部门制定、调整并适时公布。

1. 限制进出口货物的配额管理

配额管理是指国家在一定时期对于某种商品的进出口数量或金额直接加以限制的管理

措施,在规定的期限和配额以内的货物准许进口或出口。

1) 进口货物配额管理的范围

我国对小麦、玉米、大米、食糖、棉花、羊毛、毛条和化肥等关系国计民生的大宗商品实行关税配额管理。其中,小麦、玉米、大米、棉花的进口关税配额由国家发改委管理,食糖、羊毛及毛条、化肥进口关税配额由国家商务部管理。

2) 出口货物配额管理的范围

属于配额管理的出口货物包括:小麦、玉米、大米、棉花、小麦粉、玉米粉、大米粉、锯材、活牛(对中国港澳地区出口)、活猪(对中国港澳地区出口)、活鸡(对中国港澳地区出口)、煤炭、焦炭、原油、成品油、稀土、锑及锑制品、钨及钨制品、锌矿砂、锡及锡制品、白银、铟及铟制品、钼、磷矿石、蔺草及蔺草制品、碳化硅、滑石块(粉)、镁砂、矾土、甘草及甘草制品。其中,小麦、玉米、大米、棉花出口配额由国家发改委管理,小麦粉、玉米粉、大米粉、锯材、活牛(对中国港澳地区出口)、活猪(对中国港澳地区出口)、活鸡(对中国港澳地区出口)、煤炭、焦炭、原油、成品油、稀土、锑及锑制品、钨及钨制品、锌矿砂、锡及锡制品、白银、铟及铟制品、钼、磷矿石出口配额由国家商务部管理,蔺草及蔺草制品、碳化硅、滑石块(粉)、镁砂、矾土、甘草及甘草制品配额,由国家商务部公开实行出口配额招标。

2. 限制进出口货物的许可证管理

我国对限制进出口货物配额管理以外的,实行许可证管理。进口商或出口商凭许可证管理机构发放的进口或出口许可证,向海关办理进出口货物报关验放手续。

2019 年,我国实行出口许可证管理的货物共 45 种,由商务部和商务部委托的省级地方商务主管部门及副省级市商务主管部门负责实施货物出口许可。

1) 商务部配额许可证事务局签发的出口许可证

商务部配额许可证事务局负责签发小麦、玉米、煤炭、原油、成品油(不含一般贸易方式出口润滑油、润滑脂及润滑油基础油)、棉花 6 种货物的出口许可证。

2) 商务部驻有关地方特派员办事处签发的出口许可证

商务部驻有关地方特派员办事处负责签发活牛、活猪、活鸡、大米、小麦粉、玉米粉、大米粉、药料用麻黄草、甘草及甘草制品、蔺草及蔺草制品、天然砂、磷矿石、镁砂、滑石块(粉)、锡及锡制品、钨及钨制品、锑及锑制品、锯材、白银、铂金(铂或白金)、铟及铟制品 21 种货物的出口许可证。

3) 商务部委托机构签发的出口许可证

商务部委托机构负责签发牛肉、猪肉、鸡肉、矾土、氟石(萤石)、稀土、钼及钼制品、焦炭、成品油(仅限一般贸易方式出口润滑油、润滑脂及润滑油基础油)、石蜡、部分金属及制品、硫酸二钠、碳化硅、消耗臭氧层物质、柠檬酸、维生素 C、青霉素工业盐、摩托车(含全地形车)及其发动机和车架、汽车(包括成套散件)及其底盘 19 种货物的出口许可证。

3. 经营资质管理

玉米、大米、棉花、煤炭、原油、成品油、植物油的进口和玉米、大米、棉花、煤炭、原油、成品油、锑及锑制品、钨及钨制品、白银的出口,实行经营资质管理,向商务部申请。

(三) 自由进口的货物

自由进口的货物是指国家相关法律法规规定的禁止和限制以外的进口货物。基于监测货物进口情况的需要,国家对部分属于自由进口的货物实行自动进口许可管理,自动进口许可管理货物的目录由商务部在实施前21天公布。属于自动进口许可管理的货物,进口商应当在办理海关报关手续前,向商务部主管机构提交自动进口许可申请,凭自动进口许可证明,向海关办理报关验放手续。

（四）关税配额管理的货物

关税配额管理的进口货物目录由商务部会同国务院有关部门制定、调整并公布。进口商在规定的时间内向进口配额管理机构申请,凭关税配额证明向海关办理关税配额内货物的报关验放手续,属于关税配额内进口的货物按照配额内税率缴纳关税。

三、货物进出口临时措施

（一）货物进口临时措施

1. 实施的依据

我国《货物进出口管理条例》第五十三条、第五十四条规定,为维护国家的经济利益,可以对进口货物的价值或者数量采取临时限制措施,或采取限制或者禁止进口的临时措施。

2. 实施的范围

国家为执行下列一项或者数项措施,必要时可以对任何形式的农产品水产品采取限制进口的临时措施:

（1）对相同产品或者直接竞争产品的国内生产或者销售采取限制措施。

（2）通过补贴消费的形式,消除国内过剩的相同产品或者直接竞争产品。

（3）对完全或者主要依靠该进口农产品水产品形成的动物产品采取限产措施。

（二）货物出口临时措施

我国《货物进出口管理条例》第五十七条规定,可以对特定货物的出口采取限制或者禁止临时措施的情形包括:一是发生严重自然灾害等异常情况,需要限制或者禁止出口的;二是出口经营秩序严重混乱,需要限制出口的;三是依照我国《外贸法》第十六条、第十七条的规定,需要限制或者禁止出口的。

四、违法责任

我国《货物进出口管理条例》对违法行为及其承担的法律责任主要有五个方面的规定。

（一）违禁违限的违法行为

属于禁止进出口货物的,或者未经批准、许可擅自进出口限制货物的,由商务部主管机构撤销其对外贸易经营许可,并依照我国《海关法》的有关规定进行处罚;构成刑事犯罪的,依法追究刑事责任。

 案例分析

某进出口公司以一般贸易方式向海关申报进口农药一批,价值总计50万人民币。经海关审查发现,该公司进口农药属于国家限制进口货物,申报时未提交有关许可证件,其行为违反了《货物进出口管理条例》的有关规定。

请分析,海关应如何处罚?为什么?

（二）超限的违法行为

属于限制进出口货物的,擅自超出批准、许可范围的,由商务部主管机构暂停或撤销其对外贸易经营许可,并依照海关法的有关规定进行处罚;构成刑事犯罪的,依法追究刑事责任。

（三）伪造、变造或者买卖证件的违法行为

伪造、变造或者买卖货物进出口配额证明、批准文件、许可证或者自动进口许可证明的,由商务部主管机构撤销其对外贸易经营许可,并依照海关法的有关规定进行处罚;构成刑事犯罪的,依法追究刑事责任。

（四）以不正当手段获取证件的违法行为

进出口经营者以欺骗或者其他不正当手段获取货物进出口配额、批准文件、许可证或者自动进口许可证明的,依法收缴其货物进出口配额、批准文件、许可证或者自动进口许可证明,由商务部主管机构暂停或撤销其对外贸易经营许可。

（五）工作人员的违法行为

货物进出口管理工作人员在履行货物进出口管理职责中,滥用职权、玩忽职守或者利用职务上的便利收受、索取他人财物的,依法给予行政处分;构成犯罪的,依法追究刑事责任。

第三节　进出境货物监管制度

出入境检验检疫管理制度是指检验检疫部门或机构依照进出口国有关法律、行政法规及国际惯例的要求,对出入境的货物、交通运输工具、人员等进行检验检疫、认证和签发官方检验检疫证明等监督管理工作,是为了保障国家安全、维护国民健康、保护动植物和环境而采取的技术法规和行政措施。

一、进出口货物监管机构

（一）进出口商品监管机构

我国《商检法》第二条规定,国务院设立国家质检总局,主管全国进出口商品检验工作,在各地设进出口商品检验机构,管理所辖地区的进出口商品检验工作。

（二）进出境监管机构

我国《海关法》规定,海关是国家进出境监督管理机关。国务院设立海关总署,统一管理全国海关,在对外开放的口岸和海关监管业务集中的地点设立其直属海关,依照有关法律、行政法规的规定对进出境运输工具、货物、物品实施监管,并负责征收关税、税费、缉私、编制海关统计等海关业务。

第十三届全国人民代表大会第一次会议审议通过了国务院机构改革方案,要求从 2018 年 4 月起,将国家质检总局出入境检验检疫管理职责和队伍划入海关总署,各地设立进出口商品检验机构划入直属海关,统一负责本地区的进出口商品检验检疫和通关工作。

（三）海关的职责

1. 海关总署的职责

1）负责全国海关工作

海关总署负责拟定海关工作政策,起草相关法律法规草案,制定海关规划、部门规章和相关技术规范,垂直管理全国海关。

2)负责组织推动口岸"大通关"建设

海关总署会同有关部门制定口岸管理规章制度,组织拟定口岸发展规划并协调实施,牵头拟定口岸安全联合防控工作制度,协调开展口岸相关情报收集、风险分析研判和处置工作。

3)负责海关监管工作

其主要包括五个方面的内容:一是制定进出境运输工具、货物和物品的监管制度并组织实施;二是按规定承担技术性贸易措施相关工作;三是依法执行进出口贸易管理政策,负责知识产权海关保护和海关标志标识的管理;四是组织实施海关管理环节的反恐、维稳、防扩散和出口管制等工作;五是制定加工贸易等保税业务的海关监管制度和组织实施,牵头审核海关特殊监管区域的设立和调整。

4)负责进出口关税及其他税费征收管理

其主要包括三个方面的内容:一是拟定征管制度,制定进出口商品分类目录并组织实施和解释;二是牵头开展多边、双边原产地规则对外谈判,拟定进出口商品原产地规则并依法负责签证管理等组织实施工作;三是依法执行反倾销、反补贴措施和保障措施及其他关税措施。

5)负责出入境卫生检疫、出入境动植物及其产品检验检疫

其主要包括三个方面的内容:一是收集分析境外疫情,组织实施口岸处置措施,承担口岸突发公共卫生等应急事件的相关工作;二是对入出境人员、交通工具、集装箱、货物、行李、邮包、尸体骸骨、特殊物品等实施卫生检疫查验、传染病监测、卫生监督和卫生处理;三是对进出境和旅客携带、邮寄的动植物及其产品和其他检疫物,装载动植物及其产品和其他检疫物的装载容器、包装物、铺垫材料,来自疫区的运输工具,以及法律、法规、国际条约和多双边协议规定或贸易合同约定应当实施检疫的其他货物和物品实施检疫、监管。

6)监督管理进出口商品鉴定、验证和质量安全

其主要包括八个方面的内容:一是对列入《出入境检验检疫机构实施检验检疫的进出境商品目录》中的商品实施法定检验和监督管理,该目录外的商品实施抽查;二是对涉及安全、卫生、健康和环保的重要进出口商品实施注册和登记或备案制度;三是对进口许可制度民用商品实施入境验证管理;四是对法定检验商品的免验进行审批;五是对一般包装和危险品包装实施检验;六是对运载工具和集装箱实施检验检疫;七是对进出口商品鉴定和外商投资财产价值鉴定进行监督管理;八是依法审批,并监督管理从事进出口商品检验鉴定业务的机构。

7)负责进口食品、化妆品检验检疫和监督管理

其主要包括两个方面的内容:一是对进出口食品和化妆品安全、卫生和质量进行检验监督管理,组织实施对进出口食品和化妆品及其生产单位的日常监督管理;二是对进口食品、食品添加剂、食品容器、包装材料和食品用工具及设备进行检验检疫与监督管理。

8)负责国家进出口货物贸易等海关统计

海关总署发布海关统计信息和海关统计数据,组织开展动态监测和评估,建立服务进出口企业的信息公共服务平台。

9)负责全国打击走私综合治理工作

海关总署依法查处走私和违规案件,负责所管辖走私犯罪案件的侦查、拘留、执行逮捕

和预审工作,组织实施海关缉私工作。

10)负责海关领域国际合作与交流

海关总署代表国家参加有关国际组织,签署并执行有关国际合作协定、协议和议定书。

2. 直属海关的职责

直属海关就本关区内的海关事务独立行使职权,向海关总署负责。其职责有九个方面:一是对关区通关作业实施运行管理,包括执行总署业务参数、建立并维护审单辅助决策参数、对电子审单通道判别进行动态维护和管理、对关区通关数据和相关业务数据进行有效监控和综合分析;二是实施关区集中审单,组织和指导隶属海关开展接单审核、征收税费、查验、放行等通关作业;三是组织实施对各类海关监管场所、进出境货物和运输工具的实际监控;四是组织实施贸易管制措施、税收征管、保税和加工贸易海关监管、企业分类管理和知识产权进出境保护;五是组织开展关区贸易统计、业务统计和统计分析工作;六是组织开展关区调查、稽查和侦查业务;七是按规定程序及权限办理各项业务审核、审批、转报和注册备案手续;八是开展对外执法协调和行政纠纷、争议的处理;九是开展对关区各项业务的执法检查、监督和评估。

3. 隶属海关的职责

隶属海关是指进出境监督管理职能的基本执行单位。其职责有九个方面:一是开展接单审核、征收税费、验估、查验、放行等通过作业;二是对辖区内加工贸易实施海关监管;三是对进出境运输工具及其燃料、物料、备件等实施海关监管,征收船舶吨税;四是对各类海关监管场所实施监控;五是对通关、转关及保税货物的存放、移动、放行或其他处置实施实际监控;六是开展对运输工具、进出口货物、监管场所的风险分析,执行各项风险处置措施;七是办理辖区内报关单位通关注册备案业务;八是受理辖区内设立海关监管场所、承运海关监管货物业务的申请;九是对辖区内特定减免税货物实施海关后续监管。

(四)海关行使的权力

海关可以行使的权力主要有七个方面:一是检查进出境运输工具,查验进出境货物和物品,对违反法律、行政法规的,可以扣留。二是查阅进出境人员的证件,查问违反有关法律、行政法规的嫌疑人,调查其违法行为。三是查阅、复制与进出境运输工具、货物、物品有关的合同、发票、账册、单据、记录、文件、业务函电、录音录像制品和其他资料,对其中与违反有关法律、行政法规的进出境运输工具、货物、物品有牵连的,可以扣留。四是在海关监管区和海关附近沿海沿边规定地区,检查有走私嫌疑的运输工具和有藏匿走私货物、物品嫌疑的场所,检查走私嫌疑人的身体,对有走私嫌疑的运输工具、货物、物品和走私犯罪嫌疑人,经直属海关关长或者其授权的隶属海关关长批准,可以扣留;对走私犯罪嫌疑人,扣留时间不超过 24 小时,在特殊情况下可以延长至 48 小时。在海关监管区和海关附近沿海沿边规定地区以外,海关在调查走私案件时,对有走私嫌疑的运输工具和除公民住处以外的有藏匿走私货物、物品嫌疑的场所,经直属海关关长或者其授权的隶属海关关长批准,可以进行检查,有关当事人应当到场;当事人未到场的,在有见证人在场的情况下,可以径行检查;对其中有证据证明有走私嫌疑的运输工具、货物、物品,可以扣留。海关附近沿海沿边规定地区的范围,由海关总署和国务院公安部门会同有关省级人民政府确定。五是在调查走私案件时,经直属海关关长或者其授权的隶属海关关长批准,可以查询案件涉嫌单位和涉嫌人员在金融机构、邮政企业的存款、汇款。六是进出境运输工具或者个人违抗海关监管逃逸的,海关可以连续追至海关监管区和海关附近沿海沿边规定地区以外,将其带回处理。七是海关为履行职责,可以配备武器。海关工作人员佩带和使用武器的规则,由海关总署会同国务院公安部门制定,报国务院批准。

二、报关报检企业

(一)报关报检企业的管理

1. 报关报检企业的类型

1)报关企业的类型

我国《海关法》第九条规定:"进出口货物,除另有规定的外,可以由进出口货物收发货人自行办理报关纳税手续,也可以由进出口货物收发货人委托海关准予注册登记的报关企业办理报关纳税手续。进出境物品的所有人可以自行办理报关纳税手续,也可以委托他人办理报关纳税手续。"进出口货物报关企业是指经海关准予注册登记,以进出口货物收发货人名义或接受进出口货物收发货人的委托以自己的名义,向海关办理报关业务或从事报关服务的境内企业法人。其有两种类型:一是自理报关企业,是指完成对外贸易经营者和海关备案注册登记并经备案机构核准的,办理本企业进出口货物报关手续的境内外企业;二是代理报关企业,是指经营国际货物运输和报检代理等业务的,并经海关准予备案登记的,接受进出口货物收发货人的委托,以进出口货物收发货人名义或以自己的名义向海关办理代理报关业务,从事报关服务的境内企业。

2)报检企业的类型

报检企业是指根据我国相关法律法规的规定,经海关准予备案登记,以进出口货物收发货人名义或接受进出口货物收发货人的委托以自己的名义,向海关办理报检业务或从事报检服务的境内企业法人。其有两种类型:一是自理报检企业,是指向海关办理本企业报检业务的进出口货物收发货人,也包括出口货物的生产和加工单位;二是代理报检企业,是指接受进出口货物收发货人委托,为其向海关办理报检业务的境内企业。

2. 报关报检企业的资质

2018年4月16日,海关总署发布了《关于企业报关报检资质合并有关事项的公告》(以下简称《公告》),对报关报检企业注册、备案进行了如下规定。

1)自理报检企业与进出口货物收发货人合并备案

《公告》规定,自理报检企业备案与海关进出口货物收发货人备案合并为海关进出口货物收发货人备案,备案后可获得报关和报检资质。

2)代理报检企业与海关报关企业合并注册

《公告》规定,检验检疫代理报检企业备案与海关报关企业(包括海关特殊监管区域双重身份企业)注册登记合并为海关报关企业注册登记,注册登记后可获得报关和报检资质。

3)代理报检企业与海关报关企业分支机构合并备案

《公告》规定,检验检疫代理报检企业备案与海关报关企业(包括海关特殊监管区域双重身份企业)分支机构进行合并备案,备案后可获得报关和报检资质。

4)其他备案

《公告》规定,企业申请备案成为加工生产企业或者无报关权的其他企业,备案后可以办理报检业务,但不能办理报关业务。

3. 报关报检企业的分类管理

根据我国《进出口商品检验法实施条例》第八条规定,出入境检验检疫机构根据便利对外贸易的需要,对进出口企业实施分类管理,并按照根据国际通行的合格评定程序确定的检验监管方式,对进出口商品实施检验。

根据我国 2018 年 5 月 1 日起施行的《海关企业信用管理办法》规定,海关根据企业信用状况将企业认定为认证企业、一般信用企业和失信企业,其中认证企业分为高级认证企业和一般认证企业。认证企业是中国海关经认证的经营者(AEO)。中国海关依据有关国际条约、协定以及《海关企业信用管理办法》,开展与其他国家或者地区海关的 AEO 互认合作,并且给予互认企业相关便利措施。

(二)报关报检人员的管理

1. 报关报检人员资质

根据《公告》的相关规定,检验检疫报检人员备案与海关报关人员备案合并为报关人员备案,申请人在登记备案后可获得《报关人员备案证明》和《报检人员备案证明》,取得报关和报检资质。

2. 报关报检人员的管理办法

根据我国 2005 年 1 月 1 日起施行的《海关对报关员记分考核管理办法》规定,对取得报关资格的从业人员进行记分考核管理,由海关通关业务现场及相关业务职能部门负责具体执行记分工作,由各级海关名义做出,并将记分原因和记分分值以电子或者纸质告知单的形式告知报关员。

三、进出境货物工作

(一)出入境检验的类型

1. 法定检验

法定检验是指出入境检验检疫机构对列入《出入境检验检疫机构实施检验检疫的进出境商品目录》的进出口商品以及法律、行政法规规定须经出入境检验检疫机构检验的其他进出口商品实施检验。

2. 抽样检验

抽样检验是指出入境检验检疫机构对列入《出入境检验检疫机构实施检验检疫的进出境商品目录》以外的进出口商品,根据国家规定实施抽查检验。

3. 指定检验

指定检验是指出入境检验检疫机构对进出口药品的质量检验、计量器具的量值检定、锅炉压力容器的安全监督检验、船舶和集装箱的规范检验、飞机的适航检验以及核承压设备的安全检验等项目,由有关法律、行政法规规定的机构实施检验。

4. 免予检验

免予检验是指出入境检验检疫机构对进出境的样品、礼品、暂时进出境的货物以及其他非贸易性物品,免予检验。但是,法律、行政法规另有规定的除外。

(二)出入境检验工作的内容

出入境检验检疫机构对进出口商品实施检验的内容,包括是否符合安全、卫生、健康、环境保护、防止欺诈等要求以及相关的品质、数量、重量等项目。

（三）出入境检验验证管理

出入境检验检疫机构根据我国《商检法》相关的规定，对实施许可制度和国家规定必须经过认证的进出口商品实行验证管理，查验单证，核对查验单证信息与实际货物是否相符。实行验证管理的进出口商品目录，由海关总署会同有关部门制定、调整并适时公布。

（四）进出境报关报检程序

根据我国《海关法》相关的规定，进口货物由收货人在进境地海关办理海关手续，出口货物由发货人在货物出境地海关办理海关手续。如果收/发货人向海关申请并经其同意后，进口货物的收货人可以在设有海关的指运地、出口货物的发货人可以在设有海关的启运地办理海关手续。经电缆、管道或者其他特殊方式输送进出境的货物，经营单位应当定期向指定的海关申报和办理海关手续。收/发货人办理进出口货物的海关申报手续，应当采用纸质报关单和电子数据报关单的形式。

1. 申报时间

进口货物的收货人应当自运输工具申报进境之日起 14 日内，出口货物的发货人除海关特准的外应当在货物运抵海关监管区后、装货的 24 小时以前，向海关申报。进口货物的收货人超过前款规定期限向海关申报的，由海关征收滞报金。如果进口货物的收货人自运输工具申报进境之日起超过 3 个月未向海关申报的，该货物由海关提取并依法变卖处理，所得价款在扣除运输、装卸、储存等费用和税款后，尚有余款的，发还收货人或上缴国库。

2. 申报材料

进口货物的收货人、出口货物的发货人应当向海关如实申报，交验进出口许可证件和有关单证。国家限制进出口的货物，没有进出口许可证件的，不予放行。

 案例分析

某机床进出口公司以一般贸易方式向海关申报出口数控机床，价值总计 644 万人民币，申报成交方式为 FOB。经海关查实，该公司委托船公司运输这批货物，并向其支付了海运费 5.06 万人民币，实际构成了 CFR。上述违法行为有出口货物报关单、海运提单复印件、付款凭证复印件为证。

请分析，海关应如何处罚？为什么？

3. 申报流程

1）网上申报

进出口货物收/发货人备齐报检报关材料向直属海关办理出口货物报检报关手续，登入"中国国际贸易单一窗口"，填写企业与进出口货物报检报关相关信息，系统向海关企业管理内网发送申报数据。海关接受申报后，报关单证及其内容不得修改或者撤销。进口货物的收货人经海关同意，可以在申报前查看货物或者提取货样。需要依法检疫的货物，应当在检疫合格后提取货样。

2）现场核准报检报关材料

进出口货物收/发货人打印出经海关审核通过的报检报关单据，并携带各类证件到口岸海关进行现场核准。

3）现场查验货物

报检报关单证经核准无误后,口岸海关核查部门根据有关规定对出口货物进行现场查验以确定申报内容与实际进出口货物是否一致。现场核查工作人员根据查验的结果填写验货记录,将其作为是否放行的依据。海关查验货物时,进口货物的收货人、出口货物的发货人应当到场,并负责搬移货物,开拆和重封货物的包装。海关认为必要时,可以径行开验、复验或者提取货样。

4）征税、缴税

海关对进出口货物查验通过后,根据我国有关规定向报检报关企业收取检验检疫等费用,征收关税,实施无纸通关,自行打印放行凭证,凭其装运或提货。

海关对无商业价值的广告品和货样、外国政府、国际组织无偿赠送的物资、在海关放行前遭受损坏或者损失的货物、规定数额以内的物品、法律规定减征或免征关税的其他货物和物品、我国缔结或者参加的国际条约规定减征或免征关税的货物和物品,减征或者免征关税。

5）提货、放行

进出口货物在收/发货人缴清税款或者提供担保后,由海关签印提货或放行。

四、进出境货物监管工作

(一) 进出境货物

在进口货物从进境至办结海关手续期间,在出口货物从海关申报至出境期间,在过境、转运和通运货物从进境至出境期间,海关对进出境货物进行监管。海关监管货物,未经海关许可,不得开拆、提取、交付、发运、调换、改装、抵押、质押、留置、转让、更换标记、移作他用或者进行其他处置。海关加施的封志,任何人不得擅自开启或者损毁。

(二) 保税货物

海关对经营保税货物的储存、加工、装配、展示、运输、寄售业务和经营免税商店依据相关规定进行监管,对保税货物的转让、转移以及进出保税场所进行监管和查验,对进出口货物、保税货物、减免税进口货物直接有关企业的会计账簿、会计凭证、报关单证以及其他有关资料和有关进出口货物实施稽查。

(三) 暂时进出口货物

海关对暂时进口或者暂时出口的货物的复运出境或者复运进境的期限进行监管,需要延长复运出境或者复运进境期限的,必须按照海关总署的规定办理延期手续。

(四) 加工贸易

海关对加工贸易制成品单位耗料量按照有关规定进行核定,对保税的进口料件依法征税,属于国家对进口有限制性规定的,检查其进口许可证件。加工贸易制成品应在规定的期限内复出口,并向海关办理核销手续或退税手续。

(五) 转关、过境、转运和通运货物

海关对进出口货物转关运输进行监管,在必要时可以派员押运。海关对过境、转运和通运货物的监管,在必要时可以查验。

(六) 仓储货物

海关对在海关监管区外存放海关监管货物必须经海关同意,并接受海关监管,对造成海关监管货物损毁或者灭失的,由保管义务的人承担相应的法律责任。

（七）进出境物品

海关对个人携带进出境的行李物品、邮寄进出境的物品进行监管。经海关登记准予暂时免税进境或者暂时免税出境的物品，应当由本人复带出境或者复带进境。过境人员未经海关批准，不得将其所带物品留在境内。

（八）进出境邮袋

海关对进出境邮袋的装卸、转运和过境进行监管。邮政企业应当向海关递交邮件路单，并将开拆及封发国际邮袋的时间事先通知海关，海关应当按时派员到场监管查验。

（九）邮运进出境物品

海关对邮运进出境的物品进行查验，有关经营单位在放行后方可投递或者交付。

（十）其他监管方法制定

海关对进出境集装箱、打捞进出境货物和沉船、边境小额贸易进出口货物以及法律未具体列明的其他进出境货物的监管办法，由海关总署或其会同国务院有关部门制定，并按照规定实施监管。

 案例分析

　　某日，邮局海关查验员在对进境邮件进行例行查验时，发现一件来自乌克兰的邮件，其X光机图像显示为球状植株，开箱后，发现内有11株仙人球植株。经农林专家初步鉴定，其分属仙人掌科菠萝球属及皱棱球均属于《濒危野生动植物种国际贸易公约》附录Ⅱ列名的保护物种。

　　请分析，该邮局海关应如何处置？为什么？

五、报关报检法律责任

（一）违反商检法的法律责任

1. 报检企业违法行为及法律责任

（1）将必须经商检机构检验的进口商品未报经检验而擅自销售或者使用的，或者将必须经商检机构检验的出口商品未报经检验合格而擅自出口的，由商检机构没收违法所得，并处货值金额5%以上20%以下的罚款；构成犯罪的，依法追究刑事责任。

（2）进口或者出口属于掺杂掺假、以假充真、以次充好的商品或者以不合格进出口商品冒充合格进出口商品的，由商检机构责令停止进口或者出口，没收违法所得，并处货值金额50%以上3倍以下的罚款；构成犯罪的，依法追究刑事责任。

（3）未经国家商检部门许可，擅自从事进出口商品检验鉴定业务的，由商检机构责令停止非法经营，没收违法所得，并处违法所得1倍以上3倍以下的罚款。

（4）伪造、变造、买卖或者盗窃商检单证、印章、标志、封识、质量认证标志的，依法追究刑事责任；尚不够刑事处罚的，由商检机构责令改正，没收违法所得，并处货值金额等值以下的罚款。

2. 商检工作人员违法行为及法律责任

（1）国家商检部门、商检机构的工作人员泄露所知悉的商业秘密的，依法给予行政处分，有违法所得的，没收违法所得；构成犯罪的，依法追究刑事责任。

（2）国家商检部门、商检机构的工作人员滥用职权，故意刁难的，徇私舞弊，伪造检验结果的，或者玩忽职守，延误检验出证的，依法给予行政处分；构成犯罪的，依法追究刑事责任。

（二）违反海关法行为及责任

1. 报关企业违法行为及法律责任

（1）违反有关法律、行政法规，逃避海关监管，偷逃应纳税款、逃避国家有关进出境的禁止性或者限制性管理的，尚不构成犯罪的，由海关没收走私货物、物品及违法所得，可以并处罚款；构成犯罪的，依法追究刑事责任。

（2）伪造、变造、买卖海关单证，与走私人通谋为走私人提供贷款、资金、账号、发票、证明、海关单证，与走私人通谋为走私人提供运输、保管、邮寄或者其他方便，构成犯罪的，依法追究刑事责任；尚不构成犯罪的，由海关没收违法所得，并处罚款。

（3）个人携带、邮寄超过合理数量的自用物品进出境，未依法向海关申报的，责令补缴关税，可以处以罚款。

（4）出现以下十一种情形将受到海关处罚：一是违反海关监管规定行为的；二是运输工具不经设立海关的地点进出境的；三是不将进出境运输工具到达的时间、停留的地点或者更换的地点通知海关的；四是进出口货物、物品或者过境、转运、通运货物向海关申报不实的；五是不按照规定接受海关对进出境运输工具、货物、物品进行检查、查验的；六是进出境运输工具未经海关同意，擅自装卸进出境货物、物品或者上下进出境旅客的；七是在设立海关的地点停留的进出境运输工具未经海关同意，擅自驶离的进出境运输工具从一个设立海关的地点驶往另一个设立海关的地点，尚未办结海关手续又未经海关批准，中途擅自改驶境外或者境内未设立海关的地点的；八是进出境运输工具，不符合海关监管要求或者未向海关办理手续，擅自兼营或者改营境内运输的；九是由于不可抗力的原因，进出境船舶和航空器被迫在未设立海关的地点停泊、降落或者在境内抛掷、起卸货物、物品，无正当理由，不向附近海关报告的；十是未经海关许可，擅自将海关监管货物开拆、提取、交付、发运、调换、改装、抵押、质押、留置、转让、更换标记、移作他用或者进行其他处置的擅自开启或者损毁海关封志的；十一是经营海关监管货物的运输、储存、加工等业务，有关货物灭失或者有关记录不真实，不能提供正当理由的。海关对上述违法行为可处以罚款；有违法所得的，没收违法所得。

（5）违反海关法有关规定业务的企业，由海关责令改正，可以给予警告，暂停其从事有关业务，直至撤销注册。

（6）未经海关注册登记从事报关业务的，由海关予以取缔，没收违法所得，可以并处罚款。

（7）报关企业非法代理他人报关或者超出其业务范围进行报关活动的，由海关责令改正，处以罚款；情节严重的，撤销其报关注册登记。报关人员非法代理他人报关或者超出其业务范围进行报关活动的，由海关责令改正，处以罚款。

（8）进出口货物收发货人、报关企业向海关工作人员行贿的，由海关撤销其报关注册登记，并处以罚款；构成犯罪的，依法追究刑事责任，并不得重新注册登记为报关企业。报关人员向海关工作人员行贿的，处以罚款；构成犯罪的，依法追究刑事责任。

（9）侵犯中华人民共和国法律、行政法规保护的知识产权的货物的，由海关依法没收侵权货物，并处以罚款；构成犯罪的，依法追究刑事责任。

海关依法扣留的货物、物品、运输工具，在人民法院判决或者海关处罚决定做出之前，不得处理。但是,危险品或者鲜活、易腐、易失效等不宜长期保存的货物、物品以及所有人申请先行变卖的货物、物品、运输工具,经直属海关关长或者其授权的隶属海关关长批准,可以先行依法变卖,变卖所得价款由海关保存,并通知其所有人。人民法院判决没收或者海关决定没收的走私货物、物品、违法所得、走私运输工具、特制设备,由海关依法统一处理,所得价款和海关决定处以的罚款,全部上缴中央国库。

当事人逾期不履行海关的处罚决定又不申请复议或者向人民法院提起诉讼的,做出处罚决定的海关可以将其保证金抵缴或者将其被扣留的货物、物品、运输工具依法变价抵缴,也可以申请人民法院强制执行。

2. 海关工作人员违法行为及法律责任

(1)海关工作人员如有所列行为之一的,依法给予行政处分;有违法所得的,依法没收违法所得;构成犯罪的,依法追究刑事责任。其违法行为包括:包庇、纵容走私或者与他人串通进行走私;非法限制他人人身自由;非法检查他人身体、住所或者场所,非法检查、扣留进出境运输工具、货物、物品;利用职权为自己或者他人谋取私利索取、收受贿赂;泄露国家秘密、商业秘密和海关工作秘密;滥用职权,故意刁难,拖延监管、查验;购买、私分、占用没收的走私货物、物品;参与或者变相参与营利性经营活动;违反法定程序或者超越权限执行职务等。

(2)海关工作人员在调查处理违法案件时,未按照法律的规定进行回避的,对直接负责的主管人员和其他直接责任人员,依法给予行政处分。

(3)海关在查验进出境货物、物品时,损坏被查验的货物、物品的,应当赔偿实际损失。

(4)海关违法扣留货物、物品、运输工具,致使当事人的合法权益受到损失的,应当依法承担赔偿责任。

(5)海关未为控告人、检举人、举报人保密的,对直接负责的主管人员和其他直接责任人员,由所在单位或者有关单位依法给予行政处分。

 案例分析

某市海关副关长高清同意香港某贸易公司总经理李永的要求,不报关直接从香港走私进口手表。之后,李永先后两次将575只瑞士产梅花、欧米茄、雷达牌手表从香港空运至该市入境,在高清指使下,监管科副科长小刘予以放行。经该市海关核定,该批手表价值人民币1 774 746.24元,偷逃关税763 494.80元,构成走私普通货物罪和放纵走私罪。

请分析,对这两位海关工作人员应如何处罚?为什么?

六、跨境电商通关

2018年6月,世界海关组织理事会发布《跨境电商标准框架》,明确提出了海关监管应当引入风险管理的理念,通过加强国际间海关以及海关和企业之间的信息共享,提高海关对企业标准化管理,规范企业作业流程,使海关监管流程与企业作业流程充分融合,有效防范海关监管风险,通过优化海关组织机构和管理体制,改革业务制度,调整作业流程、合理配置人力资源,进一步简化海关手续,使海关监管顺应物流的客观规律,尽可能少地阻断正常物流。

与通关相关的要求有以下六项。

（一）简化的清关手续

海关当局应当通过对跨境电商货物的提前申报和风险评估，以及和其他政府部门的合作，酌情建立和保持简化的清关程序/手续，和对低风险到港或离港货物的即刻放行程序。简化的清关程序/手续应当视情包括一个用于税款征收和处理退运货物的账户管理系统。

（二）税款征收模式

和合适的机构和部门合作的海关当局，应当酌情考虑应用多样化的税款征收模式（如卖家模式、中介模式或消费者/买家模式等）。为了保证税款得到征收，海关应当给出电子支付选项，提供相应的网上信息，并允许灵活的支付形式，以保证公平和透明的程序。为了给各类跨境电商参与者创造一个多样化的商业模式和公平竞争的环境，那些被应用的征收模式应当是有效的、高效的、可扩展的和灵活的。

（三）最低起征点

大量小包裹出现以后，每个国家都制定了最低起征点，在这种情况下，大量的包裹都报成低于最低起征点的价格。在回顾和调整税款的最低起征点时，政府应当基于全国范围的具体情况做出充分的、明智的决策。

（四）阻止欺诈和非法贸易

海关当局应当和其他政府部门合作建立起分析和调查非法跨境电商贸易活动的程序，主要针对阻止和侦测欺诈、制止滥用跨境电商渠道和阻断非法流动。

（五）跨部门间的合作和信息共享

为了提供阻止跨境电商安全风险的牢固的可协调的应对措施，各国政府应当在不同的政府部门间和它们的内部，通过包括单一窗口在内的相关电子数据的交换机制，视情建立合作框架从而促进合法贸易。

（六）国际合作

为了保证合规和便利化，各海关当局应当将海关间的合作和伙伴关系拓展到跨境电商领域。

 **案例思政**

海关综合治理——爱国爱民

【案例简介】

2018 年，南宁海关共立案查办"洋垃圾"案件 41 起，涉案"洋垃圾"2.55 万吨；农产品案件 485 起，涉案农产品 4.92 万吨。南宁海关特别将打击核心和矛头对准冻品、活体禽畜等重点敏感农产品走私，共立案侦办冻品、活体禽畜走私大要案 9 起，涉案冻品1.22 万吨、生猪 17.66 万头、活牛 3 万头、斗鸡 1 万只；重点涉税商品案件 512 起，涉案烟酒 2.76 万件；枪毒案件 20 起，涉案枪支 3 支及毒品 9.2 千克；濒危动植物及其制品案件 34 起，涉案象牙及其制品 329.63 千克、犀牛角 40.51 千克、犀牛皮 272.7 千克、加利福尼亚湾石首鱼鱼肚 2 344 个、穿山甲鳞片 28.35 千克及其他濒危物种一大批。此外，该海关通过跨关区共同部署、联动指挥、同步打击，对走私偷运入境地、加工仓储集散

（续上）

地、市场销售终端等实施全环节深度打击，打掉洋垃圾走私团伙 5 个、生猪活牛走私团伙 7 个、冻品走私团伙 6 个，抓获犯罪嫌疑人 90 余名。

【案例启示】

　　南宁海关深化"大协同多锁链"反走私综合治理体系建设，积极推动各级地方政府落实综合治理主体责任，建立打击走私现场会长效机制，全面提升反走私综合治理效能；加强与公安、边防及其他海关的协同配合，主导实施跨地区、跨部门、跨警种联合作战、合成作战，坚决打掉盘踞一方的走私犯罪团伙及首要分子，实现打头挖根、破网除链，树立了我国依法治国的良好国际形象。

复习与思考

一、单项选择题

1. 世界贸易组织于 1994 年 4 月 15 日通过的《关贸总协定》是一项（　　）贸易协定。

A. 地域　　　　　　　　　　　　　B. 多边

C. 双边　　　　　　　　　　　　　D. 地方

2. 世界海关组织为制定通关事务和相关数据协调的统一标准，2018 年 6 月，其理事会发布了（　　）。

A.《世界海关组织卢克索决议》　　　　　B.《贸易便利化协定》

C.《世界海关组织跨境电商标准框架》　　　D.《全球贸易安全和便利标准框架》

3. 玉米、大米等进口和玉米、大米等出口实行经营资质管理，可以向（　　）申请。

A. 商务部　　　　B. 国务院　　　　C. 发改委　　　　D. 海关

4. 小麦、玉米、大米、棉花的进口关税配额由（　　）管理

A. 国家商务部　　　　　　　　　　B. 海关总署

C. 国家发改委　　　　　　　　　　D. 市场监督管理总局

5. 接受进出口货物收发货人的委托为其向办理报检业务的境内企业是（　　）。

A. 自理报检企业　　　　　　　　　B. 代理报检企业

C. 自理报关企业　　　　　　　　　D. 代理报关企业

6. 如果进口货物的收货人自运输工具申报进境之日起超过（　　）个月未向海关申报的，该货物由海关提取依法变卖处理。

A. 1　　　　　　B. 2　　　　　　C. 3　　　　　　D. 6

7. 下列说法中，不正确的是（　　）。

A. 海关查验货物时，进口货物的收货人、出口货物的发货人应当到场，并负责搬移货物，开拆和重封货物的包装

B. 海关对无商业价值的广告品和货样减征或者

免征关税

C. 海关对在海关放行前遭受损坏或者损失的货物、规定数额以内的物品不得减征或免征关税

D. 进出口货物在收发货人缴清税款或者提供担保后,由海关签印提货或放行

8. 下列关于报关企业违法行为及法律责任的说法中,错误的是(   )。

A. 违反有关法律、行政法规,逃避海关监管,偷逃应纳税款、逃避国家有关进出境的禁止性或者限制性管理的,由海关没收走私货物、物品及违法所得,可以并处罚款

B. 未经注册登记从事报关业务的,由商务部予以取缔,没收违法所得,并处罚款

C. 伪造、变造、买卖海关单证,与走私人通谋为走私人提供贷款、资金、账号、发票、证明、海关单证的,由海关没收违法所得,并处罚款

D. 个人携带、邮寄超过合理数量的自用物品进出境,未依法向海关申报的,责令补缴关税,可以处以罚款

二、多项选择题

1. 下列各项中,属我国进出境货物监管法律的有(   )。

A. 《中华人民共和国对外贸易法》

B. 《中华人民共和国进出口商品检验法》

C. 《中华人民共和国进出境动植物检疫法》

D. 《商品名称及编码协调制度的国际公约》

2. 国家为执行(   )等措施,必要时可以对任何形式的农产品水产品采取限制进口的临时措施。

A. 对相同产品的国内生产或者销售采取限制措施

B. 通过补贴消费的形式,消除国内过剩的相同产品或者直接竞争产品

C. 对完全或者主要依靠该进口农产品水产品形成的动物产品采取限产措施

D. 对直接竞争产品的国内生产或者销售采取限制措施

3. 海关行使的权力包括(   )。

A. 检查进出境运输工具

B. 查阅进出境人员的证件

C. 查询案件涉嫌单位和涉嫌人员在金融机构、邮政企业的存款、汇款

D. 海关为履行职责,可以配备武器

4. 海关根据企业信用状况将企业认定为(   )。

A. 报检企业   B. 认证企业   C. 一般信用企业   D. 失信企业

5. 出入境检验的类型包含(   )。

A. 法定检验   B. 抽样检验   C. 指定检验   D. 免于检验

6. 海关工作人员的违法行为包括(   )。

A. 包庇、纵容走私或者与他人串通进行走私

B. 非法限制他人人身自由,非法检查他人身体、住所或者场所

C. 泄露国家秘密、商业秘密和海关工作秘密

D. 滥用职权,故意刁难,拖延监管、查验

7. 下列关于违反《商检法》法律责任的说法中,正确的有(   )。

A. 进口或者出口属于掺杂掺假、以假充真、以次充好的商品或者以不合格进出口商品冒充合格进出口商品的,处货值金额 20％以上 2 倍以下的罚款

B. 进口或者出口属于掺杂掺假、以假充真、以次充好的商品或者以不合格进出口商品冒充合格进出口商品的,处货值金额 50％以上 3 倍以下的罚款

C. 未经国家商检部门许可,擅自从事进出口商品检验鉴定业务的,处违法所得 1 倍以上 2 倍以下的罚款

D. 未经国家商检部门许可,擅自从事进出口商品检验鉴定业务的,处违法所得 1 倍以上 3 倍下的罚款

8. 下列各项中,属于违反海关监管规定的行为有(　　)。

A. 运输工具不经设立海关的地点进出境

B. 进出境运输工具未经海关同意,擅自装卸进出境货物、物品或者上下进出境旅客

C. 未经海关许可,擅自将海关监管货物开拆、提取、交付、发运、调换、改装、抵押、质押、留置、转让、更换标记

D. 经营海关监管货物的运输、储存、加工等业务,有关货物灭失或者有关记录不真实,不能提供正当理由

三、判断题

1. 国家对限制进口或者出口的货物,实行许可证方式管理;对限制进口或者出口的技术,实行配额、许可证管理。（　　）

2. 我国对小麦、玉米、大米、食糖、棉花、羊毛、毛条和化肥等关系国计民生的大宗商品实行关税配额管理。（　　）

3. 商务部驻有关地方特派员办事处负责签发小麦、玉米、煤炭、原油、成品油(不含一般贸易方式出口润滑油、润滑脂及润滑油基础油)、棉花 6 种货物的出口许可证。（　　）

4. 进口商在规定的时间内向进口配额管理机构申请,凭关税配额证明向海关办理关税配额内货物的报关验放手续,属于关税配额内进口的货物按照配额内税率缴纳关税。

（　　）

5. 伪造、变造或者买卖货物进出口配额证明、批准文件、许可证或者自动进口许可证明的,由海关撤销其对外贸易经营许可,并依照海关法的有关规定进行处罚。（　　）

6. 从 2018 年 4 月起,国务院将国家质检总局出入境检验检疫管理职责和队伍划入海关总署,各地设立进出口商品检验机构划入直属海关,统一负责本地区的进出口商品检验检疫和通关工作。（　　）

7. 进口货物由收货人在出境地海关办理海关手续,出口货物由发货人在货物进境地海关办理海关手续。（　　）

8. 海关依法扣留的货物、物品、运输工具,在人民法院判决或者海关处罚决定做出之前,可以处理。（　　）

9. 人民法院判决没收或者海关决定没收的走私货物、物品、违法所得、走私运输工具、特制设备,由海关依法统一处理,所得价款和海关决定处以的罚款,全部上缴中央国库。

（　　）

10. 海关当局应当和其他政府部门合作建立起分析和调查非法跨境电商贸易活动的程序,主要针对阻止和侦测欺诈、制止滥用跨境电商渠道和阻断非法流动。（　　）

四、简答题

1. 我国货物进出口的基本原则是什么？

2. 简述我国《对外贸易法》规定的禁止进出口货物的情形。

3. 简述海关总署的职责。

4. 《跨境电商标准框架》中与通关相关的要求有哪些？

五、案例分析题

2020年5月24日，甲公司向海关申报载运进口空集装箱41只。5月29日，乙公司将集装箱拉至公司仓库后发现其中13只集装箱为重箱，经打开其中的一只集装箱查看，发现箱内装满32英寸彩色电视机。6月7日，在乙公司经理授意下，船务人员将13只集装箱拉回到A港装卸公司码头，准备以空箱名义申报配船、离港。但港区坚持认为重箱离港必须向海关申报方可配船，双方未谈妥。6月8日，外港码头海关接到了"甲公司将13只重箱伪装成空箱出运"的举报。经海关开箱查验，上述集装箱内装有1 782台品牌彩电，价值约人民币2 000余万元。

请分析，外港码头海关应如何处理此案？其法律依据是什么？

第十章　国际支付结算法律制度

 学习目标 ────────────────────────────

◆ 了解国际组织和我国颁布的关于国际支付结算法律法规和惯例管理的基本内容。

◆ 熟悉相关法律法规关于票据要项、当事人权利与责任、票据行为的相关规定。

◆ 明确学习国际支付结算法律制度对促进我国对外贸易和跨境电子商务发展的意义。

◆ 具备国际贸易领域中关于支付票据和结算方式的法律知识及应用能力。

本 章 概 要

　　本章包括三部分内容：第一部分为国际支付结算法律制度概述，介绍了国际组织颁布的《1930年关于统一汇票和本票的日内瓦公约》(以下简称《统一汇票本票法公约》)、《1931年关于统一支票法的日内瓦公约》(以下简称《统一支票法公约》)、《跟单信用证统一惯例》《跟单托收统一惯例》《中华人民共和国票据法》(以下简称《票据法》)、《非银行支付机构网络支付业务管理办法》和《支付机构跨境外汇支付业务试点指导意见》的框架；第二部分为汇票、本票与支票，介绍了《票据法》的基本内容，以及《统一汇票公约》和《票据法》关于票据的法定要项、当事人及其权利与义务、票据行为的相关规定；第三部分为信用证、托收与跨境支付，介绍了国际惯例和我国相关法规关于信用证与托收当事人及其责任，以及跨境支付机构的资质、责任　与支付流程等内容。

第一节　国际支付结算法律制度概述

　　国际支付结算是国际贸易及跨境电子商务履行中的一个重要环节，是指在不同关境当事人之间，通过某种支付工具对其发生的债权与债务进行结算的活动。国际支付结算包括支付票据和结算方式。支付票据为汇票、本票和支票;结算方式有信用证、托收和跨境结算等。

为了有效保障票据的使用和流通,保护票据关系当事人合法利益,国际组织先后通过了《统一汇票本票法公约》和《统一支票法公约》,各国根据本国的实际也相继制定了法律。

一、国际支付结算法律制度

(一) 日内瓦公约体系

由于各国立法的技术和体例不同,票据法形成了法国、德国和英美三大体系,对票据的国际流通带来了极大不便。1910 年和 1912 年,国际联盟在荷兰海牙举行了统一票据法会议,提出了关于统一票据法的草案,并于 1930 年和 1931 年在日内瓦召开了票据法和支票法统一会议,通过了《统一汇票本票法公约》《1930 年关于解决汇票和本票的若干法律冲突的公约》《统一支票法公约》《1931 年关于解决支票的若干法律冲突的公约》,这一系列公约被称为日内瓦公约。日内瓦公约只解决了法、德两大票据法体系的冲突,而英美票据法体系国家因日内瓦公约的规定与其票据法相异而拒绝参加。下面仅介绍《统一汇票本票法公约》和《统一支票法公约》。

1.《统一汇票本票法公约》

《统一汇票本票法公约》,共计七十八条,分为两编:第一编为汇票(第一条至第七十四条),主要包括五个方面的内容:一是汇票的开立与格式;二是汇票的背书、承兑和担保;三是汇票的到期日;四是汇票的付款;五是拒绝承兑或付款的追索权。第二编为本票(第七十五条至第七十八条),主要包括四个方面的内容:一是本票的内容;二是本票的效力;三是适用本票的汇票内容;四是本票出票人应负之责。

2.《统一支票法公约》

《统一支票法公约》于 1934 年 1 月 1 日生效。《统一支票法公约》分为九章,共计五十七条:第一章为支票的开立和格式;第二章为转让;第三章为担保;第四章为提示与付款;第五章为划线支票与转账支票;第六章为拒绝付款的追索权;第七章为成套支票;第八章为更改;第九章为诉讼时效。

(二) 国际商会的惯例

为了统一各国对跟单信用证条款的解释和统一各国银行对托收业务的做法,国际商会先后制定了《跟单信用证统一惯例》和《跟单托收统一惯例》。

1.《跟单信用证统一惯例》

1930 年 5 月 15 日,国际商会公布了《跟单信用证统一惯例》,在 1951 年、1962 年、1967 年、1974 年、1983 年、1993 年和 2007 年进行了七次修订。现行版本的《跟单信用证统一惯例》(国际商会第 600 号出版物)简称为《UCP600》,于 2007 年 7 月 1 日生效。该惯例共有四十九个条款,按照通知、修改、审单、偿付、拒付等业务环节对条款进行了系统化的归结,并用简洁词语予以解释。《UCP600》已被许多国家和地区的银行界所采用,在国际上具有很大的影响,中国虽然尚未予以承认,但在具体业务中亦参照其规定来处理信用证中的问题及当事人之间发生的纠纷。

2.《托收统一规则》

1967 年,国际商会公布了《商业单据托收规则》,并于 1978 年对其进行修订,将其改名为

《托收统一规则》。之后,国际商会于 1995 年对该规则进行了再次修订,现行版本的《托收统一规则》(国际商会第 522 号出版物)简称为《URC522》,于 1996 年 1 月 1 日起生效。《URC522》共有二十六条,分为"总则与定义""托收的形式与结构""提示的形式""义务与责任""付款""利息、手续费与费用""其他条款"七大部分。

(三) 我国的《票据法》

为了规范票据行为,保障票据活动中当事人的合法权益,维护社会经济秩序,1995 年 5 月 10 日,第八届全国人民代表大会常务委员会第十三次会议上通过了《票据法》,于 1996 年 1 月 1 日起施行。之后该法进行了一次修订,在 2004 年 8 月 28 日召开的第十届全国人民代表大会常务委员会第十一次会议获得通过,并于颁布之日起实施。

《票据法》分为七章,共计一百一十七条:第一章为总则;第二章为汇票;第三章为本票;第四章为支票;第五章为涉外票据的法律适用;第六章为法律责任;第七章为附则。

二、跨境电商支付法规

(一)《非银行支付机构网络支付业务管理办法》

为规范非银行支付机构网络支付业务,防范支付风险,保护当事人合法权益,中国人民银行于 2015 年 12 月 28 日发布了《非银行支付机构网络支付业务管理办法》(以下简称《管理办法》),自 2016 年 7 月 1 日起施行。《非银行支付机构网络支付业务管理办法》分为七章,共计四十六条:第一章为总则;第二章为客户管理;第三章为业务管理;第四章为风险管理与客户权益保护;第五章为监督管理;第六章为法律责任;第七章为附则。

(二)《支付机构跨境外汇支付业务试点指导意见》

2015 年 1 月 20 日,国家外汇管理局公布了《支付机构跨境外汇支付业务试点指导意见》(以下简称《指导意见》)。该意见分为六章,共计三十条:第一章为总则;第二章为试点业务申请;第三章为业务管理;第四章为账户管理;第五章为信息采集;第六章为监督核查。

第二节　汇票、本票与支票

一、《票据法》的基本内容

国际贸易结算采用的主要支付工具是票据。票据是指以支付金钱为目的,由出票人签名,约定自己或另一个人无条件支付确定金额的可流通转让的有价证券。票据包括汇票、本票和支票。我国《票据法》对票据的记载事项、签章、权利与责任、取得、抗辩和丧失救济等方面规定如下。

(一) 关于票据记载事项的规定

票据上的记载事项必须符合《票据法》的规定,更改票据金额、日期、收款人名称的票据无效,其他记载事项应当由原记载人更改并签章证明。票据金额以中文大写和数码同时记载,并保持一致,两者不一致的票据无效。票据上的记载事项应当真实,如有伪造、变造票据上的签章和其他记载事项的,应当承担法律责任。票据上有伪造、变造的签章的,不影响票据上其他真实签章的效力。票据上其他记载事项被变造的,在变造之前签章的人,对原记载事项负责;在变造之后签章的人,对变造之后的记载事项负责;不能辨别是在票据被变造之前或者之后签章的,视同在变造之前签章。

（二）关于票据签章的规定

票据签章包括签名、盖章或者签名加盖章。法人和其他使用票据的单位的签章,应当为该法人或者该单位的盖章加其法定代表人或者其授权的代理人的签章。票据上的签名,应当为该当事人的本名。票据出票人制作票据,应当按照法定条件在票据上签章,并按照所记载的事项承担票据责任。其他票据债务人在票据上签章的,按照票据所记载的事项承担票据责任。没有代理权而以代理人名义在票据上签章的,签章人应当承担票据责任;代理人超越代理权限的,应当就其超越权限的部分承担票据责任。无民事行为能力人或者限制民事行为能力人在票据上签章的,其签章无效,但是不影响其他签章的效力。

（三）关于票据权利与责任的规定

1. 票据权利的行使

票据权利是指持票人向票据债务人请求支付票据金额的权利。它包括付款请求权和追索权。持票人以欺诈、偷盗或者胁迫等手段取得票据的,出于恶意取得票据的,以及因重大过失取得不符合《票据法》规定的票据的,不得享有票据权利。持票人行使票据权利,应当按照法定程序在票据上签章,并出示票据。持票人对票据债务人行使票据权利,或者保全票据权利,应当在票据当事人的营业场所和营业时间内进行,票据当事人无营业场所的,应当在其住所进行。

2. 票据权利的消灭

票据权利的消灭是指持票人具有请求支付票据金额权利的丧失。其有四种时效:一是持票人对票据的出票人和承兑人的权利,自票据到期日起 2 年予以丧失,见票即付的汇票、本票自出票日起 2 年予以丧失;二是持票人对支票出票人的权利自出票日起 6 个月予以丧失;三是持票人对前手的追索权,即对在票据签章人或者持票人之前签章的其他票据债务人,自被拒绝承兑或者被拒绝付款之日起 6 个月予以丧失;四是持票人对前手的再追索权,自清偿日或者被提起诉讼之日起 3 个月予以丧失。持票人因超过票据权利时效或者因票据记载事项欠缺而丧失票据权利的,仍可以请求出票人或者承兑人返还其与未支付的票据金额相当的利益。

3. 票据的责任

票据责任是指据债务人向持票人支付票据金额的义务。

（四）关于票据取得的规定

票据取得应当给付票据双方当事人认可的相对应的代价。因税收、继承、赠予可以依法无偿取得票据的,不受给付对价的限制。但是,所享有的票据权利不得优于其前手的权利。

（五）关于票据抗辩的规定

抗辩是指票据债务人根据《票据法》的规定对票据债权人拒绝履行义务的行为。票据债务人可以对不履行约定义务的与自己有直接债权债务关系的持票人进行抗辩,不得以自己与出票人或者与持票人的前手之间的抗辩事由来对抗持票人,但持票人明知存在抗辩事由而取得票据的除外。

（六）关于票据丧失救济的规定

票据丧失后,失票人应当及时通知票据的付款人挂失止付,收到挂失止付通知的付款人应当暂停支付。失票人也可以在票据丧失后,依法向人民法院申请公示催告,或者向人民法院提起诉讼。

二、汇票

（一）汇票的法定要项

我国《票据法》第十九条规定:"汇票是出票人签发的,委托付款人在见票时或者在指定日期无条件支付确定的金额给收款人或者持票人的票据。"汇票是要式证券,出票人必须按规定记载法定内容,否则该汇票无效。

1.《票据法》的相关规定

《票据法》第二十二条对法定记载事项规定了以下七项。

1）标明"汇票"字样

在汇票中用英文单词"bill of exchange"或"draft"或"bill"标明,是以区别于其他证券。

2）无条件支付的委托

汇票付款的委托不得附有任何条件,因为汇票是出票人委托付款人给收款人金额的无条件支付命令书。如果汇票上附有条件的支付,则该汇票无效。

3）确定的金额

汇票票面所记载的金额必须确定,并用文字大写和数字小写分别表明,两者必须一致,否则票据无效。

4）付款人名称

付款人一般为出票人以外的第三人,通常是进口商或其指定的银行,其名称和地址应详细书写在"To"之后。

5）收款人名称

收款人又称汇票的抬头,是受领汇票金额的人,通常是出口商或其指定的银行。

6）出票日期

出票日期为签发汇票的具体时间,决定汇票的有效起算日和出票后定期付款的到期日。

7）出票人签章

由出票人在汇票上签字,该汇票由此而生效。

汇票除了法定记载事项以外,还可记载一些票据法允许的其他内容,如付款日期、出票地、汇票编号、付一不付二和出票条款等。我国《票据法》第九十八条规定,汇票出票时的记载事项,适用出票地法律。

2.《统一汇票本票法公约》的相关规定

《统一汇票本票法公约》对法定记载事项规定了八项:一是列有"汇票"一词;二是无条件支付一定金额的命令;三是付款人（受票人）的姓名;四是付款日期的记载;五是付款地的记载;六是受款人或其指定人的姓名;七是开立汇票的日期和地点的记载;八是开立汇票的人（出票人）的签名。如果汇票缺少上述事项之一的,该汇票无效。但是三种情形除外:一是未记载付款日期的汇票,视为见票即付;二是如无特殊记载,受票人姓名旁记载的地点视为付款地,同时视为受票人的住所地;三是未载出票地的汇票,出票人姓名旁所载的地点视为出票地。

案例分析

> **BILL OF EXCHANGE**
>
> 凭 ......　　　　　　　　　　　　　　　　　　　不可撤销信用证
> Drawn under ......　　　　　　　　　　　Irrevocable L/C No. ......
> Date ......　　　　支取 Payable With interest @ ......％　　按 ...... 息 ...... 付款
> 号码　　　　　　汇票金额　　　　　　　苏州
> No. ......　　　Exchange for ░░░░░░░ Suzhou
> 见票 ......　　　　　　日后(本汇票之副本未付)付交　　　金额
> AT ......　　　　　　　　　　　sight of this FIRST of Exchange (Second of Exchange
> being unpaid) Pay to the order of ......　　　　　　　　　　　　the sum of
> ░░
> ░░
>
> 款已收讫
> Value received
> 此致:
> To

图 10-1 汇票

请分析,图 10-1 所列汇票是否符合法律规定的必要项目? 为什么?

(二) 汇票的当事人

汇票当事人主要有出票人、付款人、收款人、承兑人、背书人和被背书人等,其称谓与票据行为有关,其在汇票行为过程中所享有的权利和承担的义务是不相同的。

1. 出票人

出票人是指在符合法定条件的汇票上填写相关信息、签名盖章,并将其交付给收款人的当事人。我国《票据法》第一百零三条规定,汇票的出票人在出票时作虚假记载,骗取财物的,签发无可靠资金来源骗取资金的,依法追究刑事责任。

2. 收款人

收款人又称抬头人,是指汇票到期有权收取票款的当事人。其是汇票的主债权人,也是汇票的持票人。

3. 付款人

付款人是指根据汇票出票人的命令支付票款的当事人,是汇票的主债务人。我国《票据法》第一百零六条规定,付款人对见票即付或者到期的票据,故意压票,拖延支付的,由金融行政管理部门处以罚款,对直接责任人员给予处分,给持票人造成损失的,依法承担赔偿责任。

4. 承兑人

承兑人是指在承兑汇票上承诺并记载汇票到期日支付汇票金额的付款人。其也是汇票的主债务人。

5. 背书人

背书人是指在汇票背面或粘单上签章或记载相关信息转让汇票所赋权利的当事人。

6. 被背书人

被背书人是指在背书活动过程中接受背书汇票等票据的法人、其他组织或者个人。

（三）汇票当事人的权利与义务

1. 汇票当事人的权利

1）付款人的权利

付款人的权利主要是对不符合法定要求的汇票，具有拒绝付款的权利。

2）收款人的权利

收款人的权利有三个方面：一是转让权，收款人在汇票到期前，可以经背书后将该汇票转让给受让人；二是付款请求权，收款人在汇票到期后，经提示汇票可向承兑人或付款人请求付款；三是追索权，收款人在提示汇票后，如果遭到拒付，可以向在该汇票上签过字的任何人行使追索权。我国《票据法》第一百条规定："票据追索权的行使期限，适用出票地法律。"

3）承兑人的权利

承兑人权利是在承兑或付款前有权要求持票人依法做承兑或付款提示，如果持票人的提示不合法，有权拒绝。

2. 汇票当事人的义务

1）出票人的义务

银行汇票的出票人为付款银行，汇票一经签发和交付，就成为该汇票的最后责任者，承担对所有后手付款的义务。

2）收款人的义务

收款人的义务有三个方面：一是在汇票到期前，收款人应按时提示，否则可能遭拒付，其责任由自己承担；二是在依法提示遭拒付后，收款人应依法做成拒绝证书或取得拒绝证明的义务；三是行使追索权时，收款人有通知债务人的义务。

3）承兑人的义务

汇票承兑人负有无条件付款的义务，如果汇票到期无款可付或不足，则构成对出票人的违约，应承担违约责任，并应继续履行付款义务。

4）付款人的义务

在没有承兑人或由自己承兑的情况下，付款人应当在汇票到期日承担无条件的付款责任。

（四）汇票的种类

1. 银行汇票和商业汇票

汇票按出票人不同可分为银行汇票和商业汇票。银行汇票是指一家银行向另一家银行开出的汇票，为银行见票即付；商业汇票是指出票人是工商企业或个人，付款人可以是企业或个人或银行的汇票，其应在指定时间付款。

2. 光票汇票与跟单汇票

汇票按是否附有运输单据可分为光票汇票和跟单汇票。光票汇票是指不附有运输单据的汇票；跟单汇票是指随附运输单据的汇票，通常用于国际贸易货款的结算。

3. 即期汇票和远期汇票

汇票按付款时间不同可分为即期汇票和远期汇票。即期汇票指在提示付款或见票时，应当立即付款的汇票;远期汇票是指在一定期限或特定日期须付款的汇票,其有见票后若干天付款、出票后若干天付款、提单签发日后若干天付款和指定日期付款四种形式。

 案例分析

> 浙江机械进出口有限公司与日本黑岩商社签订一份模具加工成套机械设备销售合同,采用保兑远期信用证结算支付方式。浙江机械进出口有限公司按照信用证单据条款规定制作发票、装箱单、汇票,并随附货运单等的全套议付单据向中国建设银行浙江分行进行议付。
>
> 请分析,该汇票是商业汇票还是银行汇票,是跟单汇票还是光票?为什么?

(五) 汇票的票据行为

票据行为是指票据关系当事人为完成票据目的设立、变更、终止票据权利和票据义务的合法行为。其有以下五个基本环节。

1. 出票

出票是指出票人签发汇票并将其交付给收款人的行为。出票由两个行为组成:一是出票人填制汇票并签字,未签字汇票则无效;二是将汇票交付给收款人,如果仅为开票而开票,没有交付行为,也不是出票。

2. 提示

提示是指出票人或持票人将汇票提交付款人要求承兑或付款的行为。

1) 提示承兑

承兑是指汇票付款人承诺其付款的委托,负担票面金额支付义务而在票据上做出意思表示的行为。汇票如果是远期的,付款人见票后先办理承兑手续,在汇票正面写上"承兑"字样,注明承兑日期,并由付款人签字后交还持票人,待汇票到期时付款。付款人经承诺兑之后,称为承兑人。在出票之初,付款人对于汇票的金额不负任何义务,必须在汇票上作成承兑后,才是汇票的主债务人。此时,出票人则处于汇票的次债务人地位。

2) 提示付款

付款是指付款人向持票人支付汇票金额的行为。即期汇票为提示即付,远期汇票应于到期日付款。收款人在获款后,应在汇票上签收,并将汇票退还给付款人作为收据存查。汇票一经付款,汇票上的一切债权债务即告终结。

3. 背书

票据流通是通过票据转让来实现的,票据的作用只有通过转让才能充分表现。背书是转让汇票权利的一种法定手续,是由持票人在汇票背面签上自己名字,或加上受让人的名字,注明背书日期并把汇票交给受让人的行为。汇票经背书后,受款的权利转让于被背书人。背书有以下三种形式。

1) 限制性背书

限制性背书是指背书人在汇票背面注明被背书人时,加上限制性条件。例如,背书人在汇票背面注明被背书人时,加上"仅付上海进出口贸易有限公司""付给中国银行,不可转让"等字样。凡做成限制性背书的汇票,只能由指定的被背书人凭票取款,被背书人无权再继续转让汇票。

2）指示性背书

指示性背书又称记名背书，是指背书人在汇票背面注明被背书人的全称后签字，被背书人可以再继续转让汇票。

3）空白背书

空白背书又称不记名背书，是指背书人只在汇票背面签字，而不注明被背书人的名称。空白背书的汇票仅凭交付即可完成转让。我国《票据法》规定汇票不允许做空白背书，这与西方国家票据法的规定有所不同。

4. 付款

付款是指付款人向持票人支付汇票金额的行为。即期汇票为提示即付，《统一汇票本票法公约》规定提示期为 1 年内；远期汇票应在付款月之相应日期为到期日，如无相应日期，应当该月的最后 1 日为到期日。收款人在获取款项后，收款人应当在汇票上签收，并将其退还给付款人作为收据存查。汇票一经付款，汇票上的一切债权债务即告终结。

我国《票据法》第九十九条规定："票据的背书、承兑、付款和保证行为，适用行为地法律。"

5. 追索

追索是指汇票在被拒付，包括拒绝承兑、拒绝付款、死亡、逃匿、依法破产和因违法被责令终止业务时，持票人可以向以前所有背书人的前手进行追索，请求其偿还汇票金额及其拖欠产生的利息和因追索所产生的一切费用。根据国际通行规则，持票人行使追索权有以下两个环节。

1）取得拒绝证明或其他合法证明

拒绝证书是由付款地的法定公证人或其他依法有权做这种证书的机构，如法院、银行和公会等所做的证明付款人拒付的文件，凭以行使追索权的法律依据。

2）发出追索通知

持票人应当从收到被拒绝承兑或者被拒绝付款的有关证明之日起 3 日内，将被拒绝事由书面通知其前手。该前手应当从收到通知之日起 3 日内，以书面通知其再前手。持票人也可以同时向各票据债务人在规定的期限内，将通知按照法定地址或者约定的地址邮寄书面通知。我国《票据法》第一百零一条规定："票据的提示期限、有关拒绝证明的方式、出具拒绝证明的期限，适用付款地法律。"

 案例分析

浙江机械进出口有限公司与日本黑岩商社签订一份模具加工成套机械设备销售合同，采用保兑远期信用证结算支付方式。富士银行根据日本黑岩商社的申请向中国建设银行浙江分行开出了一份保兑信用证。中国建设银行浙江分行收到该信用证立即予以审核，确认真实性后向浙江机械进出口有限公司发出信用证通知书，通知该公司取证，并要求审核信用证的内容。浙江机械进出口有限公司确认信用证的内容与销售合同相关规定一致后，组织货物装运，并按照信用证单据条款规定制作发票、装箱单、汇票等的全套议付单据向中国建设银行浙江分行进行议付。富士银行对中国建设银行浙江

（续上）

分行转递的全套议付单据进行核准,确认单证一致、单单一致后向日本黑岩商社提示承兑。日本黑岩商社对远期汇票进行承兑后,在这张承兑汇票背面注明"被背书人日本三井商社",并签名盖章,来抵充与日本三井商社的债权。

请分析,汇票的出票人、收款人、付款人和承兑人各是谁?该背书是限制性背书还是指示性背书?为什么?

三、本票

（一）本票的法定要项

本票是出票人签发的,承诺自己在见票时无条件支付确定的金额给收款人或者持票人的票据。本票是要式证券,出票人必须按规定记载法定内容,否则该本票无效。我国《票据法》第七十六条规定,本票必须记载的事项包括:表明"本票"的字样;无条件支付的承诺;确定的金额;收款人名称;出票日期;出票人签章。本票上记载付款地、出票地等事项的,应当清楚、明确。如果未记载付款地和出票地的,出票人的营业场所为付款地和出票地。我国《票据法》第九十八条规定,本票出票时的记载事项,适用出票地法律。

（二）本票的当事人

1. 出票人

出票人是指在符合法定项目的本票上填写相关信息、签名盖章,并将其交付给收款人的当事人,也是本票的付款人。我国《票据法》第一百零三条规定,本票的出票人在出票时作虚假记载,骗取财物的,签发无可靠资金来源骗取资金的,依法追究刑事责任。《票据法》第七十四条规定,本票的出票人必须具有支付本票金额的可靠资金来源,并保证支付。

2. 收款人

收款人是指本票到期收取票款的当事人。

（三）本票与汇票的区别

本票与汇票有以下五个方面的区别。

1. 当事人不同

本票的当事人只有出票人和收款人两个当事人;汇票有出票人、付款人和收款人三个当事人。

2. 承兑不同

远期本票由出票人即付款人本人签发,因此无须承兑;远期汇票须经付款人承兑,做进一步的付款保证。

3. 份数不同

本票只有一份,不能多开;汇票可以一式两份,注明"付一不付二"或"付二不付一"字样即可。

4. 责任范围不同

本票自始至终由出票人负责;汇票在承兑前由出票人负责付款,承兑后则由承兑人负主要付款责任,出票人负次要责任。

5. 债权债务关系不同

本票是债务人对债权人的一种支付承诺;汇票是债权人对债务人的一种支付命令。

（四）本票的票据行为

本票的付款期限最长不得超过 2 个月，出票人在持票人提示见票时，必须承担付款的责任，如果持票人未按照规定期限提示见票的，丧失对出票人以外的前手的追索权。本票的背书、保证、付款行为和追索权的行使与汇票的规定基本相同。我国《票据法》第一百零二条规定："票据丧失时，失票人请求保全票据权利的程序，适用付款地法律。"

 案例分析

浙江机械进出口有限公司与日本黑岩商社签订模具加工成套机械设备销售合同后，并与浙江物流包装有限公司签订了模具加工成套机械设备木质包装委托加工协议，加工费用为 2 万元人民币，为此开出中国银行本票。

请分析，本票的出票人和收款人各是谁？为什么？

四、支票

（一）支票的法定要项

支票是出票人签发的，委托办理支票存款业务的银行或者其他金融机构在见票时无条件支付确定的金额给收款人或者持票人的票据。支票是要式证券，否则该本票无效。我国《票据法》第八十五条规定，支票必须记载的事项包括：表明"支票"的字样；无条件支付的委托；确定的金额；付款人名称；出票日期；出票人签章。如果支票上未记载收款人名称的，经出票人授权，可以补记。如果支票上未记载付款地的，付款人的营业场所为付款地。如果支票上未记载出票地的，出票人的营业场所、住所或者经常居住地为出票地。出票人可以在支票上记载自己为收款人。我国《票据法》第九十八条规定："支票出票时的记载事项，适用出票地法律，经当事人协议，也可以适用付款地法律。"

（二）支票的当事人

1. 出票人

出票人是指签发支票的票据关系人。我国《票据法》第一百零三条规定，伪造、变造票据的，依法追究刑事责任。

2. 付款人

付款人是指受出票人委托，付款给收款人的银行或金融机构。

3. 收款人

收款人是指接收支票的票据关系人。

（三）支票与汇票的区别

支票与汇票的区别主要有四个方面：一是支付工具不同，支票只能用作支付工具，汇票用作支付工具的同时还可作为信贷工具；二是付款人不同，支票的付款人只能是银行，汇票的付款人不以银行为限；三是期限不同，支票都是即期的，汇票有即期和远期之分，其中远期汇票还需要承兑；四是资金关系不同，支票签发时出票人必须在银行存有资金，汇票则无此限定。

（四）支票的种类

支票分为现金支票和转账支票。其中，现金支票只能用于支取现金；转账支票应当在支票正面注明,只能用于转账,不得支取现金。

（五）支票的票据行为

1. 开立存款账户

申请人向汇款人银行开立支票存款账户时,必须使用其本名,提交相关证明材料和合法证件,预留其本名的签名式样和印鉴,并在银行存入一定的资金,然后领用支票。

2. 签发支票

出票人签发支票时,签名式样或者印鉴必须与其预留银行的相符,签发的支票金额不得超过其付款时在银行的存款金额。如果超过银行的存款金额,被称为空头支票。我国《票据法》第一百零三条规定,故意使用伪造、变造的票据的,签发空头支票或者故意签发与其预留的本名签名式样或者印鉴不符的支票,骗取财物的,依法追究刑事责任。

3. 足额付款

支票限于见票即付,出票人在付款人处的存款足以支付支票金额时,银行应当在当日足额付款。

支票的背书、付款行为和追索权的行使与汇票的有关规定基本相同。

我国《票据法》第九十六条规定,中华人民共和国缔结或者参加的国际条约同我国《票据法》有不同规定的,适用国际条约的规定,中华人民共和国缔结或者参加的国际条约没有规定的,可以适用国际惯例。

 案例分析

浙江物流包装有限公司接受了浙江机械进出口有限公司的模具加工成套机械设备木质包装的委托加工业务,并与其签订了委托加工合同后,随后转包了一家小型的浙江艺远物流包装公司。由于成套机械设备木质包装需要各种标签,还要在木质包装上喷刷装运标准等内容,于是浙江艺远物流包装公司委托雨润印刷包装公司制作,制作费为5 000元人民币,为此开出中国农业银行浙江分行义乌支行的5 000元金额转账支票。但浙江艺远物流包装公司由于经营不善,其在银行账户金额不到5 000元。

请分析,支票的出票人和收款人各是谁?该支票属于什么性质?该行为应承担什么责任?

（六）诉讼时效

根据《统一支票法公约》第五十二条规定,持票人对背书人、出票人及其他债务人的追索权,自规定的提示期限届满日起算,6个月后丧失时效。支票的债务人对其他债务人的追索权,自清偿之日或被诉之日起算,6个月后丧失时效。

第三节　信用证、托收与跨境支付

《UCP600》《URC522》和我国《管理办法》《指导意见》对国际贸易结算信用证、托收、电汇、网络支付业务和跨境外汇支付业务支付方式的机构、当事人的责任等方面进行了相关的规定。

一、信用证

信用证是指开证行应开证申请人的要求和指示,开给受益人在其履行信用证条件时付款的承诺文件。信用证的性质是银行信用。

（一）信用证的当事人

信用证具有以下八个当事人。

1. 开证申请人

开证申请人是指向银行申请开立信用证的人。其一般是进口方,在信用证中,又称开证人。

2. 开证行

开证行是指接受开证申请人的要求和指示开立信用证的银行。其一般是进口地银行。

3. 通知行

通知行是指受开证行的委托,将信用证转交出口方的银行。其一般是出口地银行,且通常是开证行的代理行。

4. 受益人

受益人是指信用证上所指定的信用证金额的收款人。其一般为出口方,有权按信用证规定签发汇票向指定的付款行索取价款。

5. 议付行

议付行是指根据开证行授权买入信用证项下单据的银行。其一般为通知行或其他指定的银行。

6. 付款行

付款行是指信用证规定履行信用证付款责任的银行。其一般是开证行。

7. 偿付行

偿付行是指接受开证行委托或授权向议付行或付款行偿付货款的银行。

8. 保兑行

保兑行是指根据开证行的请求,在信用证上加具保兑的银行。其通常为通知行,也可是第三家银行。

 案例分析

浙江机械进出口有限公司与日本黑岩商社签订一份模具加工成套机械设备销售合同,采用保兑远期信用证结算支付方式。富士银行根据日本黑岩商社的申请向中国建设银行浙江分行开出了一份保兑信用证,由东京银行予以保兑。中国建设银行浙江分行收到该信用证进行核准后向浙江机械进出口有限公司发出信用证通知书。浙江机械进出口有限公司确认信用证的内容无误后,组织货物装运,并按照信用证单据条款规定制作全套议付单据向中国建设银行浙江分行进行议付。富士银行对中国建设银行浙江分行转递的全套议付单据进行核准后向日本黑岩商社提示承兑。

请分析,开证申请人、开证行、通知行、受益人、议付行、保兑行和付款行各是谁?

（二）信用证支付方式的特点

根据《UCP600》的规定，信用证支付方式具有以下三个特点。

1. 开证行应承担第一性付款责任

信用证支付方式是开证行以自己的信用作为付款保证的，只要出口方凭信用证向开证行凭单取款，到达所提交单据表面上符合信用证的规定，开证行不得拒付。

 案例分析

> 浙江机械进出口有限公司根据信用证的规定按时装运并发货，并按照信用证单据条款规定制作全套议付单据向中国建设银行浙江分行进行议付。富士银行对中国建设银行浙江分行转递的全套议付单据进行核准后向日本黑岩商社提示承兑。如果日本黑岩商社处于破产状态，富士银行以此为理由拒绝付款。
>
> 请分析，富士银行的行为是否合理？为什么？

2. 信用证是一项独立文件

信用证虽是根据贸易合同开立的，但信用证一经开立，就成为独立于贸易合同以外的另一种契约，不受贸易合同的约束。《UCP600》第三条规定，信用证就其性质而言，与凭以开立的销售或其他合同相比，乃属一项独立的交易。即使信用证对该合同有任何援引，银行也与之毫无关系，或不受其约束。

 案例分析

> 浙江机械进出口有限公司与日本黑岩商社签订一份模具加工成套机械设备销售合同，规定采用木质包装。如果信用证包装条款上注明是塑料包装，浙江机械进出口有限公司业务员由于审证疏忽，没有发现，出货的包装仍是木质包装。
>
> 请分析，浙江机械进出口有限公司是否存在结汇风险？为什么？

3. 信用证支付方式是纯单据业务

开证行处理信用证业务是以单证表面相符原则来决定是否付款，而不管实际货物如何。《UCP600》第五条明确规定："银行处理的是单据，而不是与单据可能有关的货物、服务或履行。"

 案例分析

> 浙江机械进出口有限公司与日本黑岩商社签订一份模具加工成套机械设备销售合同，采用保兑远期信用证结算支付方式。该公司按照信用证的规定组织货物装运，并按照信用证单据条款规定制作全套议付单据向中国建设银行浙江分行进行议付。富士银行对中国建设银行浙江分行转递的全套议付单据进行核准后向日本黑岩商社提示承兑，到了远期汇票付款时间，恰巧承运模具加工成套机械设备的船轮也到了目的地港。由于船在航行中遇到到暴风雨，船有触礁，导致该设备损坏。于是，开证行以此理由拒绝付款。
>
> 请分析，开证行的行为是否合理？为什么？

（三）信用证的种类

1. 跟单信用证和光票信用证

信用证按是否附货运单据可分为跟单信用证和光票信用证。跟单信用证是指开证行凭信用证条款所规定的代表货物所有权或证明的货运单据付款或议付的信用证；光票信用证是指开证行仅凭出口方开具的汇票付款的信用证。

2. 即期信用证和远期信用证

信用证按付款时间不同可分为即期信用证和远期信用证。即期信用证是指开证行或付款行收到符合信用证条款的单据后，立即履行付款义务的信用证；远期信用证是指开证行或付款行收到符合信用证条款的单据后，在规定的期限内保证付款的信用证。

3. 议付信用证和付款信用证

信用证按付款方式不同可分为议付信用证和付款信用证。议付信用证是指开证行规定受益人向某一指定银行或任何银行交单议付的信用证；付款信用证是指受益人应当直接向开证行或其指定的付款行交单索偿的信用证。

4. 保兑信用证和不保兑信用证

信用证按是否有保兑银行可分为保兑信用证和不保兑信用证。保兑信用证是指另一家银行应开证行请求，对其所开信用证加以保证兑付的信用证；不保兑信用证是指未经过其他银行保兑的普通信用证。

5. 可转让信用证和不可转让信用证

信用证按信用证是否可转让可分为可转让信用证和不可转让信用证。可转让信用证是指开证行授权有关银行在受益人的要求下，可将信用证的全部或一部分金额转让给第三者的信用证；不可转让信用证是指受益人无权转让给其他人使用的普通信用证。

6. 信开信用证和电开信用证

信用证按信用证开立方式的不同可分为信开信用证和电开信用证。信开信用证是指开证行用书信格式缮制，并通过航空邮寄送达通知行的信用证；电开信用证是指通过电信方式开立和通知的信用证。

（四）银行的责任

1. 开证行责任

开证行的责任主要有以下两个方面。

1）承付

受益人只要将指定单据提交给指定银行或开证行，并按单证表面相符原则做到单证一致、单单一致，开证行则承担自开立信用证之时起不可撤销的承付责任。如果信用证为即期付款信用证，则即期付款；如果信用证为延期付款信用证，则承诺延期付款并在承诺到期日付款；如果信用证为承兑信用证，则承兑受益人开出的汇票并在汇票到期日付款。

2）偿付

当指定银行承付或议付的全套单据转给开证行后，开证行即承担偿付该银行的责任。议付是指指定银行依据单证表面相符原则向受益人预付或者同意预付款项，从而购买单据的行为。

2. 保兑行责任

保兑是指保兑行做出的承付或议付确定的承诺。《UCP600》第八条对保兑行责任规定如下。

1) 承付

只要符合单证表面相符原则所规定的单据提交给保兑行,或提交给其他任何指定银行,保兑行自对信用证加具保兑之时起即不可撤销地承担承付或议付的责任。

2) 偿付

其他指定银行承付或议付并将全套单据转递保兑行后,保兑行即承担偿付该指定银行的责任,应当在到期日办理。

3. 通知行责任

《UCP600》第九条规定,通知行对信用证及信用证修改通知书的真实性确认后向受益人转递,如果被受益人拒绝,应立即告知开证行。如果通知行不能确认信用证表面的真实性,则应告知受益人或第二通知行。

（五）银行间的偿付

《UCP600》规定,如果信用证规定指定银行向另一家银行获取偿付时,应按 ICC 银行间的偿付规则实施,除此之外应按下列规定执行:

（1）开证行必须给予偿付行有关偿付的授权,授权应符合相关规定,且不应设定截止日。

（2）开证行不应要求索偿的银行向偿付银行提供与信用证条款相符的证明。

（3）如果偿付银行未按信用证条款见索即偿,开证行将承担利息损失以及产生的任何其他费用。

（4）开证行应承担偿付银行的费用,如果由受益人承担,应当在信用证及偿付授权中注明。受益人承担偿付银行的费用,该费用应在偿付时从付给索偿银行金额中扣取。如果偿付行未能见索即偿,开证行不能免除偿付责任。

（六）信用证修改

《UCP600》第十条规定,未经开证行、保兑行及受益人同意,信用证既不得修改,也不得撤销。受益人对信用证修改通知的内容不允许部分接受,或部分不接受。

（七）交付单据

交付单据是指受益人向开证行或指定银行提交信用证项下单据的行为。审单是开证行或指定银行对提交信用证指定的单据进行核准。其相关规定如下。

1. 交单时间

信用证必须规定一个交单的截止日,即承付或议付的截止日。受益人交单应在截止日当天或之前,并在银行营业时间内完成。如果单据中包含一份或多份正本运输单据,则须由受益人在不迟于发运日后的 21 个工作日内交单,但不得迟于信用证的截止日。

2. 交单地点

交单地点是指开证行所在地,或者其指定银行的所在地。

3. 交付单据

交付单据是指信用证所规定的付款或议付单据,主要包括发票、装箱单、货物运输单据和保险单等,并根据信用证要求的正本或副本份数予以提交。商业发票上货物描述应该与信用证中的描述一致,其他单据中的货物描述,可使用与信用证中的描述不矛盾的概括性用语。单据日期可以早于信用证的开立日期,但不得晚于交单日期。

二、托收

托收即委托收款,是指出口商根据合同规定的时间装运货物后,根据发票金额开出以进口商为付款人的汇票,连同货运单据委托进口地的托收银行代向进口商收取货款的一种支付方式。

(一) 托收当事人

托收支付方式的主要当事人有委托人、托收行、代收行和付款人。

1. 委托人

委托人是指委托银行办理托收的有关人。其通常是出口商。

2. 托收行

托收行是指委托人委托办理托收的银行。其通常为出口地银行。

3. 代收行

代收行是指除了寄单行以外的任何参与处理托收业务的任何银行。其通常为托收行在进口地的分行或代理行。

4. 付款人

付款人是指根据托收指示向其提示单据的人。其一般为进口商。

(二) 托收指示

托收指示应当包括以下的内容。

1. 收到该项托收的银行详情

托收银行的详情包括银行全称、邮政编码、电传、电话号码、传真号码和编号等内容。

2. 委托人的详情

委托人详情包括公司全称、邮政地址或者办理提示的场所,电传、电话号码和传真号码。

3. 付款人的详情

付款人详情包括公司全称、邮政地址或者办理提示的场所、电传、电话号码和传真号码。

4. 提示银行的详情

提示银行详情包括银行全称、邮政地址,电传和传真号码。

5. 其他内容的详情

其他内容的详情包括:待托收的金额和货币;所附单据清单和每份单据份数;凭以取得付款或承兑的条件;凭以交付单据的条件;待收取的手续费或待收取的利息注明是否可以放弃;付款方法和付款通知的形式;发生不付款、不承兑或其他批示不相符时的指示。

(三) 提示

提示是指代收行按照托收行的相关指示,将托收单据交付给付款人的有效程序。

(四) 付款或承兑

付款是指在即期付款交单的条件下,代收行必须立即向付款人进行提示付款。如果是远期付款交单的条件下,代收行必须在规定的承兑到期日之前提示承兑。

(五) 商业单据的交单

在即期付款交单的条件下,代收行在向付款人进行提示付款时按照托收指示进行交单。在远期付款交单的条件下,托收指示应列明商业单据是否凭承兑交给付款人,如果托列明付款单,则单据在付款后交付托收单据。

（六）免责范围

银行除了对不可抗力事件享有免责以外,还具有下列情形的免责权。

1. 关于被指示的免责

被指示免责的范围包括:一是为实施委托人的指示,银行使用另一银行的服务是代理该委托人办理的,其风险由委托人承担;二是银行主动地选择了其他银行办理业务,如果该行所传递的指示未被执行,该行不承担责任。

2. 关于收到单据的免责

银行应按照托收批示确认托收单据必须表面相符,无须进行单据内容的审核,并可办理提示。如果发现单据存在短缺或非托收指示所列的,必须以快捷的方式通知指示一方的银行。

3. 关于单据有效性的免责

单据有效性免责范围是银行对单据中载明或附加的一般性和特殊性条款不承担责任,银行也不对任何单据货物的描述、数量、重量、包装、价值,或对货物发运人、承运人、收货人和保险人等相关人的诚信、疏忽和清偿力等方面承担责任。

4. 关于单据传送中延误、损坏和翻译的免责

单据传送中的延误、损坏和翻译免责范围是银行对任何信息、信件、单据在传送中所发生的延误或损坏、或对技术条款的翻译错误不承担责任,对收到的任何指示需要澄清而引起的延误将也不承担责任。

（七）付款

如果单据是以付款地国家货币付款,付款人应当凭该货币付款赎单。如果单据是以付款地国家以外的外汇货币付款,付款人应当凭指定的外汇货币付款赎单。如果托收指示中规定收取利息,并明确利率、计息期和计息方法,付款人必须安全规定支付。如果付款人拒付利息时,代收行必须以快捷的方式通知托收行。

代收行在收妥全部款项后,扣除手续费等相关费用,必须向托收行发出付款通知,列明金额或收妥金额、扣减的手续费、支付款、费用额和资金的处理方式。如果代收行遭到付款人的不付款或不承兑时,应尽力查明不付款或不承兑的原因,并据以向托收行发出不付款或不承兑的通知。在 60 天内未收到托收行对该项的指示,代收行可将单据退回托收行,对此不承担责任。

 案例分析

上海水产贸易公司与新加坡水产贸易公司签订了一份冷冻黄花鱼购货合同,采用托收即期付款交单的方式。新加坡水产贸易公司按购货合同的规定发货后,开出即期汇票,并随附全套结汇单据委托中国工商银行新加坡分行收款。中国银行上海分行收到中国工商银行新加坡分行寄送的全套结汇单据与委托书后,向上海水产贸易公司发出《进口代收来单通知书》。通知书称:"兹附上中国工商银行新加坡分行寄来的单据,……请立即复核单据,并于 2020 年 5 月 25 日之前正式书面通知我行是否同意付款。如到期未答复,视为贵司同意付款,我行将对外办理付款,对你司不负任何责任。书面

（续上）

通知我行之前,妥善保管好单据。若拒付,应退回全部单据,否则,将丧失拒付权。"当日,上海水产贸易公司经理在该通知书上签名并加盖了公章,并在汇票背面注明"同意付款,日期为 2020 年 5 月 20 日"字样。

请分析,委托人、托收行、代收行和付款人各是谁?

三、跨境支付

跨境支付是指在两个处于不同关境的当事人,因货物贸易或服务贸易等所发生的债权债务,并借助一定的结算工具和支付系统实现资金跨国和跨地区转移的行为。其具体流程为:首先,境内消费者在境外网站下了订单后,境外电商将该订单发送给合作的第三方支付公司,由消费者向其支付对应的人民币金额货款;其次,第三方支付公司向境内合作银行进行批量购汇,在外汇管理局结售汇管理系统录入相关信息,并向境外商户发出支付成功的指令;最后,境内消费者收到境外电商通过快递等方式发送货物后,向第三方支付公司发送清算指令,由其向境外电商指定银行进行外币货款结算,完成跨境结算业务。境外消费者在境内电商网站购物的跨境支付流程也是这样的,只不过与消费者和电商所处的关境地不同。

（一）跨境支付的相关概念

中国人民银行颁布的《管理办法》和国家外汇管理局发布的《指导意见》对跨境支付的相关概念进行了如下界定。

1. 支付机构

支付机构是指依法取得《支付业务许可证》,获准办理互联网支付、移动电话支付、固定电话支付、数字电视支付等网络支付业务的非银行机构,如汇付天下、通联、银联电子支付等企业。

2. 网络支付业务

网络支付业务是指收款人或付款人通过计算机、移动终端等电子设备,依托公共网络信息系统远程发起支付指令,且付款人电子设备不与收款人特定专属设备交互,由支付机构为收付款人提供货币资金转移服务的活动。

3. 支付账户

支付账户是指获得互联网支付业务许可的支付机构,根据客户的真实意愿为其开立的,用于记录预付交易资金余额、客户凭以发起支付指令、反映交易明细信息的电子簿记。

4. 跨境电子商务外汇支付业务

跨境电子商务外汇支付业务是指支付机构通过银行为货物贸易或服务贸易交易双方提供跨境互联网支付所涉及的外汇资金集中收付及相关结售汇服务。

5. 第三方支付企业

第三方支付企业是指具有一定信誉和实力,且独立于商户和银行为境内、外的消费者提供有限服务的支付机构。

6. 跨境支付购汇

跨境支付购汇是指非金融机构第三方支付公司为境外网站代收由境内个人消费者向境

外商户支付外汇货款的方式。

7. 跨境收入结汇

跨境收入结汇是指境内非金融机构第三方支付公司接受境内网站商户的代理,向境外个人消费者收取外汇货款。

8. 专业汇款企业

专业汇款企业是指具独立于商户和银行为境内外的客户提供汇款服务的支付公司,如美国的西联国际汇款公司和华隆汇款公司、加拿大的特快汇款公司、英国的知名外汇公司、中国的大华快速国际汇款公司等。

9. 电子汇款

电子汇款是指依托邮政综合计算机网,采用先进的信息技术,集汇款交易处理、资金清算、会计核算和风险防范为一体的多功能快速汇款服务。电子汇款业务分为以下两种形式:一是邮局通知汇款,是指客户在邮局办理汇款业务后,邮局接受汇款人的汇款委托后,并以投递取款通知单的方式,通知收款人支取汇款的业务;二是自行通知汇款,是指客户在邮局办理汇款业务后,邮局接受汇款人的汇款委托,再由汇款人自行将汇款信息及时告知收款人,并通知收款人到联网网点支取汇款的业务。

10. 电汇

电汇是指买家向属地银行办理电汇手续,由该银行通过环球银行间金融电信网络等电信手段向指定银行发出付款委托通知书,委托其他将款项解付给指定的收款人,即卖家。电汇支付有两种支付方式:一是预付款,是指卖家收到买家的全款电汇后再货物;二是到付,是指卖家按照订单先发货,买家见到运输单据后再通过电汇汇出全部款项。

(二)支付机构资质

《指导意见》第四条规定,符合本指导意见第三章至第六章规定的支付机构可以申请试点开办跨境电子商务外汇支付业务。支付机构可根据自身需求选择申请开展的业务范围。

1. 具备登记的条件

具备"贸易外汇收支企业名录"登记的条件有四个方面:一是具有中国人民银行颁发的《支付业务许可证》,许可业务范围应包括互联网支付;二是近2年内无重大违反人民币及外汇管理规定行为;三是有完备的组织机构、业务流程规定和风险管理制度;四是具备采集并保留交易信息数据的技术条件,并能保障交易的真实性和安全性。

2. 办理登记的材料

支付机构向注册地外汇局办理"贸易外汇收支企业名录"登记时需要提供指定的材料:一是书面申请,载明申请人名称、注册地、注册资本、股权结构、组织机构代码、已开展的支付业务种类及范围、拟申请开展的跨境外汇支付业务种类及范围等;二是业务运营方案,包含业务办理流程、客户实名制管理、交易真实性审核、国际收支统计申报、数据采集报送、系统建设、系统与银行数据接口、系统应急预案、外汇备付金账户管理、与所开展业务相对应的风险控制、内部操作规程及合规管理等内容;三是包括支付业务许可证、企业法人营业执照等副本及复印件以及银行合作协议;四是外汇局要求提供的其他材料。

3. 核准登记

外汇局分局对支付机构的申请材料进行审核,在20个工作日内对符合条件的支付机构出具正式书面文件,为开办货物贸易跨境外汇支付业务的支付机构办理"贸易外汇收支企业名录"登记,并抄报国家外汇管理局。如果支付机构业务范围、外汇备付金开户行等发生变更,支付机构应凭新增业务的运营方案或银行合作协议等到注册地外汇局分局办理事前备案。

 案例分析

猫咪支付清算信息有限公司于 2010 年成立,2011 年获得了支付业务许可证,为消费者和企业提供支付服务,用户超过 5 万人,对接的银行有 10 多家。近年来,跨境电子商务得到了快速发展,于是该公司将业务伸向了跨境支付领域。2019 年 5 月,南通自行车有限公司在公司网站上收到加拿大皮特贸易公司的发盘,采购 1 000 辆山地自行车,每辆价格为 120 美元,并与该公司签订了销售合同。于是,南通自行车有限公司委托第三方支付机构猫咪支付清算信息有限公司进行支付结算。

请分析,猫咪支付清算信息有限公司能否接受这笔支付结算业务? 为什么?

(三) 支付机构的责任

《管理办法》和《指导意见》对支付机构的责任规定如下。

1. 建立客户身份识别机制

支付机构为个人与机构开立支付账户时,实行实名制管理,严格审核相关申请材料,包括姓名、有效身份证件、国籍登记、公司名称、事业单位法人证书、营业执照、组织机构代码等,并采取有效措施予以验证,在与客户业务关系存续期间采取持续的身份识别,其信息留存 5 年备查。

2. 签订服务协议

支付机构应当与客户签订服务协议,约定双方责任、权利与义务,明确业务规则和收费项目及标准,并根据客户的申请,为其开立支付账户。支付机构因系统升级、调试等原因,需暂停网络支付服务的,应当至少提前 5 个工作日予以公告。支付机构变更协议条款、提高服务收费标准或者新设收费项目的,应于实施之前在网站等服务渠道以显著方式连续公示30 日。

3. 规范业务操作

1) 单笔交易

支付机构的跨境外汇支付业务限于单笔交易等值 5 万美元以下。如果支付机构未按规定对客户执行货物贸易名录企业分类管理,外汇局可将其单笔交易限额下调至等值 1 万美元。

2) 结售汇业务

支付机构应在收到资金之日后的第一个工作日内完成结售汇业务办理。

3) 人民币或自有外汇支付服务

支付机构在提供跨境外汇支付服务时,允许客户用人民币或自有外汇进行支付。客户向支付机构划转外汇时,银行应要求其提供包含有交易金额、支付机构名称等信息的网上交易真实性证明材料,经核对支付机构账户名称和金额后办理,并在交易附言中注明"跨境外汇互联网支付划转"字样。

4）结售汇服务

支付机构依据银行汇率标价为客户提供结售汇服务，不得自行变动汇率价格。

5）账户管理

支付机构规范账户管理的要求包括三个方面：一是应将客户外汇备付金账户资金与自有外汇资金严格区分，不得混用；二是应凭注册地外汇局出具的"贸易外汇收支企业名录"登记书面文件，按照现行外汇账户管理有关规定，在银行开立外汇备付金账户，账户名称结尾标注"PIA"（payment institute account）字样；三是应按照中国人民银行备付金账户管理规定，通过外汇备付金账户为客户办理结售汇及跨境收付业务，并选择具备客户备付金存管资质的商业银行开立外汇备付金账户。

6）信息采集与报告

支付机构应当根据《指导意见》的要求采集与报送相关业务数据和信息，并保证数据准确性、完整性和一致性。其具体要求为：一是在办理跨境外汇支付业务时，应掌握真实交易信息，按照完整性、可追溯性原则采集逐笔交易的明细数据，并留存备查；二是按现行涉外收支数据申报的规定，对实际收付款数据和还原数据进行国际收支统计申报；三是依据现行结售汇管理规定，在规定时间内提供通过银行办理的逐笔购汇或结汇信息；四是在每月 10 日前，通过表单系统向注册地外汇局报送客户跨境外汇支付业务金额、笔数等总量报告，并对每月累计收付汇总额超过等值 20 万美元的客户交易情况报送累计高额收支交易情况报告；五是在业务开展中，如发现异常或高风险交易应随时向外汇局报告。

 案例分析

猫咪支付清算信息有限公司接受南通自行车有限公司与加拿大皮特贸易公司这笔结算业务后，迅速向属地外汇局办理"贸易外汇收支企业名录"登记。该外汇局对登记材料审核后予以登记，并抄报国家外汇管理局。

请分析，猫咪支付清算信息有限公司能否接受这笔 12 万元的支付结算业务？为什么？

4. 依法监督管理

支付机构不得为非法交易活动提供服务：一是不符合国家进出口管理规定的货物与服务贸易；二是不具有市场普遍认可对价的商品交易；三是定价机制不清晰、存在风险隐患的无形商品交易；四是可能危害国家、社会安全，损害社会公共利益的项目或经营活动；五是法律法规及中国人民银行、外汇局规章制度明确禁止的项目。

5. 建立客户风险评级管理机制

支付机构应当综合客户类型、身份核实方式、交易行为特征和资信状况等因素，建立客户风险评级管理制度与，并动态调整客户风险评级及相关风险控制措施。支付机构应当根据客户风险评级、交易验证方式、交易渠道、交易终端或接口类型、交易类型、交易金额、交易时间和的商户类别等因素，建立交易风险管理制度和交易监测系统。

 案例思考

避免涉外信用证欺诈案——忠于职守

【案例简介】

广州进出口有限公司与澳大利亚威廉有限公司签订了一份采购合同,总额为63万美元,采用信用证支付方式。广州进出口有限公司于2020年3月30日向中国银行申请开立了装运日后90天远期不可撤销信用证,指定澳大利亚B银行为通知行。中国银行于5月9日收到B银行的交单,审核后未发现不符点,并于5月13日进行了承兑,到期支付日为7月18日。之后,中国银行对提单上显示的船运公司和CCIC证书的出具人进行了联系,被告知上述单据系伪造单据,并出具了证明函。中国银行立即向B银行发报伪造单据声明。B银行回复称:"该行已于5月24日进行了议付,并将声明转告了澳大利亚威廉有限公司。"此后,B银行多次电告中国银行进行承兑项下的付款,但却始终未提供已经议付的有效证据。1个月后,B银行又来电称:"受益人目前正在停业清理,请将单据寄至B银行,由其转寄给受益人,用于停业清理。"中国银行为防止B银行依据票据法以开证行已承兑汇票为理由向开证行提出索款要求,除已承兑的汇票以外,将其他单据通过DHL退给B银行。最终结果是受益人的欺诈目的终究没能得逞,中国银行为客户广州进出口有限公司避免了63万美元的损失风险,保护了开证申请人的利益。

【案例启示】

案例中的出口商威廉有限公司和B银行都是澳大利亚的企业,该案属于涉外信用证欺诈。中国银行通过其跟踪核查成功防范了已承兑信用证的涉嫌欺诈,不仅为客户避免了63万美元的资金损失,也体现了中国银行工作人员的敬业精神,忠于职守,这也是我国倡导的社会主义核心价值观的基本内容。

复习与思考

一、单项选择题

1. 出票人签发的,委托付款人在见票时或者在指定日期无条件支付确定的金额给收款人或者持票人的票据的是(　　)。

A. 信用证　　　　B. 本票　　　　C. 支票　　　　D. 汇票

2. 在承兑汇票上承诺并记载汇票到期日支付汇票金额的付款人是(　　)。

A. 付款人　　　　B. 收款人　　　　C. 承兑人　　　　D. 背书人

3. 出票人签发的,承诺自己在见票时无条件支付确定的金额给收款人或者持票人的票据是(　　)。

A. 信用证　　　　B. 本票　　　　C. 支票　　　　D. 汇票

4. 出票人签发的,委托办理支票存款业务的银行或者其他金融机构在见票时无条件支

付确定的金额给收款人或者持票人的票据是(   )。

    A. 信用证　　　　　　B. 本票　　　　　　C. 支票　　　　　　D. 汇票

5. 根据支付结算法律制度的规定,下列票据欺诈行为中,属于伪造票据的是(   )。

    A. 假冒出票人在票据上签章　　　　　B. 涂改票据号码

    C. 对票据金额进行挖补篡改　　　　　D. 修改票据密押

6. 某公司签发一张商业汇票。根据支付结算法律制度的规定,该公司的下列签章行为中,正确的是(   )。

    A. 公司盖章

    B. 公司法定代表人李某盖章

    C. 公司法定代表人李某签名加盖章

    D. 公司盖章加公司法定代表人李某盖章

7. 下列关于银行本票性质的表述中,不正确的是(   )。

    A. 银行本票的付款人见票时必须无条件付款给持票人

    B. 持票人超过提示付款期限不获付款的,可向出票银行请求付款

    C. 银行本票不可以背书转让

    D. 注明"现金"字样的银行本票可以用于支取现金

8. 下列关于国内信用证特征的表述中,不符合法律规定的是(   )。

    A. 国内信用证为不可撤销信用证

    B. 受益人可以将国内信用证权利转让给他人

    C. 国内信用证结算方式只适用于国内企业商品交易的货款结算

    D. 国内信用证只能用于转账结算,不得支取现金

二、多项选择题

1. 下列各项中,属于支付票据的有(   )。

    A. 汇票　　　　　　　B. 本票　　　　　　C. 支票　　　　　　D. 信用证

2. 下列各项中,属于日内瓦公约的有(   )。

    A.《1930 年关于统一汇票和本票的日内瓦公约》

    B.《1930 年关于解决汇票和本票的若干法律冲突的公约》

    C.《1931 年关于统一支票法的日内瓦公约》

    D.《1931 年关于解决支票的若干法律冲突的公约》

3. 为了统一各国对跟单信用证条款的解释和统一各国银行对托收业务的做法,国际商会先后制定了(   )。

    A.《跟单信用证统一惯例》

    B.《1931 年关于统一支票法的日内瓦公约》

    C.《1930 年关于解决汇票和本票的若干法律冲突的公约》

    D.《跟单托收统一惯例》

4. 票据权利是指持票人向票据债务人请求支付票据金额的权利,包括(   )。

    A. 要求承兑权　　　B. 付款请求权　　　C. 追索权　　　　　D. 诉讼权

5. 汇票收款人的权利包含(   )。

    A. 转让权　　　　　　B. 付款请求权　　　C. 追索权　　　　　D. 诉讼权

6. 本票的当事人有(　　)。

A. 出票人　　　　　　B. 收款人　　　　　　C. 承兑人　　　　　　D. 背书人

7. 信用证按付款方式不同可分为(　　)。

A. 跟单信用证　　　B. 议付信用证　　　C. 即期信用证　　　D. 付款信用证

8. 下列非法交易活动中,支付机构不得为其提供服务的有(　　)。

A. 不符合国家进出口管理规定的货物与服务贸易

B. 不具有市场普遍认可对价的商品交易

C. 定价机制不清晰、存在风险隐患的无形商品交易

D. 可能危害国家、社会安全,损害社会公共利益的项目或经营活动

三、判断题

1. 日内瓦公约解决了法、德两大票据法体系的冲突,英美票据法体系国家也参加了日内瓦公约。 (　　)

2. 票据金额以中文大写和数码同时记载,并保持一致,两者不一致的票据无效。

(　　)

3. 不能辨别是在票据被变造之前或者之后签章的,视同在变造之后签章。 (　　)

4. 无民事行为能力人或者限制民事行为能力人在票据上签章的,其签章有效。 (　　)

5. 以欺诈、偷盗或者胁迫等手段取得票据的,出于恶意取得票据的,以及因重大过失取得的票据的,享有票据权利。 (　　)

6. 被背书人是指在汇票背面或粘单上签章或记载相关信息转让汇票所赋权利的当事人。 (　　)

7. 汇票按照按付款时间不同可分为跟单汇票与光票汇票。 (　　)

8. 在出票之初,付款人对于汇票的金额不负任何义务,必须在汇票上作成承兑后,才是汇票的主债务人。 (　　)

9. 本票的付款期限最长不得超过 1 个月,出票人在持票人提示见票时,必须承担付款的责任。 (　　)

10. 电子汇款是依托邮政综合计算机网,采用先进的信息技术,集汇款交易处理、资金清算、会计核算和风险防范为一体的多功能快速汇款服务。 (　　)

四、简答题

1. 我国《票据法》对汇票法定记载事项的规定是什么?

2. 简述本票与汇票的区别。

3. 简述信用证支付方式的特点。

4. 具备"贸易外汇收支企业名录"登记的条件有哪些?

五、案例分析题

某银行接受某公司的委托签发了一张金额为 8 600 元人民币的银行本票,收款人为某电脑公司的经理李某。李某将票据背书转让给了王某。王某将票据金额改写为 8.6 万元人民币后转让给了某商店,商店又将该票据背书转让给了某供销社。当供销社向付款银行提示付款时,付款银行以票据上有瑕疵为由退票。

请分析,王某改写票据金额的行为如何定性? 如果最后的持票人向前手行使追索权,各位前手应承担怎样的票据责任? 为什么? 王某除了承担票据责任外,还有可能承担什么法律责任?

第十一章 国际商事争议法律制度

 学习目标

◆ 了解国际组织和我国颁布的关于仲裁与诉讼相关法律的适用范围及基本内容。

◆ 熟悉仲裁与诉讼法律制度的具体规定。

◆ 明确学习仲裁与诉讼相关法律对营造我国良好的国际营商环境的主要作用。

◆ 具备应用仲裁与诉讼法律知识的基本应用能力。

本 章 概 要

　　本章包括三部分内容:第一部分为国际商事争议法律制度概述,介绍了联合国国际贸易法委员会的《承认及执行外国仲裁裁决公约》(以下简称《纽约公约》)、《国际商事仲裁示范法》《仲裁规则》《调解规则》和《中华人民共和国仲裁法》(以下简称《仲裁法》)、《中国国际经济贸易仲裁委员会仲裁规则》《中华人民共和国民事诉讼法》(以下简称《民事诉讼法》)以及《关于民商事案件管辖权及判决执行的公约》(以下简称《布鲁塞尔公约》)、《选择法院协议公约》等的颁布、框架及内容;第二部分为国际商事仲裁制度,介绍了国际商事仲裁协机构、国际商事仲裁员、国际商事仲裁协议、国际商事仲裁程序、仲裁裁决的承认与执行;第三部分为国际商事诉讼制度,介绍了国际商事诉讼管辖权、国际商事审判制度、国际商事诉讼程序、国际司法协助、外国法院判决的承认与执行、国际商事仲裁与国际商事诉讼的区别。

第一节　国际商事争议法律制度概述

　　在国际商事关系中,交易双方在不同的法律环境下,基于不同的商业信誉,出于不同的经济利益,通常会引发国际商务方面的各种争议。一般来说,解决国际商事争议的方式主要有协商、调解、仲裁和诉讼,在协商或调解不成的基础上,往往会采用仲裁或诉讼。

为了规范仲裁和诉讼的行为,保护当事人的合法权益,促进全球经济健康发展,国际组织和各国先后都通过或制定了相关公约、示范法、法律和规则,如联合国国际贸易法委员会的《纽约公约》《国际商事仲裁示范法》《仲裁规则》《调解规则》和我国的《仲裁法》《中国国际经济贸易仲裁委员会仲裁规则》《民事诉讼法》,以及欧洲联盟的《布鲁塞尔公约》《选择法院协议公约》等。

一、国际商事仲裁法律制度

(一) 联合国国际贸易法委员会关于仲裁的公约、示范法和规则

1.《纽约公约》

联合国国际贸易法委员会在 1958 年 6 月 10 日召开的联合国国际商业仲裁会议上签署了《纽约公约》。《纽约公约》的签署,为承认和执行外国仲裁裁决提供了依据和保证,积极地推动了各国对外贸易经济的进一步发展。2006 年 7 月 7 日,联合国国际贸易法委员会第三十九届会议通过了《纽约公约》第二章第二款和第七条第一款解释的建议。截至 2018 年年底,该公约已有 159 个成员国。我国于 1986 年 12 月 2 日经全国人民代表大会常务委员会第十八次会议批准决定加入《纽约公约》,并于 1987 年 1 月 22 日向联合国递交了加入书,该公约于 1987 年 4 月 22 日起正式对我国生效。

《纽约公约》分为三个部分,共计十六条:第一部分为实质性条款(第一条至第六条),主要是关于公约的适用、仲裁协议的效力、仲裁裁决的执行等相关内容;第二部分为行政性条款(第七条至第十四条),主要是关于公约的加入、生效等相关内容;第三部分为最后条款(第十五条和第十六条),主要是关于退约、签字、语言等相关内容。

2.《国际商事仲裁示范法》

为了协调和调整各国国际商事仲裁的法律,联合国国际贸易法委员会在 1985 年 12 月 11 日召开的联合国大会上通过了《国际商事仲裁示范法》,并在 2006 年 7 月 7 日进行了修订。该示范法不具有普遍的约束力,供各成员国制定国内法时参考之用,美国、加拿大、澳大利亚、俄罗斯、意大利、新西兰、英国、中国以及中国香港地区等国家或地区都以其为蓝本稍加修改或直接移植使用。

《国际商事仲裁示范法》分为八章,共计三十六条:第一章为总则(第一条至第六条),主要规定了适用范围,以及对仲裁、仲裁庭和法院的界定等相关内容;第二章为仲裁协议(第七条至第九条),主要规定了仲裁协议的定义和形式;第三章为仲裁庭的组成(第十条至第十五条),主要规定了仲裁员的委任及回避等相关内容;第四章为仲裁庭的管辖权(第十六条和第十七条),主要规定了裁定的权利、临时措施的权利等相关内容;第五章为仲裁程序的进行(第十八条至第二十七条),主要规定了仲裁程序、仲裁地点和审理以及取证等相关内容;第六章为做出裁决和程序终止(第二十八条至第三十三条),主要规定了适用的规则、和解、裁决形式、裁决内容和程序终止等相关内容;第七章为对裁决的追诉(第三十四条),主要规定了申请撤诉和向法院追诉等相关内容;第八章为裁决的承认和执行(第三十五条和第三十六条),主要规定了拒绝承认或执行的理由。

3.《仲裁规则》

联合国国际贸易法委员会在 1976 年召开的联合国第三十一次大会上通过了《仲裁规

则》,在 2010 年进行了修订,并于 2010 年 8 月 15 日生效。2013 年,联合国国际贸易法委员会在 2010 年版《仲裁规则》的基础上新增了第一条第四款,并以《贸易法委员会投资人与国家间基于条约仲裁透明度规则》予以通过。《仲裁规则》适用于国家与私人间的投资争议仲裁、多方仲裁、第三人加入仲裁程序、仲裁员的指定、仲裁员责任的豁免、仲裁费用的控制等问题,该规则对各国不具有普遍约束力,合同双方当事人可以以书面方式进行约定。

《仲裁规则》分为四章,共计四十三条:第一章为绪则(第一条至第六条),主要规定了适用范围、仲裁通知及其答复以及指派和指定机构等内容;第二章为仲裁庭的组成(第七条至第十六条),主要规定了仲裁员人数、仲裁员指定、仲裁员披露情况、仲裁员回避、替换仲裁员和免责等相关内容;第三章为仲裁程(第十七条至第三十二条),主要规定了仲裁地、仲裁申请书、答辩书、对仲裁庭管辖权的抗辩、进一步书面陈述、临时措施、开庭审理、开庭终结等内容;第四章为裁决(第三十三条至第四十三条),主要规定了裁决的形式与效力、和解或其他终止程序的理由、裁决书的解释、仲裁员的收费与开支、费用分担、费用交存等相关内容。

4.《调解规则》

联合国国际贸易法委员会在 1980 年 12 月 4 日召开的联合国第三十一次大会上通过了《调解规则》。该规则不具有普遍的约束力,其任何一项规定与当事人适用的法律条款相抵触,则采用该法的相关规定。

《调解规则》分为三大部分,共计二十条:第一部分为事先规则(第一条至第十条),主要规定了适用范围、调解程序、调解员人数、调解员任命及任务、调解说明书提出、代理与辅助、行政上的协助、调解员与当事人间交换意见、保守秘密等相关内容;第二部分为调解规则(第十一条至第十五条),主要规定了当事人与调解员的合作、当事人对解决争议的提议、解决争议的协议、调解的结束等相关内容;第三部分为事后规则(第十六条至第二十条),主要规定了提交仲裁或诉讼、费用、预付费用、证据在其他程序中的合法性等相关内容。

(二)中国的仲裁法律和规则

1.《仲裁法》

为了为能公正地仲裁各类经济纠纷,保护当事人的合法权益,促进对外经济贸易关系的顺利发展,1994 年 8 月 31 日,第八届全国人民代表大会常务委员会第九次会议通过了《仲裁法》,并于 1995 年 9 月 1 日起施行。之后该法经过了两次修订,现行版是在 2017 年 9 月 1 日召开的第十二届全国人民代表大会常务委员会第二十九次会议上通过的修改版。

《仲裁法》分为八章,共计八十条:第一章为总则;第二章为仲裁委员会和仲裁协会;第三章为仲裁协议;第四章为仲裁程序;第五章为申请撤销裁决;第六章为执行;第七章为涉外仲裁的特别规定;第八章为附则。其主要有四个方面的内容:一是对仲裁范围、仲裁原则、仲裁裁决等方面进行了规定;二是对仲裁委员会设立的条件、登记、机构组织和中国仲裁协会的性质等方面进行了规定;三是对仲裁协议内容与效力、仲裁申请与受理、仲裁庭的组成、开庭与裁决、裁决执行与撤销等方面进行了规定;四是对涉外仲裁的机构、人员、仲裁规则及裁决等方面进行了规定。

2.《中国国际经济贸易仲裁委员会仲裁规则》

2014 年 11 月 4 日,中国国际贸易促进委员会、中国国际商会通过了《中国国际经济贸易仲裁委员会仲裁规则》,并于 2015 年 1 月 1 日起施行。该规则不具有普遍的约束力,双方当事人自行采用该规则的书面约定后,才产生法律效力。

《仲裁规则》分为七章,共计八十四条:第一章为总则;第二章为仲裁程序;第三章为裁决;第四章为简易程序;第五章为国内仲裁的特别规定;第六章为香港仲裁的特别规定;第七章为附则。该规则内容可以分为四个部分:第一部分为事先规则(第一条至第十条),主要规定了仲裁机构、受案范围、规则适用、仲裁依据、仲裁地、送达及期限等修改内容;第二部分为调解规则(第十一条至第六十四条),主要规定了仲裁申请与答辩、仲裁员与仲裁庭组成、审理和裁决等相关内容;第三部分为特殊规定(第六十五条至第八十条),主要对内地和香港仲裁的特别规定;第四部分为行政事项(第八十一条至第八十四条),主要对仲裁语言、仲裁费用、规则解释和规则施行进行了规定。

二、国际商事诉讼法律制度

(一) 欧洲联盟关于诉讼的公约

1.《布鲁塞尔公约》

为了达成在分配民商事案件管辖权、解决判决的承认和执行问题的统一规则,欧洲共同体成员国比利时、德国、法国、意大利、卢森堡和荷兰于 1968 年 9 月 27 日在布鲁塞尔签订了《布鲁塞尔公约》,并于 1973 年 2 月 1 日生效。

《布鲁塞尔公约》分为八篇,共计六十八条:第一篇为范围(第一条),对公约适用的民商事案件予以规定;第二篇为管辖(第二条至第二十四条),主要对特别管辖权、保险事件的管辖权、有关赊卖和租购的管辖权、专属管辖权、协议管辖权以及关于管辖权和受理的审查、审理中的案件与有关联诉讼案件等内容进行了规定;第三篇为承认与执行(第二十五条至第四十九条),主要对缔约国所做的判决予以承认和执行等内容进行了规定;第四篇为公文书和法院和解(第五十条和第五十一条),主要对缔约国的公文书的执行与和解等方面进行了规定;第五篇为一般规定(第五十二条和第五十三条),主要对受理案件的范围进行了规定;第六篇为过渡的规定(第五十四条),规定了只适用于公约生效后提起的诉讼和公文书;第七篇为同其他公约的关系(第五十五条至第五十九条),主要对相关公约的有效性进行了规定;第八篇为最后条款(第六十条至第六十八条),主要是关于生效、声明、签字、语言等相关规定。

2.《选择法院协议公约》

为了构建国际民商事诉讼管辖与判决承认和执行的全球性统一规则,2005 年 6 月 30 日,海牙国际私法会议第二十次外交大会通过了《选择法院协议公约》,并于 2015 年 10 月 1 日起生效。该公约对欧盟 28 个成员国、墨西哥和新加坡等缔约国生效,美国、乌克兰等国已签署了该公约。中国是于 2017 年 9 月 12 日签署了该公约,该公约是我国参加的第一项外国民商事判决承认和执行领域的多边公约,为我国与其他缔约国之间相互承认和执行民商事判决提供了更为充分的法律依据,对促进国际经济交流与贸易发展起到了积极的作用。

《选择法院协议公约》分为五章,共计三十三条:第一章为范围和定义(第一条至第四条),规定了公约适用范围、判决含义的界定;第二章为管辖权(第五条至第七条),对被选择法院的管辖权与义务、临时保护措施等内容进行了规定;第三章为承认和执行(第八条至第十五条),对承认与执行的条件、内容、要求以及损害赔偿、和解协议等内容进行了规定;第四章为一般规定(第十六条至第二十六条),主要对过渡规定、保险、再保险合同、限制管辖权的声明、限制承认、执行声明、与其他国际文书关系等内容进行了规定;第五章为最后条款(第二十七条至第三十三条),主要对公约的签署、批准、声明、生效、签字、语言等内容进行了规定。

(二)《民事诉讼法》

为了保护当事人行使诉讼权利,确认民事权利义务关系,制裁民事违法行为,保护当事人的合法权益,1991年4月9日,第七届全国人民代表大会常务委员会第四次会议通过了《民事诉讼法》,并自公布之日起施行。之后该法经过三次修订,现版本是在2017年6月27日召开的第十二届全国人民代表大会第二十八次会议通过的修订版。

我国《民事诉讼法》分为四编、二十七章,共计二百八十四条:第一编为总则(第一章至第十一章),其中,第一章为任务、适用范围和基本原则,第二章为管辖,第三章为审判组织,第四章为回避,第五章为诉讼参加人,第六章为证据,第七章为期间、送达,第八章为调解,第九章为保全和先予执行,第十章为对妨害民事诉讼的强制措施,第十一章为诉讼费用;第二编为审判程序(第十二章至第十八章),其中,第十二章为第一审普通程序,第十三章为简易程序,第十四章为第二审程序,第十五章为特别程序,第十六章为审判监督程序,第十七章为督促程序,第十八章为公示催告程序;第三编为执行程序(第十九章至第二十二章),其中,第十九章为一般规定,第二十章为执行的申请和移送,第二十一章为执行措施,第二十二章为执行中止和终结;第四编为涉外民事诉讼程序的特别规定(第二十三章至第二十七章),其中,第二十三章为一般原则,第二十四章为管辖,第二十五章为送达、期间,第二十六章为仲裁,第二十七章为司法协助。其主要有七个方面的内容:一是对适用范围、基本原则、管辖等方面进行了规定;二是对审判组织、回避、诉讼参加人、期间与送达、调解和对妨害民事诉讼的强制措施等方面进行了规定;三是对第一审普通程序、简易程序、第二审程序、特别程序以及审判监督程序等方面进行了规定;四是对执行程序的一般规定、执行的申请和移送、执行措施、执行中止与终止等方面进行了规定;五是对涉外民事诉讼的一般原则、管辖、送达与期间等方面进行了规定;六是对仲裁协议、财产保全、裁决执行等方面进行了规定;七是对国际民事司法协助的内容、原则、途径、程序和执行等方面进行了规定。

第二节　国际商事仲裁制度

仲裁是指发生某种争议或纠纷的当事人自愿商定,将争议交第三人裁决,双方承担裁决所确定的义务并自觉履行。国际商事仲裁是指仲裁机构或仲裁员根据当事人签订的仲裁协议,对其提交的争议事项进行审理,并做出裁决。根据《国际商事仲裁示范法》第一条第三款规定,国际仲裁包括两种情形:一是在缔结仲裁协议时,当事各方或其中一方的营业地点位于不同的国家;二是履行商事合同主要义务的地点或与争议标的最密切的地点,与一个以上的国家有关。

一、国际商事仲裁协机构

国际商事仲裁机构是指根据国际商事仲裁协议当事人一方提出的仲裁申请,受理其争议并做出裁决的专门组织。国际商事仲裁机构有以下两种类型。

(一)常设仲裁机构

常设仲裁机构是指依国际条约或本国法而成立的,具有固定的名称、地址、组织章程和仲裁规则,并具有自己的办事机构和行政管理制度,用以处理国际商事争议的仲裁机构。常设仲裁机构依据其性质和管辖范围不同,可以划分以下四种。

1. 国际性常设仲裁机构

全球有影响的国际性常设仲裁机构有国际商会仲裁院(简称 ICCCA)、解决投资争议国际中心(简称 ICSID)两家。ICCCA 是国际商会下设的提供国际商事仲裁服务的常设仲裁机构,在接受仲裁争议后,提请有关国家的国际商会国家委员会依据《联合国国际贸易法委员会仲裁规则》负责具体仲裁,并与审理争议有关国家委员会共同主持审理程序上的事务。ICSID 是专门处理解决国家公民之间的投资纠纷的中心,签订了《解决缔约国与他国国民间投资争端公约》,并于 1966 年生效。该公约成员国约有 100 多个。

2. 地区性仲裁机构

全球有影响的地区性仲裁机构有美洲国家商事仲裁委员会和亚洲及远东经济委员会商事仲裁中心。美洲国家商事仲裁委员会是拉丁美洲国家的一个区域性国际仲裁机构,成立于 1934 年,并于 1975 年签订了《美洲国家国际商事仲裁公约》。美洲国家商事仲裁委员会成员国有 12 个拉丁美洲国家,属于民间组织。亚洲及远东经济委员会商事仲裁中心是由联合国亚洲及远东经济委员会在泰国曼谷设立的机构。

3. 国别性仲裁机构

全球有影响的国别性仲裁机构有以下六家:一是瑞典斯德哥尔摩商会仲裁院,是瑞典全国性的仲裁机构,成立于 1917 年,专门解决工商和航运中发生的争议,订有《斯德哥尔摩商会仲裁院规则》,是我国优先选择的第三国仲裁机构;二是伦敦国际仲裁院,于 1892 年成立,并于 1981 年改名为伦敦国际仲裁院,该仲裁院现行的仲裁规则是 1985 年 1 月 1 日起生效的仲裁规则,也可以根据当事人合意采用联合国国际贸易法委员会的《仲裁规则》;三是美国仲裁协会,成立于 1926 年,主要受理货物买卖合同、代理合同和工业产权等方面的仲裁,采用 1991 年 3 月 1 日生效的《国际仲裁规则》;四是日本商事仲裁协会,1950 年由日本工商联合会和其他一些全国性的工商组织共同组建,采用 1992 年生效的《商事仲裁规则》;五是香港国际仲裁中心,主要受理国际商事和本地的仲裁案件,成立于 1985 年,采用联合国国际贸易法委员会的《仲裁规则》;六是中国国际经济贸易仲裁委员会,隶属于中国国际经济贸易委员会,成立于 1956 年,在北京、深圳和上海设有分会,并在重庆、成都、长沙、福州和大连设立 5 个办事处,总会和分会使用《中国国际经济贸易仲裁委员会仲裁规则》和仲裁员名册,有 492 名仲裁员,其中部分仲裁员来自中国香港、澳门地区和其他国家,其受案量已跃居世界第一位,裁决得到 140 多个国家的承认和执行。

4. 专业性仲裁机构

专业性仲裁机构又称为行业性仲裁机构,是由各个行业、公会或协会为解决本行业中发生的经济纠纷而设立的常设仲裁机构,如英国伦敦橡胶交易所的仲裁机构等。

(二) 临时仲裁机构

临时仲裁机构是指当事人根据国际商事仲裁协议,在争议发生后推荐仲裁员,指定仲裁地点与仲裁程序,在做出裁决后即行解散的仲裁机构。

二、国际商事仲裁员

(一) 仲裁员的资格

为了保证仲裁的公正性,各国法律和常设仲裁机构的仲裁规则对仲裁员的资格予以规定。我国《仲裁法》第十三条规定了仲裁员条件：一是通过国家统一法律职业资格考试取得法律职业资格，从事仲裁工作满 8 年的；二是从事律师工作满 8 年的；三是曾任法官满 8 年的；四是从事法律研究、教学工作并具有高级职称的；五是具有法律知识、从事经济贸易等专业工作并具有高级职称或者具有同等专业水平的。仲裁员只有具备上述条件之一的，才能在中国担任仲裁员。

（二）仲裁员的回避

仲裁员的回避是指仲裁员在有可能影响对案件公正裁决的情形时依照法律的规定，自行申请退出仲裁，或者经当事人的申请根据仲裁委员会主任的决定退出仲裁。我国《仲裁法》规定了仲裁员的回避情形：一是本案当事人或者当事人、代理人的近亲属；二是与本案有利害关系；三是与本案当事人、代理人有其他关系，可能影响公正仲裁的；四是私自会见当事人、代理人，或者接受当事人、代理人的请客送礼。仲裁员有上述情形之一的，当事人有权在首次开庭前提出回避申请，如果回避事由在首次开庭后知道的，可以在最后一次开庭前提出，并说明理由。仲裁员是否回避，由仲裁委员会主任决定。仲裁委员会主任担任仲裁员的，由仲裁委员会集体决定。

三、国际商事仲裁协议

（一）国际商事仲裁协议的内涵

《国际商事仲裁示范法》第一条第一款对仲裁协议的界定，其"是指当事人同意将他们之间一项确定的契约性或非契约性的法律关系中已经发生或可能发生的一切或某些争议提交仲裁的协议"。一项有效的国际商事仲裁协议应当具有以下三个方面要素。

1. 当事人之间存在国际商事法律关系

国际商事仲裁协议的双方当事人，必须是具有民事法律行为能力的，并且是有关国际商事法律关系的自然人、法人、非法人组织。法律规定无民事行为能力人或者限制民事行为能力人订立的国际商事仲裁协议无效。

2. 当事人之间的真实意思表示

国际商事仲裁协议双方当事人应当是在自愿的基础上进行平等协商的，如果一方当事人采取胁迫手段，迫使对方订立的，该协议无效。

3. 当事人之间约定事项合法

国际商事仲裁协议双方当事人约定的仲裁事项，不能违背仲裁地国家法律的相关规定，不能超出仲裁法的适用范围。

（二）国际商事仲裁协议的形式

国际公约和各国相关法律对国际商事仲裁协议的形式都有明确的规定，其有以下两种形式。

1. 书面形式

书面形式是指包括合同书、信件、电报、电传、传真、电子数据交换和电子邮件等可以有形地表现所载内容的表现方式。国际商事仲裁协议书面形式有两种：一是仲裁条款，是指在商事合同中当事人订立的，将可能发生争议采取仲裁解决的内容以合同条款的形式表示出来，构成合同的一部分；二是仲裁协议书，是指国际商务争议发生后，双方当事人经过协商同意将其争议采取仲裁解决的一种书面文件。国际公约和绝大多数国家的仲裁法都有明确的规定,只有书面形式达成的国际商事仲裁协议才具有法律效力,如《纽约公约》《国际商事仲裁示范法》和《中国国际经济贸易仲裁委员会仲裁规则》等。

2. 口头形式

口头形式是指国际商事仲裁协议的双方当事人,通过面对面约定仲裁事项的方式。世界上只有瑞典等极少数国家仲裁法规定,口头形式仲裁协议书与书面形式一样都具有相同的法律效力。

(三) 国际商事仲裁协议的内容

国际公约和各国仲裁法对仲裁协议内容的规定不尽相同。为了能有效地开展国际商事仲裁活动,仲裁协议通常包括以下五个方面的内容。

1. 仲裁事项

国际商事仲裁协议先要约定将什么样的争议提交仲裁,这是仲裁机构接受仲裁的重要依据之一,也是当事人向法院申请执行仲裁裁决的一个必备要件。我国《仲裁法》第十八条规定:"仲裁协议对仲裁事项或者仲裁委员会没有约定或者约定不明确的,当事人可以补充协议;达不成补充协议的,仲裁协议无效。"

2. 仲裁地点

当事人应当在国际商事仲裁协议中注明仲裁地址的详细信息。仲裁地点关系到仲裁规则的适用,仲裁员通常采用该地仲裁规则和有关法律来解决争议,对当事人的利益将产生不同的影响。

3. 仲裁机构

当事人应当在国际商事仲裁协议中应当确定仲裁机构的名称及相关信息。选择仲裁机构的方法为:首先,选择本国的常设仲裁机构进行仲裁,因为熟悉本国的法律和仲裁规则;其次,尽量争取在《纽约公约》成员国常设的仲裁机构进行仲裁,因为该国仲裁法大都依据公约制定的,具有一定的普适性;最后,选择对方当事人所属国的常设仲裁机构进行仲裁。如果仲裁协议约定两个以上仲裁机构的,根据我国《最高人民法院关于适用〈中华人民共和国仲裁法〉若干问题的解释》的规定,当事人可以协议选择其中的一个仲裁机构申请仲裁,如果不能就仲裁机构选择达成一致的,仲裁协议无效。

 案例分析

2020 年 2 月,苏州制造有限公司与美国威廉贸易公司公司签订了某钢结构产品销售合同,合同总值为 30 万美元。双方当事人在该合同中的仲裁条款约定:如果双方当事人发生争议,均应将该争议提交中国国际经济贸易仲裁委员会或者美国纽约贸易仲裁委员会仲裁。由于双方在合同履行过程中发生了纠纷,美国公司选择向中国国际经济贸易仲裁委员会提出申请仲裁,苏州制造有限公司的代理在仲裁开庭前,向属地法院提起确认仲裁条款无效的诉讼,并及时向中国国际经济贸易仲裁委员会书面通报了这一情况,要求中止仲裁程序。

请分析,苏州制造有限公司的诉求是否合法? 为什么?

4. 仲裁规则

国际商事仲裁规则是仲裁审理的依据,其主要包括仲裁申请提出、仲裁受理、仲裁员选任、仲裁庭组成、仲裁审理和仲裁裁决等内容。在国际商事仲裁实践中,大多数仲裁协议是将仲裁规则与仲裁机构的选择结合起来,即当事人选择了某一常设仲裁机构,也就意味着选择了该机构的仲裁规则。

5. 裁决效力

当事人应当在国际商事仲裁协议中明确规定,仲裁裁决是终局性的。确定终局性的裁决具有耗时少、费用低、见效快等特点,在国际商事仲裁中,被仲裁机构广泛采用。

（四）国际商事仲裁协议的作用

国际商事仲裁协议的作用主要有三个方面:一是仲裁机构取得对特定案件管辖权的主要依据,没有仲裁协议,仲裁机构就不能受理有关案件;二是排除法院管辖权的重要依据,如果当事人之间订有仲裁协议,法院就不能受理,除非法院认定当事人之间的仲裁协议无效或失效,或者是不能履行的协议;三是独立于其他条款,仲裁协议不因该合同的变更、解除、终止或无效而影响仲裁协议的效力。《中国国际经济贸易仲裁委员会仲裁规则》第五条第四款规定:"合同中的仲裁条款应视为与合同其他条款分离的、独立存在的条款,附属于合同的仲裁协议也应视为与合同其他条款分离的、独立存在的一个部分;合同的变更、解除、终止、转让、失效、无效、未生效、被撤销以及成立与否,均不影响仲裁条款或仲裁协议的效力。"

四、国际商事仲裁程序

国际商事仲裁协议双方当事人一旦发生仲裁协议约定的争议时,任何一方当事人都有权提请指定仲裁机构进行仲裁。国际商事仲裁程序是指当事人提请仲裁和仲裁庭依据仲裁规则进行仲裁过程的统称。仲裁程序通常包括仲裁申请、仲裁受理、仲裁庭组成、仲裁审理、仲裁裁决等环节。

（一）仲裁申请

仲裁申请应当符合三个方面的要求:一是有仲裁协议;二是有具体的仲裁请求及事实和理由;三是属于仲裁委员会的受理范围。当事人申请仲裁,应当向仲裁委员会递交仲裁协议、仲裁申请书及副本。仲裁申请是一方或双方当事人根据仲裁协议将现存的有关争议提请仲裁的意思表示。它通常包括当事人的身份或组织机构的信息、地址、仲裁请求的内容与理由,以及证据及来源、证人及身份信息等内容。在提请常设机构仲裁时,申请人要提交申诉书和证据材料。在提请临时机构仲裁时,申请人不仅要提交申诉书和证据材料,还要制作仲裁通知书,一并送交另一方当事人,并提交案件登记费、仲裁费用保证金等。

（二）仲裁受理

仲裁机构在收到仲裁申请书的规定时限内,对符合受理条件的申请材料应当受理,并通知当事人;认为不符合受理条件的,应当书面通知当事人不予受理,并说明理由。我国《仲裁法》规定的仲裁受理时限为收到仲裁申请书之日起 5 日内。

（三）仲裁庭的组成

组成仲裁庭的形式有以下两种。

1. 独任仲裁庭

独任仲裁庭是指由双方当事人在仲裁员名册中共同选定一名仲裁员,担任仲裁庭审理。如果被申请人收到仲裁通知之日起 15 天内未能就独任仲裁员的人选达成一致意见时,则由仲裁委员会主任指定。

2. 合议仲裁庭

合议仲裁庭是指由 3 名仲裁员共同担任仲裁庭审理。其中：第一名仲裁员由申请人和被申请人在收到仲裁通知之日起 15 天内在仲裁委员会仲裁员名册中各自指定 1 名仲裁员，或委托仲裁委员会主任指定；第二名仲裁员由申请人之间或被申请人之间经过协商，各自共同选定或各自共同委托仲裁委员会主任指定 1 名仲裁员；第三名仲裁员为首席仲裁员，由当事人共同选定或者共同委托仲裁委员会主任指定，如果当事人在被申请人收到仲裁通知之日起 15 天未能共同选定或委托委员会主任指定第三名仲裁员，则由仲裁委员会主任指定。

仲裁庭组成后，仲裁委员会应当将仲裁庭的组成情况书面通知当事人。

（四）仲裁的审理

仲裁审理是指仲裁庭对案情所做的审查和核实活动的总称。

1. 仲裁审理的范围

在国际商事仲裁的实践中，仲裁审理的范围因案而异，通常包括仲裁协议是否有效，仲裁庭是否具有管辖权，申诉人或被诉人是否为仲裁协议当事人，各方当事人对实体争执的陈述与举证，对其他途径取得证据材料的审查核实等内容。

2. 仲裁审理的方式

仲裁审理可分为两种形式：一是口头审理，是指仲裁员和各方当事人在规定的时间，集中于指定场所，由仲裁员作口头查问，由相关当事人作口头陈述；二是书面审理，是指由仲裁员根据当事人提交的书面材料进行审理的方式。在国际商事仲裁中，仲裁审理大多采用书面审理形式为主。

3. 仲裁审理的地点

国际商事争议应当依据仲裁协议规定的地点进行审理，如果仲裁协议规定不明确时，由仲裁员决定仲裁审理的地点。

4. 仲裁审理的程序

国际商事仲裁审理程序是根据仲裁规则进行的，主要有以下三个环节。

1）开庭

当事人应当在开庭时到庭，无正当理由不到庭或未经仲裁庭许可中途退庭的，对申请人来说可视为撤回申请，对被申请人来说可以缺席裁决。仲裁一般不公开进行，但是当事人协议公开的，可以公开进行的，涉及国家秘密的除外。

2）调解

开庭后，仲裁庭可以先征求双方当事人是否对案件进行调解。如果双方当事人同意调解，并调解成功，应签订和解协议，由仲裁庭根据该协议制作裁决书。当事人在仲裁委员会之外通过调解解决达成和解协议的，也可以请求仲裁庭做出裁决书。

3）裁决

开庭后，仲裁庭对调解不成的案件进行裁决。裁决应当根据多数仲裁员的意见做出，少数仲裁员的不同意见应当记入笔录。如果无法形成多数意见时，仲裁庭应当按照首席仲裁员的意见做出裁决。仲裁裁决依据不同的视角可以分为以下三类：

一是口头裁决与书面裁决：口头裁决是指仲裁庭仅以口头形式表示对争议问题处理结论的裁决；书面裁决是指仲裁庭以书面文件的形式表示其对争议问题处理结论的裁决。

二是临时裁决与终局裁决：临时裁决是指仲裁庭对当事人的请求事项做出的并非有终局意义的裁定，如仲裁庭做出的临时保全措施的裁定；终局裁决是指在法律上具有稳定的自始约束力的裁决。

三是本国裁决与外国裁决：本国裁决是指由本国境内仲裁机构在本国做出的裁决；外国裁决是指本国以外的仲裁机构在异国做出的裁决。

5. 仲裁裁决的撤销

裁决撤销的情形包括六个方面：一是没有仲裁协议的；二是裁决的事项不属于仲裁协议的范围或者仲裁委员会无权仲裁的；三是仲裁的组成或者仲裁的程序违反法定程序；四是裁决所根据的证据是伪造的；五是对方当事人隐瞒了足以影响公正裁决的证据的；六是仲裁员在仲裁该案事有索贿受贿、徇私舞弊、枉法裁决的行为的。

我国《仲裁法》规定，当事人能够提出证据证明裁决具有上述的情形之一，可以在收到裁决书之日起 6 个月内向仲裁委员会所在地的中级人民法院申请撤销裁决，法院接受该申请后组成合议庭审查，核实无误后裁定撤销。法院认定裁决违背社会公共利益的，应当裁定撤销。法院应当在受理撤销裁决申请之日起 2 个月内做出撤销裁决或者驳回申请的裁定。法院在受理撤销裁决的申请后，认为可以由仲裁庭重新仲裁的，通知仲裁庭在一定期限内重新仲裁，并裁定中止撤销程序。仲裁庭拒绝重新仲裁的，法院应当裁定恢复撤销程序。

五、仲裁裁决的承认与执行

在国际商事仲裁中，裁决的执行往往会关系双方当事人的利益，还会涉及各国的法律及其国家利益，因此执行的过程较为复杂和困难。为了解决各国在承认和执行外国仲裁裁决问题上存在的分歧，致使国际商事争议得到有效的解决，国际社会先后签署了《日内瓦仲裁条款议定书》《关于执行外国仲裁裁决的日内瓦公约》《纽约公约》《欧洲国际商事仲裁公约》和《美洲国家间国际商事仲裁公约》，其中最有影响的是《纽约公约》，已经成为大多数国家执行外国仲裁裁决法律制度的蓝本。

(一)《纽约公约》

《纽约公约》主要有六个方面的内容：一是将仲裁裁决的含义及范围加以扩展，适用于所有自然人或法人间产生的纠纷、由被申请承认与执行地国之外的国家或地区所做的裁决，或是在被申请承认与执行地国国内做成；二是规定仲裁协议必须采用书面形式，包括通过信函、电报等方式；三是规定缔约国必须承认外国所做裁决具有拘束力，并依照一定的程序和条件加以执行；四是规定申请承认和执行仲裁裁决的一方当事人，应提交仲裁裁决正本、仲裁条款或协议的原本，必要时还应附有上述两项的译本；五是规定执行国法院拒绝承认和执行外国仲裁裁决的理由；六是裁决经裁决地国或裁决所依据法律国家的主管机关撤销或停止执行。

我国在加入《纽约公约》时做了两项保留：一是互惠保留，即在互惠的基础上只承认和执行公约缔约国领土内做出的仲裁裁决；二是商事保留，即只承认和执行根据中国法律认定为属于契约性和非契约性商事仲裁裁决。

(二) 我国关于承认与执行仲裁裁决的法律

我国《民事诉讼法》和《仲裁法》分别对中国涉外仲裁机构所做出裁决的执行程序和对外国仲裁机构所做出的裁决在中国申请执行的程序做出了明确的规定。根据《民事诉讼法》的规定，经中国涉外仲裁机构做出的裁决，当事人不得再向法院起诉。如一方当事人不履行仲裁裁决的,对方当事人可以向败诉人住所地或财产所在地的中级人民法院申请执行。《民事诉讼法》的规定,外国仲裁机构做出的裁决,需要中国法院承认和执行的,应当由当事人直接向被执行人住所地或财产所在地的中级人民法院申请,法院应当依照中国缔结或参加的国际条约,或按照互惠原则办理。

 案例分析

2020 年 10 月,克里斯蒂安公司与汉莎福莱克斯公司签订《股权转让协议》,约定将其所持有的汉莎福莱克斯液压技术(上海)有限公司 100% 的股权以 400 万欧元转让给汉莎福莱克斯公司,汉莎福莱克斯公司需在协议签订后 15 日内将股权转让价款一次性转账支付给克里斯蒂安公司。协议生效后,克里斯蒂安公司安配合汉莎福莱克斯公司进行股权转让事宜,汉莎福莱克斯公司已成为汉莎福莱克斯液压技术(上海)有限公司股东。但在协议约定的支付期限内,克里斯蒂安公司未收到汉莎福莱克斯公司的股权转让款,故将其上诉至上海市浦东新区人民法院,请求判令确认双方之间的《股权转让协议》解除,恢复克里斯蒂安公司原股权份额,并由汉莎福莱克斯公司协助办理股权变更登记。上海市浦东新区人民法院在本案审理过程中,委托上海经贸商事调解中心就双方争议进行调解。鉴于涉案双方均系外籍公民及法人,法院及调解机构邀请澳大利亚籍调解员主持双方的调解工作,最终,双方达成调解协议,同意解除股权转让协议,并由汉莎福莱克斯公司配合克里斯蒂安公司办理股权转让的审批及工商登记手续。

请分析,该法院的做法有何现实意义? 为什么?

第三节 国际商事诉讼制度

《选择法院协议公约》规定,该公约适用于国际商事案件要求某个缔约国的法院判决、承认和执行。国际商事诉讼是指在当事人双方发生争议后,由一方当事人向具有管辖权的法院起诉,并由该法院依法判决的诉讼活动。在国际商事活动中,诉讼作为解决国际商事案件的途径,仍然是一种主要手段。

一、国际商事诉讼管辖权

国际商事诉讼管辖权是指一国法院或具有审判权的其他司法机关受理、审判具有国际因素或涉外因素的商事案件的权限。根据《布鲁塞尔公约》和各国民事诉讼法的相关规定,国际商事诉讼管辖权可以归类于以下五种类型。

(一)属人管辖权

属人管辖权是指以案件当事人的国籍与法院的关系为依据,只要诉讼当事人一方为某国国籍时,该国法院就可以主张对该案的管辖权。

(二)属地管辖权

属地管辖权是指一国对该国领土范围内的一切人、物、法律行为都具有的管辖权,但享有司法豁免权者除外。《布鲁塞尔公约》第二条规定："凡在一个缔约国有住所的人,不论其所属国籍,均应在该国法院被诉。"属地管辖原则实际上是根据当事人的住所、被告财产或诉讼标的所在地、合同成立地或履行地等发生地的案件,涉及该国法律,该国就可以对该案件享有管辖权。目前,属地管辖原则与属人管辖原则日趋统一,大部分实行属地管辖原则的国家开始以属人管辖原则为补充,而实行属人管辖原则的国家,在承认和实行"以原告就被告"原则的同时,对于诉讼标的在本国境内的案件,也开始行使管辖权。

（三）专属管辖权

专属管辖权是指一国主张它的法院对某些国际民事案件具有独占管辖权,任何个人、组织或其他国家都不能任意剥夺该国对这类案件所享有的管辖权。《布鲁塞尔公约》规定的专属管辖权范围:一是以不动产物权或其租赁权为标的的诉讼,专属财产所在地的缔约国法院;二是以某一缔约国有其注册事务所的公司或其他法人组织的有效成立、撤销或歇业清理,或以有关其机构的决议是否有效为标的的诉讼,专属该公司、法人组织所在地的缔约国法院;三是以确认公共登记效力为标的的诉讼,专属保管登记簿的缔约国法院;四是有关专利、商标、设计模型或必需备案或注册的其他类似权利的注册或效力的诉讼,专属业已申请备案或注册或已经备案或注册,或按照国际公约视为已经备案或注册的缔约国法院;五是有关判决执行的事项,专属执行地的缔约国法院。

（四）协议管辖权

协议管辖权是指协议的当事人约定某一缔约国的法院有解决因某种特定法律关系而产生的或可能产生的争端,被指定的法院具有该争议的管辖权。《选择法院协议公约》规定,协议管辖权是对属地管辖权和属人管辖权的补充。协议管辖权现已为各国普遍接受。

（五）实际控制管辖权

实际控制管辖权是指法院在行使管辖权时,对人是以被告接到传票或本人在本国为依据,对物是以争议的诉讼标的在本国领域内为依据的管辖权。例如,英国法律规定,不论当事人的国籍如何,只要这个人在英国,即使他只是一个途经英国的人,诉因同英国也无事实上的联结,英国法院也可对他行使管辖权。同样,一般作为诉讼标的的外国船舶,即使只是暂时停泊或经过英国水域,英国法院也可对其行使管辖权。

二、国际商事审判制度

（一）国际商事审判组织

审判组织是法院对经济诉讼案件进行审理裁判的具体实施组织。我国的经济纠纷案件,由人民法院的民事审判庭负责审理。

法院审理第一审民事案件,由审判员、陪审员共同组成合议庭或者由审判员组成合议庭。合议庭的组成人数必须是单数,适用简易程序审理的民事案件,由审判员一人独任审理。

人民法院审理第二审民事案件,由审判员组成合议庭。审理再审的案件,按原审程序另行组成合议庭。合议庭的庭长由院长或庭长指定审判员一人担任,院长或庭长参加审判的,由院长、庭长担任。合议庭评审案件,采取少数服从多数的原则。

（二）国际商事诉讼参加人

1. 国际商事诉讼当事人

诉讼当事人是指由于民事上的权利义务关系发生纠纷,以自己的名义进行诉讼,并受人民法院裁判约束的利害关系人。它包括自然人、法人和非法人组织。诉讼当事人依据不同的性质可以分为以下四类。

1) 原告

原告是指以自己的名义向人民法院起诉,为保护自己的权益而引起民事诉讼程序发生的人。

2) 被告

被告是指因民事权益发生争议,由人民法院通知应诉的人。

3) 共同诉讼人

共同诉讼人是指当事人在两人以上的,诉讼标的是共同的或者同一种类的,法院认为应当或者可以进行合并审理的诉讼,该当事人被称为共同诉讼人。

4) 第三人

第三人是指在经济诉讼案件中,对他人之间的诉讼标的主张独立的权利,或虽不主张独立的权利,但案件的处理结果与其有法律上的利害关系,而参加到诉讼中来的人。

2. 诉讼代理人

诉讼代理人是指经当事人授权其保护当事人的经济权益而在法院参加诉讼的人。参加诉讼的双方当事人均有权依法委托代理人,以此可以帮助他们实现司法保护,使他们能够更有效和便捷地维护自己的合法权益。诉讼代理人必须以被代理人的名义并为被代理人的利益而进行诉讼活动,其在同一诉讼中仅能代理一方当事人且代理行为必须在代理权限的范围内,超越代理权的代理行为对被代理的当事人不产生法律约束力,也就意味着,诉讼代理人在代理权限内的诉讼行为产生的法律后果均由被代理人承担。在一般的民事诉讼中,诉讼代理人可以分为以下两类。

1) 法定代理人

法定代理人是指根据法律规定,由无诉讼行为能力人的监护人直接行使诉讼代理权的人。

2) 委托代理人

委托代理是指被代理人授权委托代理人而实施的代理行为。当事人和法定代理人可以委托律师、当事人的近亲属、有关的社会团体或者所在单位推荐的人以及经人民法院许可的其他公民作为委托代理人来间接行使诉讼代理权。委托代理人可以是1～2人,代理权限范围由委托人的授权决定。委托授权分为特别授权和一般授权。特别授权是指委托人将一特殊权利授予委托代理人,如接受或部分接受对方诉讼请求的权利、接受一审判决放弃上诉的权利等。除此之外的委托授权则为一般授权。

三、国际商事诉讼程序

诉讼程序是指法律规定司法机关、当事人和其他诉讼参与人在诉讼活动中所必须遵循的原则、步骤、方式和方法。它主要包括第一审程序、第二审程序和执行判决等。

(一) 第一审程序

依据审理的简繁,第一审程序可分为普通程序和简易程序。

1. 普通程序

1) 起诉

起诉是指原告以自己的名义,提请法院通过审判保护其权利的诉讼行为的开始。原告提起诉讼应当具备三个条件:一是自己是与本案有直接利害关系的公民、法人或其他组织;二是有明确的被告,即要有具体的诉讼对象;三是有具体的诉讼请求、事实和理由。

2) 受理

受理是指法院接受原告提出诉讼请求对案件进行审理的行为。法院接到起诉状应立即进行审查,对符合起诉条件的,应当在 7 日内立案并通知当事人;认为不符合条件的,应当在 7 日内裁定不予受理,并说明理由。原告对不予受理、驳回起诉的裁定不服的,可以上诉。

3) 庭审前的准备

法院在受理案件后 5 日内将起诉状副本送达被告,并要求其在 15 日内向审判庭递交答辩状。被告不答辩的,不影响案件的审理。被告提出答辩状的,法院应当在收到之日起 5 日内将答辩状副本发送原告。法院对决定受理的案件,应当在受理案件通知书和应诉通知书中向当事人告知有关的诉讼权利和义务。合议庭的组成人员确定后,法院应当在 3 日内告知当事人。当事人认为合议庭组成人员中有依法应当回避的,可以行使申请回避的权利。法院发现必须共同进行诉讼的当事人没有参加诉讼的,应当通知其参加诉讼。

4) 财产保全

财产保全分为两类:一是诉前保全,是指利害关系人由于情况紧急,不立即采取措施将会使其合法权益受到难以弥补的损害的,可以在起诉前向法院申请采取财产保全措施,一旦被法院核准之后,应在 15 日内提起诉讼,否则法院解除其保全;二是诉中财产保全,是指法院对于可能因当事人一方的行为或者其他原因,使判决不能执行或者难以执行的案件,认为有必要时可以采取保全措施,也可以根据当事人的申请做出财产保全的裁定。

5) 开庭审理

开庭审理具有三个步骤:一是法庭调查,由双方当事人陈述案情并出示证据,在法庭主持下对所有证据逐一进行调查与核实,查明案件的事实,确定案件的性质,分清是非和责任;二是法庭辩论,由双方当事人或代理人就争议的事实发表自己的意见,展开辩论,如果双方当事人愿意调解,达成和解后由法庭制作调解协议书;三是判决,经法庭调解不成的,由合议庭进行评议,宣告判决,并在 10 日内送达判决书。

2. 简易程序

法院对事实清楚、权利义务关系明确、争议不大的简单的经济纠纷案件,采用简易程序。由法院将起诉内容告知被告,用简便方式传唤当事人与证人,案件审结期限为 3 个月。

(二) 第二审程序

第二审程序是指当事人不服第一审法院的判决,在法定的期限内向上一级法院提出申请,要求对原审判的正确性和合法性进行审判的程序。其分为以下两个阶段。

1. 上诉

当事人提起上诉应当具备符合五项规定:一是必须是普通程序、简易程序所做出的第一审判决以及依法规定可以上诉的第一审裁定;二是必须是相关的上诉人和被上诉人;三是必须在法定的期限内提出;四是必须提交上诉状,并包括上诉人与被上诉人的身份信息、原审法院的名称、案号、案由、上诉的请求和理由等内容;五是必须预交上诉费。

2. 审理

第二审人民法院受理上诉案件后组成合议庭,就上诉人请求的事实和一审判决或裁定适用的法律进行全面审理。原判决认定事实清楚,适用法律正确,驳回上诉;原判决适用法律错误,予以改判;原判决认定事实错误或证据不足,撤销原判决,发回重审;原判决违反法定程序的,撤销原判决,发回重审。上诉案件的审结期限,应当自第二审立案之日起 3 个月内审结。

（三）执行判决

执行判决是指法院依照已经生效的法律文书,对于负有义务的一方当事人强制其履行义务。

1. 中止执行

中止执行有如下情形:一是申请人表示可以延期的;二是案外人对执行标的提出确有理由的异议的;三是作为一方当事人的公民死亡,需要等待继承人继承权利或者承担义务的;四是作为一方当事人的法人或者其他组织终止,尚未确定权利义务承受人的;五是法院认为应当中止执行的其他情形。法院在发生上述情形之一的,应当裁定中止执行。

2. 终结执行

终结执行有如下情形:一是申请人撤销申请的;二是据以执行的法律文书被撤销的;三是作为被执行的公民死亡,无遗产可供执行,又无义务承担人的;四是追索赡养费、扶养费、抚育费案件的权利人死亡的;五是作为被执行人的公民因生活困难无力偿还借款,无收入来源,又丧失劳动能力的;六是法院认为应当终结执行的其他情形。法院在发生上述情形之一的,应当裁定终结执行。

四、国际司法协助

国际司法协助是指不同国家之间,根据国际条约和协定,或根据两国共同签订的司法协助协定,法院彼此之间相互协助,为双方代为一定诉讼的行为。具体地说,就是各国法院之间代为送达诉讼文书,询问证人和当事人,以及代为调查取证等诉讼行为的协助。

（一）送达诉讼文书

送达诉讼文书是指缔约国法院依照有关国际条约和本国法律规定的程序和方式,将诉讼文书送交在本国领域内没有住所的当事人的诉讼行为。送达诉讼文书是一种司法行为,是司法机关代表国家行使国家主权的一种表现。如两国间没有缔结司法协助条约,由一国法院将诉讼文书送交本国外交机关,由其将诉讼文书送达驻外外交机构,并由该外交机构转交所在国的外交机关,再由该国外交机关转交该国法院或有关机构送达受送达人。

（二）调查取证

在国际商事诉讼的司法协助过程中,不同国家的法院是通过互相委托、代为调查取证,从而获得案件的证据,如收集书证、物证、代为询问证人、代为鉴定及勘验等,作为行使国家司法主权的一种表现。

五、外国法院判决的承认和执行

（一）判决的含义

《布鲁塞尔公约》对判决含义的界定,其"系指某一缔约国法院或法庭所做的决定,而不论其该决定称作什么,诸如裁决、命令、决定或执行令状以及由法院书记官就诉讼费或其他费用所做的决定。"

（二）承认和执行外国法院判决的方式

1. 登记制度

登记制度是指外国法院判决必须在本国登记,在本国作形式上的审查,认为符合本国法律条件的,予以承认和执行的制度。

2. 执行令状制度

执行令状制度是指一国法院通过签发执行令状来承认和执行外国法院判决的制度。执行令状制度的最大特点是将承认外国法院判决和执行外国法院判决分为两个不同的程序,并规定不同的条件。例如,对于那些不仅需要承认也需要执行的判决,德国与日本等国家只做形式上的审查,只要符合该国承认和执行外国判决的条件就发给执行令状,并予以执行;西班牙与比利时等国家则要从法律和事实两个方面对判决做实质性的审查,认为判决正确的才发给执行令状。

3. 重新判决制度

英美法系国家不直接执行外国法院的判决,而是把外国法院的判决作为重新提起诉讼的一种证据或事实,需要该国法院重新审理,认为与当地法律无抵触的,就由法院做出一个与外国法院判决相同内容的判决,然后予以执行。

（三）承认和执行外国法院判决的条件

承认和执行外国法院判决的条件有六个方面:一是外国法院判决是已发生法律效力的判决;二是根据承认和执行国的法律规定,判决国的法院对该案具有管辖权;三是判决是根据判决国的法律规定做出的;四是该判决的承认和执行不违反该国的公共秩序和善良风俗;五是判决中没有法律规避问题;六是承认和执行国与判决国间有一定的互惠保证。

六、国际商事仲裁与国际商事诉讼的区别

国际商事仲裁与国际商事诉讼的区别主要有以下四个方面。

（一）争议案件受理的机构不同

国际商事争议案件采用仲裁,其受理机构通常是约定的国际性仲裁机构、地区性仲裁机构和国别性仲裁机构;国际商事争议案件采用诉讼,其机构一般为双方当事人中的一国法院或者第三国法院。

（二）争议案件受理的依据不同

国际商事仲裁机构受理国际商事争议案件的依据是仲裁条款或仲裁协议,否则,不予以受理,当事人只能采取其他解决争议的方式;国际商事争议案件采用诉讼,各国法院受理国际商事争议案件的依据是起诉书和有关证据材料,如不符合有关规定,法院不予以受理。

（三）争议案件审理的方式不同

国际商事争议案件采用仲裁,仲裁机构通常采用不公开审理,其形式有利于保护当事人的商业秘密,并且时间短;国际商事争议案件采用诉讼,法院通常要开庭公开审理,法庭调查和法庭辩论的形式对商业秘密的保护性相对较弱,且时间较长。

（四）争议案件裁决的效力不同

国际商事仲裁的裁决是终局性的,当事人不得再向法院起诉;国际商事的诉讼通常有多审,当事人对第一审判决不服的,可以提起上诉,进行第二审。第二审法院对上诉案件可发回原审法院重审或改判。

 案例思政

执行外国仲裁裁决案——营商环境

【案例简介】

注册在上海自贸区内的上海山田置地有限公司和汉斯国际贸易有限公司均为外商独资企业,双方于某年5月签订了《货物供应合同》,约定汉斯国际贸易有限公司向上海山田置地有限公司提供一批设备,并在仲裁条款中规定将合同争议指定新加坡国际仲裁中心裁决。汉斯国际贸易有限公司根据合同的约定,从境外购买了合同项下的设备,在指定地进行交货。上海山田置地有限公司认为交付的设备质量不符合合同的规定,向新加坡国际仲裁中心申请仲裁,要求其承担违约责任。汉斯国际贸易有限公司提出仲裁反请求,要求上海山田置地有限公司支付尚欠的合同货款。当年10月,仲裁庭驳回了上海山田置地有限公司的全部仲裁请求,支持了汉斯国际贸易有限公司的反请求。上述仲裁裁决做出后,上海山田置地有限公司仅部分履行裁决项下的支付义务,故汉斯国际贸易有限公司向上海市第一中级人民法院申请承认并执行上述仲裁裁决。

本案双方当事人约定合同争议须提交外国仲裁机构进行仲裁解决,影响该条款效力的关键在于合同是否具有涉外因素。上海市第一中级人民法院从合同所涉的主体、履行特征等方面的实际情况,认定为涉外民事法律关系,双方约定将合同争议提交新加坡国际仲裁中心进行仲裁解决的条款有效,据此裁定对新加坡国际仲裁中心的仲裁裁决的法律效力予以承认并执行。

【案例启示】

本案裁定在自贸区推进投资贸易便利的改革背景下,对自贸区内外商独资企业之间的合同纠纷,在涉外因素的认定方面给予必要重视,确认仲裁条款有效,体现了中国恪守国际条约义务的基本立场,在国际商事仲裁领域树立了中国法院支持仲裁的良好形象,展现了中国良好的营商环境。

复习与思考

一、单项选择题

1. 联合国国际贸易法委员会在1958年6月10日召开的联合国国际商业仲裁会议上签署了《承认及执行外国仲裁裁决公约》,简称(   )。

A.《调解规则》　　　B.《仲裁规则》　　　C.《仲裁示范法》　　　D.《纽约公约》

2. 2014年11月4日,中国国际贸易促进委员会、中国国际商会通过了(   )。

A.《承认及执行外国仲裁裁决公约》

B.《贸易法委员会投资人与国家间基于条约仲裁透明度规则》

C.《中国国际经济贸易仲裁委员会仲裁规则》

D.《调解规则》

3. 我国第一项外国民商事判决承认和执行领域的多边公约是（　　）。

A.《布鲁塞尔公约》　　　　　　　　　　B.《选择法院协议公约》

C.《纽约公约》　　　　　　　　　　　　D.《承认及执行外国仲裁裁决公约》

4. 外国仲裁机构做出的裁决，需要中国法院承认和执行的，应当由当事人直接向被执行人住所地或财产所在地的（　　）人民法院申请。

A. 基层　　　　　　　　　　　　　　　B. 高级

C. 中级　　　　　　　　　　　　　　　D. 最高

5. 一国对该国领土范围内的一切人、物、法律行为都具有管辖权的是（　　）。

A. 属人管辖权　　　　　　　　　　　　B. 属地管辖权

C. 专属管辖权　　　　　　　　　　　　D. 协议管辖权

6. 在经济诉讼案件中，对他人之间的诉讼标的主张独立的权利，或虽不主张独立的权利，但案件的处理结果与其有法律上的利害关系，而参加到诉讼中来的人的是（　　）。

A. 原告　　　　　　B. 被告　　　　　　C. 共同诉讼人　　　　D. 第三人

7. 利害关系人由于情况紧急，不立即采取措施将会使其合法权益受到难以弥补的损害的，可以在（　　）向法院申请采取财产保全措施。

A. 起诉中　　　　　B. 判决后　　　　　C. 起诉前　　　　　　D. 判决前

8. 不直接执行外国法院的判决，而是把外国法院的判决作为重新提起诉讼的一种证据或事实，需要该国法院重新审理，认为与当地法律无抵触，就由法院做出一个与外国法院判决相同内容的判决，然后予以执行的是（　　）。

A. 登记制度　　　　　　　　　　　　　B. 重新判决制度

C. 执行令状制度　　　　　　　　　　　D. 不承认制度

二、多项选择题

1. 下列各项中，属于联合国国际贸易法委员会通过的有（　　）。

A.《承认及执行外国仲裁裁决公约》　　　B.《国际商事仲裁示范法》

C.《仲裁规则》　　　　　　　　　　　　D.《调解规则》

2. 下列各项中，属于国际商事诉讼的公约有（　　）。

A.《调解规则》

B.《国际商事仲裁示范法》

C.《关于民商事件管辖权及判决执行的公约》

D.《选择法院协议公约》

3. 依据其性质和管辖范围不同，常设仲裁机构可分为（　　）。

A. 国际性常设仲裁机构　　　　　　　　B. 地区性仲裁机构

C. 国别性仲裁机构　　　　　　　　　　D. 专业性仲裁机构

4. 我国《仲裁法》规定了仲裁员的回避情形有（　　）。

A. 是本案当事人或者当事人、代理人的近亲属

B. 与本案有利害关系

C. 与本案当事人、代理人有其他关系，可能影响公正仲裁

D. 私自会见当事人、代理人，或者接受当事人、代理人的请客送礼

5. 下列各项中,属于终结执行的情形的有(　　　)。

A. 作为被执行的公民死亡,无遗产可供执行,又无义务承担人

B. 追索赡养费、扶养费、抚育费案件的权利人死亡

C. 作为被执行人的公民因生活困难无力偿还借款,无收入来源,又丧失劳动能力

D. 作为一方当事人的公民死亡,需要等待继承人继承权利或者承担义务

6. 原告提起诉讼应当具备的条件有(　　　)。

A. 自己是与本案有直接利害关系的公民、法人或其他组织

B. 必须是相关的上诉人和被上诉人

C. 有明确的被告

D. 有具体的诉讼请求、事实和理由

7. 法院第一审开庭审理的步骤包括(　　　)。

A. 财产保全　　　　　B. 法庭调查　　　　　C. 法庭辩论　　　　　D. 做出判决

8. 下列各项中,关于国际司法协助的说法中,正确的有(　　　)。

A. 国际司法协助是指不同国家之间,根据国际条约和协定,或根据两国共同签订的司法协助协定,法院彼此之间相互协助,为双方代为一定诉讼的行为

B. 送达诉讼文书是指缔约国法院依照有关国际条约和本国法律规定的程序和方式,将诉讼文书送交在本国领域内没有住所的当事人的诉讼行为

C. 如两国间没有缔结司法协助条约,则不能送达

D. 在国际商事诉讼的司法协助过程中,不同国家的法院是通过互相委托、代为调查取证,从而获得案件的证据,作为行使国家司法主权的一种表现

三、判断题

1. 如果仲裁协议约定两个以上仲裁机构的,当事人可以协议选择其中的一个仲裁机构申请仲裁,如果不能就仲裁机构选择达成一致的,仲裁协议也有效。　　　　　(　　　)

2. 仲裁协议书是指国际商务争议发生后,双方当事人经过协商同意将其争议采取仲裁解决的一种书面文件。　　　　　(　　　)

3. 合同的变更、解除、终止、转让、失效、无效、未生效、被撤销以及成立与否,会影响仲裁条款或仲裁协议的效力。　　　　　(　　　)

4. 如果当事人在被申请人收到仲裁通知之日起 15 天未能共同选定或委托委员会主任指定第三名仲裁员,则不能进行仲裁。　　　　　(　　　)

5. 经中国涉外仲裁机构做出的裁决,当事人不得再向法院起诉。如一方当事人不履行仲裁裁决的,对方当事人可以向胜诉人住所地或财产所在地的中级人民法院申请执行。
(　　　)

6. 以不动产物权或其租赁权为标的的诉讼,由被告所在地的缔约国法院进行管辖。
(　　　)

7. 委托代理人是指根据法律规定,由无诉讼行为能力人的监护人直接行使诉讼代理权的人。　　　　　(　　　)

8. 采用简易程序,由法院将起诉内容告知被告,用简便方式传唤当事人与证人,案件审结期限为 6 个月。　　　　　(　　　)

9. 第二审人民法院受理上诉案件后组成合议庭,就上诉人请求的事实和一审判决或裁

定适用的法律进行全面审理。原判决认定事实错误或证据不足,予以改判。 （ ）

10. 执行令状制度的最大特点是将承认外国法院判决和执行外国法院判决分为两个不同的程序,并规定不同的条件。 （ ）

四、简答题

1. 简述我国《仲裁法》规定的仲裁员的资格。

2. 有效的国际商事仲裁协议应当具有的要素有哪些?

3. 承认与执行外国法院判决的条件有哪些?

4. 简述国际商事仲裁与国际商事诉讼的区别。

五、案例分析题

IBM公司以富士通公司侵害了该公司的计算机操作系统权益为由对其进行起诉,为此两家跨国公司步入了2年多的诉讼之战。在支付了金额巨大的代理费和诉讼费后,诉讼仍没有结果。最后,双方放弃了诉讼,签署了仲裁协议,指定美国仲裁协会对其争议进行仲裁。IBM公司选择一位计算机专家作为仲裁员,富士通选择一位斯坦福大学法律教授作为仲裁员,并由这两位仲裁员选择一位首席仲裁员。经过仲裁员的数月调查分析,美国仲裁协会裁定富士通公司付给IBM公司8.332亿美元而获得操作系统的使用权。双方都接受了该裁决,2年多没打成的官司,仅用几个月结了案。

请分析,国际商事仲裁的优点是什么?